Georg G. Iggers:
Neue Geschichtswissenschaft

Vom Historismus zur
Historischen Sozialwissenschaft
Ein internationaler Vergleich

Mit Beiträgen von Norman Baker und
Michael Frisch

W0070327

Deutscher
Taschenbuch
Verlag

Vom Autor überarbeitete und erweiterte Ausgabe des Buches
New Directions in European Historiography, erschienen 1975 in
der Wesleyan University Press, Middletown, Conn.

Ins Deutsche übertragen vom Autor, von Peter Th. Walther
und Walter Theimer.

Deutsche Erstausgabe
Dezember 1978
Deutscher Taschenbuch Verlag GmbH & Co. KG,
München
© 1975 Wesleyan University
Umschlaggestaltung: Celestino Piatti
Gesamtherstellung: C.H. Beck'sche Buchdruckerei,
Nördlingen
Printed in Germany · ISBN 3-423-04308-3

Das Buch

Die internationale Geschichtswissenschaft ist in den letzten
Jahrzehnten in Bewegung geraten. Die Historiker haben ihre
Themen, ihre Interessen und auch ihre Methodologie stark verändert. Die früher vorherrschende erzählende Geschichte der
Haupt- und Staatsaktionen wurde durch eine stärker analytisch
verfahrende problemorientierte Geschichte der sozialen Strukturen zurückgedrängt. Die interdisziplinäre Forschung hat
stark zugenommen, und viele Historiker sind, was die Methode
betrifft, bei Max Weber und Karl Marx, aber auch bei Durkheim, Lévi-Strauss und den amerikanischen empirischen Sozialwissenschaftlern in die Schule gegangen.
Nach einem Rückblick auf den Historismus, der die herkömm-
liche Geschichtswissenschaft in die Krise führte, untersuchen
Iggers und seine beiden Mitautoren in diesem Band vier
Schwerpunkte dieser Entwicklung in Frankreich, in der Bundesrepublik, in Polen, Großbritannien und den Vereinigten
Staaten.

Der Autor

Prof. Dr. Georg G. Iggers wurde in Hamburg geboren und
emigrierte 1938 mit seinen Eltern in die USA. Er studierte dort
Geschichte und lehrt dieses Fach heute an der State University
of New York in Buffalo N.Y. Veröffentlichungen u.a.: ›The
Cult of Authority. The Political Philosophy of the Saint-Simo-
nians‹ (1958); ›Deutsche Geschichtswissenschaft‹ (engl.: 1968,
deutsch: dtv 4059, 3. Aufl. 1976).
Norman Baker lehrt englische Sozialgeschichte und Michael
Frisch amerikanische und vergleichende Stadtgeschichte an der
gleichen Universität.

Inhalt

In den letzten Jahrzehnten hat sich in der Geschichtsforschung eine deutliche Neuorientierung vollzogen. Nicht nur in der Bundesrepublik, wo diese Wandlung sich verhältnismäßig spät, eigentlich erst seit Mitte der sechziger Jahre durchsetzte, sondern allgemein in der internationalen Forschung, lehnt sich die Geschichtswissenschaft jetzt bewußt an die modernen Sozialwissenschaften an. Die narrative Darstellungsform wurde weitgehend durch analytische Verfahren wenn nicht ersetzt, so doch ergänzt. Doch ist diese Entwicklung keineswegs einheitlich gewesen, schon deshalb nicht, weil es keine einheitliche oder allgemein akzeptierte Sozialwissenschaft gibt. Unterschiedliche nationale Traditionen und ideologische Voraussetzungen spiegeln sich weiterhin in der Geschichtswissenschaft wider.

Die folgenden Aufsätze beanspruchen nicht, einen internationalen Überblick über den gegenwärtigen Stand der Geschichtswissenschaft zu geben. Sie sollen nur einige Entwicklungen untersuchen, die uns repräsentativ zu sein scheinen für die Versuche in verschiedenen Ländern – in Frankreich, der Bundesrepublik, in Polen, Großbritannien und in den USA –, Grundlagen für eine historische Sozialwissenschaft zu schaffen. Bei allen prinzipiellen Unterschieden weisen diese Bemühungen auf bestimmte Gemeinsamkeiten in der Vorstellung, was Geschichte als Wissenschaft soll und will.

Die ersten drei Aufsätze wurden zuerst in deutscher Sprache während eines Forschungsaufenthaltes in Europa 1971/1972 an verschiedenen Universitäten und Instituten in der Bundesrepublik und in Paris und Poznań vorgetragen. Sie erschienen dann 1975 in stark überarbeiteter Form zusammen mit dem Aufsatz über marxistische Geschichtsschreibung auf englisch in der Wesleyan University Press unter dem Titel *New Directions in European Historiography;* eine erste Fassung des Aufsatzes über die *Annales* erschien schon 1974 im Band 219 der *Historischen Zeitschrift.* Die vorliegende deutsche Fassung unterscheidet sich an vielen Stellen von der amerikanischen: das 1. Kapitel über den historischen Hintergrund der Neuorientierung in der Geschichtswissenschaft und das 4. Kapitel über Marxismus und moderne Sozialgeschichtsschreibung sind in der Übersetzung nur leicht verändert worden; das 2. Kapitel über die *Annales,* das sich stark von dem Aufsatz in der *Historischen Zeitschrift* unterscheidet, wurde ergänzt; das 3. Kapitel über die Geschichtsschreibung in der Bundesrepublik wurde 1977 noch einmal sehr gründlich überarbeitet; das 5. Kapitel über die amerikanische Sozialgeschichtsschreibung wurde von meinem Kollegen Michael Frisch aus Buffalo für die deutsche Ausgabe neu geschrieben.

Ich bin einer großen Anzahl von Personen für ihren Rat und ihre Unterstützung dankbar. Ernst Schulin, Jerzy Topolski, Karl-Ferdinand Werner, Jean Glénisson, Manfred Schlenke, Karl-Georg Faber, Theodor Schieder, Jürgen Kocka, Werner Conze und Imanuel Geiss luden mich 1971 und 1972 zu Vorträgen ein und gaben mir die Möglichkeit, den ursprünglichen Entwurf dieser Aufsätze mit ihnen, ihren Studenten und ihren Kollegen zu besprechen. Rudolf Vierhaus, Ernst Hinrichs, Jörn Rüsen, Dieter Groh, Fritz Ringer, Robert Pois, Jack Roth, Bert Hall, David Hollinger, John Day, Martin Siegel, William Keylor, Elizabeth Genovese, Harry Paul, Hans Albert, Robert Mandrou, John Moses, Horst Dippel, Jonathan Knudsen und Leo Loubere lasen und kritisierten ursprüngliche deutsche oder englische Fassungen verschiedener Kapitel, Richard Vann, George Nadel und Harold T. Parker das ganze englische Manuskript. Ich erhielt viele Anregungen in dem 1972 von Wilhelm Abel in Göttingen abgehaltenen Abschieds-Kolloquium über Probleme der Methodologie der Sozialgeschichte und in den ungezwungenen Diskussionsabenden von Hermann Wein und seinen Studenten in Göttingen. Ich profitierte besonders von der scharfen Kritik meines Kollegen David Hollinger an der begrifflichen Strukturierung der Arbeit.

Besonders dankbar bin ich Dietrich Gerhard und Andrzej Grabski für ihre ausführliche Kritik bei der Überarbeitung des amerikanischen Textes für die vorliegende deutsche Ausgabe. Franklin Mendels, Albert Cremer, Traian Stoianovich und Jacques Revel lasen das 2. Kapitel, Konrad Jarausch und Michael Stürmer das 3. und Sanford Elwitt und Andreas Dorpalen das 4. Kapitel in englischer Fassung, Jürgen Kocka den überarbeiteten deutschen Text des 3. Kapitels. Rudolf Vierhaus bin ich besonders verpflichtet, der mir im Sommer 1977 die Gelegenheit gab, mehrere Wochen im Max-Planck-Institut für Geschichte in Göttingen zu verbringen und mich mit verschiedenen Mitarbeitern, darunter Albert Cremer, Hans Medick, Jürgen Schlumbohm und Franklin Mendels, zu beraten, während ich mit der Überarbeitung des 2. und 3. Kapitels beschäftigt war.

Das 1. und das 4. Kapitel und Teile des 2. und 3. Kapitels wurden von meinem Studenten Peter Th. Walther übersetzt; andere Teile schrieb ich neu auf deutsch. Das 5. Kapitel wurde von Walter Theimer übersetzt. Ich bin Herrn Walther für viele wertvolle Ratschläge zum Stil und zum Inhalt dankbar.

Ein Forschungsstipendium des National Endowment for the Humanities ermöglichte es mir, 1971/1972 zwei Semester in Europa zu verbringen. Dank Reisestipendien der Forschungsstiftung an der State University of New York für die Sommer 1974 und 1975 und der American Philosophical Society für den Sommer 1977 konnte ich die Bundesrepublik, England, die DDR und Polen während der Überarbeitung dieser Aufsätze noch einmal aufsuchen. Mein Dank gilt auch den Bibliothekaren der Niedersächsischen Staats- und Universitätsbibliothek in Göttingen und der Lockwood Library der State University of New York at Buffalo für die vorzügliche Hilfsbereitschaft, mit der sie mir ihre Bestände an europäischer Geschichtswissenschaft zur Verfügung stellten.

Vor allem möchte ich aber meiner Frau für viele Anregungen und für ihr ständiges aktives Interesse an meiner Arbeit danken.

Buffalo, New York
Januar 1978   Georg G. Iggers

1. Kapitel
Die Krise der herkömmlichen Geschichtswissenschaft

Wenn man auf die Literatur der letzten fünfzig oder gar hundert Jahre über geschichtliches Denken zurückblickt, so fällt auf, wie gegensätzlich Philosophen und Historiker die Lage der Geschichtsschreibung einschätzen. Seit Nietzsches Essay *Vom Nutzen und Nachteil der Historie für das Leben* wird in zunehmendem Maße nicht nur der Nutzen der Geschichte für das Leben bezweifelt, sondern auch die Möglichkeit von Geschichte als Wissenschaft in Frage gestellt. Claude Lévi-Strauss und Michel Foucault gingen vor kurzem schließlich so weit zu fragen, ob der Mensch denn überhaupt eine Geschichte habe[1]. In letzter Zeit hat der Amerikaner Hayden White in seinem Werk über historisches Denken im 19. Jahrhundert den wissenschaftlichen Anspruch der Geschichte direkt abgelehnt und den Standpunkt eingenommen, daß die metahistorischen Grundlagen geschichtlichen Denkens in Sprachprotokoll und poetischer Einbildungskraft zu suchen seien. Ein sinnvoller Unterschied zwischen eigentlicher Geschichte und Geschichtsphilosophie wird geleugnet, und der Vorrang der einen vor der anderen wird schließlich von »ästhetischen und moralischen statt von epistemologischen Überlegungen« abhängig gemacht[2]. Diese extreme kritische Einstellung hinsichtlich der Wissenschaftlichkeit von Geschichte, die ja von Anhängern der Lebensphilosophie, des Strukturalismus und des Logischen Positivismus wie Karl R. Popper gleichermaßen geteilt wird, entspricht aber nicht der Verwissenschaftlichung, die in den letzten beiden Jahrzehnten im Bereich historischer Studien bemerkenswerte Fortschritte gemacht hat. Es mag zwar sein, wie Hayden White nahelegt, daß »das Verlangen nach der Verwissenschaftlichung von Geschichte lediglich die erklärte Vorliebe für eine bestimmte Art und Weise der Formung historischer Konzeptionen bedeutet«[3], doch übt eine solche Vorliebe eine immer stärker werdende Anziehungskraft auf Historiker verschiedenster Richtungen aus.

[1] Vgl. Michel Foucault, *Les mots et les choses*. Paris 1966; dt. *Die Ordnung der Dinge*. Frankfurt a. M. 1971.
[2] Hayden White, *Metahistory. The Historical Imagination in Nineteenth-Century Europe*. Baltimore 1973, S. 427 und XII.
[3] White, *Metahistory*, S. 37.

Die alten Vorbilder der Geschichtswissenschaft, die die historische Disziplin vom 19. bis ins 20. Jahrhundert hinein beherrschten, wurden im Verlauf der letzten Jahrzehnte mehr und mehr als unzureichend empfunden. Ebenso fragwürdig wurden einige bisher akzeptierte Annahmen, wie z. B. die Vorstellungen über die Möglichkeit der Objektivität historischer Erkenntnisse, die Betonung der Wertfreiheit historischer Untersuchungen und der Glaube an die Kontinuität historischer Entwicklung. Dieser Bruch mit traditionellen Methoden und Voraussetzungen hat dazu geführt, daß die Möglichkeit einer Wissenschaft von der Geschichte immer skeptischer beurteilt wurde; andererseits haben sich Berufshistoriker bemüht, die Geschichte auf Grundlagen zu stellen, die mit den zeitgenössischen Vorstellungen von Wissenschaft, insbesondere von Sozialwissenschaft übereinstimmen, um so die Unzulänglichkeiten einer Vorstellung von Geschichtswissenschaft zu überwinden, die die geistigen Interessen und gesellschaftlichen Realitäten einer vergangenen Epoche widerspiegelt.

Wir haben den Umfang unserer Studie schmal gehalten und uns in diesem Buch auf einen nur kleinen Bereich der Geschichtsschreibung und des geschichtlichen Denkens beschränkt: auf die Historiker, die Geschichte als Wissenschaft im Sinne einer von strengen methodologischen Voraussetzungen kontrollierten Disziplin verstehen. Geschichte wurde ja aus sehr verschiedenen Absichten auf sehr unterschiedliche Weisen geschrieben, so daß die Grenze zwischen Geschichte und Mythos, Geschichte und Dichtung, Geschichte und Ideologie oft verschwamm. Die Zeiten, da Historiker noch zuversichtlich erklären konnten – wie noch um die Jahrhundertwende der Engländer John B. Bury in seiner Oxforder Antrittsrede –, daß die Geschichte »selbst aber nur eine Wissenschaft ist, nicht mehr und nicht weniger«[4], sind längst vorbei. Von Geschichte als einer Wissenschaft zu sprechen, löst in der englischsprachigen Welt Auseinandersetzungen aus, da dort der Begriff Wissenschaft aufs engste mit dem Vorbild der Naturwissenschaften verbunden wird. Für deutsche oder französische Gelehrte hingegen steht sehr viel eher fest, daß Geschichte eine Wissenschaft ist, wenn auch deutlich keine exakte Wissenschaft. Es trifft sicherlich zu, wie Historiker von Ranke bis Hexter betonen, daß

[4] John Baguell Bury, *The Science of History* (Burys Antrittsrede als Regius Professor of Modern History in Cambridge 1902). Dt. in: Fritz Stern (Hrsg.), *Geschichte und Geschichtsschreibung.* München 1966, S. 229.

Gegenstandsbereich und Methoden der Geschichte sich grundsätzlich von denen der Naturwissenschaften unterscheiden, daß
»Geschichte, wie sie betrieben wird, eine an Regeln gebundene
Disziplin ist, deren Regeln und Sprachgebrauch von denen der
wissenschaftlichen Erklärungen in den Naturwissenschaften
verschieden sind«[5]. Doch mit Gelehrten und Wissenschaftlern
anderer Disziplinen haben die Historiker die Auffassung gemein, daß die Forschungsmethoden und Erklärungsregeln – wie
sehr sich diese auch in Geschichte und anderen Wissenschaften
voneinander unterscheiden – nicht von persönlichen Intuitionen abhängen. Solche Intuitionen mögen zwar eine (nicht zu
unterschätzende) Rolle im Verlauf wissenschaftlicher Überlegungen spielen, aber Forschungsmethoden und Erklärungsregeln werden in letzter Analyse an intersubjektiv anerkannten
Regeln der Untersuchung gemessen. Daß Geschichte nicht nur
eine Wissenschaft, sondern auch eine Kunst ist, haben auch
Vorkämpfer einer »wissenschaftlichen« Geschichte wie Ranke
anerkannt[6]. Aber für wie wichtig man die literarischen, ästhetischen und rhetorischen Bestandteile einer historischen Darstellung auch halten mag, seit Aristoteles[7] stimmen Historiker und
Philosophen generell darin überein, daß sich Geschichte doch
auf entscheidende Weise von Dichtung unterscheidet. Denn es
bleibt nach wie vor die hauptsächliche Aufgabe des Historikers,
eine tatsächliche Vergangenheit zu rekonstruieren und zu interpretieren.

Bisher hat die Geschichte der Disziplin Geschichte nicht aus-
reichend in Betracht gezogen, in welchem Maße Historiker zu-
mindest seit der Aufklärung die Geschichte nicht nur als Ge-
lehrsamkeit, sondern als Wissenschaft angesehen haben. Die
Geschichte der Historiographie ist immer als Geschichte von
Männern, Büchern und Ideen geschrieben worden. Im besten
Falle, wie in den Werken Fueters, Goochs, Butterfields und
Kons[8], wurde versucht, Historiker in den weiteren Rahmen der

[5] J. H. Hexter, *The Rhetoric of History*. History and Theory 6 (1967), S. 3–13;
vgl. ebd. 11 (1972), S. 121.
[6] Vgl. das von Eberhard Kessel herausgebene Ranke-Fragment *Idee der Universalhistorie*. Historische Zeitschrift 178 (1954), S. 290–309.
[7] *Poetik*, 9. Kap.
[8] Vgl. Eduard Fueter, *Geschichte der neueren Historiographie*. 3. Aufl., München 1936; George P. Gooch, *History and Historians in the Nineteenth Century*.
London 1913; Herbert Butterfield, *Man on His Past. The Study of the History of
Historical Scholarship*. Cambridge 1955; Igor S. Kon, *Geschichtsphilosophie des
20. Jahrhunderts*. 2 Bde, Berlin/DDR 1964.

Geschichte von Ideen oder wissenschaftlichen Disziplinen zu stellen. Bis vor kurzem jedoch ist man nur selten an die Geschichte als eine eigene, sich entwickelnde Disziplin innerhalb ihres gesellschaftlichen und institutionalen Zusammenhanges herangegangen. Die folgenden Abhandlungen wollen zu solch einer Studie der Wissenschaft von der Geschichte im 19. und 20. Jahrhundert beitragen; sie werden aber fragmentarisch bleiben. Darüber hinaus sind sie in dem Bewußtsein geschrieben, daß Geschichte nur teilweise wissenschaftlich ist, und daß andere Bestandteile, wie z. B. rhetorische Erwägungen, auch in die sorgfältigsten Versuche, methodologische und begriffliche Strenge in historischen Untersuchungen durchzusetzen, Eingang finden. Und ebenso sind wir uns darüber im klaren, daß die Geschichte der Geschichte niemals als eigenständige Entwicklung der Disziplin verstanden werden kann, daß sie vielmehr den sozialen, politischen und institutionalen Zusammenhang aufzeigen muß, in dem Geschichte geschrieben wird.

Die Geschichte einer Wissenschaft zu schreiben, ist immer schwieriger geworden, und im Falle der Disziplin Geschichte, die durch so wenig Übereinkunft über Methoden und Übereinstimmung der Interpretation gekennzeichnet ist, trifft das besonders zu. Die Überzeugung vieler Denker des 18. und 19. Jahrhunderts, Turgots und Condorcets ebenso wie Auguste Comtes, John Stuart Mills und John B. Burys, daß gerade die Struktur der Wirklichkeit selbst einen ständigen Fortschritt wissenschaftlicher Erkenntnis garantiert, der auf eine gemeinsame Theorie der Hauptbereiche des Wissens hinweist, diese Überzeugung ist erloschen. Im wissenschaftlichen Denken von Kant bis zu den modernen logischen Positivisten ist die Auffassung von der Objektivität der Natur, der noch größtenteils die Wissenschaft des 19. Jahrhunderts folgte, verdrängt. Nach der übereinstimmenden Auffassung heutiger Wissenschaftsphilosophen werden »wissenschaftliche Hypothesen oder Theorien ... nicht aus beobachteten Tatsachen abgeleitet, sondern in der Absicht erfunden, sie zu erklären«[9]. Das schließt natürlich keinesfalls die Möglichkeit von Kriterien für die Gültigkeit wissenschaftlicher Theorien aus. Jedoch ist in einem breiten und sehr verschiedenartigen Bereich zeitgenössischen Denkens – von Oswald Spengler bis Gaston Bachelard und Thomas S. Kuhn –

[9] Carl Gustav Hempel, *Philosophie der Naturwissenschaften.* München 1974, S. 27.

betont worden, daß außerwissenschaftliche Faktoren in die Fragestellungen von Wissenschaftlern und deren Theorien, die Ereignisse versteh- oder erklärbar machen sollen, miteingehen und sie mitbestimmen. So behauptet Oswald Spengler, daß jede Wissenschaft (einschließlich der Mathematik) ein Ausdruck der Grundsymbole einer einzigartigen Kultur sei[10]. Bachelard[11] und Foucault betonen, daß Wissenschaft in jedem Zeitalter durch ein »epistème«, das Kuhns »Paradigma« nicht unähnlich ist, gekennzeichnet ist: durch eine bestimmte Art, den Bereich des Wissens zu sehen und zu organisieren[11]. Die Geschichte der Wissenschaft sei nicht durch eine Weiterentwicklung von wissenschaftlicher Theorie als Ergebnis der Anhäufung von Wissen gekennzeichnet, sondern durch plötzliche epistemologische Brüche, die eine grundsätzliche Neuorientierung in der wissenschaftlichen Zielsetzung eines Zeitalters aufzeigten. Wissenschaftsgeschichte zeichne sich demzufolge nicht durch Kontinuität, sondern durch abrupte Unterbrechungen aus. Die Zeitaltergebundenheit und die kulturbedingte Relativität aller Geschichten fassen viele Geschichtstheoretiker ähnlich auf: Theodor Lessing[12], der Geschichte als Mythos ansah, Karl R. Popper[13] und Claude Lévi-Strauss[14], die beide aus sehr verschiedenen Perspektiven heraus behaupten, daß Geschichte kein Objekt besitze und daß jede Geschichte nur für die Zeit und Kultur, in der sie geschrieben ist, gelte.

Aus dieser Perspektive scheint der Geschichte von Wissenschaft – oder der Geschichte historischer Studien – jede sinnvolle Richtung zu fehlen. Sie ist eine Abfolge von Weltsichten, durch die Wirklichkeit gesehen wird, alle gleichwertig und auch unfähig, eine sich durchsetzende Autorität für eine zusammenhängende begriffliche Erkenntnis geltend zu machen. Doch weder Kuhn noch Bachelard sind bereit, dies zuzugestehen – und ebensowenig wir, soweit es sich auf Geschichtsstudien bezieht.

---

[10] Vgl. Oswald Spengler, *Untergang des Abendlandes.* 2 Bde, München 1918–20; siehe Bd. 1, 2. Kapitel ›Vom Sinn der Zahlen‹.

[11] Vgl. Gaston Bachelard, *La Formation de l'esprit scientifique.* Paris 1938; ders., *Le Nouvel esprit scientifique.* Paris 1949; ders., *La Philosophie du non. Essai d'une philosophie du nouvel esprit scientifique.* Paris 1949.

[12] *Geschichte als Sinngebung des Sinnlosen.* München 1921.

[13] *The Open Society and Its Enemies.* Princeton 1950, Bd. 2, S. 452; dt. *Die offene Gesellschaft und ihre Feinde.* 2 Bde, 4. Aufl., München 1975.

[14] *La pensée sauvage.* Paris 1962; dt. *Das wilde Denken.* Frankfurt a. M. 1971; aber vgl. ›Histoire et ethnologie‹. In: *Anthropologie structurelle.* Paris 1958; dt. *Strukturale Anthropologie.* Frankfurt a. M. 1971.

Ähnlich wie für Bachelard ist für Kuhn die Wissenschaftsgeschichte durch »revolutionäre« Änderungen der »Paradigmen« gekennzeichnet, wodurch die Auffassung einer Wissenschaftlergeneration von ihrem Werk radikal verändert wird und neue zusammenhängende Traditionen wissenschaftlicher Forschung entstehen. Kuhn und Bachelard wollen sich von solchen Begriffen wie »Wahrheit« und »Wirklichkeit« lösen. Doch gleichzeitig will Kuhn der Anklage entgehen, daß er »Wissenschaft zu einem subjektiven und irrationalen Unterfangen macht«. Obwohl ein Wechsel eines »Paradigmas« niemals durch »eine Erweiterung dessen, was bekannt ist«, erfolgt, so geschieht er doch in einer tatsächlichen historischen Situation tiefgreifender Berufsunsicherheit, da die alten Ansätze zu einer überzeugenden Lösung der Probleme, die sich die wissenschaftliche Gemeinschaft gestellt hat, nicht mehr ausreichen. Das Überdenken eines Paradigmas kommt nicht bloß als Ergebnis von »Regelwidrigkeiten« der Tatsachen in Gang, sondern beruht auf einer tieferliegenden Krise, in der sich die »Weltsicht« ändert und – untrennbar damit verbunden – die soziale Wirklichkeit gründlich verwandelt. Der Konsens der wissenschaftlichen Gemeinschaft definiert für Kuhn wissenschaftliche Wahrheit. Doch bleibt diese Gemeinschaft eine einzigartige Gemeinschaft von »Fachleuten, die durch streng definierte Fragen und hochspezialisierte Methoden gebunden sind«[15]. David Hollinger hat darauf hingewiesen, daß diese Annahme die Ablösung einer »transzendenten Objektivität«, die an einer »festliegenden, dauernden, wissenschaftlichen Wahrheit« festhält, durch eine »sozial begründete Objektivität« verlangt[16]. Diese neue »Objektivität« bildet dennoch weiterhin einen objektiven Faktor, der sich zwar nicht gänzlich auf den Konsens der wissenschaftlichen Gemeinschaft zurückführen läßt, aber zur Herstellung des Konsens' beiträgt, den die wissenschaftliche Gemeinschaft bei der Suche nach Lösungen der von ihr gestellten Probleme anstrebt. Sicherlich führt jede wissenschaftliche Revolution zu Gewinnen und Verlusten; zu Verlusten, weil die neue Ausrichtung der Wissenschaft es unmöglich macht, sich mit bestimmten Problemen, die jetzt außerhalb ihrer Perspektive liegen, zu be-

---

[15] Thomas S. Kuhn, *The Structure of Scientific Revolutions*. 2nd. enlarged edition, Chicago 1970, S. 7, 85, 111–135, 167; dt. *Die Struktur wissenschaftlicher Revolutionen*. Frankfurt a. M. 1973.

[16] Vgl. David Hollinger, *T. S. Kuhn's Theory of Science and Its Implications for History*. American Historical Review 78 (1973), S. 381.

fassen[17]. Jedoch fühlt sich Kuhn verpflichtet anzuerkennen, daß trotz der Verluste für die einzelnen wissenschaftlichen Gemeinschaften, die infolge eines Paradigmawechsels eintreten, »das Wesen derartiger Gemeinschaften die eigentliche Garantie dafür bietet, daß sowohl die Anzahl der von der Wissenschaft gelösten Probleme als auch die Genauigkeit der einzelnen Problemlösungen zunehmen wird« und daß »unausbleibbar eine Form von Fortschritt den wissenschaftlichen Betrieb kennzeichnen wird, solange solch ein Betrieb bestehen bleibt«[18]. All das setzt ein sich ständig vertiefendes und verfeinerndes Verstehen der Natur voraus, das zu Recht den Begriff der Endgültigkeit aufgibt und den geschichtlichen Charakter wissenschaftlicher Forschung anerkennt, aber doch keineswegs auf den Begriff der Wirklichkeit verzichtet.

Man könnte einwenden, daß Kuhns Auffassung von der Wissenschaftsgeschichte für die Geschichte der Disziplin Geschichte kaum etwas zu bieten hat, daß Geschichte eben keine Wissenschaft sei oder, wenn doch, so nur in einem sehr veränderten Sinn. Letzteres trifft ohne Zweifel zu. Aber dennoch steht fest, daß Geschichte seit gut zweihundert Jahren als ein akademisch organisiertes Forschungsgebiet betrieben wird[19].

Sicherlich ist ein Großteil von Geschichte außerhalb dieser organisierten Disziplin geschrieben worden und ohne Einhaltung der Regeln der Zunft. Überdies hat sich Geschichte in ihren Ausdrucksformen auch innerhalb des akademischen Bereichs einen viel größeren Spielraum erhalten als andere, stärker dem Erklären verpflichtete Disziplinen. Stil und Darstellung wurden vom gebildeten Publikum ebenso kritisiert wie von den Kollegen in der Zunft. Die Gemeinschaft der Historiker ist zugegebenermaßen durch ihre an Wahrheit und Verstehen sich orientierende berufliche Verpflichtung lockerer zusammengehalten als andere wissenschaftliche Gemeinschaften; doch trotz etlicher Fraktionen innerhalb der Zunft gibt es bestimmte, allgemein akzeptierte Annahmen über die Bedingungen und Elemente rationaler Diskussion. Historiker als Berufshistoriker sind verpflichtet, nicht nur eine Geschichte über die Vergangenheit zu erzählen, sondern *die* Geschichte zu erzählen, die sich am wahrscheinlichsten auf die als wichtig eingeschätzten und vorliegenden Befunde stützen kann: Historiker fühlen sich also

---

[17] *Ebd.*, S. 392.
[18] Kuhn, *Structure of Scientific Revolutions*, S. 170.
[19] Hollinger, *T. S. Kuhn's Theory*, S. 378.

dem, was J. H. Hexter die »Wirklichkeitsregel« genannt hat, verpflichtet. Diese Wirklichkeit bleibt ohne jeden Sinn, wenn man sich ihr nicht mittels eines begrifflichen Vorentwurfs nähert; doch wird durch sie ein Bezugsrahmen eingeführt, der der gemeinsamen Verpflichtung von Physikern und Historikern, die Bedeutung von Wirklichkeit so gut als irgend möglich zu erforschen, zu verstehen und darzustellen, Sinn gibt. Für den Historiker ist diese Wirklichkeit die »Wirklichkeit dessen, was in der Vergangenheit geschah«[20].

Die Verpflichtung, wahrheitsgemäße Interpretationen der Wirklichkeit anzustreben, ermöglicht einen Dialog, in dem zunehmendes Verständnis der Vergangenheit gesucht wird. Schon verhältnismäßig früh gelangten Historiker zu einer negativen Bestimmung des Unzulässigen im Bereich historischer Forschung. Besonders seit der Institutionalisierung historischer Studien besteht allgemeine Übereinstimmung über die Regeln der Erkenntnis, mit deren Hilfe weniger endgültig festgestellt werden sollte, was geschehen war, als bestimmt werden sollte, was nicht hat geschehen können. Diese Übereinstimmung gab Historikern ein Element gemeinsamer Sprache und Logik, das – wenn auch mit Einschränkungen – einen fortlaufenden Dialog über ideologische Grenzen hinweg ermöglichte.

Doch besteht ein Unterschied zwischen Geschichte als einem gelehrten Unternehmen, wie es seit der Renaissance von Gelehrten durchgeführt wurde, und Geschichte als einer Disziplin, die sich nicht nur – wie zu einem gewissen Grade auch schon die historische Gelehrsamkeit – ihrer methodologischen Vorgänge bewußt ist, sondern auch jenseits bloßen antiquarischen Interesses an beachtenswerten Einzelheiten der Vergangenheit zu einer breiter gefaßten Rekonstruktion von Aspekten vergangener Wirklichkeit auf der Grundlage überzeugender Beweise zu kommen sucht. Doch offensichtlich reichte die oben erwähnte negative Übereinstimmung nicht aus, um Geschichte zu schreiben, wenn nach sinnvollen Verbindungen zwischen Ereignissen und Strukturen gestrebt wird. Solch eine Geschichte verlangt einen breiteren theoretischen Bezugsrahmen, der Interpretationen ermöglicht. Der Übergang der Geschichte von der Gelehrsamkeit zu einer sich selbst als Wissenschaft verstehenden Disziplin verlangte die kritische Auswertung historischen Materials innerhalb breiterer Modelle geschichtlicher For-

[20] Vgl. Hexter, *The Rhetoric of History*, S. 3–13.

schung, die den begrifflichen Rahmen für die mögliche Bearbeitung der zu stellenden Fragen zur Verfügung stellen. Die Interessen, Ansichten und die intellektuelle Besorgnis der jeweiligen akademischen Gemeinschaft beeinflussen die von ihr gebrauchten Modelle zutiefst. Selbst bei der grundlegenden Übereinstimmung darüber, was einen Beweis ausmacht, konnten sehr verschiedene Geschichten geschrieben werden, verschieden in den Interpretationen eines gemeinsamen Themas, aber auch in grundsätzlichen Annahmen, Ansätzen und im Stil. All das, so wurde argumentiert, schließt irgendeine Form von Entwicklung bei historischen Auffassungen aus. Die Geschichte der Geschichte ist durch radikale Diskontinuität gekennzeichnet. Jede Geschichte, so heißt es, gilt nur für den Glauben, die Partei, Klasse, Nation und das Zeitalter, aus dem sie entstand.

Daher kann die Meinung vertreten werden, daß jede Tradition historischen Forschens die Bedingungen ihrer Entstehung und Entwicklung widerspiegelt. Das »wissenschaftliche« Modell historischer Forschung Rankes – die eng begrenzte Konzentrierung auf politische Geschichte, die umfassendere soziale Bedingungen vernachlässigt, das auf die Außenpolitik europäischer Staaten beschränkte Interesse und die Konzentration auf staatliche Dokumente auf Kosten anderer Quellen – wäre demzufolge nicht nur ein Rückschritt gegenüber den Bestrebungen der Historiker der deutschen Aufklärung, eine weltbürgerliche Sozialgeschichte politischen Verhaltens zu schreiben, Rankes Modell zeigte vielmehr die politischen, sozialen und intellektuellen Begrenzungen der damaligen preußischen Universität auf, an der dieses Modell historischer Forschung entstand. Diese Meinung trifft ohne Zweifel zu. Doch wäre es ein Trugschluß anzunehmen, die Herkunft einer Idee schmälere die Bedeutung ihrer Erkenntnis. Denn allein schon die Tatsache, daß Geschichtsschreibung innerhalb ihres historischen Zusammenhanges stattfindet, schafft einen Grund historischer Einsicht, so bedingt er auch sein mag. Das Rankesche Modell kam auf, als im frühen 19. Jahrhundert der Anspruch der deutschen Historiker der Aufklärungszeit auf Wissenschaftlichkeit nicht mehr überzeugte. Die veränderte Natur der westlichen und nichtwestlichen Welt im 19. und 20. Jahrhundert und das Herausbilden einer stark technologischen Gesellschaft mit ihren politischen, sozialen und intellektuellen Begleiterscheinungen sowie das Erscheinen bisher übergangener Klassen und Nationen auf der politischen Bühne bildeten die reale Basis für die wachsende

Unzufriedenheit mit den Beispielen und Vorbildern der aus dem 19. Jahrhundert stammenden wissenschaftlichen Methode. Die Umformung der Disziplin Geschichte ist in diesem Sinne untrennbar mit der Entwicklung von Gesellschaft und Kultur verbunden.

Aber trotz weitreichender Unterschiede in den Auffassungen haben sich gewisse Bereiche der Übereinstimmung innerhalb moderner historischer Lehre und Forschung herausgebildet. So erweiterte sich der Bereich historischer Studien: die außereuropäische Welt wurde mit einbezogen, und man beachtete nun ernsthafter Schichten der Bevölkerung und Aspekte menschlichen Verhaltens, die bisher vernachlässigt worden waren. Historiker verschiedenster ideologischer Richtungen stimmen jetzt darin überein, daß eine Geschichte (und Geschichtsschreibung), die sich auf die bewußten Handlungen von Menschen konzentriert, nicht ausreicht; menschliches Verhalten kann nur verstanden werden in dem Rahmen von Strukturen, innerhalb deren dieses Verhalten stattfindet. Diese Strukturen sind den »Männern, die Geschichte machen« (Treitschke) zumeist verborgen. Moderne Historiker haben Themen wieder aufgenommen, die schon die Historiker zur Zeit der Aufklärung in Deutschland interessierten, die diese aber aufgrund ihres unzulänglichen methodologischen und begrifflichen Apparates nicht überzeugend behandeln konnten. So schränkte die »wissenschaftliche« Geschichtsschreibung des 19. Jahrhunderts notwendigerweise die Bestrebungen der Historiker ein, auch wenn diese Einschränkung ebensosehr aufgrund ideologischer wie wissenschaftlicher Überlegungen erfolgte. Geschichte sollte auf eine feste, nicht umstürzbare methodologische Basis gestellt werden. Die Historiker des 20. Jahrhunderts sind weiterhin der kritischen Materialüberprüfung verpflichtet, auf der die »wissenschaftliche« Schule (in der Nachfolge Rankes) im 19. Jahrhundert bestand; doch gleichzeitig haben sie erkannt, daß Dokumente nicht selbst ihre eigene Geschichte erzählen und daß die Historiker – gerade indem sie die Vergangenheit für sich selbst sprechen ließen – im letzten Jahrhundert sich grundsätzlich nicht über die Voraussetzungen im klaren waren, die es ihnen erlaubten, Linien historischer Entwicklung aufzuzeigen. Als Folge verstärkte sich die Stellung von Theorien, Hypothesen und Begriffsbildungen in historischer Analyse und Erzählung. Es gibt keine einheitliche Sozial- oder Geschichtswissenschaft, die einen Vorrat an Theorien für historische Erklärungen oder Richtlinien für die Auswahl und Organisation historischer Tatsachen bereitstellen könnte. Doch trotz der tiefgreifenden und trennenden Unterschiede in den Ansichten und Bindungen der Historiker haben die ständige Infragestellung von Standpunkten durch Mitglieder und auch Nichtmitglieder der historischen Zunft und ebenso die sozialen, politischen und intellektuellen Forderungen jeder Zeit nicht nur zu einer Verbreiterung der historischen Perspektive beigetragen, sondern auch zu einer zunehmenden methodologischen und begrifflichen Strenge, die generell in allen Humanwissenschaften festzustellen ist.

Irgendwann im 18. Jahrhundert begann an deutschen Universitäten, insbesondere in Göttingen, im Fach Geschichte der Übergang von der Gelehrsamkeit zu einer neuen wissenschaftlichen Orientierung, die die kritische Untersuchung von Befunden mit der narrativen Rekonstruktion eines Verlaufs von Ereignissen verband. Dieser Übergang war eng mit der Herausbildung der organisierten akademischen Disziplin Geschichte verbunden. Parallel dazu entstand ein Paradigma für Historiker, als im Verlauf des 19. Jahrhunderts die Beschäftigung mit historischer Forschung institutionalisiert und zu einem Beruf wurde. Dieses Paradigma behauptete bis vor kurzem seinen Einfluß auf die Geschichtsschreibung an den Universitäten. Das Thema dieser Essays ist der Niedergang dieses Modells historischer Wissenschaft im 20. Jahrhundert, der aber Berufshistoriker nicht dazu brachte, ihre Vorstellungen einer historischen Wissenschaft aufzugeben. Statt dessen suchten sie nach Alternativen, die ein höheres Maß an Wissenschaftlichkeit boten, indem sie umfassendere Erforschungen der Vergangenheit und intersubjektiv überzeugendere Richtlinien für derartige Erforschungen ermöglichten.

Schon lange vor dem 18. Jahrhundert bestand außerhalb von Universitäten eine lebendige Tradition historischen Forschens, die auch durch das 19. Jahrhundert hindurch weiterlebte. Doch gab es bis ins 18. Jahrhundert eine relativ scharfe Trennung zwischen historischem Forschen und historischem Schreiben. Einerseits gab es seit Thukydides die Tradition narrativer Geschichtsschreibung, die in der italienischen Renaissance wiederauflebte: Männer des öffentlichen Lebens, Politiker, Generale und Schriftsteller, die diese Tradition vertraten, sahen sich hier als Lehrer und Philosophen. Doch während sie die Wahrheit zu erzählen suchten, wandten sie nur in beschränktem Maße die

strengen Regeln der Quellenkritik an, die die gelehrten Forscher entwickelt hatten. Andererseits existierte seit der Renaissance und der Reformationszeit eine Tradition philologischer
Kritik. Wie Donald Kelley und George Huppert gezeigt haben[21], spiegelt sich in dem seit der Renaissance auftretenden
Bemühen von Gelehrten, mit Hilfe kritischer philologischer
Methoden festzustellen, wie sich die Vergangenheit, besonders
in ihrer Rechtsverfassung, von der Gegenwart unterscheidet,
ein Gefühl für die Geschichte wider.

Doch fehlte diesen Gelehrten Verständnis für Entwicklung,
waren sie – in Kelleys Worten – nicht imstande, »Gelehrsamkeit
mit literarischer Qualität und einsichtiger Organisation zu verbinden« und brachten im methodischen Bereich »eher Flick-
werk als ein Paradigma« zustande[22]. Strenge kritische Forschung fand in den Benediktinerklöstern und seit dem 18. Jahrhundert auch in den Akademien statt[23]. Aber hier kümmerte
man sich hauptsächlich um die Herausgabe von Texten und
nicht um das Schreiben von Geschichte. Die Regeln der kritischen Untersuchung von Texten waren seit der Renaissance gut
herausgebildet und, als Jean Mabillon 1681 *De re diplomatica*
veröffentlichte, zu einer gut entwickelten Kunst geworden.
Doch macht die Textausgabe und -analyse ebensowenig Geschichtswissenschaften aus, wie die bloße Beobachtung von Na-
turerscheinungen, die der Newtonschen Physik Jahrtausende
vorausging, Naturwissenschaft ist. Geschichte wurde erst dann
zur »Wissenschaft«, als der Graben zwischen antiquarischem
Interesse und dem Schreiben von Geschichte überbrückt war.

Heute wissen wir, daß die romantische Vorstellung im
19. Jahrhundert vom 18. Jahrhundert als einer der Geschichte
gegenüber feindlichen oder zumindest gleichgültigen Zeit unangebracht ist. Die moderne Auffassung von Geschichtswissenschaft stammt aus der Aufklärung. Sie spiegelt die Historisierung des Denkens sowie der Wissenschaftsauffassung der Aufklärung wider. Die Entwicklung der modernen Naturwissen-

---

[21] Vgl. Donald R. Kelley, *Foundations of Modern Historical Scholarship*. New
York 1970; George Huppert, *The Renaissance Background to Historicism. History
and Theory* 5 (1966) S. 48–60. Vgl. auch J.G.A. Pocock, *The Origins of the Study of
the Past. A Comparative Approach*. Comparative Studies in Society and History 4
(1961/62), S. 209–246.

[22] Kelley, *Foundations*, S. 307.

[23] Vgl. Andreas Kraus, *Vernunft und Geschichte. Die Bedeutung der deutschen
Akademien für die Entwicklung der Geschichtswissenschaft im späten 18. Jahrhundert*. Freiburg i. Br. 1963.

schaften bildete ein wichtiges Modell für das Verständnis historischen Forschens. Die Institutionalisierung historischer Forschung folgte teilweise dem Vorbild der Naturwissenschaften. Wie dort entstand im 17. Jahrhundert eine organisierte Gemeinschaft von Wissenschaftlern und Gelehrten, die sich zuerst in Akademien und dann, vom Deutschland des 18. Jahrhunderts ausgehend, zunehmend in Universitäten konzentrierte, die in Deutschland schon lange Zeit Stätten historischen Forschens gewesen waren. Anstelle der alten, traditionellen Universitäten, die künftige Staatsdiener und akademisch gebildete Freischaffende heranbildeten, wurde die 1737 gegründete Universität in Göttingen zu einem immer bedeutsamer werdenden Forschungszentrum[24].

Nur allmählich wurden Lehrstühle für Geschichte, getrennt von denen für Politik, eingerichtet. Doch wie in den Naturwissenschaften legte man großen Wert auf technische Ausbildung, in diesem Falle also auf die sogenannten Hilfswissenschaften, wie Diplomatik, Paläographie und Numismatik. Schon bald aber beachtete man auch die Philologie und die neue Wissenschaft »Statistik«. Der Göttinger Professor Gottfried Achenwall versuchte nach 1748 mit ihrer Hilfe Geschichte auf der festen Basis von Fakten, zu denen u. a. Unterlagen über Bevölkerung, politische und administrative Organisation, Rechtsverfassung, Handelstätigkeiten und Gewerbefleiß gehörten, zu begründen. Der Begriff Statistik, wie ihn Achenwall gebrauchte, bedeutete damals etwas anderes als heute: Statistiken verlangten keine zahlenmäßigen Aufstellungen, sondern beinhalteten die Beschreibung der konkreten Institutionen und Charakteristika einer Gesellschaft entweder in quantitativer oder darstellender Form. Die im späten 18. Jahrhundert von Johann Christoph Gatterer und August Ludwig Schlözer in Göttingen ausgebildeten Historiker verbanden die umfassende Perspektive der philosophischen Historiker wie Montesquieu, Voltaire, Gibbon und Iselin mit den Fertigkeiten der Gelehrten und Rechtswissenschaftler alten Stils, die Textexegese und -kritik betrieben. Die

---

[24] Über deutsche Historiker im 18. Jahrhundert, besonders den Göttinger Kreis, siehe Butterfield, *Man on His Past;* Peter Hanns Reill, *The German Enlightenment and the Rise of Historicism.* Berkeley 1975; Luigi Marino, *I Maestri della Germania. Göttingen 1770–1820.* Turin 1975; Notker Hammerstein, *Jus und Historie. Ein Beitrag zur Geschichte des historischen Denkens an deutschen Universitäten im späten 17. und im 18. Jahrhundert.* Göttingen 1972; kurz auch Manfred Asendorf (Hrsg.), *Aus der Aufklärung in die permanente Restauration. Geschichtswissenschaft in Deutschland.* Hamburg 1974.

Göttinger Historiker suchten eine Geschichtskunst zu entwik-
keln, die die wechselseitigen Beziehungen von Ereignissen erfaßt. Denn obwohl ihrer Meinung nach Ereignisse den »eigentlichen Gegenstand der Geschichte«[25] darstellen, bildeten sie
doch nicht selbsttätig Geschichte. Gatterer und Schlözer
stimmten darin überein, daß es keine Geschichte gebe ohne eine
Vorstellung des Historikers, mit deren Hilfe er die chaotische
Masse an Material in ein zusammenhängendes Ganzes bringen
kann[26]. »Geschichte ist«, stellt Gatterer fest, »nicht nur Biogra-
phie der Könige oder chronologisch-genaue Anzeige von
Thronveränderungen, Kriegen und Schlachten«, wie es sich
deutsche Historiker vorstellten, »bis uns Briten und Franzosen
durch bessere Beispiele weckten«[27]. Zur selben Zeit wiesen die
Göttinger jeden Versuch zurück, der Geschichte einen Plan der
Philosophie aufzudrängen oder eine vereinfachende Auffassung
von historischer Objektivität einzuführen. Alle Geschichte bedeute auch Auswahl. Während sie einerseits glaubten, »die
Wahrheit der Geschichte bleibt wesentlich dieselbe«, sahen sie
andererseits, daß durch den Standort des Historikers und seinen
Gesichtspunkt, von dem aus er die Geschichte sieht, bestimmt
wird, welche Seiten dieser Wahrheit er sehen würde. »Der verschiedene Standort und Gesichtspunct des Griechen, des Rö-
mers, des Mönchs, des neuen Teutschen bestimmen doch andere Seiten der Wahrheit.«[28]
Schon von Anfang an war den Göttinger Historikern der
grundlegende Unterschied in den Methoden der Disziplin Geschichte und denen der Naturwissenschaften bekannt. Sie vertraten die neue, historistische Auffassung, der das Element der
Veränderung menschlicher Institutionen, der Sitten und des
Denkens bewußt war, und erkannten, daß jeder Versuch, die
menschliche Natur zu verstehen, die Untersuchung der historischen Umstände, unter denen sich diese Natur kundtut, verlangt. Grundsätzlich teilten sie Vicos Auffassung, daß »die Ge-

[25] Vgl. Johann Christoph Gatterer, *Einleitung in die synchronistische Universalgeschichte.* Göttingen 1771, S. 1.
[26] Johann Christoph Gatterer, *Vom historischen Plan und der darauf sich
gründenden Zusammenfügung der Erzählung.* In: *Allgemeine historische Bibliothek,* Bd. 1 (1767), S. 22.
[27] Vgl. Johann Christoph Gatterer, *Vom historischen Plan,* S. 24 f.; August
Ludwig von Schlözer, *Theorie der Statistik.* 1. Heft, Göttingen 1804, S. 92.
[28] Johann Christoph Gatterer, *Abhandlung vom Standort und Gesichtspunkt
des Geschichtschreibers.* In: *Allgemeine historische Bibliothek,* Bd. 5 (1768)
S. 3–29.

schichte sich dadurch von der Naturgeschichte unterscheide, daß wir die Menschengeschichte gemacht und die andere nicht gemacht haben«[29]. Zwar seien alle Menschen in einem gewissen Sinne »Geschöpfe einer Art«, doch sei der Mensch, wie Schlözer feststellt, »von Natur nichts« und erlange Gehalt und Charakter erst in der Geschichte[30]. Natürliche Kräfte wie geographische und klimatische Faktoren seien Teile der Bedingtheit des Menschen, und Geschichte könne also nicht völlig von den Naturwissenschaften getrennt werden; doch würden diese Naturkräfte andererseits durch menschliches Handeln beeinflußt. Geschichte verlange von den Naturwissenschaften recht unterschiedliche Methoden der Untersuchung, um die aus menschlichem Handeln herzuleitenden Absichten und Zielvorstellungen, bewußte oder unbewußte, aufzeigen zu können. Gatterer zufolge hat Geschichte die Einzigartigkeit von Ereignissen zu berücksichtigen. Deshalb verlange Geschichte auch eine andere Art der Beweisführung als die Naturwissenschaften, eine Beweisführung, die sich um das Verständnis menschlicher Beziehungen bemüht. Wie der Naturwissenschaftler habe der Historiker sich seinem Untersuchungsgegenstand mit Fragestellungen zu nähern, die ihm die Errichtung eines Systems von Ereignissen ermöglicht. Doch sei der Gebrauch von Hypothesen, solange er für die Geschichtswissenschaft für notwendig gehalten werde, gar nicht so erfolgbringend wie in den Naturwissenschaften[31]. Wegen des Aspekts der Einzigartigkeit historischer Ereignisse bildeten Hypothesen tatsächlich gewisse Hindernisse für historisches Verstehen. So wurde, wie Peter Reill anführt, ein methodologisches Dilemma historischer Forschung offenbar, das für zukünftige Historiker durchgehend unlösbar blieb: einerseits das Bestreben des Historikers, Geschichte in den Rang einer Wissenschaft zu erheben, indem durch empirische Daten gestützte Theoriebildungen in die Geschichte eingeführt werden, und andererseits die Erkenntnis, daß bewußtem, rationalem Denken, so auch besonders empirischem und induktivem, Grenzen des Verstehens sinnhaltiger sozialer Beziehungen gesetzt sind, da diese sozialen Beziehungen eine gewisse Einfühlung und miterlebendes Verstehen erfordern, was wiederum

[29] Zitiert aus *Das Kapital*, Bd. 1. MEW, Bd. 23, Berlin 1969, S. 393.
[30] August Ludwig Schlözer, *Vorstellung seiner Universalhistorie*. Göttingen 1772, Bd. 1, S. 5–6.
[31] Gatterer, *Synchronistische Universalgeschichte*, S. 4.

streng methodologischem Vorgehen widerspricht[32]. Auch war es unmöglich, rhetorische und emotionale Elemente ebenso rigoros aus der historischen Sprache zu verbannen wie aus naturwissenschaftlichen Abhandlungen.

Die Göttinger Historiker – Gatterer, Schlözer und, eine Generation später, Ludwig Heeren – bemühten sich um einen Ausgleich zwischen der Analyse sozialer Strukturen und der Darstellung von Ereignissen. In Übereinstimmung mit dem aufklärerischen Interesse, die menschliche Natur in ihrem historischen Zusammenhang zu untersuchen, wollten die Göttinger Historiker Geschichte von zwei Ansätzen her schreiben: erstens sollte »synchronistisch« an die Vergangenheit herangegangen werden, indem man die Strukturen von Gesellschaften eines gegebenen Zeitpunkts erfaßt und miteinander vergleicht, und zweitens »chronologisch«, indem man die durchgehende Entwicklung miteinander verbundener Handlungen eines ausgewählten Bereichs verfolgt[33]. Wie Voltaire und Iselin versuchten sie, die enggefaßte ereignisorientierte politische Geschichte zu überwinden; sie strebten danach, eine zwar umfassende Sozial- und Kulturgeschichte zu schreiben, die aber ihre Einheit und Kontinuität in bestimmten Schlüsselinstitutionen findet, unter denen der Staat für sie eine zentrale Rolle einnahm. Dieser Ausgleich zwischen politischer und sozialer Geschichte, zwischen narrativer Darstellung und »Statistik« scheint ihren politischen Bestrebungen gut entsprochen zu haben: sie waren einer aufgeklärten Monarchie verbunden, die die Überreste der feudalen Sozial- und Wirtschaftsordnung überwinden und die Grundlage eines die Gleichheit vor dem Gesetz garantierenden Staates bilden wollte[34].

Die Arbeiten der Göttinger Historiker waren gleichzeitig sehr modern und sehr altertümlich. Einerseits wiesen sie auf eine vergleichende Sozial- und Wirtschaftsgeschichte des politischen Bereichs und stellten Fragen, die erst wieder Historiker des 20. Jahrhunderts aufwerfen sollten. Doch andererseits waren auch sie unfähig, die Fülle demographischer, geographischer und ökonomischer Angaben auf eine begriffliche Einheit zu

---

[32] Vgl. Peter Hanns Reill, *History and Hermeneutics in the Aufklärung. The Thought of Johann Christoph Gatterer.* Journal of Modern History 45 (1973), S. 42.

[33] Johann Christoph Gatterer, *Abriß der Universalhistorie.* Göttingen 1765; vgl. Schlözer, *Theorie der Statistik.*

[34] Vgl. Asendorf, *Aus der Aufklärung.*

bringen oder diese Angaben in ihre Darstellungen einzuglie-
dern. Ihre Universalgeschichten blieben wie die der von ihnen
kritisierten Polyhistoriker Kompilationen. Einige Zeit später
gelang es dann aber Heeren, darüber hinauszugehen und ein
Bild von der historischen Entwicklung des Handels zu entwer-
fen[35]; er war insofern erfolgreicher als seine Lehrer. Auch gelang den Göttinger Historikern keine streng auf der kritischen
Untersuchung von Quellen beruhende Geschichtsschreibung.
Zwar warnte Gatterer wiederholt davor, sich auf bloße Überlie-
ferungen zu stützen, und forderte eine auf Primärquellen basie-
rende Geschichte[36], doch stützten sich seine und Schlözers Geschichten der Alten Welt weiterhin auf den unkritischen Gebrauch biblischer und klassischer Texte.

Das Aufkommen der neuen wissenschaftlichen Richtung der
Geschichtsschreibung an der soeben gegründeten Universität
zu Berlin, deren einflußreichster Vertreter Ranke wurde, bedeutete einen Fortschritt in der kritischen Auswertung von
Quellen und in der Nutzbarmachung dieser Quellen für die
Ausarbeitung zusammenhängender erzählender Darstellungen.
Jedoch beschränkte und verengte die Art der Quellen, die benutzt wurden, den Gesichtskreis des Historikers: statt der umfassenden Sozial- und Kulturgeschichte der Aufklärung domi-
nierte jetzt eine sich auf politische und religiöse Ereignisse sowie das Wirken mächtiger und einflußreicher Personen konzentrierende Geschichte, die die Beziehung zu ihrer weiteren Umgebung verloren hatte. Diese Einschränkung spiegelt eine allgemeine Reorientierung des politischen und geistigen Klimas wider. Wie die Göttinger Gruppe hatte die neue wissenschaftliche
Schule ein zwiespältiges Verhältnis zu dem aufklärerischen
Ideal wissenschaftlicher Objektivität. Weiterhin zog sie einen
klaren Trennungsstrich zwischen der historischen Methode und
der Methode der Naturwissenschaften und Philosophie. Wäh-

[35] Vgl. seinen *Versuch einer historischen Entwicklung der Entstehung und des
Wachstums der Brittischen Continental-Interessen* und *Ideen über die Politik,
den Verkehr und den Handel der vornehmsten Völker der alten Welt.* Historische Werke, Göttingen. 1821–1828.
[36] Zu Gatterers Einschätzung von Quellenmaterial, siehe *Abriß der Universalhistorie*, S. 20ff; *Synchronistische Universalgeschichte*, S. 1–4. Im Gegensatz zu
Ranke ist Gatterer bereit, seine historische Darstellung auf Historiker zu
gründen, die Primärquellen auswerten, ohne selbst auf die Quellen zurückzuge-
hen. Schlözer erscheint noch unkritischer und akzeptiert amtliche Berichte als
Grundlage, während er andere Quellen, wie Manuskripte, zurückweist. Siehe die
Einleitung zu *Neu verändertes Rußland oder Leben Catharinae der Zweyten,
Kayserin von Rußland aus authentischen Nachrichten beschrieben.* Riga 1767.

rend diese kausale Erklärungen für wiederholbare Erscheinungen suchte, beschäftigte sich jene mit sinnvollen menschlichen
Handlungen, die in ihrer Einzigartigkeit verstanden werden
müssen.

Den von der Göttinger Schule gesuchten Ausgleich zwischen
der Analyse struktureller Beziehungen und dem intuitiven
Verstehen einzigartiger historischer Erscheinungen lehnte die
neue wissenschaftliche Schule ab. Wissenschaftliche Gewißheit
sei in der Geschichtsschreibung möglich, wenn man die Beweggründe und Absichten der historischen Handlungsträger, wie
diese sich in den Quellen zeigten, verstehe. Das geeignete Mittel
für historische Studien sei deshalb die Hermeneutik. Diese neue
Schule behauptete viel nachdrücklicher als der Göttinger Kreis,
daß der Historiker Geschichte zu rekonstruieren habe auf der
Grundlage von Primärquellen, in der neueren Geschichte –
Ranke zufolge – »Memoiren, Tagebücher, Briefe, Gesandt-
schaftsberichte und ursprüngliche Erzählungen der Augenzeu-
gen«[37]. Um die Echtheit und Glaubwürdigkeit dieser Quellen
festzustellen, nutzten die Historiker dieser neuen Richtung die
traditionellen Methoden textimmanenter Kritik. Sie folgten in
dem Bemühen, ihren Befunden Sinn zu verleihen, der alten gelehrten Tradition der Exegese biblischer, klassischer und juristi-
scher Texte. Doch fügten sie in ihre Textanalysen bestimmte
holistische Annahmen ein, was ihrem ausgesprochenen Bestehen darauf, daß historische Forschung sich allein an Primärquellen zu halten habe, widersprach. Ein Modell dieser Methode, die bald die historisch-philologische genannt wurde, war
F. A. Wolfs *Prolegomena,* in denen versucht wurde, die Frage
der Autorschaft der homerischen Gedichte zu klären. Wolf
nahm an, daß eine Quelle niemals aufgrund einer sprachlichen
Analyse allein verstanden werden kann, sondern als ein historisches Dokument, das den Volksgeist widerspiegelt, betrachtet
werden muß. Das Begreifen dieses Volksgeistes sei der alleinige
Schlüssel zum Verständnis einer Quelle. Gleichermaßen hatte
Johann Joachim Winckelmann versucht, den Geist der Antike
aus den Überresten klassischer Kunst wiederaufleben zu lassen,
und Barthold Georg Niebuhr bemühte sich um das gleiche, nur
ging er vom römischen Recht aus.

Die Veränderungen des geschichtswissenschaftlichen Betrie-
bes entsprachen den grundsätzlichen Bewegungen in der politi-

---

[37] Leopold von Ranke, Vorwort zur 1. Ausgabe der *Geschichten der romani-
schen und germanischen Völker von 1494 bis 1514.* Sämtliche Werke, Bd. 33/34.

schen und gesellschaftlichen Verfassung Deutschlands, und besonders Preußens, nach den Napoleonischen Kriegen. Der Schwerpunkt historischer Forschung und Lehre verlagerte sich von den Universitäten kleinerer Städte wie Göttingen und Halle nach dem jetzt wichtigeren Berlin. Die dortige Universität war 1810 nach der Konzeption des preußischen Reformers Wilhelm von Humboldt gegründet worden; durch Forschung untermauerte Bildung sollte hier bloße fachbezogene technische Ausbildung ersetzen. Die preußische Universität war – stärker als in anderen Staaten mit weniger wirkungsvoll organisierten Bürokratien – eine Ausbildungsstätte für das allgemein gebildete Beamtentum, das, weil ein politisch bedeutsamer Mittelstand fehlte, besonderen Einfluß ausüben konnte. Viele der in den ersten Jahren nach Berlin berufenen Männer, wie der Althistoriker Barthold Georg Niebuhr, der Theologe Friedrich Schleiermacher, die Juristen Friedrich Karl von Savigny und Karl Friedrich Eichhorn und nach 1825 Leopold von Ranke, teilten bestimmte wissenschaftliche und politische Auffassungen. Sie alle betonten den Wert eines hermeneutischen und historischen Ansatzes für die Fächer, die sich mit dem Menschen beschäftigen. Sie wiesen das Erbe der Französischen Revolution zurück, lehnten ebenso jede feudale Reaktion ab und verhielten sich loyal gegenüber der preußischen Monarchie, deren aufgeklärte Bürokratie die Entwicklung der modernen kapitalistischen Wirtschaft begünstigte, ohne dem Mittelstand bedeutende politische Zugeständnisse zu machen. Ranke vertrat und verteidigte in der *Politisch-Historischen Zeitschrift,* die er von 1832 bis 1836 auf Bitten der preußischen Regierung herausgab, die Politik der Regierung im Sinne dieses aufgeklärten Royalismus gegen ihre feudalen und auch liberalen Kritiker. Er sah also die Aufgabe der Geschichtswissenschaft als eine teilweise politische. In Erinnerung an Edmund Burke sah er in der Geschichte ein kraftvolles Argument gegen revolutionäre Änderungen und für eine allmähliche Weiterentwicklung innerhalb der gegebenen Verhältnisse.

Die von Ranke vertretene hermeneutische Methode setzte einige grundsätzliche philosophische Annahmen voraus. Historisches Wissen war für Ranke und für die anderen, die länger als hundert Jahre die Tradition der Hermeneutik in Deutschland formten – für Wilhelm von Humboldt und Friedrich Schleiermacher, Johann Gustav Droysen, Wilhelm Dilthey und Friedrich Meinecke –, nur möglich in der Vorstellung, daß Geschichte das Reich des Geistes sei, wobei Geist in einem nicht-hegelschen Sinne verstanden wurde. Hegel hatte die Einheit der Weltgeschichte betont und in der Geschichte einen Prozeß gesehen, in dem der Geist durch ständige und wiederholte Selbst-Negation sich selbst in zunehmend rationalere Institutionen steigert, während die Anhänger der hermeneutischen Tradition betonten, daß der Geist sich in individualisierten Formen offenbare. Geschichte bestand – der hermeneutischen Tradition zufolge – aus »Individualitäten«, von denen jede ihre eigene und einzigartige innere Struktur, Bedeutung und Zweckgebundenheit hat. Die Eigenschaften einer Individualität besitzen nicht nur natürliche Personen, sondern in sogar tieferem Sinne die im Verlauf der Geschichte gewachsenen Kollektivkörper wie Staaten, Nationen, Kulturen, sogar die Menschheit. Auch sind diese Individualitäten nicht einfach flüchtige Erscheinungen, vielmehr repräsentierten sie, wie Wilhelm von Humboldt in seiner Schrift *Über die Aufgabe des Geschichtsschreibers* darlegt, »eine in der Erscheinungswelt wurzelnde Idee«[38]. Und man könne sie nicht durch abstraktes oder induktives Denken begreifen, sondern nur durch hermeneutische Methoden, durch Interpretation der Ausdrucksformen, d. h. der historischen Quellen, die sie in der Welt der sinnlichen Wahrnehmung zeigten. Daher stammt das Verlangen nach strenger Quellenanalyse als Ausgangspunkt jeder historischen Untersuchung.

Doch die Bedeutung von Ereignissen sei »nur zum Teil in der Sinnenwelt sichtbar; das übrige muß hinzuempfunden, geschlossen, erraten werden«[39]. Obgleich sich der Historiker immer zuerst auf die Einzelerscheinungen historischen Geschehens konzentriere, so bleibe ein »urkundliches, eingehendes, tiefes Studium« sein Ziel, das sich nicht mit Fakten begnügt, sondern dem »Wesen« und »Inhalt« der Erscheinungen nachgeht. Jede historische Erscheinung sei Teil einer geistigen Einheit und könne deshalb »nur durch geistige Apperception aufgefaßt werden«[40].

Der feste Glaube, daß Geschichte zwar niemals die Geschlossenheit eines philosophischen Systems erreichen könne, aber dennoch nicht ohne inneren Zusammenhalt sei[41], verhinderte

[38] Wilhelm von Humboldt, *Über die Aufgabe des Geschichtschreibers*. Werke, Bd. 1, Darmstadt 1960, S. 603.

[39] *Ebd.*, S. 583.

[40] Ranke, *Idee der Universalhistorie*, S. 296.

[41] Leopold von Ranke, *Weltgeschichte*, Teil 9, Abt. II, Leipzig 1888, S. XIII bis XVI.

die Auflösung der Geschichte in eine bloße Ansammlung von Individualitäten. Denn es existiert, so setzte man voraus, eine Rangordnung historischer Individualitäten, die von Einzelpersonen bis zu den großen kollektiven Einheiten wie Staaten, Epochen und der Menschheit selbst reicht, und die unter voller Beibehaltung ihrer Unversehrtheit fast wie nach Leibnizschem Entwurf miteinander harmonieren. Diese Harmonie ist aber nicht statisch; vielmehr geben große Tendenzen der Geschichte eine gewisse Kontinuität und Richtung. Es sei nun die Aufgabe des Historikers, durch Sich-Versenken in die dokumentarischen Quellen diese großen Tendenzen so zu erfassen, wie sie sich selbst offenbaren. Zwar gebe es strenge, der intersubjektiven Kontrolle unterworfene, methodologische Verfahren der kritischen Quellenüberprüfung, aber das Wesen historischer Individualitäten erlaube keine derartigen Kriterien für das Verstehen historischer Prozesse. Die Unmöglichkeit, historische Individualitäten aus anderen Kategorien abzuleiten als aus den diesen Individualitäten eigenen Prinzipien, schließe jede Kausalanalyse ebenso aus wie soziale oder politische Kritik. Die Kräfte, die in der Geschichte wirken, schreibt Ranke, sind »geistiges Leben hervorbringende, schöpferische Kräfte, es sind moralische Energien, die wir in ihrer Entwicklung erblicken. Zu definieren, unter Abstraktionen zu bringen sind sie nicht; aber anschauen, wahrnehmen kann man sie«[42]. Die einzig mögliche Form historischer Darstellung war demzufolge die erzählende Darstellung. Die Rankeaner stellten sich nicht dem von den Göttinger Historikern zumindest erkannten Problem der Auswahl und des eigenen Standorts. Die Verbindung der hermeneutischen Methode mit der historistischen Ansicht, daß ein angemessenes Verständnis menschlichen Tuns durch die Betrachtung seiner Entwicklung erreicht würde, konnte auf alle Ebenen schöpferischer menschlicher Tätigkeiten bezogen werden. Auch mußte sich Geschichte nicht auf schriftliche Dokumente als Quellen beschränken, wie die Altertumswissenschaftler Winckelmann, Niebuhr und August Böckh zeigten. Droysen sagte, daß es »nichts« gebe, »was den menschlichen Geist bewegt und sinnlichen Ausdruck gefunden hat, das nicht verstanden werden könnte«[43]. Wenn der Gesichtskreis der Geschichtswissenschaft

[42] Leopold von Ranke, *Die großen Mächte*. Sämtliche Werke, Bd. 24, S. 39f.
[43] Johann Gustav Droysen, *Historik. Vorlesungen über Enzyklopädie und Methodologie der Geschichte*. Hrsg. von Rudolf Hübner, München 1937, S. 24.

durch Ranke und die wissenschaftliche Schule auf Staatsaktionen und Kirchenaffären beschränkt wurde, so lassen sich darin eine Anzahl wissenschaftsbedingter und auch außerwissenschaftlicher Gründe erkennen.

Der Vorrang der kritischen Überprüfung geschriebener Quellen schloß die wissenschaftliche Erforschung der universalen Geschichte – einst das Ziel der Göttinger Historiker – aus. Die Öffnung der Archive nach 1830 förderte das Studium der politischen Geschichte der europäischen Staaten. Dieses Archivmaterial konnte zur Klärung sehr verschiedener Fragen genutzt werden, wie Alexis de Tocquevilles Studien zur Zentralisierung der Verwaltung zeigen. Rankes Betonung diplomatischer und militärischer Abläufe ist Zeichen einer politischen Philosophie, die Staaten als »geistige Wesenheiten«, »Gedanken Gottes«[44] ansieht, die von ihnen innewohnenden, aus äußeren Faktoren nicht ableitbaren Prinzipien gelenkt werden. Die »eigenen Tendenzen« jedes Staates drücken sich hauptsächlich dadurch aus, daß er seine Unabhängigkeit gegenüber anderen Staaten zu behaupten sucht, was es erforderlich macht, »alle inneren Verhältnisse zu dem Zwecke einzurichten, sich zu behaupten«[45].

Daher stammt die Lehre vom Primat der Außen- über die Innenpolitik, die eine Rechtfertigung des preußischen monarchischen Bürokratismus bot. Von diesem Standpunkt aus, den Ranke, wie auch schon vor ihm Hegel, vertrat, stand der die Interessen der Allgemeinheit repräsentierende Staat über den Konflikten der Einzelgruppen. Dem Volk auch nur teilweise Kontrolle über die Entstehung politischer Entscheidungen zu geben, würde den Staat davon abhalten, seine großen Ziele zu verfolgen. Bei dieser Betrachtungsweise wurden die weiten Bereiche sozialer Geschichte für das Studium politischer Geschichte unerheblich. Das Reich der Politik, und dort besonders die entscheidende Außenpolitik, gehorchte seinen eigenen inneren Zwängen ohne Rückbezug auf den sozialen oder wirtschaftlichen Bereich. Diese beiden Bereiche waren durch politische Eingriffe geformt und konnten überhaupt nur innerhalb des staatlichen Rahmens verstanden werden. Der aus den ausgewerteten Quellen ablesbare Verlauf politischer Ereignisse bildete den roten Faden in der Geschichte. Rankes Staatsauffassung

[44] Leopold von Ranke, *Politisches Gespräch.* Sämtliche Werke, Bd. 49/50, S. 329.
[45] *Ebd.* S. 328.

zeigt eine optimistische Ansicht des Staates, die der Geschichtsphilosophie Hegels ähnelt. »Denn unendlich falsch wäre es, in
den Kämpfen historischer Mächte nur das Wirken brutaler
Mächte zu sehen«, schreibt Ranke, denn »in der Macht an sich
erscheint ein geistiges Wesen, ein ursprünglicher Genius, der
sein eigenes Leben hat«[46]. Im *Dialog* läßt er Friedrich behaupten: »... aber in der Tat wirst du mir wenig wichtige Kriege
nennen können, von denen sich nicht nachweisen ließe, daß die
wahre moralische Energie den Sieg behauptete«[47]. Wenn Ranke
den Historiker aufruft, unparteiisch zu sein und sich jeder moralischen Wertung zu enthalten, so bedeutet diese »Unpartei-
lichkeit« für ihn, daß die objektiven »moralischen« Kräfte, die
auf der historischen Bühne um die Herrschaft kämpfen, beob-
achtet werden[48]. Rankes Erklärung, »jede Epoche ist unmittelbar zu Gott« und muß »als etwas für sich Gültiges angesehen
werden«[49], darf deshalb nicht oberflächlich akzeptiert werden,
denn gleichzeitig unterscheidet er scharf zwischen Nationen,
die für den Historiker von Interesse sind, wie die europäischen,
und anderen, wie Indien und China, deren »Altertum ... fabel-
haft« ist. Doch »ihr Zustand gehört mehr zu der Naturgeschichte«[50].

Ranke und auch den meisten deutschen Historikern der wissenschaftlichen Schule schien die Richtung der modernen Entwicklung klar: sie glaubten einen ständigen Aufstieg der kulturellen und politischen Bedeutung der großen protestantischen
Staaten zu erkennen, insbesondere Deutschlands und Englands,
deren monarchische Verfassung den wirtschaftlichen und kulturellen Bestrebungen des Mittelstandes Raum gab. Andererseits
sahen sie den Niedergang des Katholizismus und der katholi-
schen Welt, so auch Frankreichs, und schließlich die endgültige
Niederlage des Erbes der Französischen Revolution. Es ist
deshalb kein Wunder, daß die »wissenschaftliche« Schule trotz
der Betonung kritischer Quellenprüfung nicht zur Verminde-
rung der ideologischen Funktion historischer Forschung beigetragen hat[51], sondern sogar ihrer zunehmenden Einspannung für

[46] Vgl. Ranke, *Weltgeschichte*. Teil 9, Abt. II, S. XI.
[47] Ranke, *Politisches Gespräch*, S. 327.
[48] Ranke, *Idee der Universalhistorie*, S. 298 ff.
[49] Ranke, *Über die Epochen der neueren Geschichte; Weltgeschichte*, Teil 9,
Abt. II, S. 5.
[50] Ranke, *Idee der Universalhistorie*, S. 303.
[51] Vgl. Charles E. McClelland, *The German Historians and England. A Study
in Nineteenth-Century Views*. Cambridge 1971.

innenpolitische und außenpolitische Ziele einen gewissen Vorschub leistete.

Im großen und ganzen blieb Rankes Geschichtsauffassung Vorbild für die deutsche Historiographie bis ins 20. Jahrhundert hinein. Dies läßt sich teilweise erklären durch die starken beharrenden Kräfte, die den tiefgreifenden sozialen und intellektuellen Veränderungen des 19. Jahrhunderts widerstanden. Auch befriedigte das Rankesche Modell historischen Forschens das Verlangen nach fachlicher und berufsmäßiger Spezialisierung sowie das Streben nach wissenschaftlicher »Objektivität«. Gleichzeitig verband es einen auf politische Eliten bezogenen Standpunkt mit dem Prinzip der nicht-revolutionären Weiterentwicklung[52] auf einen modernen Staat hin, der die Gleichberechtigung vor dem Gesetz und die Effektivität der Verwaltung verwirklichte sowie die kapitalistische Wirtschaft von den Fesseln ständischer Beschränkung zu lösen suchte. In den der Bismarckschen Reichsgründung vorausgehenden Jahren wies die Mehrheit der von Ranke geschulten kleindeutschen, liberalen Historiker Rankes Objektivitätsideal ab[53]. Sie verbanden einen gemäßigten Liberalismus mit einem starken Nationalismus, zwei politische Richtungen, denen Ranke, der Anhänger einer alt-europäischen Ordnung konservativer Monarchien, nicht anhing. Trotzdem blieben die grundlegenden methodologischen Voraussetzungen unangefochten, wenn sie sich auch zunehmend von ihren idealistischen philosophischen Vorbedingungen lösten. Rankes Auffassung von dem über ökonomischen und sozialen Interessen stehenden Staat wurde aufrechterhalten. So wie verschiedene Historiker im preußischen Verfassungskonflikt gegen Bismarck aufgetreten waren, so schlugen sie sich nach 1866 auf Bismarcks Seite, teils aus Furcht vor den Sozialisten. Die politischen Auswirkungen der Tradition wissenschaftlicher Historie waren in dem nach wie vor obrigkeitsstaatlichen Deutschland klarer erkennbar als anderswo. Die hermeneutische Form des Historismus eignete sich vorzüglich zur Kritik des Sozialismus, weil sie die Analyse der Gesellschaft als eine legitime Aufgabe historischer Forschung zurückwies und die narrative chronologische Darstellung befürwortete, die geschichtliche Veränderungen durch absichtsvolle Handlungen einzelner historischer Persönlichkeiten zu erklären sucht.

[52] Ranke, *Idee der Universalhistorie*, S. 300.
[53] Vgl. Georg G. Iggers, *Deutsche Geschichtswissenschaft*. 3. Aufl., München 1976, 5. Kapitel über die »Preußische Schule«.

Der hermeneutische historistische Ansatz mußte dennoch keinesfalls Sozialgeschichte ausschließen, denn seine Methoden konnten jederzeit auf alle Bereiche menschlicher Tätigkeit bezogen werden, und sie wurden auch tatsächlich so angewandt. Im Ergebnis wurden in Deutschland Politische Ökonomie, Philosophie, Rechtswissenschaften, Literatur, Kunstwissenschaften und Linguistik zu historischen Wissenschaften. Droysen lieferte mit seinen Vorlesungen über das Wesen der Geschichte und die historische Methode[54] Grundlage und Theorie eines umfassenden sozialen und kulturellen Geschichtsansatzes, dem er jedoch in seinen Werken selbst kaum folgte. Der hermeneutische Ansatz verlangte ja nicht die Betonung politischen Handelns und die Abhängigkeit von Dokumenten, die doch den Großteil der historischen Forschung im 19. Jahrhundert kennzeichnete. Innerhalb des Historismus entstand eine wichtige Tradition wirtschaftlicher und sozialer Geschichtsschreibung, die in Gustav Schmoller ihren Höhepunkt fand. Doch da weiterhin die Autonomie des Politischen betont wurde und Ökonomisches vorrangig als Funktion der nationale Werte widerspiegelnden staatlichen Politik verstanden wurde, gelangte man in dieser Tradition nicht zu einer nüchternen Analyse der Faktoren, die den Staat beeinflußten. Statt dessen reduzierte man Wirtschaftsgeschichte oft zu Verwaltungs-, Rechts- und Verfassungsgeschichte. Karl Lamprechts Versuch, analytische Ansätze in seine seit 1891 erscheinende *Deutsche Geschichte* einfließen zu lassen, wurde ihm trotz seiner »nationalen Gesinnung« als Schützenhilfe für den Sozialismus angerechnet.

Das Rankesche Modell wissenschaftlicher Geschichtsschreibung besaß sicherlich kein Monopol in der historischen Forschung. Der große Aufschwung der Geschichtswissenschaft in der ersten Hälfte des 19. Jahrhunderts war nicht nur durch das deutsche Vorbild beeinflußt. Archivalische Studien erreichten in Frankreich zunehmende Bedeutung, auch wurde 1821 in Paris die Ecole des Chartes als Ausbildungsstätte für Archivare und Bibliothekare gegründet; allerdings fehlte hier die strenge Einübung der historischen Methode, wie sie Ranke in seinen Seminaren bot. Die kulturellen Interessen der Aufklärungsgeschichtsschreibung waren noch im Werk François Guizots le-

---

[54] Droysen, *Historik*. Über Droysens Wissenschaftstheorie, siehe auch Jörn Rüsen, *Begriffene Geschichte. Genesis und Begründung der Geschichtstheorie J. G. Droysens*. Paderborn 1969, und J. G. Droysen, *Texte zur Geschichtstheorie*. Hrsg. von G. Birtsch und J. Rüsen, Göttingen 1972.

bendig. Die Beschäftigung mit der inneren Politik, der Entwicklung der Gemeinden und dem Aufstieg der Bourgeoisie in Frankreich, die Betonung der Verfassungskonflikte in England zeigten die unterschiedlichen politischen Zusammenhänge und Traditionen, die für die historische Forschung in diesen Ländern den Rahmen bildeten. Als im letzten Drittel des Jahrhunderts die idealistischen Voraussetzungen der wissenschaftlichen Schule ihre Glaubwürdigkeit weitgehend verloren hatten, war doch die Rankesche Seminarmethode allgemein zum Modell historischer Forschung geworden. Zur gleichen Zeit entstanden auch eine berufsmäßige Ausbildung für Historiker und dementsprechende Institutionen und Programme; so wurde in Frankreich 1868 die Ecole Pratique des Hautes Etudes gegründet und in den USA in den siebziger Jahren der Ph. D. (Doctor of Philosophy)[55] eingeführt. Sicherlich war das keine weltweite Tendenz; insbesondere in Großbritannien widerstanden die Universitäten noch einige Zeit der Spezialisierung und sahen ihre Aufgabe weiterhin in der Erziehung einer allgemein gebildeten Kulturelite; dort blieb auch die Verbundenheit mit den alten literarischen Traditionen weiter stark. Doch als in großen Teilen der westlichen Welt und z. B. auch in Japan das Studium der Geschichte zu einem an den Universitäten ausgeübten Beruf wurde, schien die Disziplin Geschichte eine Phase erreicht zu haben, die dem von Thomas S. Kuhn beschriebenen »Normalstadium« einer Wissenschaft stark ähnelt: neue Generationen von Wissenschaftlern eigneten sich die grundlegenden Auffassungen und Fertigkeiten der Disziplin an, ohne daß viel Zeit für Fragen nach den Grundlagen der Wissenschaft blieb. Es erschienen Bücher zur historischen Methodenlehre, wie Ernst Bernheims *Lehrbuch der historischen Methode* (1889)[56] und C. V. Langlois und Ch. Seignobos' *Introduction aux études historiques* (1898)[57], die bis weit ins 20. Jahrhundert als Studienanleitungen für Historiker und auch als Vorlagen für ähnliche Bücher in anderen Sprachen dienten. Doch muß betont werden,

[55] Vgl. Jürgen Herbst, *The German Historical School in American Scholarship.* Ithaca, N. Y. 1965, über die USA; für Frankreich siehe Martin Siegel, *Science and the Historical Imagination. Patterns in French Historiographical Thought, 1866–1914.* Ph. D. Diss. Columbia University 1965; auch Allan Mitchell, *German History in France after 1870.* Journal of Contemporary History 2 (1967), S. 81–100, und William Keylor, *Academy and Community. The Foundation of the French Historical Profession.* Cambridge, Mass. 1975.

[56] Leipzig 1889.

[57] Paris 1898.

daß die kritische historische Forschung nicht auf die deutschen Modelle wartete, sondern daß bereits vor 1870 Alexis de Tocqueville, Numa Denys Fustel de Coulanges und andere gezeigt hatten, wie es möglich war, Geschichte aufgrund der kritischen Auswertung von Quellen zu schreiben und dabei auf Konzepte und Auffassungen zurückzugreifen, die sich von denen der deutschen Historiographie der Zeit unterschieden.

Es war auch weniger die Geschichtsauffassung als vielmehr die Technik historischen Forschens, die die Historiker von der deutschen Schule übernahmen. Die Betonung von Tatsachen – unabhängig von den ja jetzt auch in Deutschland verblassenden idealistischen Voraussetzungen – paßte gut zu dem Ende des 19. Jahrhunderts dominierenden empirischen Vorverständnis. Die literarische Komponente, die im 19. Jahrhundert ein wesentliches Element der Anziehungskraft der großen Historiker war – bei Burckhardt, Michelet, Renan, Macaulay und Acton ebenso wie bei Ranke und Treitschke –, verlor an Bedeutung, da die neue, am Archivmaterial geschulte Historikergeneration die rhetorischen Qualitäten der Geschichtsschreibung geringer achtete[58]. Eine vollständige Trennung zwischen der Methodologie der deutschen Geschichtsforschung und ihren theoretischen Voraussetzungen erwies sich als unmöglich. Allerdings konnte die kritisch-philologische Methode für sehr verschiedene politische Zwecke eingesetzt werden; in Frankreich z.B. zur Verteidigung der republikanischen Tradition[59]. Doch glaubte man in der »wissenschaftlichen Schule« außerhalb Deutschlands weiterhin, politische Abläufe auf der Grundlage von Zeugnissen, die offiziellen Akten und Dokumenten entnommen wurden, rekonstruieren und dann in narrativer Form vorlegen zu können. Im allgemeinen analysierte man dabei nicht die sozialen und ökonomischen Faktoren, die in politische Entscheidungen eingehen.

Während zur Jahrhundertwende die wissenschaftliche Schule ihre größten akademischen Triumphe feierte, gerieten gleichzeitig die theoretischen Voraussetzungen dieser Schule ins Zen-

[58] Was die amerikanische Auffassung im späten 19. Jahrhundert anbelangt, daß Ranke ein strenger Wissenschaftler im Sinne des Positivismus sei, siehe Ephraim Emerton, *The Practice Method in Higher Historical Instruction.* In: *Methods of Teaching History.* Boston 1883, S. 42. Ähnliches bei H. B. Adams und George Adams; siehe Georg G. Iggers, *The Image of Ranke in American and German Historical Thought.* History and Theory 2 (1962), S. 17–40.

[59] Siehe Keylor, *Academy and Community.*

trum der Kritik. Fast gleichzeitig begannen Karl Lamprecht und Kurt Breysig in Deutschland, die Mitarbeiter an Henri Berrs *Revue de synthèse historique* und Emile Durkheims *Année sociologique* in Frankreich und auch Frederick J. Turner und die Vertreter der »New History«, wie James Harvey Robinson und Charles Beard, in den USA die im späten 19. Jahrhundert übliche Geschichtsschreibung in Frage zu stellen: die Geschichtswissenschaft entspreche nicht mehr den Erfordernissen der modernen Gesellschaft und der zeitgemäßen Auffassung von Wissenschaftlichkeit. So hielten sie die elitären Voraussetzungen aus der vorindustriellen und vordemokratischen Zeit, in der der hermeneutische Geschichtsansatz entwickelt wurde, für fragwürdig. Ihrer Meinung nach müsse die sich auf Staatsmänner, Diplomaten und Heerführer konzentrierende Geschichte abgelöst werden von einer Geschichte, in der das Leben der Massen und nicht nur die Taten einzelner Personen zu erforschen sind, und in der versucht werde, anonyme gesellschaftliche Prozesse zu analysieren, also eine vergleichende Sozial- und Geistesgeschichte. Gleichzeitig bezweifelten sie auch die Objektivität der wissenschaftlichen Schule, die ja angenommen hatte, daß sich die geschichtliche Welt dem aufnahmebereiten Historiker von selbst offenbaren werde. Sie erkannten, in welchem Ausmaß historisches Wissen von den Fragestellungen des Historikers abhing und daß Hypothesen auch für historische Studien unentbehrlich waren. Geschichte sollte zu einer Sozialwissenschaft werden; das hermeneutische Interesse, eine einzigartige Abfolge von Ereignissen darzustellen, sollte teilweise durch einen analytischen Ansatz ersetzt werden, so daß den Sozialwissenschaften entstammende Generalisierungen zu historischen Erklärungen beitragen könnten[60].

Die intensive Diskussion über Methodenfragen in der Geschichte, die von Historikern und Philosophen seit den neunziger Jahren des letzten Jahrhunderts bis zum heutigen Tag geführt wird, enthält mehr als bloße gelehrte Erwägungen. Diese Diskussion widerspiegelt die grundsätzlichen Veränderungen des sozialen, politischen und kulturellen Zusammenhangs, aus dem die Geschichtswissenschaft seit der Napoleonischen Zeit entstanden war. Das Ausmaß des Beharrens der traditionellen Gesellschaftsstruktur und der Weltanschauung erklärt zum Teil den – besonders in Deutschland starken – Widerstand gegen die

[60] Vgl. Henri Berr and Lucien Febvre, ›History‹ in: *Encyclopedia of the Social Sciences.* Bd. VII, New York 1932, S. 357–368.

Neuorientierung historischen Forschens. Die Reaktion auf Lamprechts *Deutsche Geschichte* ist ja in gewisser Hinsicht überraschend, da Lamprechts Werk so tief im romantischen Verständnis von Morphologie, Volkspsyche und Entwicklungszyklen wurzelte, die der deutschen Tradition der Geschichtsschreibung nicht fremd waren. Doch sahen seine Kritiker in der Akzentverlagerung von der politischen auf die Sozial- und Kulturgeschichte und in seinem Bemühen, Entwicklungsgesetze aufzudecken, eine Bedrohung der traditionellen politischen und sozialen Verhältnisse in Deutschland.

Das Infragestellen der konventionellen Geschichtsschreibung hatte in Deutschland ideologische und politische Folgen, die in Frankreich oder in den USA nicht in dem gleichen Maße auftraten. Doch stimmten die Philosophen und Historiker, die zur Verteidigung der hermeneutischen Tradition der Geschichtswissenschaft antraten, untereinander sehr viel weniger überein, als sie seinerzeit erkannten[61]. Sie betonten den Unterschied zwischen den historischen und Geisteswissenschaften, die sich um das Verstehen von Werten und Bedeutungen bemühten, und den erklärenden Naturwissenschaften. Die Historiker glaubten in ihrer Mehrzahl – ebenso wie der Philosoph Wilhelm Windelband – fest an eine objektive historische Realität; das Durchdringen der Vergangenheit hing also nicht von den subjektiven Fragestellungen und Hypothesen eines Historikers ab. Andere hingegen – die Philosophen Wilhelm Dilthey und Heinrich Rickert und der Historiker Otto Hintze[62], auch Henri Berr – erkannten die Unhaltbarkeit der Auffassung, daß sich die Vergangenheit als etwas objektiv Gegebenes darbietet, das der Historiker aus der Abfolge der sich aus den Dokumenten ergebenden Ereignisse erfassen kann. Dilthey und Rickert betonten, historische Erklärungen beruhten grundsätzlich auf sinnvoll zusammengefaßten Einheiten, die nicht Kausalanalysen unterworfen werden konnten, doch sahen sie auch, daß der Historiker wie alle Geisteswissenschaftler Auswahlkriterien anzuwenden hatte, die bereits eine Begriffsstruktur für den Gegenstand der historischen Untersuchung festlegten. Geschichte wäre demzufolge bis zu einem bestimmten Grade auch eine analytische Wissenschaft, wenn auch eine, die durch ihre Begrifflichkeit die Einzigartigkeit historischer Individualitäten stärker hervorhob.

[61] Vgl. Iggers, *Deutsche Geschichtswissenschaft,* Kap. VI and VII.
[62] Vgl. Otto Hintze, *Über individualistische und kollektivistische Geschichtsauffassung.* Historische Zeitschrift 78 (1897), S. 60–67.

Max Weber führte dann den Begriff »Erklärung« in eine noch grundsätzlich idealistische Auffassung von Geschichte ein. Auch wies er auf den grundlegenden Irrtum der vorherrschenden Auffassung hin, nach der die Einzigartigkeit historischer und sozialer Phänomene als bedeutungshaltiger Ausdrücke jede Erklärbarkeit ausschloß. Gerade das Element der Zweckgerichtetheit mache gesellschaftliches Verhalten kalkulierbar. Alle Sozialwissenschaften blieben zwar ihrem Charakter nach historisch, doch verlangten sie als Wissenschaften für die Erklärung präzise Begriffe, die allerdings dem Element der Bedeutung und Absicht in der menschlichen Gesellschaft Rechnung tragen müßten und auch als Hypothesen dienen könnten. Diese präzisen Begriffe waren »Idealtypen«, die an dem empirisch erfaßbaren Gang der Ereignisse gemessen werden sollten, den Gesellschaften bei der zweckrationalen Verfolgung ihrer Ziele einschlagen würden. Jedenfalls stimmten Historiker und Philosophen der verschiedensten Richtungen – Verfechter des hermeneutischen Ansatzes wie Dilthey und Hintze ebenso wie Lamprecht und Berr, die Generalisierungen die entscheidende Rolle zuschrieben – darin überein, daß es bestimmte Grenzen der narrativen Darstellung von Geschichte gebe.

Diese Erkenntnis war zum Teil das Ergebnis des Verfalls des Ideengerüstes, das die deutsche geschichtswissenschaftliche Tradition stützte. Trotz zeitweiliger Zweifel sahen die Historiker der wissenschaftlichen Schule im Rankeschen Sinn die menschliche Natur, das Wesen der etablierten politischen Ordnung und die Zukunft der europäischen Kultur in optimistischem Licht. Pessimistische Stimmen kamen interessanterweise von Wissenschaftlern und Gelehrten, die außerhalb der herrschenden Tradition historischer Wissenschaft standen; Jacob Burckhardt und Johan Huizinga wichen zudem noch von der Auffassung einer linearen Entwicklung in der Geschichte ab, Alexis de Tocqueville und Lorenz von Stein führten umfassende soziale Kategorien in ihre kritische Analyse der geschichtlichen Entwicklung Europas ein. Innerhalb der deutschen Tradition wurden die idealistischen Voraussetzungen zunehmend durch naturalistische und biologistische Auffassungen ersetzt. Droysen hatte den Staat noch als eine »sittliche Gemeinsamkeit« gesehen, Treitschke bestimmte ihn nur wenig später als »Macht«[63]; ebenso sahen es die Neu-Rankeaner, die die deut-

---

[63] Vgl. *Historische und Politische Aufsätze.* Leipzig 1886, Bd. III, S. 71.

sche Marine- und Kolonialpolitik zu verteidigen suchten, indem
sie Rankes Konzept vom Gleichgewicht der Kräfte auf den
Weltmaßstab übertrugen[64]. Schon ehe die Vorrangstellung europäischer Kultur im 20. Jahrhundert in Frage gestellt wurde,
bedrohte der Verlust der idealistischen Grundannahmen den
Glauben an die Einheit und Zielsetzung der Geschichte, so daß
die Grundlage für die historistische Annahme, daß Geschichte
der Schlüssel zum Verständnis alles Menschlichen, der eigentliche Kern der Kultur und somit die Königin der Wissenschaften
sei, wegfiel. Geschichte führte jetzt zum Relativismus. Ernst
Troeltsch sprach schon zu Beginn unseres Jahrhunderts von der
Krise, die durch die Historisierung aller Maßstäbe aufgekom-
men sei. Auch vertrat er lange vor der Veröffentlichung von
Spenglers *Untergang des Abendlandes* die Meinung, der Ge-
danke von der Einheit der menschlichen Geschichte, an die er
selbst weiterhin glaubte, sei intellektuell nicht mehr zwingend
und es könnte statt einer Geschichte der Menschheit eine Vielzahl von Geschichten geben, die sich gegenseitig nicht ver-
stünden[65].

Weiterhin klafften jedoch der Strukturwandel der modernen
Welt mit den veränderten intellektuellen Auffassungen einerseits und die Arbeit der zumeist an Universitäten beschäftigten
Historiker andererseits auseinander. Den historischen Voraussetzungen der konventionellen Geschichtsschreibung folgten
Bedingungen, die stark davon abwichen; und im Zeitalter umfassender Industrialisierung, politischer und sozialer Umwälzungen, des Niederganges alter Eliten und des Verlusts der europäischen Vorrangstellung war der historische Zusammenhang
mit der Entstehung der geschichtswissenschaftlichen For-
schungsverfahren unkenntlich geworden; ebenso war der intellektuelle Zusammenhang verlorengegangen. Doch blieb das
klassische Modell historischen Forschens bis in die zweite
Hälfte des 20. Jahrhunderts hinein im akademischen Bereich
fest verwurzelt, und demzufolge wurden die in der Historiographie des 19. Jahrhundert vorherrschenden Themen weiterhin
behandelt. In Deutschland beanspruchte die nationale Einigung, in England der Sieg des parlamentarischen Systems und in
Italien das Risorgimento eine wichtige Rolle in der historischen
Forschung, die wie zuvor die Bedeutung von Persönlichkeiten

[64] Vgl. Iggers, *Deutsche Geschichtswissenschaft*, Kap. IV und VII.
[65] Vgl. Ernst Troeltsch, *Über die Maßstäbe zur Beurteilung historischer Dinge.*
Historische Zeitschrift 116 (1916), S. 1–47.

und Ideen im politischen Wechsel betonte und die breite Basis der nationalen Übereinstimmung heraushob. Wenn sich aber ein frisches Interesse an sozialen und kulturellen Aspekten der historischen Entwicklung zeigte – wie in Trevelyans *Social History of England* oder in Meineckes und Croces Studien zur Ideengeschichte –, so geschah das innerhalb des traditionellen Verständnisses nationaler politischer Entwicklungen.

Im Gegensatz zum Ersten Weltkrieg bildete der Zweite Weltkrieg offenbar eine deutliche Zäsur in der europäischen Geschichtsschreibung. In Frankreich und in Osteuropa gewannen gleich nach 1945 alternative Modelle historischer Forschung an Boden, die von verschiedenen Fragestellungen ausgingen; in Großbritannien, Italien und Westdeutschland setzte dieser Prozeß erst später ein. Historisches Forschen begann langsam die Lücke zu schließen, die sich seit der Jahrhundertwende zwischen den empirischen Sozialwissenschaften, für die Theorien immer wichtiger wurden, und der konventionellen Geschichtsschreibung aufgetan hatte. Obgleich diese Neuorientierung sehr weit ging, ist doch Kuhns Begriff einer »wissenschaftlichen Revolution«, den Peter Reill zur Beschreibung der grundlegenden Veränderungen der Geschichtswissenschaft im Deutschland des 18. und frühen 19. Jahrhunderts benutzt hatte, hier nicht anwendbar[66]. Denn es ist kein neues »Paradigma« entstanden, das von den Historikern in demselben Maße wie das Rankesche Modell als Vorbild akzeptiert wurde, das – trotz aller Einschränkungen – in den Jahrzehnten um die Jahrhundertwende verbindlich gewesen war. Eher bildete sich statt eines »Paradigmas« eine Anzahl von »Paradigmen« heraus, von denen jedes ein Untersuchungsmodell vorweist, das wissenschaftlicher sein sollte als die anderen. Diese Modelle hängen eng mit bestimmten allgemeinen Annahmen über die Natur der historischen Realität zusammen, Annahmen, die wiederum die ideologischen, sozialen und politischen Gruppierungen innerhalb der Gemeinschaft der Historiker aufzeigen.

Das Verhältnis zwischen Geschichte und Sozialwissenschaften wurde jetzt bis zu einem gewissen Grade verkehrt. Im 19. Jahrhundert gingen, besonders in Deutschland, die Geistes- und Sozialwissenschaften von historistischen Voraussetzungen aus, während jetzt Historiker aus den Sozialwissenschaften stammende Theorien und Methoden benutzten, um historische

---

[66] Vgl. Reill, *History and Hermeneutics*, S. 26.

Erscheinungen zu untersuchen. Allerdings hatte die Mannigfaltigkeit der Theorien und Methoden der Sozialwissenschaften einen eklektischen Pluralismus in der neueren historischen Forschung zur Folge.

Es ist heute noch schwieriger als im 19. Jahrhundert, die Geschichtsschreibung auf einen gemeinsamen Nenner zu bringen. Denn damals stimmten trotz ideologischer und nationaler Gegensätze Berufshistoriker weitgehend darin überein, was ihr Interesse verdiene: die Geschichte der Nationalstaaten, wie sie sich aus den Dokumenten ablesen ließ. Dieser allgemeine Konsens über den Gegenstandsbereich der Geschichte und das wissenschaftliche Vorgehen ist inzwischen teilweise zerbrochen, so wie die Homogenität der sozialen Herkunft und der Erziehung, die ja die Historikerschaft entscheidend prägte, nicht mehr existiert. Allerdings gibt es weiterhin trotz aller ideologischen Gegensätze bestimmte Berührungspunkte zwischen allen zeitgenössischen Historikern, einschließlich derer, die sich bewußt darum bemühen, viele Auffassungen und Praktiken der konventionellen Historiographie beizubehalten. Die Geschichtsschreibung unserer Zeit hat das Motto des Historismus, daß alles Menschliche von historischem Interesse sei, viel ernster genommen als die traditionelle Geschichtsschreibung. Begriffsbildungen haben in der Geschichte eine größere Bedeutung erhalten, und während historische Gesamtkonzeptionen eher spekulativen Geschichtsphilosophen und Soziologen überlassen werden, bemüht man sich in der neueren Geschichtsschreibung darum, bewußt mit expliziten Fragestellungen, Hypothesen und mit aus den Sozialwissenschaften entliehenen Begriffen und Theorien an die Geschichte heranzugehen, um historische Gegebenheiten oder Abläufe zumindest teilweise analysieren zu können.

Von der modernen Historikerschaft werden sehr unterschiedliche Auffassungen über die Ziele und Methoden einer Geschichte als historischer Sozialwissenschaft vertreten; dabei zeigt sich die Verschiedenheit der Erkenntnisinteressen und ideologischen Überzeugungen der Historiker. In unserer Darstellung wollen wir drei verschiedene Auffassungen über Geschichte als historische Sozialwissenschaft unterscheiden, die wiederholt im historischen Denken des 19. und 20. Jahrhundert aufgetreten sind, und die wir als *nomologischen,* als *hermeneutischen* und als *dialektisch-materialistischen* (marxistischen) Ansatz bezeichnen wollen, auch wenn diese Klassifizierung der Vielfalt zeitgenössischer Geschichtsschreibung nicht ganz gerecht wird. Doch kann diese Klassifizierung die Absichten der Historiker, die wir in den nächsten vier Kapiteln behandeln wollen, verdeutlichen. Wenn man auch die Bedeutung gutformulierter Theorien der historischen Erkenntnis nicht überschätzen sollte: die Vertreter der historiographischen Strömungen, denen wir uns in den nächsten Kapiteln zuwenden wollen, waren sich der theoretischen Vor-Annahmen ihres Forschens jedenfalls bewußter als die Historiker traditioneller Provenienz.

All diese Richtungen hatten im 19. Jahrhundert ihre Vorläufer. Die Rankesche Tradition war in ihrem Kern hermeneutisch orientiert. Positivistische Historiker wie Henry Th. Buckle und Hippolyte Taine waren bestrebt, einen nomologischen Ansatz für die Erforschung der englischen Zivilisation und Literatur auszuwerten. Marx und Engels hingegen lieferten Beispiele für eine aus einem dialektisch-materialistischen Blickwinkel geschriebene Geschichte. Die positivistische und die marxistische Richtung konnten nur in begrenztem Maße die Kluft zwischen ihren jeweiligen historischen Begriffsbildungen und dem historischen Befund überbrücken. Auch beschäftigten sich die Vertreter dieser beiden Richtungen kaum mit den methodologischen Problemen, die zu einer Überbrückung dieser Kluft hätten führen können. Andererseits schätzte man in der hermeneutischen Tradition den Wert von Begriffen und Generalisierungen gering oder sogar negativ ein, wenngleich man annahm, daß überindividuelle Kräfte geistiger Art in der Geschichte wirkten, die der historischen Entwicklung eine gewisse Struktur und Ordnung verliehen. Der hermeneutische Historismus der deutschen wissenschaftlichen Schule, der glaubte, die Einzigartigkeit historischer Phänomene schließe jede Form der Abstraktion aus – obwohl das in der praktischen Arbeit unvermeidbar war und blieb –, unterschied sich sehr vom späteren hermeneutischen Historismus im Umkreis Wilhelm Diltheys, Max Webers und Karl Mannheims. Diese erkannten, daß die Analyse und das Verständnis historischen Verhaltens als Ausdrucksform menschlicher Sinngebung Theorien und Begriffsbildungen verlangten, und brachten damit den hermeneutischen Historismus in die Nähe der beiden anderen Richtungen.

Mit Hilfe des nomologischen Ansatzes versucht man, den Unterschied zwischen der Logik der Forschung in den sich mit menschlichen Handlungen befassenden Geschichtswissenschaften und in den Naturwissenschaften zu verringern. Die extreme Formulierung des nomologischen Standpunktes gab Carl Gustav Hempel in seinem berühmten »covering-law-model«: »In der Geschichte wie auch sonst in den empirischen Wissenschaften besteht die Erklärung von Erscheinungen darin, daß eben diese Erscheinungen allgemeinen empirischen Gesetzen unterworfen werden; und als Kriterium für die Richtigkeit einer Erklärung gilt nicht, daß unsere Phantasie daran Gefallen findet, daß sie in vielsagenden Analogien vorgelegt wird oder sonst irgendwie glaubhaft erscheint – denn all das mag auch für Scheinerklärungen zutreffen –, sondern einzig und allein, daß sie auf empirisch gut abgesicherten Voraussetzungen über die Vorbedingungen und allgemeingültigen Gesetze beruht«[67].

In dieser Formulierung war Hempels Modell jedoch, wie er auch selbst später feststellte, nicht auf historische Erklärungen anwendbar. Hempel hatte den Historikern nämlich gesagt, wie sie vorzugehen hätten, aber nicht, wie sie tatsächlich vorgingen. Während der neunziger Jahre des 19. Jahrhunderts führten Paul Lacombe[68] und Karl Lamprecht[69] in ihrer Kritik an der konventionellen Geschichtsschreibung ihrer Zeit aus, daß alle Wissenschaften, also auch die Geschichte, von einer vorwissenschaftlichen Phase, in der individualisierende Methoden benutzt und Fakten gesammelt werden, in eine wissenschaftliche Phase übergingen, in der man diese Tatsachen mittels Generalisierungen zu erklären sucht. Einige Positivisten des 19. Jahrhunderts – Auguste Comte, Hippolyte Taine und Henry Thomas Buckle – hatten versucht, eine soziale Physik zu formulieren, die auch allgemeingültige Gesetze geschichtlicher Entwicklung einschloß; doch blieben dies Versuche spekulativer Geschichts- oder Gesellschaftsphilosophen, die ihre eigenen Forderungen nach empirischer Bestätigung nicht erfüllen konnten.

Für die meisten Neopositivisten unseres Jahrhunderts war – wie auch für andere Richtungen – der Glaube an die Kontinuität der Geschichte als eine evolutionäre Entwicklung unhaltbar. So

[67] Carl Gustav Hempel, *Function of General Laws in History*. Journal of Philosophy 39 (1942), S. 45; siehe auch Maurice Mandelbaum, *Historical Explanation. The Problem of ›Covering Laws‹*. History and Theory 1 (1960), S. 229–242, und Alan Donagan, *Historical Explanation. The Popper-Hempel Theory Reconsidered*. Ebd. 4 (1964), S. 3–26.

[68] Vgl. Joseph Paul Lacombe, *De l'histoire considérée comme science*. Paris 1894.

[69] Vgl. Karl Lamprecht, *Alte und neue Richtungen in der Geschichtswissenschaft*. Berlin 1896, S. 71.

betonte Karl Popper, daß Geschichte keinen Sinn habe, daß es keine Geschichte der Menschheit gebe, sondern nur eine unbegrenzte Anzahl von Geschichten aller möglichen Aspekte menschlichen Lebens, und er sah in dem Versuch, in die Geschichte eine Richtung hineinzulesen und sie zu einer Vorhersagen ermöglichenden Wissenschaft zu entwickeln, eine Verblendung, die ernste politische Konsequenzen für die Freiheit des Menschen mit sich bringt[70]. Aber in bescheidenerem Rahmen blieb der Glaube lebendig, daß »wissenschaftlich gesprochen, die einzig mögliche gesellschaftliche Geschichte quantitative Geschichte ist«[71], und daß demzufolge die Geschichte meßbare Regelmäßigkeiten und Ordnungsprinzipien aufweisen muß, die isolierbare, formelhaft faßbare Elemente enthalten. Besonders in der Geschichtsschreibung über wirtschaftliche, soziale und demographische Themen, aber auch im Bereich der politischen Geschichte wie z. B. bei Untersuchungen über Wählerverhalten, ist der Versuch gemacht worden, quantitative Modelle zu entwickeln, um bestimmte isolierbare quantifizierbare Variablen zu analysieren und dann auf andere – z. B. demographische Kurven oder Preisentwicklungen vorindustrieller Gesellschaften – zu beziehen. Viele Historiker halten diese Modelle jedoch für unbefriedigend, da sie der Komplexität, Struktur und Einzigartigkeit einer historischen Situation nicht gerecht werden und den Bedeutungszusammenhang, innerhalb dessen diese meßbaren Erscheinungen auftreten, nicht berücksichtigen; denn dieser Zusammenhang lasse sich nicht rein quantitativ ausdrücken. So ist Walt Rostows Versuch[72], die Stufen wirtschaftlichen Wachstums anhand einer sich industrialisierenden Gesellschaft zu verallgemeinern, von Wirtschaftshistorikern in Frage gestellt worden. Alexander Gerschenkron[73] konnte feststellen, daß sich die zum industriellen »take-off« führenden Bedingungen, die im Falle der britischen Industrialisierung existierten, niemals in anderen, ökonomisch weiter zurückgebliebenen Gesellschaften wiederholt haben, daß vielmehr in diesen Gesellschaften ganz andere Konstellationen politischer, ökonomischer und technologischer Faktoren wirkten. Die »New Econo-

[70] Popper, *The Open Society*, Bd. 2, S. 453.
[71] Adeline Daumard und François Furet, *Méthodes de l'histoire sociale. Les Archives Notariales et la mécanographie.* Annales (1959), S. 676.
[72] Walt W. Rostow, *The Stages of Economic Growth.* New York 1962; dt. *Stadien wirtschaftlichen Wachstums.* 2. Aufl., Göttingen 1967.
[73] Vgl. *Economic Backwardness in Historical Perspective.* Cambridge, Mass. 1962.

mic Historians« in den USA bemühten sich in ihren Studien, ökonomische Abläufe von dem umfassenderen sozialen und politischen Zusammenhang zu abstrahieren. Robert Fogel versuchte in seinem Buch *Railroads and American Economic Growth*[74], die Eisenbahn als einen Faktor des amerikanischen Wirtschaftswachstums zu erfassen, indem er »hypothetisch-deduktive« Systeme aufstellte, mit deren Hilfe der Einfluß der Eisenbahn auf die wirtschaftliche Entwicklung in Amerika gemessen werden kann. Er verglich dabei den tatsächlichen Ablauf meßbarer Ereignisse mit kontrafaktischen Modellen, in denen es keine Eisenbahn gab.

Ein völlig anderer nomologischer Ansatz, der sich für die historische Forschung als sehr viel ertragreicher erwiesen hat, war das Bemühen vieler Sozialhistoriker aus dem Annales-Kreis, von empirischen, oft qualifizierbaren Daten auszugehen und zu dem strukturellen Zusammenhang, in dem diese Daten ihre Bedeutung erhalten, vorzustoßen. Oberflächlich gesehen gibt es gewisse Berührungspunkte zwischen dem Forschungsinteresse der an den *Annales* orientierten Historiker und der Absicht amerikanischer Psychohistoriker, unbewußte Strukturen zu untersuchen, die den sozialen und kulturellen Erscheinungen zugrunde liegen. Doch tatsächlich unterscheiden sich diese beiden Ansätze sehr stark voneinander. Sicherlich haben strukturalistische Anthropologen und Historiker gerne psychoanalytische Ideen aufgenommen. Amerikanische Psychohistoriker haben sich auf Biographien von Persönlichkeiten historischer Bedeutung wie Luther, Gandhi oder Hitler konzentriert. Sie versuchten, diese Biographien anhand der Kindheit und jugendlichen Identitätskrisen zu erklären, Krisen, die durch gewisse Gesetze des psychologischen Wachstums und des Generationskonflikts bestimmt werden; vom kulturellen und politischen Zusammenhang wurde dabei weitgehend abgesehen[75].

---

[74] Baltimore 1964.
[75] Wichtige Modelle für diese Art von Geschichtsschreibung liefern Erik H. Erikson, *Der junge Mann Luther. Eine psychoanalytische und historische Studie*, Frankfurt a. M. 1975; ders., *Gandhi's Truth. On the Origins of Militant Non-Violence*. New York 1969; vgl. R. G. L. Waite, *Adolf Hitler's Guilt Feelings. A Problem in History and Psychology*. Journal of Interdisciplinary History 1 (1971), S. 229–250; Rudolf Binion, *Hitler's Concept of Lebensraum*. History of Childhood Quarterly 1 (1973), S. 187–215; ein Versuch, die soziale Grundlage des Nationalsozialismus psychoanalytisch zu untersuchen, findet sich bei Peter Loewenberg, *The Psychohistorical Origins of the Nazi Youth Cohort*. American Historical Review 76 (1971), S. 1457–1502.

Die französischen Strukturhistoriker wie Lucien Febvre und Emmanuel Le Roy Ladurie dagegen haben einen viel umfassenderen kulturellen und anthropologischen Ansatz vertreten. Neo-orthodoxe Freudianer, so Wilhelm Reich und Max Horkheimer, versuchten, die Verkettung zwischen sozialen, kulturellen Faktoren und der Familie nachzuweisen. Doch hatten diese in den dreißiger Jahren begonnenen Studien einen verhältnismäßig geringen Einfluß auf die amerikanischen Psychohistoriker, die sehr langsam begannen, ihre Psychobiographien mit der sozialen und politischen Geschichte zu verbinden[76].

Der französische Strukturalismus in der Anthropologie und Geschichtswissenschaft entstammt einer anderen Tradition der Sozialwissenschaften als die Psychohistorie. Zwar betonen beide die naturhafte und biologische Grundlage allen bewußten Lebens, doch versucht der Strukturalismus, sich auf greifbare Fakten, harte, in der Gesellschaft meßbare Daten zu stützen. Die Psychoanalyse hingegen sieht sich selbst als eine hermeneutische Wissenschaft, die sich um Verstehen bemüht und deshalb Quantifikationen weitgehend unzugänglich bleibt. Die französische strukturalistische Anthropologie war der Rolle der Geschichte niemals so feindlich gesonnen, wie es einige ihrer Kritiker (Dieter Groh, Alfred Schmidt)[77] behauptet haben. Es ist kein Zufall, daß Historiker des Annales-Kreises der ehemaligen Sixième Section der École Pratique des Hautes Études (jetzt École des Hautes Études en Sciences Sociales) zu Paris angehörten, die auch die Wirkungsstätte struktureller Anthropologen, Linguisten, Psychoanalytiker und Literaturkritiker ist, wie z. B. Claude Lévi-Strauss, Jacques Lacan und Roland Barthes, und daß daher zwischen den Historikern, Anthropologen und Linguisten enge persönliche und berufliche Kontakte bestehen. Anthropologen und Historiker strukturalistischer Orientierung haben gemeinsam die »unbewußten Strukturen« untersucht, die ihrer Meinung nach allen menschlichen Einrichtungen und Gebräuchen zugrunde liegen und sie zusammenhalten. Es wird natürlich angenommen, daß derartige Strukturen bestehen und daß weder der Historiker noch der Ethnologe sich blindlings auf mündliche Zeugnisse stützen können, sondern diese erst

---

[76] Z. B., *Studien über Autorität und Familie.* Paris 1936, hrsg. vom Institut für Sozialforschung unter der Leitung von Max Horkheimer.

[77] Vgl. Dieter Groh, *Geschichtswissenschaft in emanzipatorischer Absicht.* Stuttgart 1973; Alfred Schmidt, *Geschichte und Struktur. Fragen einer marxistischen Historik.* München 1971.

»dekodieren« müssen. Man habe von den wiederkehrenden Erscheinungen, ökonomischen Daten, sozialen Verhältnissen,
dem Wortgebrauch, künstlerischen Formen und Symbolen auszugehen, die einen bestimmten Grad von Quantifizierung erlauben, um dann zu den tieferen Strukturen, die hinter den
oberflächlichen Erscheinungen verborgen sind, vorzudringen.

Gegen den neopositivistischen und strukturalistischen Versuch, den Unterschied zwischen historischen und natürlichen
Erscheinungen aufzuheben, stand weiterhin eine bedeutende
hermeneutische Tradition des Historismus, die die Autonomie
der historischen Welt hervorhob. Zwar definieren bisweilen
Theoretiker wie Isaiah Berlin[78] nach wie vor Geschichte so, wie
es Ranke und Windelband taten: als die sich mit dem Individuellen beschäftigende Wissenschaft, doch war dies nicht das entscheidende Argument gegen den generalisierenden Ansatz der
Neopositivisten und Strukturalisten. Wie wir bereits gesehen
haben, hatten die Verteidiger der hermeneutischen Tradition
seit Rickert erkannt, daß Geschichte, die sich mit bedeutungs-
vollen Beziehungen beschäftigt, als Wissenschaft ebensowenig
wie andere Wissenschaften auf klare, allgemeine Begrifflichkei-
ten verzichten kann. Wie Karl Mannheim meinte, war es gerade
das Element »Bedeutung«, das Präzision ermöglichte. »Bei der
Verknüpfung von Bedeutungsanalyse und soziologischer Situa-
tionsdiagnose«, schrieb er, »gibt es so viele Möglichkeiten zur
Präzision, daß es einmal möglich werden kann, sie mit den
Methoden der Naturwissenschaften zu vergleichen. Diese Methode wird außerdem den Vorteil bieten, daß sie den Sinnbe-
reich nicht als unkontrollierbar unbeachtet lassen muß, sondern
im Gegenteil die Sinninterpretation zu einem Vehikel der Präzision machen wird«[79].

Doch waren die Geschichts- und Sozialwissenschaften nicht
befähigter als die Naturwissenschaften, eine vergangene oder
gegenwärtige Realität so wiederzuerfassen, wie sie »wirklich«
war oder ist. Diese Realität war ein Chaos von Ereignissen. Nur
durch die Begriffsbildungen, mit denen der Historiker an seinen
Gegenstandsbereich herangeht, offenbart sich der Zusammenhang zwischen den Ereignissen[80]. Diese Begriffsbildungen, die

[78] Vgl. Isaiah Berlin, *History and Theory. The Concept of Scientific History.*
History and Theory 1 (1960), S. 1–31.

[79] Mannheim, *Ideologie und Utopie.* 3. Aufl. Frankfurt a.M. 1952, S. 45.

[80] Vgl. Paul Veyne, *L'Histoire conceptualisante.* In: Jacques Le Goff und
Pierre Nora (Hrsg.), *Faire l'histoire.* Paris 1974, Bd. 1, S. 62–84.

Max Weber »Idealtypen« nannte, unterschieden sich grundsätzlich von denen in den Naturwissenschaften. Sie trachten nicht nach formalisierten Beziehungen, sondern nach Modellen, welche einzigartige Bedeutungen und Absichten berücksichtigen, die man in konkreten historischen Situationen findet. Diese Modelle setzen voraus, daß Menschen individuell und kollektiv Ziele verfolgen und dementsprechend handeln, daß somit eine gewisse Kalkulierbarkeit für alle sozialen Verhaltensweisen möglich sei und man deshalb begrifflich formulieren könne, wie individuelle oder kollektive Handlungsträger in der Geschichte sich erwartungsgemäß bei der Verfolgung ihrer Ziele verhalten. Und obwohl diese Begriffsbildungen nicht direkt aus empirischen Beobachtungen gewonnen sind, sondern eher gedankliche Konstrukte sind, die der Historiker oder Sozialwissenschaftler benutzt, um menschliches Handeln zu durchforschen und zu verstehen, können sie dennoch teilweise empirisch bestätigt werden. Es war die Aufgabe eines Idealtypus, den Vergleich zwischen der historischen Begriffsbildung eines historischen Prozesses und seinem empirisch beobachtbaren Verlauf zu ermöglichen. Trotz der Betonung von »Bedeutung« in jedem historischen Zusammenhang, die nicht zu einer von den logischen Positivisten oder Strukturalisten angestrebten formelhaften Beziehung reduziert werden kann, sind die Weberianer durchaus willens, bei ihrer Suche nach umfassenden strukturellen Zusammenhängen innerhalb historischer Veränderungen Modelle zu benutzen, die manchmal auch quantifiziert werden können. Prinzipiell schließt solch ein Ansatz auch nicht die Verwertung anthropologischer oder psychoanalytischer Begriffe aus. Die von Webers Ideen ausgehende Geschichtsschreibung beschäftigt sich jedoch zumeist mit der Frage nach der Rolle kollektiver menschlicher Bewußtseinsformen und Absichten sowie deren Einwirken auf strukturelle Veränderungen in der Zeit; und sie unterscheidet sich darin deutlich von der neopositivistisch oder strukturalistisch orientierten Geschichtsschreibung.

Die dritte Richtung, der wir uns zuwenden wollen, folgt Marx' dialektisch-materialistischem Geschichtsansatz. Hier soll jedoch betont werden, daß nicht alle marxistischen Historiker bei ihrer praktischen Arbeit einem dialektischen Ansatz folgen, sondern oftmals in ihrem Verständnis von Auffassungen ausgehen, die älteren, positivistischen Auffassungen von Geschichte als einer Naturwissenschaft nahekommen. Marx selbst gab Veranlassung, seine Position mißzuverstehen, da er von »mit eherner Notwendigkeit wirkenden und sich durchsetzenden Tendenzen« im Kapitalismus sprach und sie mit der »Notwendigkeit eines Naturprozesses« gleichsetzte[81].

Marx' philosophische und historische Schriften sprechen aber gegen dieses enge deterministische Verständnis von Geschichte. Seit den zwanziger Jahren haben marxistische Theoretiker (Lukács, Korsch, Gramsci) auf einen Marx aufmerksam gemacht, der die Rolle bewußten menschlichen Handelns betonte und den grundsätzlichen Unterschied zwischen Geschichte als dem Gebiet sinnvollen menschlichen Handelns und der Natur als einer Wirklichkeit erkannte, die wiederum in wichtigen Bereichen menschliches, also historisches Handeln widerspiegelt.

Es gibt kaum einen Zweifel daran, daß für Marx und Engels die Produktionsverhältnisse die letztlich entscheidende Rolle im historischen Prozeß spielen. Doch tragen schon die Produktionsverhältnisse selbst den Stempel menschlichen Bewußtseins. Marx zufolge ist es für den Historiker bedeutsam, alle sozialen Erscheinungen und historischen Ereignisse innerhalb des Rahmens eines Systems gesellschaftlicher Beziehungen zu sehen, das sich ständig verändert. Es gibt jedoch weder eine automatische Veränderung, die von menschlichem Bewußtsein unabhängige Gesetze bestimmen, noch erfolgt eine Veränderung lediglich aufgrund des menschlichen Willens, sondern vielmehr als Ergebnis eines »Prozesses zwischen Mensch und Natur«[82]. Und gerade weil Geschichte nicht von abstrakten und isolierten Individuen gemacht wird, sondern von Menschen, die in einem »Ensemble der gesellschaftlichen Verhältnisse«[83] arbeiten und leben, das neben einer inneren Struktur auch auf Veränderungen gerichtete Tendenzen enthält, deshalb kann der Historiker weder mit dem hermeneutischen Suchen nach dem Verständnis der einzigartigen Absichten historischer Persönlichkeiten und Gemeinschaften noch mit dem empirischen Ansatz der analytischen Historiker zufrieden sein, die sich um die Isolierung quantifizierbarer Faktoren ungeachtet allen bewußten menschlichen Tuns bemühen. Im Gegensatz zu anderen Strömungen im europäischen Geschichtsdenken versteht der Marxismus größtenteils Geschichte als einen zur menschlichen Emanzipa-

---

[81] Vorwort zur 1. Auflage von *Das Kapital*, Bd. 1, MEW, Bd. 23, S. 12; Vgl. Notwendigkeit eines Naturprozesses. Ebd. S. 791.

[82] Ebd., S. 192.

[83] *Thesen über Feuerbach*. MEW, Bd. 3, S. 534.

tion führenden Prozeß[84]. Das schließt ein, daß Geschichte als eine kritische Sozialwissenschaft nicht nur die Welt interpretieren will, sondern auch ändern soll; und das bedeutet auch, daß sie auf den konkreten historischen Materialien basiert und gleichzeitig die Partei ergreift, die Änderungen der politischen Lage anstrebt.

Ein marxistischer Ansatz erlaubt es grundsätzlich, wichtige Teilbereiche des hermeneutischen und empirisch-analytischen Ansatzes einzubeziehen. Wie dieser analysiert er die strukturellen Rahmenbedingungen für gesellschaftliche Verhaltensweisen. Auch vermag er mittelfristige Modelle ökonomischer Entwicklung zu formulieren, die eine empirische Überprüfung zulassen. Wie Eric J. Hobsbawm bemerkte, lag Marx' Stärke in seinem Bestehen auf dem Vorhandensein einer sozialen Struktur und deren historischem Charakter, oder – in anderen Worten – deren innewohnender Tendenz zur Veränderung[85]. Die außerordentliche Vielfalt historischer und sozialwissenschaftlicher Ansätze marxistischer Forscher verbietet allgemein gehaltene Bemerkungen über marxistisches wissenschaftliches Arbeiten. Wie wir im 4. Kapitel sehen werden, besteht ein Großteil marxistischer Forschung aus der Verbindung marxistischer Fragestellungen und Gesellschaftskritik mit strengen empirisch-analytischen und textkritischen Methoden. Wenn Parteilichkeit aber dazu führt, daß man auf diese Methoden verzichtet und die Möglichkeit intersubjektiver Überprüfung in Frage stellt, wird der wissenschaftliche Charakter dieser Geschichtsschreibung fragwürdig. Viele marxistische Historiker haben – besonders wenn sie sich von engen parteigebundenen Dogmen befreit haben – die quantifizierende analytische und die qualitativ-hermeneutische Methode gegeneinander abgewogen und sowohl die Notwendigkeit dieser beiden Ansätze als auch ihre Grenzen gesehen. Ihr Beharren auf dem untrennbaren Zusammenhang von Theorie und Praxis, von politischem Einsatz und Wissenschaft, sowie ihre Sicht der Menschen als aktive Faktoren in

[84] Louis Althusser und Étienne Balibar betonen in *Lire le Capital*. 2 Bde, Paris 1970, dt. *Das Kapital lesen*. Reinbek 1972, daß der Marxismus kein »Historismus« sei. Althussers »Strukturalismus« wird von Marxisten verschiedener Richtungen kritisiert, z. B. von Pierre Vilar, *Histoire marxiste, histoire en construction*. Annales 28 (1973), S. 165–198; dt. *Marxistische Geschichte, eine Geschichte im Entstehen. Versuch eines Dialogs mit Althusser*. In: Claudia Honegger (Hrsg.), *Schrift und Materie der Geschichte*. Frankfurt a.M. 1977, S. 108 ff.

[85] Eric J. Hobsbawm, *Karl Marx's Contribution to Historiography*. In: Robin Blackburn (Hrsg.), *Ideology in Social Science*. New York 1973, S. 274.

der gesellschaftlichen Veränderung setzen jeder Umwandlung der Vergangenheit in abzählbare Verhältnisse und Beziehungen Schranken. Marxistische Historiker wie Jürgen Kuczynski, Albert Soboul, Eric J. Hobsbawm und George Rudé haben die Rolle der »objektiven« ökonomischen Faktoren ebenso betont wie die des Bewußtseins. So haben Marxisten zu einer weitgefaßten gesellschaftsorientierten Geschichte struktureller Veränderungen beigetragen; dafür interessierten sich zwar auch die strukturanalytischen Historiker, doch betonen ihre marxistischen Kollegen stärker die Spannungen innerhalb des Systems sowie die Probleme gesellschaftlicher Veränderung. Sie lieferten daher ein wichtiges Korrektiv zu einem zu eng gefaßten analytischen Ansatz.

Die folgenden Essays sollten keinesfalls als umfassender Überblick der wichtigsten Entwicklungen in der Historiographie der letzten Jahre verstanden werden, aber auch nicht als Illustrationen zu den gerade diskutierten theoretischen Richtungen. Sie sind vielmehr ein Versuch festzustellen, was für vier Gruppen von Historikern, die jeweils durch ein gemeinsames Vorverständnis, gemeinsames Erbe und auch teilweise gemeinsame oder doch vergleichbare Arbeitsverhältnisse lose zusammengehalten werden, Geschichte ausmacht. Gemeinsam ist allen vier Gruppen der Versuch, der nicht zufriedenstellenden konventionellen Geschichtsschreibung Alternativen gegenüberzustellen. Der erste Essay wird den französischen Annales-Kreis untersuchen: ein Beispiel für den Versuch, analytische Modelle auf historische Studien zu beziehen, ohne den Sinn für die Einzigartigkeit historischer Situationen und Entwicklungen oder die strukturellen Zusammenhänge in der Geschichte zu verlieren. Der zweite wird sich mit den Bemühungen der Historiker in der Bundesrepublik beschäftigen, hermeneutische mit sozialanalytischen Ansätzen zu verbinden. Im dritten Essay werden die Bestrebungen, das Beispielhafte an Marx' Werk als Alternative zu den hermeneutischen und analytischen Ansätzen zu entwickeln, untersucht. Die Beschäftigung mit der marxistischen Strömung wird sich hauptsächlich auf westeuropäische Länder, besonders Frankreich und Großbritannien, konzentrieren, wo sich erst verhältnismäßig spät und auch verhältnismäßig frei von kommunistischen oder sozialistischen Parteien eine marxistische Historiographie entwickelt und wo der Dialog mit anderen sozialwissenschaftlich orientierten Richtungen der Geschichtsschreibung zuerst ernstlich begonnen hat. Ein vierter

Aufsatz untersucht Aspekte der neueren amerikanischen Historiographie, in der wie in Europa traditionelle narrative Tendenzen und analytische sozialwissenschaftliche Begriffe und Methoden aufeinander einwirken, doch die marxistische Tradition, die dieses Zusammenwirken in der europäischen Geschichtswissenschaft so grundlegend beeinflußt hat, fast vollkommen fehlt.

Wir glauben, daß eine kritische Geschichte der Geschichtsschreibung nicht von einer kritischen Geschichte der Gesellschaft und Kultur getrennt werden kann. Doch verlangt diese kritische Grundhaltung auch die Untersuchung der logischen Unzulänglichkeiten und der Grenzen des Gegenstandsbereiches der Geschichtswissenschaften. Diese Beschränkungen sind ebenso historisch ausfindig zu machen wie die des kritischen Rüstzeugs, mit dem der Historiker an die Geschichte herangeht. Mangels eines archimedischen Punktes, von dem aus der Historiker wissenschaftliche Wahrheit beurteilen könnte, und angesichts des historischen Charakters wissenschaftlicher Erkenntnis wird die Geschichte der Geschichtsschreibung als ein ununterbrochener Dialog zwischen Historikern, die selbst wiederum in einem historischen Zusammenhang wirken, zu einer unentbehrlichen Quelle für die kritische Prüfung des wissenschaftlichen Charakters von Geschichte.

2. Kapitel
Die Tradition der Annales in Frankreich:
Geschichte als integrale Humanwissenschaft*

Die Vertreter des nomologischen Modells, das ja in der Geschichtswissenschaft gar nicht so neu ist, nehmen an, daß für die Kultur- und die Naturwissenschaften die gleiche Logik wissenschaftlicher Untersuchung gilt, es also nur einen Wissenschaftsbegriff gibt. Sie meinen, daß »in der Geschichte wie auch sonst in den empirischen Wissenschaften eine Erscheinung erklärt wird, indem man sie unter allgemeingültige empirische Gesetze subsumiert«[1]. Wenn unter Historikern die ausgefallene Idee vorherrsche, es sei lediglich ihre Aufgabe, Ereignisse aufeinander zu beziehen, so zeige das nur die Auswirkungen des vorwissenschaftlichen Charakters auch der modernen historischen Forschung.

Seit Condorcet haben Historiker, Soziologen und Philosophen eine generalisierende Betrachtungsweise in der Geschichte verlangt. Einige, darunter Auguste Comte, Henry Thomas Buckle[2] und auch Friedrich Engels in seinen späteren Lebensjahren, behaupteten, daß psychische und physische Gesetze menschliches Handeln lenkten und daß der Historiker diese Gesetze aufzudecken habe. Gegen diesen Ruf nach Generalisierungen haben sich Historiker aus der hermeneutischen Tradition seit langem gewehrt: ihrer Meinung nach stützten sich diese Generalisierungen nur unzulänglich auf empirische Belege oder kritische Quellenanalysen und entsprangen daher eher spekulativem als wissenschaftlichem Denken; und außerdem war es nach ihrer Auffassung das Ziel des Historikers, das Einzigartige eines jeden Ereignisses, in Rankes Worten, »das Unendliche in jeder Existenz«[3] zu entdecken. Die Schwäche einer jeden Geschichtsphilosophie bestand Ranke zufolge in dem Versuch, die einzelnen geschichtlichen Ereignisse einem Gedankengebilde unterzuordnen. Geschichte befasse sich mit

---

* Eine kürzere Fassung dieses Kapitels erschien unter dem Titel *Die »Annales« und ihre Kritiker. Probleme moderner französischer Sozialgeschichte* in der Historischen Zeitschrift 219 (1974), S. 578–608.

[1] Carl Gustav Hempel, *Function of General Laws in History.* Journal of Philosophy, S. 45.

[2] Henry Thomas Buckle, *Geschichte der Zivilisation in England,* Allgemeine Einführung.

[3] Leopold von Ranke, *Idee der Universalhistorie.* Historische Zeitschrift 178 (1954), S. 295.

Menschen aus Fleisch und Blut. Wenn man der Geschichte Generalisierungen aufzwinge, würde alles Interessante an der Geschichte verschwinden, und die Historie würde allen wissenschaftlichen Halt und Charakter verlieren[4]. Doch gibt es auch eine vermittelnde Ebene zwischen einer Geschichtsphilosophie, die Generalisierungen vornimmt, und einer, die sie zurückweist und darauf beharrt, daß die Einzigartigkeit einer jeden historischen Lage unmittelbar aus sich selbst zu verstehen ist, ohne Rückgriff auf allgemeine Oberbegriffe. Diese vermittelnde Ebene entsteht durch den Versuch, Erklärungen begrenzter oder mittlerer Reichweite zu benutzen, um konkrete historische Erscheinungen verständlich zu machen. Der Ansatz erkennt aber auch die Einzigartigkeit jeder historischen Situation an und ebenso die Faktoren Wunsch, Absicht und Bewußtsein, die jeden historischen Zusammenhang mitbestimmen, und sieht es deshalb als notwendig an, daß jede historische Situation vom Historiker »verstanden« wird.

Der Annales-Kreis stellt wohl solch eine vermittelnde Ebene dar. Etliche Kritiker irrten sich, als sie die Tradition der Annales unter die Bezeichnung »analytische Geschichte« stellen wollten[5]. Denn die großen Historiker aus dem Annales-Kreis – Lucien Febvre, Marc Bloch, Fernand Braudel, Robert Mandrou, Jacques Le Goff, Emmanuel Le Roy Ladurie – stehen in vieler Hinsicht in der Tradition des Historismus; sie beharren darauf, daß jedes Zeitalter aus sich selbst verstanden werden muß, daß sich der Historiker vor Gegenwartsbezügen zu schützen habe und daß jeder Versuch, eine Theorie des Fortschritts oder der Entwicklung der Geschichte in eine bestimmte Richtung auf die Geschichte anzuwenden, die historische Realität verzerren würde. In diesem Sinne haben die Historiker der Annales-Richtung Rankes Wort, daß »jede Epoche unmittelbar zu Gott«[6] sei, viel ernster genommen als Ranke selbst, der ja in die Geschichte des modernen Europa den mehr oder weniger unvermeidbaren Triumph der Ideen des Protestantismus hineinsah. Das Bemühen der Annales-Historiker, den »globalen« Charakter historischer Konstellationen zu erforschen, unterscheidet sie von den amerikanischen »New Economic Historians« und von Jean Marczewski und seiner Gruppe der »Histoire quantitative«.

[4] Ebd., S. 294.
[5] Vgl. Dieter Groh, *Strukturgeschichte als »totale« Geschichte*. Vierteljahrsschrift für Sozial- und Wirtschaftsgeschichte 58 (1971), S. 289–322.
[6] *Über die Epochen der neueren Geschichte.* Hrsg. v. Theodor Schieder und Helmut Berding. München–Wien 1971, Bd. 2, S. 59f.

Diese beiden Richtungen versuchen, Bestandteile der Geschichte, wie z. B. die Wirtschaft, zu isolieren, um hypothetisch-deduktive Modelle an sie anzulegen[7]. Den Annales-Kreis dagegen kann man sich nicht ohne das Erbe der deutschen historischen Schule vorstellen. Die Gründer der *Annales*, Lucien Febvre und Marc Bloch, konnten deutsch lesen, ebenso Fernand Braudel und Robert Mandrou. Marc Bloch hatte auch in Deutschland studiert. Für die älteren war der Einfluß der quellenkritischen deutschen Forschung deshalb nicht ohne Bedeutung. Erst für die nächste Generation, etwa für Le Roy Ladurie, wurde der angloamerikanische Einfluß bedeutsam.

Das Ziel historischer Forschung war – wie auch schon für die deutsche historistische Richtung – das Verstehen der Vergangenheit. Doch bedeutete der von Febvre oder Bloch benutzte Begriff »comprendre« von Anfang an etwas anderes als das »Verstehen« der hermeneutischen Tradition[8]. »Verstehen« unterschied sich bei Wilhelm Windelband und Friedrich Meinecke deutlich vom kausalen »erklären«. Im Gegensatz dazu betonte Febvre, daß das »comprendre« sozialer Erscheinungen niemals auf bloßes Faktenwissen (»savoir«) eingeschränkt werden könne, sondern immer den Versuch miteinschließe, die Beziehungen zwischen ihnen zu erklären. Und das Verstehen menschlicher Verhaltensweisen in ihrem konkreten Erscheinen und Auftreten schließe kausale Erklärungen auch nicht aus, sondern verlange sie vielmehr.

Die auffälligen Ähnlichkeiten und tiefgreifenden Unterschiede zwischen der historischen Forschung in Deutschland und Frankreich sind auch Auswirkungen der verschiedenen Hochschulsysteme und des institutionellen Rahmens historischen Forschens in beiden Ländern. Auf der Ebene der Grandes écoles war die Auswahl der Hochschulstudenten noch elitärer als in Deutschland, die erst 1896 wieder eingerichteten Universitäten besaßen hingegen sehr viel weniger Ansehen. Während der Französischen Revolution waren die zweiundzwanzig damals bestehenden Universitäten aufgehoben worden, lediglich in Provinzstädten blieben einzelne Fakultäten bestehen, denen aber durch die Napoleonische Gesetzgebung jede echte Autono-

---

[7] Cf. Robert W. Fogel, *Railroads and American Economic Growth*. S. 246; Jean Marczewski, *Introduction a l'histoire quantitative*. Genf 1965.

[8] Marc Bloch, *Apologie pour l'histoire ou metier d'historien* (Cahiers des Annales, 3). 6. Aufl., Paris 1967, S. XII. Hans-Dieter Mann, *Lucien Febvre. La Pensée vivante d'un historien*. (Cahier des Annales, 31). Paris 1971.

mie genommen war. Diese Fakultäten waren keine unabhängigen Körperschaften mit Hochschulfunktionen, sondern in erster Linie, und besonders im Falle der Fakultäten für Wissenschaft und Literatur, Institutionen, die den Oberschulen dienten:[9] sie verliehen die »Licence« für Lehrer und beaufsichtigten auch die Baccalauréat-Prüfungen. Forschung und Unterrichtung von Studenten blieb im Gegensatz zu den deutschen Universitäten nebensächlich. Intellektuelles und kulturelles Leben fand ebenso wie Wissenschaft zumeist außerhalb dieser Fakultäten statt. Auch nach dem Zusammenschluß von Fakultäten zu Regionaluniversitäten änderte sich daran wenig. Ernstzunehmender Fachunterricht konzentrierte sich in Frankreich auf Spezialhochschulen, die hoch angesehenen Grandes écoles, wie z.B. die während der Revolution errichteten École Polytechnique und École Normale Supérieure. Für die historische Forschung sind die 1821 als Fachhochschule für Archivare gegründete École des Chartes und die äußerst elitäre École Normale Supérieure am wichtigsten[10]. Im Gegensatz zu den relativ leicht zugänglichen Fakultäten und Universitäten wurde die Aufnahme in die Grandes écoles nur nach Bestehen einer strengen Auswahlprüfung gewährt. So umgab die Grandes écoles ein elitäres Bewußtsein und ein »esprit de corps«, für die es in Deutschland keine Parallelen gibt. Die Studenten, die in den Wohnheimen der Grandes écoles zu leben verpflichtet waren, hatten sich strengster Disziplin zu unterwerfen. Als Internate geführte Lycées mit nationaler Ausstrahlung bereiteten Schüler auf die Grandes écoles vor. Obwohl die Anzahl der Stipendiaten an den Grandes écoles stetig zunahm, stammten die Studenten doch zu einem größeren Anteil als an Deutschlands Universitäten aus wohlhabenden Familien. Fritz Ringer schließt daraus, daß »im ganzen die Hochschulausbildung in Frankreich bis etwa 1930 wahrscheinlich weniger demokratisch war als in Deutschland«[11].

Wie in Deutschland entsprach das Schulsystem der Klassen-

[9] Theodore Zeldin, *Higher Education in France, 1848–1940.* Journal of Contemporary History, 2 (1967), S. 60.

[10] Über die französischen Universitäten, siehe den Aufsatz von Zeldin, ebd., S. 53–80, und besonders Terry Nichols Clark, *Prophets and Patrons. The French Universities and the Emergence of the Social Sciences.* Cambridge, Mass. 1973; Paul Gerbod, *La Condition universitaire en France au 19ᵉ siècle.* Paris 1965; befaßt sich hauptsächlich mit der sozialen und beruflichen Stellung der Lehrer an den Oberschulen.

[11] Unveröffentlichtes Manuskript.

struktur der Gesellschaft. Auch wenn sie sich sonst in vielem unterschieden, erfüllten die Oberstufen der Primärschule und die Normalschule eine ähnliche Rolle wie die deutschen Real-schulen, indem sie den sozialen Unterschied zwischen den Un-ter- und Mittelschichten aufrechterhielten; die Lycées dienten als Ausbildungsstätten des gebildeten Bürgertums. Wie in ihren deutschen Gegenstücken, den Gymnasien, waren sie Träger ei-nes Unterrichts, der das Studium der klassischen Antike in den Mittelpunkt stellte und dabei bewußt jede praktische Vorberei-tung auf das Berufsleben außer acht ließ. Doch besuchten bis ins 20. Jahrhundert im Verhältnis weniger französische Schüler Lycées als deutsche Schüler Gymnasien. Dasselbe gilt auch für Studenten an den Universitäten. Die Betonung humanistischer Bildung und das skeptische Verhältnis der Moderne gegenüber hinterließ tiefe Eindrücke, sogar – wie wir sehen werden – bei den Historikern des Annales-Kreises.

Die Grandes écoles sollten niemals Forschungs- und Ausbil-dungszentren sein, wie die deutschen Universitäten nach den Humboldtschen Reformen gedacht waren; ihre Aufgabe war es vielmehr, eine Elite auf Stellungen im öffentlichen Leben vorzu-bereiten. In Frankreich engagierten sich viel mehr Historiker als in Deutschland im politischen Leben. Auch in Deutschland nahmen, im Gegensatz zur vorherrschenden Meinung, Histori-ker am öffentlichen Leben teil, doch in Frankreich sah man Wissenschaftler – so auch die Historiker Guizot, Michelet und Thiers – als Männer der Praxis, die sich ganz selbstverständlich öffentlich und politisch betätigten. Das 1530 gegründete Col-lège de France, seit 1769 mit einem Lehrstuhl für Geschichte und Ethik ausgestattet, ähnelte einem Forschungsinstitut am ehesten; die Mitglieder des hochangesehenen Instituts hielten ihre Vorlesungen öffentlich, nahmen aber keine Prüfungen ab und verliehen keinerlei akademische Grade.

Bei dem Bemühen, die Universitätsausbildung zu reformieren und Forschung zu einem Beruf zu machen, nahm man sich die Verhältnisse in Deutschland zum Vorbild. Die Gründung der École Pratique des Hautes Études (1868) und ihrer Vierten Sek-tion für Geschichte und Philologie war kennzeichnend für die Veränderungen in der Organisation historischer Forschungs-einrichtungen. Die École Pratique des Hautes Études entwik-kelte sich unabhängig von den Universitäten. Man konnte an ihr weder Prüfungen ablegen noch akademische Grade erhalten. Vorlesungen wurden nicht gehalten. Unterrichtet wurde in Seminaren, die dem deutschen Modell nachgebildet waren. Der Übernahme der Seminarmethode folgte aber auch eine reichlich unkritische Übernahme der deutschen hermeneutischen Methoden. Die historische Wissenschaft in Frankreich – übrigens auch in den USA – identifizierte sich aufs engste mit der Rankeschen Tradition. Charles Langlois' und Charles Seignobos' 1898 erschienene *Introduction aux études historiques*[12], die Generationen französischer Studenten als Standardlehrbuch diente, scheint, oberflächlich gesehen, von den deutschen Vorbildern abzuhängen; die Verfasser betonen, es gebe keine Geschichte ohne schriftliche Dokumente, und sie schrieben genau vor, wie sich der Historiker damit auseinanderzusetzen habe. Doch wenn man den Text genauer liest und Seignobos' *La Méthode historique appliquée aux sciences sociales*[13] heranzieht, so zeigt sich, daß die Verfasser die aktive Rolle des Historikers bei der Fragestellung und Hypothesenbildung klarer erkannten und daß sie die Rolle von Generalisierungen und gesellschaftlichen Faktoren in historischen Erklärungen eher sahen als ihre deutschen Vorgänger. Außerdem unterschied sich die politische Lage Frankreichs nach der nationalen Katastrophe des Jahres 1870 deutlich von der Deutschlands. Die »neue Geschichtsschreibung« wurde von den Historikern G. Monod, E. Lavisse, Ch. Seignobos und Ch. Langlois vorangetrieben, die sich freimütig zur politischen Aufgabe der Geschichtswissenschaften bekannten und die theologischen und dynastischen Grundlagen des auf den Monarchen bezogenen Patriotismus durch das nationale Bekenntnis zur Französischen Revolution ersetzen wollten[14]. Trotz ihrer Kritik an den deutschen Vorstellungen von Geschichtswissenschaft, die zu einseitig philologisch in ihrem Ansatz sei und zu weit von jeder historischen Synthese entfernt bleibe, boten diese französischen Historiker Beispiele einer ereignisorientierten Geschichte, die die politische und militärische Geschichte der Staaten Europas aus dem Blickwinkel der Regierenden sah. Darin und auch in dem fast ausschließlichen Auswerten offizieller Dokumente ähnelte ihr Vorgehen dem ihrer deutschen Kollegen.

Die Organisation historischer Forschung trug in Deutschland und Frankreich zu einem wissenschaftlichen Konformismus

---

[12] Paris 1898.
[13] Paris 1901.
[14] William Keylor, *Academy and Community. The Foundation of the French Historical Profession.* Cambridge, Mass. 1975.

bei. Die elitären Auswahlmechanismen an den Lycées und
Grandes écoles bevorzugten natürlich Bewerber ähnlicher gesellschaftlicher Herkunft und Erziehung. Die strenge Disziplin,
die von den Studenten an den Grandes écoles gefordert wurde –
ganz im Gegenteil zur »akademischen Freiheit« an den deutschen Universitäten –, verhinderte aber offensichtlich nicht die
Entwicklung weit auseinandergehender politischer Ansichten.
Die republikanische Tradition Frankreichs garantierte die Mei-
nungsvielfalt an den Universitäten. Auch waren Juden nicht in
demselben Maße von akademischen Positionen ausgeschlossen
wie in Deutschland. Doch im ganzen gesehen trug die Auswahl
des akademischen Nachwuchses nicht zum Überdenken und
zur Erneuerung der Methodologie bei. Bis zur Fertigstellung
der »Thèse de doctorat«, die für eine Berufung auf einen Lehrstuhl im allgemeinen notwendig war, hingen die jüngeren Wissenschaftler von ihren Mentoren ab. Jedoch war die in der Soziologie vorherrschende positivistische Tradition, die auf das
19. Jahrhundert zurückgeht und fest in den französischen akademischen Institutionen verankert war, eine ständige Herausforderung der historistischen Orientierung; Soziologen und
Philosophen zogen zuerst ernsthaft den Historismus der Historiker in Zweifel[15].

Vom Standpunkt der französischen positivistischen Tradition
aus mußte die Erkenntnistheorie des deutschen Historismus
von Ranke bis Dilthey und Gerhard Ritter unwissenschaftlich
wirken. Denn Wissenschaftlichkeit setzt intersubjektive Über-
prüfbarkeit voraus. Die Verfechter der hermeneutischen Tradition nahmen an, daß man wohl die kritische Untersuchung von
Quellen, nicht aber das Verstehen eines historischen Zusammenhanges nachprüfen könne. So war z.B. für Wilhelm Dilthey
das persönliche Erlebnis das letzte Kriterium der Wahrheit. Für
den französischen Positivismus, schon für Comte, sind der Gegenstand der Natur und der der Geschichte ebenfalls verschieden, die Logik der Wissenschaft bleibt aber dieselbe, ob sie sich
mit dem Menschen oder mit der Natur befaßt. Als der bedeutendste Übermittler der positivistischen Wissenschaftstheorie
für die französische analytische Tradition der Geschichtswissenschaft im 20. Jahrhundert darf wohl Émile Durkheim gelten.
Durkheims Erkenntnistheorie interessiert uns hier[16], weil sie zu
einem hohen Grad von Marc Bloch, weniger von Lucien

[15] Siehe Clark, *Prophets and Patrons*.
[16] Vgl. Émile Durkheim, *Les Règles de la méthode sociologique*. Paris 1895.

Febvre, übernommen wurde und durch Bloch zum Gemeingut der Annales-Gruppe wurde. Im Gegensatz zum deutschen Historismus gehen Durkheim und Bloch von dem Standpunkt aus, daß der einzelne nur im Zusammenhang einer Gesellschaft zu verstehen sei und daß sich diese Gesellschaft in konkreten Formen ausdrücke, die ähnlich wie Naturphänomene von außen her betrachtet werden können.

Von diesem Standpunkt aus fragt dann später Marc Bloch, der Mitbegründer der *Annales,* ob es wirklich stimme, wie von der konventionellen Geschichtswissenschaft behauptet, »daß die Betrachtung der Vergangenheit, auch der fernsten Vergangenheit, immer eine indirekte ist«, die nur durch Urkunden vermittelt werden kann – Urkunden, die erst »verstanden« werden müssen. Bloch stimmt mit der hermeneutischen Schule überein, daß es »in letzter Instanz das menschliche Bewußtsein ist, das den Gegenstand der Geschichtswissenschaft ausmacht«, und daß die Geschichte im Gegensatz zu der Natur, die keine Intentionalität kennt, »es mit Wesen zu tun hat, die fähig sind, bewußte Ziele zu verfolgen«[17], die der Historiker »verstehen« muß. Aber dem Historiker und dem Sozialwissenschaftler geht es nicht um den Bewußtseinsinhalt isolierter Individuen oder selbst das Bewußtsein von Gruppen von Individuen, sondern um konkrete soziale Verhaltensweisen, in denen sich soziale Normen widerspiegeln. Der Historiker und der Sozialwissenschaftler haben es daher mit »sozialen Fakten«[18] (wie sie Durkheim nannte) zu tun, die sie oft direkt, ohne die Vermittlung von schriftlichen Dokumenten, beobachten können.

Das einzelne Ereignis, auch der spezifische Bewußtseinsinhalt, sind möglicherweise nur indirekt durch Aussagen zu erfassen. Die Struktur einer Gesellschaft offenbart sich aber an konkreten institutionellen und materiellen Überresten. Bloch weist daher Seignobos' Behauptung zurück, daß es keine Geschichte ohne Dokumente gäbe. Der Historiker geht den konkreten Spuren der Vergangenheit nach. Die schriftlichen Urkunden, mit denen die konventionellen Historiker gearbeitet haben, sind meist nur Sekundärquellen, wissenschaftlich ungenügend, weil sie die Ereignisse nur durch die Subjektivität des Beobachters wiedergeben. Sie können als Primärquellen betrachtet werden, nur insofern sie selber Beobachtungsmaterial für die Bewußtseinsstruktur, die »Mentalität« einer Gesellschaft sind oder, wie

---

[17] *Apologie,* S. 76.
[18] Vgl. Durkheim, *Les Règles.*

in den Fällen von Gesetzen oder Geschäftspapieren, einen konkreten Bestandteil des Handelns dieser Gesellschaft darstellen. Weder Durkheim noch Bloch waren aber der Meinung, daß sich diese »spezifische Realität« einfach dem passiven Beobachter enthüllt. Die objektive Wirklichkeit, ob Natur oder Gesellschaft, beantwortet dem Forscher nur die Fragen, die er an sie stellt. Die Wissenschaft kommt nie ohne Fragestellungen, Selektion, Analyse und Abstraktion aus[19]. Das Schwergewicht wurde daher von Bloch, wie schon von Durkheim, vom Individuum auf die Kollektivität verlegt.

Die eigentliche Geschichte der Annales beginnt nicht mit der Gründung der Zeitschrift *Annales d'histoire économique et sociale*, sondern schon 1900 mit der Gründung der *Revue de synthèse historique* durch Henri Berr, an der Lucien Febvre schon 1907, Marc Bloch 1912 enge Mitarbeiter wurden. Diese Zeitschrift war aus der sich in den neunziger Jahren anbahnenden Kritik an der konventionellen, auf deutschen Mustern beruhenden Geschichtsforschung entstanden. Ein Zentrum dieser Kritik war Durkheims Zeitschrift *L'Année sociologique*, in der Durkheim und François Simiand den Angriff gegen die auf die Politik zentrierte, individualisierende Geschichtsschreibung, die die französischen Universitäten beherrschte, einleiteten. Berr, der sich als Philosoph mit der historischen Erkenntnistheorie befaßte, betrachtete Durkheims Soziologie als zu geschichtsfremd, stimmte aber mit Durkheim überein, »daß es keine Wissenschaft gäbe, die es nicht mit Allgemeinheiten zu tun hätte«[20]. Ohne Theorie, meinte er, gäbe es keine Wissenschaft, auch keine Geschichtswissenschaft. Ein Hauptziel der *Revue de synthèse historique* sah Berr in der Erörterung der Theorie der Geschichtswissenschaft, aber einer auf die Empirie orientierten Theorie, die er scharf von spekulativer Geschichtsphilosophie unterschied. Die Historiker, meinte er, die die Geschichte als Erforschung des Singulären in seinem Wandel definiert haben, hätten übersehen, daß ohne Auslesekriterien, die bestimmte Regelmäßigkeiten in der Geschichte erkennen, Geschichte reines Chaos und jede Geschichtswissenschaft unmög-

[19] Bloch, *Apologie*, S. 26.
[20] Berrs Einleitung zur *Revue de synthèse historique* 1 (1900). Siehe auch ders., *La Synthèse en histoire*. Nouvelle edition, Paris 1953, S. 29. Über Berr siehe auch Martin Siegel, *Henri Berr's Revue de Synthèse Historique*. History and Theory 9 (1970), S. 322–334.

lich wäre. Die Geschichtswissenschaft habe es daher ähnlich wie die Naturwissenschaften mit »Ähnlichkeiten, Wiederholungen und Übereinstimmungen« zu tun, wenn diese auch nicht den ganzen Charakter der Geschichte ausmachten und Gesetze weder in den Naturwissenschaften noch in der Geschichtswissenschaft als absolute Notwendigkeiten zu verstehen seien[21]. Eine Verstehensmethode, die keinen Regeln der Logik unterworfen ist, betonte Berr, ist in der Geschichtswissenschaft genauso unzulässig wie in den Naturwissenschaften[22]. Beide arbeiten mit Hypothesen. Analyse und Synthese lassen sich nicht trennen. »Eine Sammlung von Fakten hat nicht mehr wissenschaftlichen Wert als eine Briefmarken- oder Muschelsammlung.«[23]

Einzelne Historiker seien zur historischen Synthese unfähig; dafür würden, meint er, Forschergruppen benötigt. Die Geschichte wird in dem Grad zu einer Wissenschaft, in dem sie erklärt, statt zu beschreiben. Erklären ist nicht ohne Vergleich möglich, wenn auch der Historiker die konkrete historische Individualität im Auge behalten muß. Im bewußten Gegensatz zu Nietzsche betonte Berr, daß »die Geschichte nicht ihren Kontakt mit dem Leben verloren hat, weil sie zu wissenschaftlich ist, sondern im Gegenteil, weil sie es zu wenig ist«[24].

Nach 1920 erschienen dann die Bände der von Henri Berr begründeten und heute noch fortgesetzten Reihe *L' Évolution de l'humanité*, in denen eine neue Richtung der Geschichtsschreibung zum Ausdruck kam, die sich deutlich von der der 18bändigen ›*Histoire de France*‹ von Ernest Lavisse unterschied: statt der ereignisbezogenen politischen Geschichte des Nationalstaates stellt sie Gesellschaften und Kulturen in den Mittelpunkt und geht thematisch statt chronologisch vor.

Ein wichtiger theoretischer Beitrag zur Weiterentwicklung der Berrschen Gedanken bestand in dem 1922 mit einem Vorwort von Berr herausgegebenen Buch *La Terre et l'évolution humaine. Introduction géographique à l'histoire*[25], in der Febvre die enge Verbindung von Geographie und Geschichte unterstrich, die für die ganze Annales-Tradition grundlegend wurde, aber gleichzeitig den geographischen Determinismus Ratzels entschieden abwies und sich auf die von Vidal de la Blache

[21] *La Synthèse*, S. 29.
[22] Ebd., S. 227.
[23] Ebd., S. 19.
[24] Ebd., S. XII; vgl. ebd., S. 253.
[25] Paris 1922.

vertretene »géographie humaine« stützte, in der die geographische Umwelt zwar einen wichtigen Teil des Rahmens menschlicher Möglichkeiten liefert, der Mensch aber selber wieder diese Umwelt mitgestaltet. In den letzten Jahrzehnten hätten sich, betonte Febvre, die Vorstellungen der Geographie und Geschichte radikal geändert.

Den Historiker und den Geographen interessiert heute nicht mehr allein die Entwicklung des »politischen, juristischen und verfassungsmäßigen Rahmens der Völker der Vergangenheit oder die militärischen und diplomatischen Ereignisse. Sie interessiert das ganze Leben dieser Völker, ihre materiale und moralische Kultur, die ganze Entwicklung ihrer Wissenschaften, Künste, Glauben, Industrien, Handel, Einteilungen und Sozialgruppen«[26]. In seiner Grande thèse von 1912 *Philippe II. et la Franche-Comté*, einer Studie zur politischen, religiösen und sozialen Geschichte[27], hatte Febvre schon zu einer solchen Geschichtsschreibung beigetragen. Es ging hier um die Geschichte einer Landschaft, aber nicht einer rein geographischen, sondern einer geschichtlichen Landschaft zu einem bestimmten Zeitpunkt. Der Zweck der Arbeit war die Untersuchung einer Krise, die sich gleichzeitig auf politischer Ebene in dem Kampf zwischen »provinziellen Privilegien und katholischem Absolutismus« , in der Auseinandersetzung zwischen Adel und Bürgertum und in den Religionskämpfen ausdrückte. Im Grunde handelt es sich in diesem Buch um »das innere Leben einer politischen Individualität, der Franche-Comté«, aber einer politischen Geschichte, die »den verdeckten (obscures) und tiefen Ursachen menschlicher Entscheidungen« nachging und sie »in den bescheidenen Realitäten des provinziellen Daseins«[28] und »in den Veränderungen des sozialen Lebens« suchte, die den gelehrten Historikern der Diplomatie- und Militärgeschichte und der Glaubenskämpfe meist verborgen geblieben waren[29]. Obwohl Febvre das Wort Struktur vermied und den Einfluß der großen Persönlichkeiten auf die Geschichte anerkannte, ging es ihm doch vor allem um den Wandel politischer, sozialer und gedanklicher Strukturen. Febvre erkannte keinen Primat eines einzelnen Sektors der sozialen Wirklichkeit, der Wirtschaft, des Glaubens, der Politik oder der Geographie an; diese

[26] Ebd.
[27] Paris 1912; hier zitierte Ausgabe: Paris 1970.
[28] Ebd., S. 7.
[29] Ebd., S. 11.

ließen sich nicht trennen. Er untersuchte daher ausführlich die wirtschaftliche Funktion, die soziale Rolle und den Lebensstil von Adel und Bürgertum. Preise, Einkommen und Bevölkerungswachstum begannen ihn zu interessieren. Allerdings noch überraschend abwesend in Febvres Untersuchung des »ganzen Lebens« einer Zeit und eines Raums sind die unteren Schichten der Bevölkerung.

Dieses Interesse für die vornehmen Klassen spiegelte sich dann auch in Febvres späteren Werken wider, in seiner Luther-Studie (1928) und besonders in dem großen Werk *Le Problème de l'incroyance au XVIme siècle. La religion de Rabelais*[30]. Es handelt sich in diesem letzteren Buch nicht um Ideengeschichte im Sinne Meineckes und Croces, sondern um die Analyse eines geistigen Klimas, einer mentalité, allerdings bei Febvre auf die gebildeten Schichten konzentriert und, im Gegensatz zum Luther-Buch, relativ isoliert von sozialen und politischen Faktoren betrachtet. Die zentrale Frage des Rabelais-Buchs ist die Untersuchung der verschiedentlich in der Forschung gemachten Behauptung, daß Rabelais Atheist gewesen ist. Ob dies der Fall war, läßt sich, nach Febvres Meinung, nicht aufgrund der überlieferten Texte feststellen; feststellen läßt sich aber, ob diese Haltung zu Rabelais' Zeiten möglich gewesen ist[31]. Febvre geht hier von einem radikalen Historismus aus, der den einmaligen Charakter jeder Epoche voraussetzt. Die Fragestellung, ob Rabelais Atheist oder Ungläubiger war, betrachtet Febvre als »unhistorisch«. »Das ganze Buch«, betont er, »richtet sich gegen diese Illusionen und diese Anachronismen.«[32] Die Trennung zwischen Glauben und Unglauben, griechischer Philosophie und christlicher Religion, Naturwissenschaft und Theologie bestand einfach nicht zu Rabelais' Zeiten. Febvre versucht dies teilweise auf konventionelle Weise zu beweisen, durch eine hermeneutische Untersuchung der Texte, teilweise aber durch eine »Archäologie der Sprache«, die das »geistige Werkzeug« (outillage mental)[33] der Zeit aufgrund ihrer Begriffe und ihrer Sprachsyntax zu begreifen versucht.

Während Febvre in seinem späteren Werk immer mehr dem Bewußtsein die zentrale Rolle zuspricht, betont Bloch zuneh-

---

[30] Paris 1942, hier zitierte Ausgabe: Paris 1968, und *Un destin. Martin Luther.* Paris 1928.

[31] Le Problème de l'incroyance, S. 29.

[32] Ebd., S. 419.

[33] Ebd., S. 328 ff.

mend den materialen Rahmen, in dem das Bewußtsein zum Ausdruck kommt. Sein erstes bedeutendes Buch *Les Rois thau-maturges*[34] befaßt sich mit einem Problem der »mentalité collective«, der Entstehung des Volksglaubens an die Fähigkeit der Könige, durch die wunderbare Berührung der Kranken die Skrofulose zu heilen, und der Integrierung dieses Glaubens in den mittelalterlichen Königsbegriff. Methodisch bedeutet aber erst das 1931 erschienene Werk *Les Caractères originaux de l'histoire rurale française*[35] den Durchbruch zu einer Geschichtsschreibung, die den Durkheimschen Begriff des »fait social« in die geschichtswissenschaftliche Arbeit übersetzte. Der Ausgangspunkt war hier nicht die hermeneutische Deutung der Urkunden, sondern die archäologische Analyse der materiellen Überreste einer Vergangenheit. Im Gegensatz zur konventionellen Agrargeschichte ging Bloch nicht von den juridischen und institutionellen Verhältnissen aus, sondern von der landwirtschaftlichen Praxis. Aufgrund der Felderparzellierung und der Pflugarten suchte er eine geographisch fundierte Sozialgeschichte der Landwirtschaft seit dem Mittelalter zu rekonstruieren. Für eine solche Sozialgeschichte, meinte Bloch, war eine »regressive Methode« nötig, die aufgrund der Informationen, die wir für die Neuzeit besitzen, und mit Hilfe des archäologischen Materials Schlüsse über die Struktur einer früheren Gesellschaft ziehen kann. Nötig war auch eine vergleichende Methode, die die Eigentümlichkeit der Strukturen präzisierte. Im Gegensatz zu Febvre beschäftigt sich Bloch hier nicht mit den Mächtigen, den Wohlhabenden oder den Gebildeten, sondern auch mit Leibeigenen und Bauern. Ebenfalls im Gegensatz zu Febvre ist Bloch intensiv an dem Problem des Wandels interessiert, hier an der Kontinuität und Entwicklung der Landwirtschaft und des ländlichen Lebens vom Mittelalter bis in die Neuzeit.

In seiner großen Synthese *La Société féodale*[36] betrachtete Bloch den Feudalismus von einem Gesichtspunkt, der sich scharf von den konventionellen Arbeiten unterscheidet, die den Feudalismus vom Standpunkt militärischer Dienstleistungen begreifen, aber auch von marxistischen Auffassungen des Feudalismus als einer sozialen Produktionsweise. Bloch versucht

[34] *Étude sur le caractère surnatural attribué à la puissance royale particulièrement en France et en Angleterre.* Paris 1924.
[35] *Les Caractères originaux de l'histoire rurale française.* Oslo 1931.
[36] Paris 1939–40.

hier, was er eine »ambiance totale sociale« nennt, darzustellen. Der Feudalismus wird hier als Bestandteil eines sozialen Klimas und einer Mentalitätsstruktur betrachtet, in der Arbeits- und Denkweisen, Herrschafts-, Besitz- und Klassenverhältnisse eng verbunden sind. Zugleich versucht Bloch durch den Vergleich verschiedener, hauptsächlich europäischer, aber auch außereuropäischer Feudalismen den Begriff des Feudalismus als eine Gesellschaftsform herauszuarbeiten. Sein Verfahren ist thematisch, nur teilweise chronologisch; doch handelt es sich bei Bloch im Gegensatz zu den Werken des späteren Febvre bewußt um die Entstehung und den Niedergang einer gesellschaftlichen Struktur. Bloch besitzt aber kein Erklärungsmodell für historischen Wandel. In dieser Hinsicht könnte man sagen, daß Blochs Verfahren deskriptiv eher als explikativ ist, wenn es sich auch bei ihm um die Beschreibung einer komplexen Gesellschaftsstruktur und nicht um erzählende Ereignisgeschichte handelt.

Die *Annales d'histoire économique et sociale* sind 1929 gemeinsam von Lucien Febvre und Marc Bloch begründet worden. Man kann die Geschichte der *Annales* einigermaßen in zwei Abschnitte teilen, in eine erste Zeit vor 1945, in der dominiert, was Le Roy Ladurie die »qualifizierende Strukturgeschichte«[37] genannt hat, und einen zweiten Abschnitt nach 1945, in dem immer mehr die »quantifizierende Konjunkturgeschichte« in den Vordergrund rückt, ohne die ältere Richtung ganz zu verdrängen. Vielleicht kann man jetzt einen 1968/1972 einsetzenden dritten Abschnitt erkennen, in dem der Einfluß der strukturalistischen Anthropologie deutlicher hervortritt. Diese Periode begann mit den Unruhen im Mai 1968, der daraufhin durchgeführten Neugliederung der Universitäten und der Vollendung des Maison des Sciences de l'Homme im Jahre 1970, das schon 1963 als Koordinationszentrum für Forschungen in den Sozial- und Kulturwissenschaften unter der Leitung von Fernand Braudel gegründet worden war. Braudel trat dann 1972 in den Ruhestand, und eine jüngere Generation von Historikern –

[37] Emmanuel Le Roy Ladurie, *The Sixth Section of the École Pratique des Hautes Etudes. As Seen Through Publications and Its Research.* Unveröffentlichtes Referat, beim amerikanischen Historiker-Tag gehalten in Toronto, Dezember 1967; vgl. die franz. Fassung: *Du quantitatif en histoire: la VIᵉ Section de l'École Pratique des Hautes Etudes.* In: ders., *La territoire de l'historien.* Paris 1973, S. 23–37.

Emmanuel Le Roy Ladurie und Jacques Le Goff – übernahm die Geschäfte der Sixième Section und der *Annales*. Man erforschte jetzt stärker die Geschichte der Mentalitäten und des täglichen Lebens im Gegensatz zu den bisherigen rein demographischen und wirtschaftlichen Studien. Bei der Untersuchung des alltäglichen Lebens handelte es sich jetzt weniger um die statistisch greifbaren materiellen und biologischen Faktoren, wie sie in den frühen sechziger Jahren in der großen Enquête *Vie matérielle et comportements biologiques* behandelt worden sind. Die Einstellung zu Kindheit, Sexualität und Tod wurde jetzt zu einem Hauptinteresse des Historikers, der sich der Symbolik des kollektiven Lebens, wie sie in Folklore, Mythen und Festen zum Ausdruck kommt, zuwandte. Im Vordergrund standen nicht mehr anonyme Kräfte, sondern kollektives menschliches Verhalten[38]. Doch auch bei dieser »histoire des mentalités« war man weiter bemüht, die Quellen quantitativ auszunützen, wenn auch Quantifikation jetzt in höherem Maße der quantitativen Erfassung von Bewußtsein diente als in der »histoire des conjonctures« der früheren Annales-Periode, in der die Quantifikation eine viel selbständigere Rolle eingenommen hatte. Der französische Ausdruck »conjoncture«, den wir als »Konjunktur« übersetzen werden, umfaßt mehr als der deutsche Begriff – er läßt sich auf soziale, demographische, politische sowie wirtschaftliche Entwicklungen und Schwankungen anwenden. Jetzt entwickelten sich auch engere Verbindungen mit Historikern und Gesellschaftswissenschaftlern außerhalb Frankreichs, besonders in den USA, was die Zunahme amerikanischer Mitarbeiter an den *Annales* und amerikanischer Gastprofessoren – Charles Tilly, Robert Fogel, David Harlihy – an der Sixième Section bezeugt. Es war nicht zufällig, daß die *Annales* seitdem englische Zusammenfassungen ihrer Aufsätze veröffentlichen. Auch institutionell unterscheiden sich diese Perioden. Die verschiedenen organisatorischen Bedingungen der Annales haben dann auch zu einem bestimmten Grad die Richtung und die Methoden der Forschung bestimmt. Vor 1945 steht die Zeitschrift selbst im Vordergrund, von Lucien Febvre und Marc Bloch geleitet, die, Febvre bis 1936, Bloch bis 1939, noch in Straßburg waren. Allerdings darf man selbst in dieser Periode die Annales nicht so ausschließlich mit ihren »großen Männern« identifizieren, wie man es in Deutschland getan hat. Von Anfang an waren sie zu einem internationalen Forum

[38] *L'Étrange défaite.* Paris 1957.

neuer Richtungen in der Sozialgeschichte geworden. Der Krieg wurde dann ein Wendepunkt. Bloch, jüdischer Abstammung, mußte Paris verlassen, kämpfte in der Résistance und wurde im Juni 1944 von der Gestapo gefoltert und hingerichtet. Febvre führte die Zeitschrift in Paris weiter. In der Verfolgung schrieb Bloch seine bedeutenden Betrachtungen über das Wesen der Geschichtswissenschaft *Apologie pour l'histoire*, die Fragment blieben, und seine Analyse der französischen Niederlage von 1940 *L'Étrange défaite*, deren Ursache er in der geistigen Unbeweglichkeit und Enge der führenden Schichten Frankreichs sah, die sich auch in der Geschichtswissenschaft widerspiegele. Diese kritische Einstellung traditionellen Geistesstrukturen gegenüber setzte sich dann in der aus der Résistance geborenen Hoffnung durch, auch wissenschaftlich nach der Befreiung Frankreichs neu zu beginnen.

Nach 1947 steht nicht mehr die Zeitschrift, 1946 in *Annales. Économies, Sociétés, Civilisations* umbenannt, im Mittelpunkt der Annales-Bewegung, sondern eine Institution, die neu in Paris gegründete Sixième Section der École Pratique des Hautes Études, die seit dem Tode des ersten Präsidenten Lucien Febvre im Jahre 1956 Fernand Braudel bis zu seiner Emeritierung 1972 leitete. 1975 ist die Sixième Section in eine autonome École des Hautes Études en Sciences Sociales umgewandelt worden; gleichzeitig erhielt sie die Befugnis, das ›Doctorat de troisième cycle‹ und das ›Doctorat d'État‹ zu verleihen, die ungefähr der Promotion und der Habilitation entsprechen. Es war, wie schon erwähnt, an der 1868 gegründeten École Pratique, daß Historiker nach Rankeschem Muster in Seminaren ausgebildet wurden. Die neue Sixième Section sollte jetzt als Zentrum für die interdisziplinäre Lehre und Forschung in den Sozialwissenschaften dienen. Die Sixième Section, der nicht nur Historiker, sondern auch strukturalistische Anthropologen und Sprachwissenschaftler, Ökonomen, Geographen und Soziologen einschließlich Claude Lévi-Strauss, Roland Barthes, Pierre Bourdieu angehören, wurde jetzt zum bestfinanzierten und bedeutendsten Zentrum für sozial- und geschichtswissenschaftliche Forschungen in Frankreich. Die *Annales*, die vor 1945 gegen das Establishment der ereignisbezogenen Geschichtsschreibung eines Seignobos gekämpft hatten, wurden jetzt selbst eine etablierte Institution.

Der neue Titel der Zeitschrift entsprach der Auffassung der Mitarbeiter, daß Geschichte und Sozialwissenschaften sich nicht trennen ließen und beide in einer »Wissenschaft vom Menschen« verschmolzen werden müßten, die sich mit der Struktur wie auch mit der Dynamik menschlichen geschichtlichen Daseins befaßt.

Febvres und Blochs Arbeiten gehören nicht nur zeitlich, sondern auch methodologisch noch ganz zu der ersten der oben erwähnten Perioden, und dasselbe trifft auch für die *Annales* der dreißiger und vierziger Jahre zu. Bloch und Febvre versprachen in der ersten Nummer, die neue Zeitschrift werde den hohen Wall zwischen der Geschichtsschreibung und den Sozial- und Wirtschaftswissenschaften abbauen, aber nicht durch »lange theoretische Aufsätze«, sondern »durch Beispiel und Tatsache«[39]. Sie haben dann auch dieses Versprechen gehalten. Man wollte, wie Bloch in einem kritischen Nachruf über Below schrieb, enger an die »menschlichen Realitäten« kommen. Below, der so sehr in juridischen Begriffen gedacht hatte, war es nie gelungen, »die engen Verbindungen zwischen politischer Ordnung, sozialer Struktur, Mentalität, Gefühlen und Ideen spürbar zu machen«[40]. Auf eine einfache Formel ließen sich diese Verbindungen allerdings nicht bringen. Die *Annales* unternahmen aber große vielseitige Untersuchungen über Parzellierung in der Landwirtschaft, Wechselwirkungen von Technik, Wissenschaft und Mentalität, Wandlungen in der Struktur und der Funktion des Adels seit dem Mittelalter und die Entwicklung von frühkapitalistischen Geschäftsmethoden.

Mehr noch als in späteren Jahrgängen befaßte man sich auch mit wirtschaftlichen und politischen Problemen des 19. und besonders des 20. Jahrhunderts, der Weltwirtschaftskrise, mit Faschismus und Sozialismus, der modernen Großstadt und den Entwicklungsländern. Mit großer Aufmerksamkeit verfolgten die *Annales* die Ansätze zu einer quantitativen Wirtschaftsgeschichte. Wichtig waren die häufigen Berichte über unerschlossene »private« Archive mit Dokumenten, die für eine quantitative Sozial- und Wirtschaftsgeschichte nötig waren. Aber durchwegs wurde der enge Zusammenhang zwischen Wirtschafts- und Sozialgeschichte und der Geschichte der Mentalitäten betont. Man interessierte sich daher für frühkapitalistische Gesellschaftspraktiken nicht aus einer ausschließlich wirtschaftlichen Perspektive, sondern im Zusammenhang mit der Geschichte des Kollektivbewußtseins. Febvre richtete die Spalte

[39] ›*A nos Lecteurs*‹. Annales d'histoire économique et sociale 1 (1929), S. 1–2.
[40] Ebd. 3 (1931), S. 556.

›Les mots et les choses‹ ein, in der er das enge Verhältnis zwischen »geistigem Werkzeug« und sozialer und wirtschaftlicher Realität untersuchen wollte. In den *Annales* der dreißiger Jahre begann auch die große Diskussion über die Bedeutung der Zauberei in der europäischen Geschichte, die die Annales-Historiker noch heute beschäftigt.

Fernand Braudels 1949 erschienene monumentale These *La Méditerranée et le monde méditerranéen à l'epoque de Philippe II*[41] bedeutete in mancher Hinsicht einen Übergang von einer Geschichte der Mentalitäten zu einer Betrachtung der Strukturen als von menschlicher Tätigkeit relativ unabhängigen Quantitäten. Viel schärfer als sein Lehrer Lucien Febvre oder als Marc Bloch unterscheidet Braudel zwischen verschiedenen geschichtlichen Zeiten, einer fast stationären geographischen Zeit, der »langen Dauer«[42] sozialer Institutionen, und der »kurzen Zeit« der Ereignisse. Zwar unterstreicht er, besonders in der zweiten Auflage von 1966, daß es nicht geographische oder klimatische Faktoren sind, die die Geschichte bestimmen, sondern daß es die Menschen sind, die dem geographischen Raum ihren Charakter aufdrücken[43]. Aber er betont gleichzeitig, wie sehr die großen sozialen Strukturen menschlichen Einwirkungen entgegenwirken und erörtert in der zweiten Auflage die Möglichkeit der Abhängigkeit politischer und geistiger Ereignisse (Kriege, Judenverfolgungen, Kulturbewegungen wie der Renaissance) von langjährigen Konjunkturschwankungen[44]. In viel größerem Maße als Bloch und Febvre betrachtet Braudel die politische Geschichte als uninteressant und irrelevant[45]. Zwar handelt der 3. Teil seines Mittelmeerbuches ausschließlich von den politischen und militärischen Auseinandersetzungen des späten 16. Jahrhunderts, aber Braudel lehnte es ab, einen Zusammenhang herzustellen zwischen Ereignissen und Strukturen. Die Politik hat ihre eigene Zeit, »die kurze Dauer«. Politische Ereignisse sind wie Staub, irrational. Dieser Teil seines Mittelmeerbuchs, bekennt er in der zweiten Auflage, knüpfe

---

[41] Paris 1949; 2. durchgesehene und erweiterte Auflage 1966.

[42] Siehe auch Fernand Braudel, *Histoire et sciences sociales. La longue durée.* Annales 13 (1958), S. 725–753; dt. *Geschichte und Sozialwissenschaften. Die longue durée.* In: Claudia Honegger (Hrsg.), *Schrift und Materie der Geschichte. Vorschläge zur systematischen Aneignung historischer Prozesse.* Frankfurt a. M. 1977, S. 47–85.

[43] *La Mediterranée,* 1. Aufl., S. 303; 2. Aufl., Bd. 1, S. 206.

[44] Ebd., 2. Aufl., Bd. 2, S. 223.

[45] Ebd., 1. Aufl., S. 1098.

»ganz offen gesagt, an die konventionelle Geschichtsschreibung« im Sinne Rankes[46].

Einzig entscheidend in der Geschichte, meint Braudel, sind die langen Entwicklungen. Zwar möchte er sie nicht auf mathematische Abstraktionen reduziert sehen, wie es die neuesten Verhaltenswissenschaften versuchen. Als Historiker interessiert ihn die konkrete Wirklichkeit, »die Quellen des Lebens selber in ihrer konkretesten, alltäglichsten, industriellsten, menschlich anonymsten Form«[47]. Dieses Interesse hat ihn und einen bedeutenden Teil der Sixième Section in den sechziger Jahren zu ausführlichen Untersuchungen über die materiellen und biologischen Grundlagen des täglichen Lebens der breiten Massen geführt, über Nahrung, Gesundheit, Kleidung, Mode, Produktionsmittel und Klassenunterschiede[48].

Die »quantitative Geschichte der Konjunkturen« ist außerhalb der Annales-Gruppe entstanden. Die Annales hatten aber schon sehr früh der internationalen Wirtschafts-Konjunkturforschung der dreißiger Jahre und der historischen Demographie der fünfziger Jahre Aufmerksamkeit geschenkt und sie in ihren Strukturbegriff integriert. Quantifikation in der Wirtschafts- oder der Sozialgeschichte war nichts Neues. Was die neue quantitative Geschichte von älteren Versuchen, Statistiken in die Geschichtsschreibung einzubeziehen, unterschied, ist, daß es ihr nicht um die Beschreibung einer einmaligen historischen Lage, sondern um die Analyse sozialer oder wissenschaftlicher Vorgänge zu tun war. Die quantitative Geschichte denkt kausal. Der Zweck der Zahlen ist der Vergleich verschiedener Variablen: um diesen Vergleich möglich zu machen, müssen quantifizierbare Faktoren isoliert werden und aufgrund der Quellen lange quantitative Reihen, oft über Hunderte von Jahren reichend, ausgearbeitet werden, aus denen sehr lange sowie kürzere Trends und Schwankungen sichtbar werden, die mit Parallelreihen, von denen jede ebenfalls immer eine Variable isoliert, verglichen werden können[49]. Quantitative Geschichte

[46] Ebd., 2. Aufl., Bd. 2, S. 223.

[47] Ebd., 2. Aufl., Bd. 2, S. 520.

[48] Siehe die 1961 in den *Annales* begonnene Reihe *Vie matérielle et comportements biologiques.*

[49] Vgl. François Furet, *Histoire quantitative et fait historique.* Annales 26 (1971), S. 63–75; dt. *Die quantitative Geschichte und die Konstruktion der historischen Tatsache.* In: Honegger (Hrsg.), *Schrift und Materie der Geschichte,* S. 86–108; vgl. Pierre Vilar, *Pour une meilleure compréhension entre économistes et historiens. Histoire quantitative et économétrie retrospective.* Revue historique

ist daher »problemorientierte, nicht beschreibende Geschichte«[50], die zwar, wie die konventionelle Geschichtsschreibung, streng kritisch, ja in vieler Hinsicht noch kritischer, an die Quellen geht[51], an diese Quellen aber Fragen stellt, die von ihrer Arbeitshypothese bestimmt sind.

Quantitativ begannen die Historiker der Sixième Section ernstlich erst in den fünfziger Jahren zu arbeiten. Aber die Annales hatten schon in den dreißiger Jahren die Arbeiten von Hamilton, Simiand und Labrousse mit großem Interesse verfolgt. Das Interessante an Hamiltons Beitrag[52] bestand nicht in der Wiederbelebung der alten, von Jean Bodin im frühen 17. Jahrhundert entwickelten These, daß die Preisrevolution des 16. Jahrhunderts das Resultat der Überschwemmung Europas mit amerikanischen Edelmetallen war, sondern in der Quantifizierung dieser These. Hamilton hatte in den spanischen Archiven die genauen Mengen der Gold- und Silberimporte ausgearbeitet und sie dann graphisch Jahr für Jahr mit der Preisentwicklung verglichen. Simiand[53], der aus dem Durkheim-Kreis kam, formulierte aufgrund langer Reihen von Preisen und Löhnen eine Periodisierung der europäischen Wirtschaftsgeschichte seit dem 15. Jahrhundert. Diese Reihen ergaben langandauernde sogenannte A-Phasen aufsteigender und B-Phasen sinkender Preise, die er in Zusammenhang mit sozialen und politischen Veränderungen brachte. Ernest Labrousse[54] hat dann die Methodologie der Lohn- und Preisentwicklung noch ausführlicher ausgearbeitet und den Einfluß des Preissturzes auf den Ausbruch der Französischen Revolution verfolgt. Diese Arbeiten sind von der Sixième Section fortgeführt worden, der sich Labrousse anschloß. In ihrem Rahmen entstanden großangelegte Gruppenarbeiten, die nicht nur Preise und Löhne, sondern auch Handels- und Produktionsvolumen für wichtige Städte und Regionen Frankreichs, Spaniens und Italiens im Ancien régime quantitativ ausarbeiteten, wie zum Beispiel die 10 Bände der

233 (1965), S. 293–342; auch Pierre Chaunu, *L'histoire sérielle. Bilan et perspectives.* Revue historique 243 (1970), S. 297–320.

[50] Furet, *Die quantitative Geschichte.*

[51] Emmanuel Le Roy Ladurie, *Histoire et climat.* Annales 14 (1959), S. 3–34.

[52] Earl Hamilton, *American Treasure and the Price Revolution in Spain, 1501–1650.* Cambridge, Mass. 1934.

[53] François Simiand, *Le Salaire, l'évolution sociale et la monnaie.* Paris 1932.

[54] *Esquisse du mouvement des prix et des revenus en France du XVIIIe siècle.* Paris 1933; *La Crise de l'économie française à la fin de l'Ancien régime et de début de la revolution.* Bd. 1, Paris 1944.

These *Séville et l'Atlantique* (1550–1650)[55], in der Pierre Chaunu aufgrund der Archive von Sevilla alle Geschäftstransaktionen der spanischen Handelsflotte im Atlantik quantifizierte und daher viel genauer und differenzierter die Konjunkturschwankungen in Spanien bestimmen konnte, als es Hamilton gelungen war.

Schon in den fünfziger Jahren begannen die großen Forschungsreihen der Sixième Section: ›Ports, routes, trafics‹, ›Monnaie, prix, conjonctures‹, ›Affaires et gens d'affaires‹, ›Hommes et terres‹, ›Sociétés et civilisations‹. Der Traum Simiands, von dem Febvre schon 1936 gesprochen hatte, von »sozialwissenschaftlichen Laboratorien, in denen ein Direktor die Forschungen seiner Assistenten und die materiellen Arbeiten seiner technischen Angestellten leitet«, wurde zur Wirklichkeit[56].

Der quantitativen Wirtschaftsgeschichte der fünfziger Jahre konnte vorgeworfen werden, daß in ihr, wie Georges Lefebvre bedauerte, »der lebendige, leidende Mensch nicht erscheine«[57]. Dieser Vorwurf ist weniger gerechtfertigt gegenüber den Arbeiten der sechziger Jahre, die immer mehr die Methoden der neuen historischen Demographie in die Konjunkturforschung integrieren.

Die von Louis Henry und Pierre Goubert entwickelte historische Demographie beschäftigt sich im Unterschied zur klassischen Demographie mit der Zeit vor der Einführung demographischer Statistiken, also in Frankreich mit der Zeit vor der Volkszählung von 1801, und rekonstruiert demographische Daten aus Geburten- und Sterberegistern der Kirchspiele und Steuerämter[58]. Das Institut National d'Études Démographiques wurde in Frankreich zum Zentrum demographischer Forschung wie die Cambridge Group for the History of Population and Social Structure in Großbritannien. Von Anfang an bestanden enge Verbindungen zwischen den Historikern der Sixième Section und den Demographen des Institut National d'Études Démographiques und später auch denen der Cambridge Group.

[55] *Séville et l'Atlantique (1550–1650)*. Paris 1959.
[56] *François Simiand – ou: Des conditions faites à la recherche en 1936.* Annales 8 (1936), S. 42.
[57] *Le Mouvement des prix et les origines de la Révolution française.* In: ders., *Études sur la Révolution française.* 2. Aufl. Paris 1963, S. 216.
[58] Siehe die Sondernummer *Historical Population Studies.* Daedalus 97/2 (Spring 1968); auch Richard T. Vann, *Historical Demography.* History and Theory, Beiheft 9 (1969), S. 64–78; vgl. Louis Henry, *Historical Demography.* Daedalus 97/2 (Spring 1968), S. 385–396.

Mit dem neuen demographischen Ansatz, der sich weniger mit Gesamtstatistiken über Bevölkerung befaßte und statt dessen eine Vielzahl von einzelnen Familien aufgrund der Quellen zu rekonstruieren suchte, kam man schon beträchtlich näher an den konkreten Menschen. Die Forschung der fünfziger Jahre hatte sich hauptsächlich auf Landgemeinden konzentriert. Durch Stichproben bemühte man sich schon bald, einen Überblick über demographische Entwicklungen auf regionaler oder nationaler Ebene zu gewinnen. Man bezog demographische Faktoren in wirtschafts- und sozialgeschichtliche Forschungen mit ein. Es ging also nicht mehr hauptsächlich um Statistiken, die zur Illustration einer Zeit benützt werden konnten, wie es Lucien Febvre schon in seinem Buch über die Franche Comté getan hatte oder Braudel noch in der ersten Auflage seines Mittelmeerbuches, sondern um lange, aus Katastern, Steuerbüchern, Volkszählungen usw. ausgearbeitete Reihen. Der Einfluß demographischer Faktoren auf die Preis- und Lohnentwicklung in technisch unterentwickelten Ländern, wie in dem vorindustriellen Europa, in denen die landwirtschaftliche Produktion relativ konstant blieb und auch schon eine Marktwirtschaft bestand, ist schon in den dreißiger Jahren von Labrousse und Wilhelm Abel[59] erkannt worden. Die neue demographisch orientierte Wirtschaftsgeschichte stellte die langgehegte Ansicht in Frage, der Vorrat an Edelmetallen und das Geldvolumen hätten für die Preisentwicklung die bestimmende Rolle gespielt. Aber demographische Untersuchungen brachten nicht nur einen direkten Beitrag zur Theorie der wirtschaftlichen Entwicklung, sondern boten auch konkrete Einblicke in das tägliche Leben der Massen. Die beiden bedeutendsten Arbeiten, die aus dieser neuen Richtung entstanden, waren die großen Thesen von Pierre Goubert *Beauvais et le Beauvaisis de 1600 à 1730* (1960)[60], in der neue Methoden der Familienrekonstitution angewandt wurden, und Emmanuel Le Roy Laduries *Les Paysans du Languedoc* (1966)[61], in der Bevölkerungsentwicklungen stärker in den Vordergrund gesetzt wurden. Beide Arbeiten setzten sich zum Ziel, die »totale Geschichte«[62] einer Landschaft in

---

[59] *Agrarkrisen und Agrarkonjunkturen in Mitteleuropa vom 13. bis zum 19. Jahrhundert.* Berlin 1935, 2. veränd. Aufl. Hamburg 1966.

[60] *Beauvais et le Beauvaisis de 1600 à 1730. Contribution à l'histoire sociale de la France du XVIIe siècle.* Paris 1960.

[61] 2 Bde, Paris 1966.

[62] Vgl. Goubert, *Beauvais et le Beauvaisis*, S. 15; Le Roy Ladurie, *Les Paysans du Languedoc*, Bd. 1, S. II.

einem bestimmten Zeitabschnitt zu schreiben. Beide gingen von einem malthusianischen Modell aus, einer Gesellschaft vom »type ancien« (Goubert)[63]. Die demographische Struktur einer solchen Gesellschaft war noch stark biologisch determiniert, andererseits blieben die Produktionsmöglichkeiten beschränkt und existierten schon Elemente der Marktwirtschaft, so daß sich die Schwankungen in der Bevölkerungszahl direkt auf die Preis- und Lohnentwicklung auswirkten und Bevölkerungszuwachs zu Pauperisierung und verschärften Klassengegensätzen führte. Hier wurde eigentlich zum ersten Male die von Braudel geforderte »histoire matérielle«[64] geschrieben, die empirisch und quantitativ die biologischen, ja selbst geographischen und klimatischen Faktoren miteinbezieht: Ernten, Epidemien, Ernährung, Kleidung und Mode, Produktionsmethoden, Güterverteilung usw. Das malthusianische Modell wird aber als Arbeitshypothese betrachtet, nicht als ein Schema, das der Geschichte aufgezwungen wird. Wieder handelt es sich um sorgfältige Archivarbeiten, in denen Grundbücher, Kirchenbücher und Steuerregister die Hauptquellen sind. Und aus den langen Reihen, die aufgrund dieser Quellen entstehen, wird es sichtbar, daß geistige und soziale Faktoren den biologischen Determinismus einschränken und dabei auch auf die ökonomischen Prozesse einwirken. Es ergibt sich aus Gouberts Statistik, daß die Fruchtbarkeit der Frauen keineswegs einem rein biologischen Zyklus folgte, sondern sich regional unterschied und im Beauvaisis eine strenge katholische Sexualethik widerspiegelte. Aus den Quellen entsteht dann auch zum ersten Mal ein klares Bild der Besitzverteilung, des Aufstiegs eines kapitalistischen Bürgertums, der Krise des ländlichen Adels, des Ausmaßes der Ausbeutung der ärmeren Schichten. Was aber bewußt in Gouberts »totaler« Geschichte fehlt, ist die Analyse der Institutionen und Mentalitäten. In Gouberts Beauvaisis spielen politische und religiöse Auseinandersetzungen eine verschwindend kleine Rolle. Braudel hat dann interessanterweise Gouberts Arbeit sehr kritisch beurteilt und gemeint, daß Goubert das Beauvaisis zu sehr in Isolierung von der allgemeinen Geschichte der Zeit betrachtet hätte, sich zu sehr mit Strukturen statt auch mit Wandel befaßt hätte und zuweilen vergessen hätte, »daß statisti-

[63] Vgl. Goubert, *Beauvais et le Beauvaisis*, S. 25 ff.
[64] Vgl. Fernand Braudel, *Civilisation matérielle et capitalisme. XVe–XVIIIe siècle*. Bd. 1, Paris 1967; dt. *Die Geschichte der Zivilisation. 15. bis 18. Jahrhundert*. München 1971.

sche Methoden nur Hilfswissenschaften sind und daß das eigentlich Wichtige darin besteht, das Haus der Geschichte selbst zu erbauen«[65].

Le Roy Ladurie geht dann einen bedeutenden Schritt über die Herausarbeitung wirtschaftlicher Schwankungen hinaus zu den Krisen des Bewußtseins. Die Geschichte des Protestantismus in der Languedoc wird von ihm in engen Zusammenhang mit den demographischen und Ernährungskrisen und den teils aus ihnen entstehenden Klassengegensätzen gebracht. Besonders interessant sind Le Roy Laduries Versuche, Ergebnisse der Tiefenpsychologie zur Erklärung der blutigen Religions- und Klassenauseinandersetzungen während der Faschingsfeiern 1517 in Romans-sur-Isère und auch der chiliastischen Aufstände in Südfrankreich am Ende des 17. und Anfang des 18. Jahrhunderts mit all ihren sexuellen, sadistischen und kannibalistischen Symbolismen heranzuziehen und in den unmittelbaren Zusammenhang zwischen der allgemeinen wirtschaftlichen Notlage und der Unterdrückung der Protestanten zu stellen. Le Roy Ladurie verfällt aber noch stärker als Goubert der Neigung, eine Landschaft isoliert von der allgemeinen französischen und europäischen Entwicklung zu betrachten. Goubert hatte noch der königlichen Steuerpolitik eine wichtige Rolle eingeräumt. Le Roy Ladurie nimmt an, daß die Rolle der Zentralregierung aus der Untersuchung der Wirtschafts- und Religionsgeschichte der Languedoc ausgeschlossen werden kann, weil seiner Meinung nach das französische Königtum in dieser Region keine bedeutende Rolle spielte.

Die Arbeiten von Goubert, Le Roy Ladurie, René Baehrel[66] u. a., die in dieser Form nur auf der Lokalebene durchgeführt werden können, lieferten einen bedeutenden Beitrag zu einer vergleichenden, umfassenden demographischen Wirtschafts- und Sozialgeschichte Europas, die langsam aufgrund der Fülle von französischen, polnischen, englischen und anderen Lokaluntersuchungen möglich wird. Fraglich ist allerdings, ob Monarchie, Bürokratie, Stände usw. wirklich so bedeutungslos für die soziale Entwicklung waren und so total aus der Lokalgeschichte ausgeklammert werden können.

Aber daß eine so die Demographie betonende Methode keine Universalmethode ist, sondern sich nur auf einen bestimmten

---

[65] Annales 18 (1963), S. 767–778.
[66] René Baehrel, *Une Croissance. La Basse-Provence rurale (fin XVIe siècle à 1789)*. Paris 1961.

vorindustriellen Zeitraum, in dem eine Marktwirtschaft schon
vorhanden ist, anwenden läßt, dessen waren sich Goubert und
Le Roy Ladurie vollkommen bewußt. Beide erkennen auch an,
daß die »alte demographische Struktur« im 18. Jahrhundert
durch eine neue abgelöst wurde, in der soziale Faktoren den
biologischen Determinismus immer mehr beschränkten und
Malthus, »den klaren Theoretiker traditioneller Gesellschaften«, zum Propheten der Vergangenheit machten[67]. Daß auch in
traditionellen Gesellschaften dieser Determinismus keineswegs
ausschlaggebend ist, hat Pierre Vilar in seiner großen quantitativen Untersuchung über das Katalonien des 18. Jahrhunderts
unterstrichen, in dem ein rascher Bevölkerungszuwachs von einer ähnlich raschen Steigerung der Produktivität unter vorindustriellen Bedingungen begleitet wurde[68].

Die im Annales-Kreis entwickelten Ansätze erfuhren aus den
verschiedensten politischen und historiographischen Lagern
weitgehende Kritik. Oft haben Kritiker die Annales auf rein
quantitative Ansätze in der Erforschung relativ stabiler Strukturen eingeschränkt und damit gleichgesetzt[69]. Doch wird diese
Einschätzung der Vielfalt der Arbeiten der mit den Annales und
der Sechsten Sektion verbundenen Historiker kaum gerecht. So
kann man leicht verschiedene methodologische und begriffliche
Ansätze unterscheiden, ohne dabei auch nur annähernd alle Ar-
beitsweisen genannt zu haben, die in den Annales und in der
Sechsten Sektion vertreten sind. Alle diese Ansätze stützen sich
auf einige grundlegende gemeinsame Annahmen: daß Sozialgeschichte die wichtigste Geschichte sei und daß für den Verlauf
der Sozialgeschichte Strukturen und Konjunkturen (conjonctures), nicht aber die Handlungen einzelner, bestimmend seien.
Ende der fünfziger Jahre postulierten François Furet und Adeline Daumard, daß, »wissenschaftlich gesehen, die einzig mögliche Sozialgeschichte eine quantitative Geschichte sei«[70]; eine
Sozialgeschichte des 18. oder 19. Jahrhunderts lasse sich aus
quantifizierten und quantifizierbaren Informationen rekonstru-

[67] Vgl. Goubert, *Beauvais et le Beauvaisis*, S. 59–67; Le Roy Ladurie, ›Malthus
viendra trop tard‹. In: *Les Paysans du Languedoc*, Bd. 1, S. 652 ff.
[68] *La Catalogne dans l'Espagne moderne. Recherches sur les fondements écono-
miques des structures nationales.* 3 Bde, Paris 1962.
[69] Vgl. Dieter Groh, *Strukturgeschichte als totale Geschichte.* Vierteljahrschrift
für Sozial- und Wirtschaftsgeschichte 58 (1971), S. 289–322.
[70] *Méthode de l'histoire sociale. Les Archives notariales et la mécanographie.*
Annales 14 (1959), S. 767; vgl. Le Roy Ladurie, *Le Territoire de l'historien*, S. 22.

ieren, wie man sie beispielsweise den Archives Notariales in Paris entnehmen kann. Dort findet man wichtige Hinweise auf die Sozialstruktur und -mobilität, Familienpsychologie und Volkskultur. In den Arbeiten von Labrousse, Le Roy Ladurie, Goubert, Baehrel u. a. kann man einen nicht sehr davon abweichenden Ansatz finden: hier baut man auf »harten« wirtschaftlichen oder biologischen Daten eine qualitative Geschichte sozialer und psychologischer Strukturen.

Es muß jedoch immer wieder betont werden, daß diese Art quantitativer Geschichte nur eine, wenn auch sehr bedeutende Richtung der Annales ist; daneben besteht weiterhin eine »Geschichte der Mentalitäten«, die in den sechziger Jahren weniger zu Quantifizierungen neigte. Diese ältere Richtung vertraten in den fünfziger und sechziger Jahren Jacques Le Goff und seine Mitarbeiter, die die Rolle der Intellektuellen, der Bankiers, der Kaufleute, der Bettelorden und der Ketzer im Mittelalter untersuchten, Philippe Ariès mit seiner Sozialgeschichte der Kindheit[71], und Michel Foucault, der die sich wandelnden Vorstellungen über den Wahnsinn seit dem Mittelalter erforschte[72]. In den siebziger Jahren wurden Studien über Familienleben und -strukturen, das Verhalten gegenüber dem Tode und der Sexualität durchgeführt; Sonderhefte der *Annales* beschäftigten sich ausschließlich mit diesen Themenbereichen[73]. Schon Ende der fünfziger Jahre begann Robert Mandrou, der sich aber später von dem Annales-Kreis distanzierte, die Grundlagen einer »historischen Psychologie« zu legen, die die Veränderungen »kollektiver Mentalitäten« aufzeigt[74]. Jede kollektive Psychologie befaßt sich mit dem »Verhalten« (comportement), was bis zu einem gewissen Grade quantifizierbar ist, jedoch auch viele nicht-meßbare Faktoren einschließt. So sind zum Verständnis wirtschaftlicher »Mentalitäten« nicht nur die ökonomischen »Konjunkturen« bedeutsam, sondern auch Status-Vorstellungen. Diese Mentalitäten zeigen sich als menschliches Verhalten. Mandrou hat in einer Anzahl von Studien versucht, das »geistige Klima einer Epoche« zu rekonstruieren, indem er kon-

---

[71] Philippe Ariès, *L'Enfant et la vie familiale sous l'Ancien régime*. Paris 1960; dt. *Geschichte der Kindheit*. München 1975, Taschenbuchausgabe München 1978.

[72] *Folie et déraison. Histoire de la folie à l'âge classique*. Paris 1961.

[73] *Famille et société*: 27 (1972) 4/5; *Histoire et sexualité*: 29 (1974) 4; *Autour de la mort*: 31 (1976) 1.

[74] *Introduction à la France moderne (1500–1640). Essai de psychologie historique*. Paris 1961.

krete Verhaltensweisen – wie die sich ändernden Ansichten der Behörden gegenüber der Hexerei[75] oder die aus der Buchführung der Fugger[76] ersichtliche kapitalistische Verhaltensweise – analysierte. Das zweibändige Werk *Livre et société*[77] entspricht viel eher dem Bestreben, über meßbare Daten in der Geistesgeschichte zu verfügen. Hier haben François Furet und seine Mitarbeiter Statistiken über Buchtitel, Buchbesprechungen, die soziale Zusammensetzung der Leserschaft und der Akademiemitglieder in den Provinzen zusammengestellt und analysiert; ebenso untersuchten sie die Häufigkeit von Begriffen und Ausdrücken, um bestimmte Züge der intellektuellen Entwicklung im 18. Jahrhundert aufzudecken.

Während *Livre et société* eine Richtung vertritt, in der man die Geschichte von Mentalitäten erforscht, zeigt sich bei dem Versuch, psychoanalytische und anthropologische Begriffe einzubeziehen, ein ganz anderer Ansatz; hier sind Le Roy Laduries *Paysans du Languedoc* und das vor kurzem erschienene *Montaillou, village occitan de 1294 à 1324*[78] sowie die Untersuchungen über Mythos und Folklore[79] zu nennen. Diese Studien über die Geschichte von Mentalitäten unterscheiden sich deutlich von zwei anderen parallelen Strömungen: einmal von den eher soziopolitisch ausgerichteten Analysen des allgemeinen Bewußtseins, in denen bewußtes Verhalten höher bewertet wird als unbewußte Motivationen; solche Arbeiten haben Albert Soboul und Georges Rudé[80], beide Marxisten, vorgelegt. Zum anderen setzt sich die Geschichte der Mentalitäten von den neueren amerikanischen psychohistorischen Ansätzen ab, die sich hauptsächlich auf die Analyse von Persönlichkeitskrisen in der Kindheit, Jugend oder den ersten Jahren des Erwachsenseins beschränken. Die Psychohistorie, die sich primär mit führenden

[75] *Magistrats et sorciers en France du XVIIe siècle*. Paris 1968.
[76] *Les Fuggers, propriétaires fonciers en Souabes, 1500–1618. Étude de comportements socio-économiques à la fin du XVIe siècle*. Paris 1969.
[77] G. Bolléme, H. Ehrard, F. Furet u. a., *Livre et société dans la France du 18e siècle*. 2 Bde, Paris und den Haag 1965–70.
[78] Paris 1975.
[79] Vgl. den Teil ›Mythes‹ in der Sondernummer *Histoire et structure* der Annales 26 (1971), S. 533–622, darunter Jacques Le Goff und Emmanuel Le Roy Ladurie, *Mélusine maternelle et défricheuse*, S. 587–622.
[80] Z. B. Albert Soboul, *Les Sans-culottes*. Paris 1958; Georges Rudé, *Die Volksmassen in der Geschichte, 1730–1848*. Frankfurt a. M. 1977; E. P. Thompson, *The Making of the English Working Class*. New York 1963. Siehe auch Georges Rudé, *The Crowd in the French Revolution*. London 1959; dt. *Die Massen in der französischen Revolution*. München und Wien 1961.

Persönlichkeiten befaßt, hat bis jetzt kaum den sozialen Rahmen der eben erwähnten Krisen oder die Motivationen der Anhängerschaft dieser Führergestalten erforscht.

Doch weder die quantitative Geschichte der »Konjunkturen« noch die subtilere Geschichte von Mentalitäten geben ein vollständiges Bild der Vielfalt innerhalb des Annales-Kreises oder auch nur der Sechsten Sektion. Denn die Annales blieben immer ein Forum internationaler Diskussion über die Methoden historischer Forschung als Teil der sich mit dem Menschen befassenden Wissenschaften. Kritiker, die die Annales-Historiker als methodologische Dogmatisten bezeichnet haben, hätten sie mit gleicher oder stärkerer Berechtigung methodologische Eklektiker nennen können. Die Seiten der *Annales* standen den Kritikern der quantitativen Strukturgeschichte und der Geschichte der Mentalitäten, wie sie den Traditionen der *Annales* entsprach, ebenso zur Verfügung wie dem marxistischen Historiker Albert Soboul und auch Raymond Aron, einem Verfechter einer traditionelleren Geschichtsauffassung, die die Rolle von Individualitäten, Ideen und politischen Persönlichkeiten betont[81].

Es bestehen bestimmte Ähnlichkeiten in der Kritik, die gegen die Annales von konventioneller und von marxistischer Seite her erhoben worden sind. Von beiden wird darauf hingewiesen, daß die Annales-Historiker fast vollkommen die Rolle politischer Faktoren ausgeschlossen haben und das Element bewußter Einflußnahme und Lenkung sozialer Prozesse zu wenig berücksichtigt haben. Wohl bestand eine Berechtigung, wie Lucien Febvre in der Einleitung zu den von der UNESCO herausgegebenen *Cahiers d'histoire mondiale* betonte, nicht nur die Geschichte der Staaten, sondern auch die der Völker und der Zivilisationen zu schreiben[82], aber das Herausklammern der Politik, meinte der Leningrader Igor Kon, führte »zu einer verzerrten Vorstellung selbst von den ökonomischsten Prozessen«[83]. Die politische Geschichte blieb eben für die meisten Annales-Historiker eine Geschichte der Oberfläche. Allerdings wuchs in den letzten Jahren in den Annales das Interesse an der

[81] Interessant ist Raymond Arons kritische Besprechung in den Annales 26 (1971), S. 1319–1354 von Paul Veynes Versuch, in dessen Buch *Comment on écrit l'histoire*. Paris 1971, mit seinen Annales-Lehrern zu brechen und zu einem radikal individualisierenden, narrativen Ansatz zurückzukehren.
[82] *Avant Propos.* Journal of World History 1 (1962), S. 6–9.
[83] Igor S. Kon, *Die Geschichtsphilosophie des 20. Jahrhunderts.* Berlin/DDR 1964, Bd. 2, S. 223.

Analyse politischer Prozesse, das in den dreißiger Jahren rege gewesen war[84]. Marc Ferro, ein Direktor der Annales, und Georges Haupt, der – wenn auch nicht typisch für die Annales – immerhin ein Mitglied der Sechsten Sektion war, arbeiten über Fragen des Sozialismus, den Ersten Weltkrieg und die Russische Revolution; François Furet und Denis Richet über die Französische Revolution[85].

Kritiker aus den verschiedensten ideologischen Lagern haben bezweifelt, ob die von den Annales-Historikern benutzten quantitativen Methoden als Werkzeuge für soziale und historische Analysen angemessen seien. Roland Mousnier hat die Versuche François Furets und Adeline Daumards scharf kritisiert, Sozialstrukturen des 18. Jahrhunderts durch die Analyse der in Heiratsverträgen enthaltenen wirtschaftlichen Informationen zu erschließen. Zwar glaubt auch er, daß die standesamtlichen Archive, in denen die Ehekontrakte aufbewahrt werden, wichtig sind für weitere historische Forschungen, doch müsse man mit anderen Fragestellungen an dieses Material herangehen. Furet und Daumard hätten wie Labrousse nicht verstehen können, daß »eine Gesellschaft nicht eine Reihe von Schubladen, sondern ein Organismus sei«[86]. Sie hätten soziologische Kategorien des 19. und des 20. Jahrhunderts, in denen soziale Klassen engstens mit den durch ökonomische Kriterien definierten beruflichen und sozialen Gruppierungen übereinstimmen, auf eine Epoche übertragen, in der andere Kriterien sozialer Abstufungen galten: Vorstellungen von Ehre, Würde, Rang und gesellschaftlicher Stellung, die weniger direkt durch Faktoren wirtschaftlichen Reichtums oder die Funktion in einer hierarchisch gegliederten Gesellschaft beeinflußt waren. Das Heiratsverhalten sei sicherlich ein bedeutendes und auffälliges Kennzeichen, um Gruppen zu identifizieren, die gemeinsame soziale Vorstellungen und ein bestimmtes Gruppenbewußtsein

[84] Siehe Jacques Le Goff, *Is Politics Still the Backbone of History?* Daedalus 100 (1971) 1, S. 1–19. Siehe auch B. Barret-Kriegel, *Histoire et politique ou l'histoire, science des effets.* Annales 28 (1973), S. 1437–1462.

[85] Vgl. Marc Ferro, *La Grande Guerre 1914–1918.* Paris 1969, und *The Russian Revolution of February 1917.* Englewood Cliffs, N. J. 1972; Georges Haupt, *Socialism and the Great War. The Collapse of Second International.* Oxford 1972; F. Furet und D. Richet, *La Révolution française.* 2 Bde, Paris 1965–66; dt. *Die Französische Revolution.* Frankfurt a. M. 1968.

[86] Roland Mousnier, *Problèmes de méthode dans l'étude des structures sociales des 16e, 17e et 18e siècles.* In: Konrad Repgen und Stephan Skalweit (Hrsg.), *Spiegel der Geschichte. Festgabe für Max Braubach.* Münster 1964, S. 550–564.

teilten und auch einen ähnlichen Lebensstil entwickelten. Deshalb müsse man natürlich die Ehekontrakte der standesamtlichen Archive auswerten, um in die Sozialstruktur des 18. Jahrhunderts Einblick zu gewinnen; doch nur nach einer qualitativen Analyse könne man Statistiken sinnvoll nutzen. Dann jedoch seien sie unentbehrlich. In seinem Versuch, Klassen und Klassenkämpfe im Frankreich des frühen 17. Jahrhunderts genau zu bestimmen, betonte Robert Mandrou ebenso die Rolle gesellschaftlicher Verhaltensweisen. Eine historische Erklärung ohne Berücksichtigung der Geschichte von Mentalitäten ist seiner Meinung nach unmöglich. Er führt aus, »daß die französische Gesellschaft zu Beginn des 17. Jahrhunderts sich nicht der allgemeinen soziologischen Regel (die ich für unumstößlich halte) entziehen konnte: daß eine Gesellschaft immer durch ihre herrschende Klasse bestimmt ist«[87]. Die beherrschten Klassen bemühten sich, die herrschende Klasse zu imitieren und Elemente ihrer Auffassung anzunehmen. Auch Furet, der seine Geschichte der Französischen Revolution gegen die orthodoxmarxistischen Kritiker C. Mazauric und Albert Soboul verteidigte, behauptete, daß die Klassenauseinandersetzungen im Ancien régime weniger ein Problem wirtschaftlicher Interessen seien als vielmehr eine Frage von Gruppenbewußtsein, Sozialstatus und sozialer Herrschaft, die oft relativ unabhängig von wirtschaftlichen Faktoren bestünden[88].

Wenn man von Marc Ferros und Georges Haupts Studien über Probleme des 20. Jahrhunderts absieht, die sich methodologisch erheblich von den in diesem Kapitel behandelten Werken unterscheiden, so hat die Kritik an den Annales-Historikern, sie bemühten sich nicht um eine Analyse politischer Verhaltensweisen, in gewisser Weise recht. Wo Annales-Historiker wie Braudel und Furet sich mit politischen Ereignissen befaßten, waren sie im allgemeinen unfähig, ohne radikalen methodologischen Bruch einen Übergang von strukturaler Sozialgeschichte zu politischer Geschichte zu finden. Braudel hat noch 1966 schreiben können, daß die politische Geschichte seit Ranke nicht fortgeschritten, daß sie ereignisbezogene »Oberflächengeschichte« geblieben sei[89]. Ähnlich argumentierte Furet 1971 gegen Mazauric und Soboul, politische Überzeugungen und Ideologien entwickelten sich relativ unabhängig von ande-

[87] *Classes et luttes de classes en France au début du XVIIe siècle.* Messina 1965.
[88] *Le Catéchisme de la Révolution française.* Annales 26 (1971), S. 255–289.
[89] *La Mediterranée,* 2. Aufl., Bd. 2, S. 223.

ren sozialen Prozessen[90]. Er sprach der Monarchie für die Umformung gesellschaftlicher Klassen im 18. Jahrhundert eine zentrale Rolle zu und betonte die Rolle von Ideologien in den politischen Auseinandersetzungen der Französischen Revolution. Und da politische Überzeugungen und Ideologien diesen Grad an Unabhängigkeit besäßen, sei eine wissenschaftliche Geschichte der Politik – so folgert Furet – nicht möglich. Die Frage, ob eine Wissenschaft von der Politik möglich sei, hatte die Annales-Historiker schon Jahre zuvor in einer Debatte mit Raymond Aron beschäftigt. Aron sah die Möglichkeiten für eine solche Wissenschaft durchaus nicht so pessimistisch wie manche Mitglieder des Annales-Kreises, doch müsse sie mehr sein als die empirische Analyse sozialer Strukturen. Notwendig sei auch die Analyse politischer Absichten in ihrem sozialen Zusammenhang. Die Unfähigkeit der Durkheimschen Schule, die Kluft zwischen Ereignissen und Strukturen zu überbrücken, führte Aron – so schrieb er – zu Max Weber, der versucht hatte, politische Geschichte innerhalb eines sozialen Rahmens zu verstehen[91].

Eine zweite Kritik, die ebenfalls von konventioneller, marxistischer und anderer Seite gegen die Annales erhoben worden ist, ist die, daß die Historiker der Annales versucht hätten, die Geschichtswissenschaft zu einer Naturwissenschaft zu machen, in der das menschliche Leben durch blinden Determinismus bestimmt würde. Groh spricht von einer »neuen Geschichtsmetaphysik«. Diese Anklage muß eingeschränkt werden. Ansätze der von Groh behaupteten »Fetischisierung von Sachgesetzlichkeiten«[92] sind offensichtlich da. Aber der Versuch, wie ihn Goubert, Le Roy Ladurie, Vilar und andere unternommen haben, wirtschaftliche und demographische Faktoren quantitativ zu untersuchen, ist noch nicht identisch mit Szientismus. Die historische Methode Gouberts und Le Roy Laduries, die streng kritisch von den Quellen ausgeht, verhindert eben den »dogmatischen Strukturalismus«, der »die Geschichte eliminiert«[93]. Sie sind sich bewußt, daß ihre Methoden nicht universal anwendbar sind, sondern dazu dienen, bestimmte Fragestellungen in einem

---

[90] *Le Catéchisme de la Révolution française*, S. 286.
[91] *Pour ou contre une politologie scientifique.* Annales (1963), S. 119–132, 475–499.
[92] Groh, *Strukturgeschichte*, S. 319, 321.
[93] Ebd., S. 319; der »dogmatische Strukturalismus« bezieht sich hier auf Lévi-Strauss, nicht auf die *Annales.*

spezifischen historischen Rahmen der vorindustriellen Zeit zu bearbeiten. Sie schließen daher einen rein biologisch-ökonomischen Determinismus explizit aus[94]. Das zentrale Thema von Braudels *Civilisation matérielle et capitalisme* (1967) ist ja gerade die fortschreitende Befreiung der Welt seit dem späten Mittelalter von den Naturzwängen, die das tägliche Leben der Menschen in der Vergangenheit beherrschten, eine Befreiung, die möglich wurde durch eine technische, wissenschaftliche und geistige Entwicklung, die in einem spezifisch europäischen historischen Kontext begann. Vilar, in Berufung auf Vidal de la Blache, betont, daß in letzter Instanz weder geographische noch technologische oder wirtschaftliche Faktoren ausreichen, um den landwirtschaftlichen Aufschwung Kataloniens zu erklären, sondern nur eine historische Analyse einer totalen Situation. »Die Gefahr besteht, daß angenommen wird, es gebe eine besondere Art von Teil-Rationalität, während die Rationalität der menschlichen Wirklichkeit eine Gesamtheit ist, die nur durch historische Analysen begriffen werden kann.«[95] Die Betonung der konkreten historischen Situation hat auch zu einer kritischen Auseinandersetzung mit der »New Economic History« geführt[96]: Maurice Lévy-Leboyer kritisierte in den Annales ihr Vorhaben, Wirtschaftswachstum mittels quantitativer Modelle zu erklären, die ökonomische Variablen aus dem weiteren historischen Zusammenhang isolierten. Le Roy Ladurie dagegen begrüßte den quantitativen, modellbildenden Ansatz. Furets und Daumards Behauptung, »daß es wissenschaftlich gesehen keine Sozialgeschichte gibt, die nicht quantitative Geschichte ist«[97], und ihr Versuch, quantitativ die Klassenverhältnisse im Ancien régime herauszuarbeiten, ist nicht nur außerhalb der Annales-Gruppe, z.B. von Roland Mousnier[98], sondern auch innerhalb der Sixième Section von Mandrou[99] widersprochen worden.

Man hat der Annales-Gruppe ein mangelndes Interesse an der Geschichte und Problematik der Industriegesellschaften vorgeworfen. Verhältnismäßig wenige Arbeiten haben sich mit dem 19. oder 20. Jahrhundert beschäftigt, und diese, z.B. Bouviers

[94] Vgl. Le Roy Ladurie, *Les Paysans du Languedoc*, Bd. 1, S. 11.
[95] Vilar, *La Catalogne dans l'Espagne moderne*, Bd. 1, S. 14.
[96] Le Roy Ladurie, *Le Territoire de l'historien*.
[97] Annales 14 (1959), S. 676.
[98] Vgl. Mousnier, *Problèmes de méthode*.
[99] Mandrou, *Classes et luttes de classes*, S. 9.

Arbeit über Banken[100] – Bouvier betrachtet sich allerdings als Marxist – und Morazés *Les Bourgeois conquérants*[101], vermeiden fast ganz die quantitativen Methoden, die in den Arbeiten über das Ancien régime angewandt worden sind. Adeline Daumards Studie über die Pariser Bourgeoisie[102] ist einigermaßen eine Ausnahme. Louis Chevaliers Werk über die »classes dangereuses«[103] und seine frühen demographischen Arbeiten entstanden außerhalb des Annales-Kreises. Marc Ferro untersucht in seinen Analysen Europas im Ersten Weltkrieg und Rußlands während der Revolution die Wechselwirkung kollektiver Psychologie und ökonomischer Faktoren[104].

Historiker der Sixième Section meinen, daß die relative Vernachlässigung der neuesten Geschichte in den Annales zufällig bedingt sei dadurch, daß die großen Lehrer in der Annales-Tradition alle Neuhistoriker oder Mediävisten gewesen sind. Aber die Gründe für diese Interessenbeschränkung liegen sicherlich anderswo. Die Arbeiten der Sixième Section beschränken sich keineswegs auf das französische oder selbst das spanische oder italienische Ancien régime oder auf das Mittelalter. Braudels *Civilisation matérielle et capitalisme* umfaßt die ganze Welt vom 15. bis zum 18. Jahrhundert. Zwar stimmt es nicht, wie Groh behauptet, daß sich die Annales-Historiker nur mit der »Statik bestimmter Gesellschaften« befaßten und sich bei ihnen »der Anteil des historischen Wandels« der »Nullgrenze« näherte[105]. Das Thema der großen Annales-Arbeiten, auch das von Braudels Mittelmeer-Buch, das den relativen Niedergang der wirtschaftlichen und politischen Bedeutung des Mittelmeerraums im späten 16. Jahrhundert untersucht, ist der Wandel, das Entstehen des neuzeitlichen Kapitalismus mit seinen veränderten gesellschaftlichen Verhältnissen. Aber irgendwie, wie Groh richtig bemerkt, gelingt der Durchbruch nicht von der Geschichte der frühkapitalistischen zur Geschichte der industriellen Zeit. Man hat dies Versagen teilweise damit begründet, daß

[100] Jean Bouvier, *Le Crédit Lyonnais de 1863 à 1882*. Paris 1961.
[101] Dt. *Das Gesicht des 19. Jahrhunderts. Die Entstehung der modernen Welt.* Düsseldorf 1959.
[102] *La Bourgeoisie parisienne de 1815 à 1848*. Paris 1963; vgl. auch André Tudesq, *Les grands notables en France (1840–1849)*. 2 Bde, Paris 1964.
[103] Louis Chevalier, *Classes laborieuses et classes dangereuses à Paris pendant la première moitié du XIXe siècle*. Paris 1958.
[104] *La Grande Guerre 1914–1918*; ders., *La Révolution russe de 1917*. Paris 1967.
[105] Groh, *Strukturgeschichte*, S. 318.

die quantitativen Methoden der »histoire sérielle« nur für die Analyse isolierbarer Sozialprozesse innerhalb relativ stabiler vorindustrieller Gesellschaftsstrukturen geeignet sind. Aber die »Geschichte der langen Reihen« ist außerhalb der Sixième Section auch weitgehend auf Wachstums- und Konjunkturerscheinungen in Industriegesellschaften angewandt worden. Teilweise hängt das Unvermögen der Annales-Historie, den Übergangsprozeß vom Ancien régime zum modernen Zeitalter zu analysieren, mit dem Mangel an einer umfassenden Theorie des sozialen Wandels zusammen. Die »histoire sérielle« hat methodisch – aber sicherlich nicht ontologisch – mit einer Art von Basis-Überbau-Konzeption gearbeitet, indem sie erhoffte, durch die Isolierung und den Vergleich von verschiedenen Variablen zu einem Gesamtbild einer Zeit in einem beschränkten Raum zu kommen. Es ist ihr dann auch, z. B. in Le Roy Laduries *Les Paysans du Languedoc* gelungen, über eine rein additative Segmentengeschichte hinaus zu einer breiten, integrierten Sozialgeschichte zu kommen. In Gouberts *Beauvais et le Beauvaisis* werden dann nicht nur die sich wiederholenden Zyklen innerhalb einer Struktur, sondern auch die Wandlungen dieser Struktur selber, z. B. die wachsende wirtschaftliche Macht und Funktion des Bürgertums sichtbar. Der Mangel einer umfassenden Theorie des sozialen Wandels hängt hier eng zusammen mit der Skepsis gegen jede »Geschichtsmetaphysik« und daher auch gegen jede Geschichtstheorie, die sich nicht in empirisch überprüfbaren Aussagen formulieren läßt.

Diese Beschränkung der methodischen Perspektive der Annales-Orientierung läßt sich sicherlich nicht rein wissenschaftsimmanent erklären, sondern muß im Rahmen der Traditionen und institutionellen Strukturen der Annales und der Sixième Section verstanden werden. Der Durkheimsche Geist mit seiner Betonung der Strukturen und des Kollektivbewußtseins auf Kosten des handelnden Menschen wiegt noch schwerer auf der Sixième Section. Auch hat die Institutionalisierung der Annales in der Sixième Section bzw. der École des Hautes Études en Sciences Sociales der Flexibilität Grenzen gesetzt. Der Einzelforscher ist teilweise durch die Equipe ersetzt worden, das Arbeitskabinett ist zum Laboratoire gworden. Große Beträge vom Centre National de la Recherche Scientifique (CNRS) sind der Forschung zugänglich geworden. Im CNRS hat sich dann auch oft ein naturwissenschaftlich orientierter Geist durchgesetzt, der konkrete, meßbare Resultate erhofft. Mehr als in irgendeinem anderen europäischen Land hat sich der Computer bei den Historikern durchgesetzt. Und in weit größerem Maße als in den USA, wo Historiker auf Hunderte von Universitäten verteilt sind und im Gegensatz zu ihren Kollegen in den sogenannten behavioral sciences noch recht kärglich subventioniert werden, aber daher auch von den Stiftungen verhältnismäßig unabhängig geblieben sind, ist die französische Geschichtsforschung in einen relativ zentral organisierten Rahmen zusammengefaßt worden, in dem noch dazu das alte Verhältnis zwischen Meistern und oft schon in recht fortgeschrittenem Alter stehenden Kandidaten für den Docteur d'état weiterbesteht. Es ist zweifelhaft, ob die Historiker der Annales, trotz isolierter, aber oft auch widersprüchlicher Aussagen von Bloch, Febvre und Braudel, ihre Funktion als die einer »kritisch-emanzipatorischen Sozialwissenschaft« verstanden haben, wie man oft in Deutschland gemeint hat. Das Ideal der Annales war immer die Wissenschaftlichkeit, und diese stand über den Parteien. Daher begrüßte Braudel den Austausch und die Zusammenarbeit mit marxistischen Historikern, die ebenfalls versuchten, die materiale Geschichte der breiten Massen zu untersuchen. »Fragestellungen (problématiques) mögen verschieden sein und sind es sicherlich«, meinte er in bezug auf die sowjetische Geschichtswissenschaft, »aber die Forschungsresultate ehrlicher Historiker müssen übereinstimmen«[106]. In der Tat ist es auch den Annales-Historikern mehr als irgendeiner anderen Gruppe westeuropäischer Geschichtswissenschaftler gelungen, sich mit den Historikern in den sozialistischen Ländern zu verständigen, besonders in Polen und Ungarn, denen es ebenfalls um eine empirisch fundierte, mit Modellen arbeitende, quantitative Sozial- und Wirtschaftsgeschichte ging[107]. Braudel setzte voraus, daß die Geschichte, insofern sie Wissenschaft ist, sich von ideologischen Vorurteilen befreien kann.

Die Annales-Historiker vertreten die verschiedensten politischen Ansichten, vom Konservatismus Pierre Chaunus bis zum Marxismus Pierre Vilars[108]. Wissenschaft und politische Ideolo-

[106] *Les Annales vues de Moscou.* Annales 18 (1963), S. 103; interessant ist auch die in *Voprosy Istorii* (1962) 7, S. 185–191, erschienene Einschätzung der *Annales* von G. G. Diligenstii, abgedruckt in Annales 18 (1963), S. 104–113.
[107] Seit den fünfziger Jahren besteht eine sehr enge Zusammenarbeit zwischen polnischen Wirtschafts- und Sozialhistorikern, W. Kula, A. Wyczański u. a., und Historikern der Sixième Section. Siehe die häufigen Beiträge in den *Annales.*
[108] Vgl. Pierre Vilar, *Marxisme et histoire dans le développement des sciences humaines. Pour un débat méthodologique.* Studi storici 1 (1960), S. 1008–1048

gie waren jedoch nicht so klar voneinander getrennt, wie es Furet in seiner bereits erwähnten Diskussion mit Soboul behauptete[109]. Denn auch diese Auseinandersetzung verlief nicht ohne politische Untertöne. Die Faszination harter Daten, besonders für die vorindustriellen Gesellschaften, enthob die Annales-Historiker der Aufgabe, Vergangenheit und Gegenwart kritisch gegenüberzustehen. In ihrer Praxis haben sie dann auch ein System historischer Objektivität aufrechterhalten, das sie in der Theorie in Frage stellten. Zeitweise nahmen sie an, es gäbe objektive soziale Prozesse, die sich unabhängig von menschlichem Willen entwickelten, durch strikte wissenschaftliche Methoden erklärt werden könnten und dadurch alle ideologischen Trennungen hinter sich lassen würden. So bemühten sie sich um eine Entpolitisierung von Geschichte und Geschichtsforschung, die nach der Auffassung marxistischer Kritiker wiederum selbst politische Wertvorstellungen vertritt.

Wie schon erwähnt, haben die letzten Jahre eine merkbare Verschiebung der Akzente der Annales-Forschungen mit sich gebracht. Wirtschafts- und Demographiekonjunkturen spielen eine geringere Rolle in den Annales-Arbeiten der siebziger Jahre, die Anthropologie eine wichtigere. Während in den sechziger Jahren nur ein Bruchteil der in den *Annales* erschienenen Aufsätze einen anthropologischen Ansatz hatte, waren es 1976 ungefähr die Hälfte. Ein klarer Bruch zwischen den Jahren vor den Mai-Unruhen von 1968, die manchmal als Wendepunkt betrachtet worden sind[110], und der neueren Historiographie besteht nicht. Das anthropologische Interesse und die Beschäftigung mit volkstümlichen Mentalitäten sind schon sehr früh vertreten, z. B. in Marc Blochs *Les Rois thaumaturges* (1923) und in Robert Mandrous Bemühungen in den sechziger Jahren, eine »historische Psychologie« zu begründen. Auch in den neuen Arbeiten behielt die Quantifizierung ihre zentrale Stellung, und Le Roy Ladurie betont weiter, daß es »in der letzten Instanz keine wissenschaftliche Geschichte gibt, die nicht quantifizierbar ist«[111]. Was unter anthropologischer Geschichte zu verstehen ist, läßt sich allerdings nicht leicht auf einen gemein-

und *Histoire marxiste, histoire en construction. Essai de dialogue avec Althusser.* Annales 28 (1973), S. 165–198; dt. in: Honegger (Hrsg.), *Schrift und Materie der Geschichte.* Frankfurt a. M. 1977.

[109] Furet, *Le Catéchisme de la Révolution française*, S. 279.

[110] Vgl. Traian Stoianovich, *French Historical Method. The Annales Paradigm.* Ithaca und London 1976, S. 41, auch Braudels Vorwort, ebd., S. 16.

[111] *Le Territoire de l'historien*, S. 22.

samen Nenner bringen[112]: sie unterscheidet sich von der älteren Ethnologie schon dadurch, daß sie keine strenge Trennungslinie zwischen dem Denken »primitiver« und »zivilisierter« Gesellschaften zieht. Hier wird der Einfluß von Claude Lévi-Strauss ersichtlich, mit dem Fernand Braudel seit ihren gemeinsamen Tagen an der Universität von São Paulo in den dreißiger Jahren in enger Verbindung stand und der nach 1946 Mitglied der Sixième Section wurde. Beide lehnten den Empirismus ab. Für Lévi-Strauss wie für Braudel waren »beobachtbare Erscheinungen und offen vorliegende Quellen nicht das Ergebnis einer bestimmten Absicht, sondern eher die fragmentarischen Resultate eines allem zugrundeliegenden Systems«[113]. Das ist mit ein Grund für die Ablehnung einer ereignis-orientierten Geschichte durch die Annales. Die anthropologischen Ansätze in den Annales unterscheiden sich allerdings voneinander. In Le Roy Laduries Aufsatz über das biologische Verhältnis von Nahrungsmangel und Amenorrhöe am Beispiel der Hungersnöte von den Ernährungskrisen des 17. Jahrhunderts bis zu den Weltkriegen und Konzentrationslagern des 20. Jahrhunderts ist ein starker Empirismus spürbar[114]. In einer anderen Form, diesmal ohne viel Theorie, erscheint dieser Empirismus in Le Roy Laduries und Paul Dumonts Veröffentlichung über die *Anthropologie du conscrit français*[115], in der physische und soziale Charakteristika der Wehrpflichtigen aufgrund elektronischer Daten-Verarbeitung der Militärarchive für verschiedene Jahrgänge im 19. Jahrhundert herausgearbeitet werden. Doch diese Arbeiten sind nicht repräsentativ für die neue anthropologische Geschichte. Betont werden in den neueren Arbeiten die »Mentalitäten«[116], worunter weniger Ideen und Begriffe als Einstellungen, Verhal-

[112] Vgl. Rolf Sprandel, *Historische Anthropologie. Zugänge zum Forschungsstand*. Saeculum 27 (1976), S. 121–142; Wolf Lepenies, *Geschichte und Anthropologie*. Geschichte und Gesellschaft 1 (1975), S. 325–343; ders., *Probleme einer Historischen Anthropologie*, in: Reinhard Rürup (Hrsg.), *Historische Sozialwissenschaft*. Göttingen 1977, S. 126–159; die Sondernummer *Histoire et structure* der *Annales* und *Pour une histoire anthropologique*. Annales 29 (1974), S. 1309–1380.
[113] Maurice Aymard, *The Annales and French Historiography (1929–1971)*. Journal of European Economic History 1 (1972), S. 508.
[114] *L'Amenorrhée de famine (XVIIe–XXe siècle)*. Annales 24 (1969), S. 1589–1601.
[115] Paris 1972.
[116] Vgl. Rolf Reichardt, ›Histoire des mentalités‹. *Eine neue Dimension der Sozialgeschichte am Beispiel des französischen Ancien régime*. Internationales Archiv für Sozialgeschichte der deutschen Literatur 3 (1977).

tensweisen und Lebensauffassungen begriffen werden. Letztere sind oft verschlüsselt. Die zu beobachtende Realität enthält eine Symbolik, die erst entziffert werden muß. Weniger interessant als wirtschaftliche und soziale Prozesse sind Folklore, Riten, Gebräuche, Feste. Sexualität und Tod spielen für die neue Richtung eine besonders wichtige Rolle. Diese können mit quantitativen Methoden untersucht werden, wie es François Lebrun[117], Michel Vovelle[118] und Pierre Chaunu[119] in ihren Untersuchungen über die Einstellung gegenüber dem Tod tun. Bei Lebrun wird die Einstellung zum Kind, im Gegensatz zu den Studien von Philippe Ariès, eng mit demographischen Entwicklungen verbunden. Vovelle verfolgt die Säkularisierung des Denkens im 17. und 18. Jahrhundert durch eine quantitative Auswertung von Tausenden von Testamenten. Jean Flandrin lehnt sich in seiner Untersuchung über Sexualität und Familie im Ancien régime eng an die historische Demographie an[120]. Quantitativ wird von Michel Vovelle[121] und Mona Ozouf[122] die sich wandelnde Funktion des Festes in der Revolutionszeit untersucht. Hier wird der Standpunkt vertreten, daß die Beweggründe des politischen Wandels tief im kollektiven Bewußtsein liegen. Das großartigste Werk, das bis jetzt aus diesem neuen Anliegen entstanden ist, ist aber Le Roy Laduries *Montaillou* (1975)[123], der Versuch, aufgrund der Protokolle der Inquisition in den Jahren 1318 bis 1324 eine »histoire totale« eines stark von

[117] *Les Hommes et la mort en Anjou aux XVIIe et XVIIIe siècles. Essai de démographie et de psychologie historique.* Paris 1971.

[118] Gaby Vovelle und Michel Vovelle, *Vision de la mort et de l'au-delà en Provence d'après les autels des âmes du purgatoire.* Paris 1970; Michel Vovelle, *Piété baroque et déchristianisation.* Paris 1973; ders., *Mourir autrefois. Attitudes collectives devant la mort aux XVIIe et XVIIIe siècles.* Paris 1974.

[119] Pierre Chaunu, *Mourir à Paris (XVIe–XVIIe–XVIIIe siècles).* Annales-Sondernummer *Autour de la Mort* 1976, S. 29–50; auch Philippe Ariès, *Studien zur Geschichte des Todes im Abendland.* München 1976. Siehe auch Emanuel Le Roy Ladurie, *Chaunu, Lebrun, Vovelle: la nouvelle histoire de la mort.* In: ders., *Le Territoire de l'historien,* S. 393–403.

[120] Jean-Louis Flandrin, *Les Amours paysannes (XVIe–XIXe siècles).* Paris 1975; ders., *Familles: parenté, maison, sexualité dans l'ancienne société.* Paris 1976; von einem weniger quantitativen Ansatz siehe Michel Foucaults geplante sechsbändige *Histoire de la sexualité,* von der der 1. Band: *La Volonté de savoir.* Paris 1976, erschienen ist, dt. *Disposition der Macht. Über Sexualität, Wissenschaft und Wahrheit.* Berlin 1978.

[121] Michel Vovelle, *Les Métamorphoses de la fête en Provence. De 1750 à 1820.* Paris 1976.

[122] Mona Ozouf, *La fête révolutionnaire 1789–1799.* Paris 1976.

[123] *Montaillou, village occitan, de 1294 à 1324.* Paris 1975.

der albigensischen Häresie beeinflußten Dorfes herzustellen. Hier stehen nicht mehr wie in den *Paysans du Languedoc* die großen demographischen und ökonomischen Kurven im Mittelpunkt, sondern die intimen Biographien einfacher Menschen, die aus den Protokollen der Verhöre sichtbar werden. Die Kerninstitution des Dorfes ist das Familienhaus (»domus«, »ostia«), um das sich das Leben des Dorfes strukturiert. In diesem Buch spielen Zahlen keine Rolle. Sozialer Status und wirtschaftliche Funktionen werden untersucht. Aber wesentlicher ist die Einstellung der Menschen in diesem Dorf zu den entscheidenden Lebensstationen, Kindheit, Sexualität, Tod; ihre Auffassung von Raum, Zeit, Natur; ihre Gebräuche, ihre Freizeitgestaltung, also die Struktur des alltäglichen Lebens, das allerdings eng im Zusammenhang mit seiner materiellen Basis betrachtet wird. Entscheidend ist weniger, was die Quellen wörtlich aussagen, als was sie symbolisieren. Hier wird die Geschichte von unten her gesehen, von unten nicht nur in dem Sinn, daß sie die Geschichte der unteren Klassen behandelt, sondern daß sie sich auf die Ebenen des sozialen und kulturellen Lebens konzentriert, die oft tief im Bewußtsein verborgen liegen. Die neue Geschichte geht weit über den Empirismus der »histoire conjoncturelle« hinaus zu der Ergründung tiefliegender Strukturen. Sie betritt hiermit allerdings einen Boden, der nicht auf der streng quantitativen, empirischen Grundlage der älteren Annales-Forschungen beruht. Indem sie sich der Symbolik des menschlichen Lebens zuwendet, wirft sie allerdings methodologische Probleme für eine Geschichtsschreibung auf, die sich als strenge Wissenschaft versteht und auf der intersubjektiven Überprüfung ihrer Aussagen besteht.

Die Fragestellungen und Methoden der neuen anthropologischen Geschichte lassen sich auf das kollektive Bewußtsein einer späteren Zeit anwenden, wie es Maurice Agulhon für das 19. Jahrhundert in seiner Arbeit *La République au village* gemacht hat[124]. Doch wie Jacques Revel, der Sekretär der Redaktion der *Annales* kürzlich wieder bemerkte, liegt die »Identifizierung stabiler Systeme« den Annales-Historikern weiterhin »am Herzen«. »Theorien des sozialen Wandels oder des Übergangs von einem historischen Modell zum darauffolgenden sind der Annales-Historie zutiefst fremd.«[125] Der Anspruch der An-

---

[124] *La République au village.* Paris 1970.
[125] Jacques Revel, *The Annales: Continuities and Discontinuities.* Vortrag am 13. Mai 1977 bei der Eröffnung des Fernand Braudel Center for the Study of

nales auf eine »totale Geschichte« bleibt daher beschränkt. Die Annales-Tradition spiegelt, wie Le Roy Ladurie bemerkte, ein tiefes Bewußtsein der Krise der modernen Zivilisation wider, daher auch die ungeheure Faszination durch den Tod und die Abneigung gegen die Beschäftigung mit den Realitäten einer rasch sich wandelnden, durch Konflikte gekennzeichneten modernen Industriegesellschaft. In der Einleitung zu einer Sondernummer der Annales vom Sommer 1971 über *Geschichte und Struktur* wird davor gewarnt, »alle Epochen und Zivilisationen mit dem Wertsystem des industriellen Europa, seinem Kult der Veränderung und Neuerung zu messen«[126]. Der Fortschrittsglaube wird emphatisch abgelehnt und gleichzeitig auch die zentrale Rolle der Entwicklung als einer Kategorie der Geschichte. Die Geschichte wird als Vielfalt angesehen, als Vielfalt der Zeiten, der Kulturen, der menschlichen Aspekte. Dabei wird unterschlagen, daß ohne die Kategorie der Entwicklung die moderne Gesellschaft nicht verständlich ist.

Dennoch haben die Annales-Historiker mehr als irgendeine andere Gruppe von Historikern neue thematische, begriffliche und methodische Aspekte für eine wissenschaftliche Historie erschlossen. Man hat ihnen vorgeworfen, daß sie eine statische, »geschichtslose« Vergangenheit verfolgten. In der Tat sprach Le Roy Ladurie davon, daß der Historiker auch die »unbeweglichen« Aspekte der Geschichte, die »histoire immobile«[127], betrachten müsse. Andererseits haben die Annales-Historiker das Verdienst, daß sie große Bereiche des menschlichen Lebens in die Geschichte einbezogen, die man bisher als geschichtslos ansah. Ihr Ausblick ist in bedeutender Hinsicht viel umfassender und historischer als der des Historismus. Für Ranke waren alle Epochen »unmittelbar zu Gott«. Den Annales-Historikern war alles Menschliche von historischem Interesse. Sie haben erreicht, daß in Frankreich, im Gegensatz zu anderen Ländern, wo die Geschichte weitgehend aus den systematischen Sozialwissenschaften verdrängt worden ist, die Geschichte noch einmal eine zentrale und integrierende Stellung in den Humanwissenschaften einnahm.

Troian Stoianovich hat vor kurzem in seinem Buch *French*

Economics, Historical Systems, and Civilizations gehalten (erscheint demnächst in der Zeitschrift Fernand Braudel Center Review 1 [1977]).
[126] André Burguière, *Présentation: histoire et structure.* Annales 26 (1971), S. IV.
[127] *L'Histoire immobile.* Annales 29 (1974), S. 673–692.

Historical Method. The Annales Paradigm (1976)[128] behauptet,
daß die Annales-Historiker den Anstoß zu einer »wissenschaftlichen Revolution« in der Geschichtswissenschaft gegeben haben, daß sie ein »historisches Paradigma« geschaffen haben, das
im Begriff ist, für die »internationale Gemeinschaft der historischen Forschung« maßgebend zu werden. Dafür ist die Anna-
les-Geschichtsschreibung trotz ihrer Vielseitigkeit nun doch zu
einseitig. Dennoch haben die Annales an internationaler Bedeutung gewonnen. In den letzten fünfzehn Jahren wurde das
Werk der Annales und der Sechsten Sektion in aller Welt bekannt, auch in den sozialistischen Ländern. Besonders in Polen
beachtete man die Methoden der Annales, und polnische Historiker (Kula, Malowist u. a.) sind in den *Annales* durch zahlreiche Beiträge vertreten. Auch in Italien, Ungarn, England und
auch anderswo fanden die Annales ihre gründlichen Leser und
Studenten. In Großbritannien hält die 1964 gegründete Cambridge Group for the History of Population and Social Structures engen Kontakt mit der Sechsten Sektion. In den USA, wo
die klassischen Werke Marc Blochs schon lange in Übersetzun-
gen erhältlich sind, die neueren Arbeiten der »Schule« dagegen
ziemlich unbekannt blieben, sind jetzt in kurzen Abständen
einige der Annales-Klassiker und verschiedene Sammelbände
von Aufsätzen veröffentlicht worden. Auch entstand 1977 an
der Universität in Binghampton ein Fernand Braudel Center for
the Study of Economics, Historical Systems, and Civilizations[129]. In der Bundesrepublik, wo man die Annales umfassend
kritisierte, aber bis vor kurzem kaum las, ist Braudels *Civilisation matérielle et capitalisme* übersetzt worden und eine Auswahl von *Annales*-Artikeln erschienen[130]. Außerhalb Frank-

[128] *French Historical Method*, S. 25–39.
[129] Siehe Anm. 125.
[130] *Die Geschichte der Zivilisation. 15. bis 18. Jahrhundert.* München 1971;
siehe die bereits zitierte Aufsatzsammlung *Schrift und Materie der Geschichte.*
Zur Aufnahme der *Annales* in Deutschland siehe Georg G. Iggers, *Die ›Annales‹
und ihre Kritiker. Probleme moderner französischer Sozialgeschichte.* Historische
Zeitschrift 219 (1974), S. 578–608, besonders Anm. 1. Besonders sind die Aufsätze von Gerhard Ritter, *Zur Problematik gegenwärtiger Geschichtsschreibung.*
In: ders., *Lebendige Vergangenheit.* München 1958, S. 225–285 und *Wissenschaftliche Historie einst und jetzt. Betrachtungen und Erinnerungen.* Histori-
sche Zeitschrift 202 (1966), S. 574–602; Manfred Wüstemeyer, *Die ›Annales‹.
Grundsätze und Methoden ihrer ›neuen Geschichtswissenschaft‹.* Vierteljahr-
schrift für Sozial- und Wirtschaftsgeschichte 54 (1967), S. 1–45; Dieter Groh,
Strukturgeschichte als ›totale‹ Geschichte. Ebd. 58 (1971), S. 289–322; Volker
Rittner, *Ein Versuch systematischer Aneignung von Geschichte. Die ›Schule der*

reichs fehlt den Annales natürlich die institutionelle Basis, die ihnen zu ihrer überragenden Stellung in der französischen Wissenschaft verholfen hat; dennoch sind die Annales für Historiker in aller Welt zu einem bedeutenden Modell wissenschaftlicher Geschichte geworden, und wohl keine andere Gruppe von Historikern besitzt soviel Ausstrahlung wie sie.

Annales«. In: Imanuel Geiss und Rainer Tamchina (Hrsg.), *Ansichten einer künftigen Geschichtswissenschaft*. München 1974, S. 153–172, zu nennen. Am besten informiert ist aber Claudia Honegger in ihrer Einleitung zu *Geschichte im Entstehen. Notizen zum Werdegang der Annales*. In: *Schrift und Materie der Geschichte*, S. 7–44.

3. Kapitel
Vom Historismus zur »Historischen Sozialwissenschaft«
Die bundesdeutsche Geschichtsschreibung seit der Fischer-Kontroverse

In Deutschland hielt sich die von uns im 1. Kapitel behandelte historische Tradition bis weit ins 20. Jahrhundert, ziemlich unverändert von den traumatischen politischen Erschütterungen der Zeit. Karl Lamprechts Herausforderung an die konventionelle Historiographie in den neunziger Jahren des vorigen Jahrhunderts trug wenig zur Reorientierung der deutschen Geschichtsforschung bei. Vielmehr gab es sehr leidenschaftliche Reaktionen auf die Versuche, Generalisierungen in die historische Forschung aufzunehmen; so kam es zu einer bewußten Konsolidierung der deutschen Berufshistorikerschaft in der Verteidigung der traditionellen Muster historischen Arbeitens. Eine Vielzahl von politischen, institutionellen und sozialen Faktoren verhinderte bis vor kurzem, daß die deutsche Geschichtswissenschaft neue Wege beschritt. Auch nach der Neuorientierung, die seit den sechziger Jahren stattfindet, unterscheidet sich die deutsche Historiographie deutlich von der anderer Länder, was die Problemstellungen und Methoden betrifft, wenngleich jetzt die deutsche Vergangenheit kritischer eingeschätzt und politische Abläufe in ihren sozialen Zusammenhängen gesehen werden. Erst in den letzten Jahren öffnete man sich einer Sozialgeschichte, die sich enger an die systematischen Sozialwissenschaften lehnte, und nahm auch die Parallelentwicklungen im Ausland, besonders in Frankreich, Großbritannien und den USA wahr.

Die Reaktionen gegen Lamprecht kennzeichnen einen deutlichen Rückzug der deutschen Geschichtswissenschaft von Positionen, die auf dem Wege zu einer theorieorientierten Geschichte unter Berücksichtigung sozialer Faktoren bereits erreicht waren. Schon Droysen, Sybel und speziell Treitschke[1]

---

[1] Jörn Rüsen, *Johann Gustav Droysen*. In: Hans-Ulrich Wehler (Hrsg.), *Deutsche Historiker*. 5 Bde, Göttingen 1971–72, Bd. 2; Helmut Seier, *Heinrich von Sybel*, ebd.; Georg G. Iggers, *Heinrich von Treitschke*, ebd.; auch Andreas Dorpalen, *Heinrich von Treitschke*. New Haven 1957; Hans Schleier, *Sybel und Treitschke*. Berlin/DDR 1956.

haben soziale und wirtschaftliche Entwicklungen sowie Veränderungen auf kulturellem Gebiet in ihren Darstellungen berücksichtigt. Zur Jahrhundertwende bestand, allerdings außerhalb der Fachhistorie, eine hochentwickelte Tradition der So-
zial- und Wirtschaftsgeschichte – deren bedeutendster Vertreter
Gustav Schmoller war – und auch ein lebendiges Interesse an
Kulturgeschichte, das bis ins frühe 19. oder sogar ins 18. Jahrhundert zurückreichte[2]. Lamprechts Arbeit war in vieler Hinsicht eine Synthese dieser Traditionen.

Die deutschen Wirtschaftshistoriker aus der Historischen
Schule der Nationalökonomie teilten mit den politischen Historikern die Grundansichten über den Charakter historischen
Wissens und der Beziehungen zwischen Staat und Wirtschaft[3].
Zehn Jahre vor der Lamprecht-Kontroverse hatte Schmoller
den Standpunkt der Historischen Schule gegen die Grenznut-
zentheorie Carl Mengers verteidigt. Der in der Tradition der
klassischen politischen Ökonomie stehende Menger sah die
Möglichkeit, Wirtschaftstheorien von allgemeiner Gültigkeit zu
formulieren, dagegen betonte Schmoller, wie sehr jedes ökonomische Vorgehen innerhalb eines konkreten politischen Zusammenhanges stattfinde, die Werte der Gesellschaft widerspiegele
und auch staatlicher Intervention unterworfen sei. Ohne die
Aufgabe der Theorie in den Wirtschaftswissenschaften und die
Bedeutung empirischer Daten für die Formulierung ökonomischer Theorien zu schmälern, hob Schmoller den historischen
Charakter solcher Theorien hervor.

Die Reaktion gegenüber Lamprecht zeigt jedoch den bewußten Versuch, die Rolle der Theorie und die Bedeutung sozialer Faktoren für das Geschichtsverständnis zurückzudrän-
gen. In der philosophischen Diskussion, die u. a. von Windelband und Rickert geführt wurde, betonte man den Unterschied
zwischen der idiographischen Methode der Geschichts- und
Kulturwissenschaften, die einen einzigartigen Verlauf von Ereignissen zu verstehen suchten, und der nomothetischen Methode der Naturwissenschaften, die auf die Formulierung erklä-

[2] Über Gothein und die Tradition der Kulturgeschichte, siehe Gerhard
Oestreich, *Die Fachhistorie und die Anfänge der sozialgeschichtlichen Forschung
in Deutschland.* Historische Zeitschrift 208 (1969), S. 320–363; siehe auch die
Zeitschrift für Kulturgeschichte, die 1856 gegründet wurde. Im allgemeinen bestand eine scharfe Trennung zwischen politischer Geschichte und Kulturgeschichte.

[3] Über Schmoller siehe Pauline R. Anderson, *Gustav von Schmoller.* In: *Deutsche Historiker,* Bd. 2.

render Gesetze abzielte. Wir haben bereits gesehen, daß die neukantianischen Philosophen – Dilthey und Rickert, aber auch Max Weber – diese Unterscheidung anders verstanden als die Historiker[4]. Die Philosophen erkannten, daß alle Wissenschaften, die Geschichte eingeschlossen, Begriffssysteme waren und nicht Beschreibungen der Realität, während die Historiker weiterhin dem Rankeschen Glauben anhingen, der Historiker könne die Vergangenheit, wie sie wirklich gewesen, wiederaufleben lassen.

Das Beharren der deutschen Historikerschaft auf den traditionellen historischen Methoden muß im politischen Gefüge Deutschlands im 20. Jahrhundert gesehen werden. Eine wichtige Gruppe von Historikern wollte bewußt zu Rankes Konzeption vom Konflikt der Großmächte auf der internationalen Bühne als dem Zentralthema des Historikers zurückkehren[5]. Der Historiker sollte – frei von Werturteilen – die objektiven Machtinteressen der großen Staaten analysieren. Diese waren unabhängig von sozialen und ökonomischen Faktoren zu verstehen. Die Aufgabe der Geschichtsschreibung bestand in der narrativen Rekonstruktion eines Verlaufs von Ereignissen, die sich aus der kritischen Sichtung von Staatspapieren ergeben. Mit diesem gemeinsamen Interesse an politischer Geschichte, die aus ihrem weiteren strukturellen Zusammenhang herausgenommen war, verband sich die Eigenverpflichtung zur Verteidigung sehr begrenzt begriffener deutscher Nationalinteressen; ebenso verlangte man die Unterordnung aller innenpolitischen Aspekte unter die Bedingungen und Erfordernisse der Außenpolitik.

Lamprecht selbst befürwortete wie seine konservativen Kollegen grundsätzlich die Ausdehnung der deutschen »Weltgeltung«. Doch sahen viele seiner Kritiker, so u. a. Dietrich Schäfer und Georg von Below, in einem umfassenden sozialen und kulturellen Geschichtsansatz eine versteckte ideologische Bedrohung der bestehenden politischen Ordnung, in der eine semiautokratische Militärmonarchie, die einem aristokratischen Ethos huldigt, den besten Schutz vor den Kräften der sozialen Revolution bildet. Die sozialen Spannungen des kaiserlichen

[4] Siehe oben in diesem Band, S. 39
[5] Über die Neurankeaner, siehe Ludwig Dehio, *Ranke und der deutsche Imperialismus*. Historische Zeitschrift 170 (1950), S. 307–328, auch in *Deutschland und die Weltpolitik im 20. Jahrhundert*. München 1955. Siehe auch Hans-Heinz Krill, *Die Rankerenaissance*. Berlin 1962.

Deutschlands, die sich in der Weimarer Republik noch verstärkten, stützten die historiographische Tradition, die ihre Ursprünge in den ganz anderen historischen Bedingungen Preußens in der Restaurationsperiode hatte. Die Struktur der historischen Forschungs- und Lehrstätten diente auch der Bestätigung konventioneller Muster. Junge Historiker wurden in Deutschland unter ähnlichen Bedingungen herangezogen wie in Frankreich, wo allerdings ein anderes politisches und intellektuelles Erbe vorherrschte; in Deutschland trug die Rekrutierung zur ideologischen und wissenschaftlichen Konformität bei. Das feindselige Verhalten gegenüber Demokratisierungsprozessen und die Furcht der deutschen Historiker vor dem Sozialismus waren keinesfalls Einzelerscheinungen; und auch mit ihrer Betonung der diplomatischen und Militärgeschichte standen sie nicht allein. Ungewöhnlich ist nur, wie stark aus dem 19. Jahrhundert stammende historiographische Vorstellungen bis in die sechziger Jahre allen Veränderungen widerstanden, zumal an den Universitäten[6]. Die Universitätsorganisation und die Auswahl des Lehrkörpers der Fakultäten machten es schwierig, vielleicht auch schwieriger als in anderen Ländern, abweichende Meinungen zu vertreten.

Die hierarchische Struktur der Universität gab den Ordinarien weitgehende Vorrechte über die ihnen nachgeordneten Wissenschaftler. Ähnlich stand es in anderen Ländern, doch unterschied sich die politische Atmosphäre beispielsweise sehr stark von der Frankreichs, wo republikanisch gesinnte Gelehrte die wichtigsten Positionen an den Universitäten einnehmen konnten. Die Habilitation verstärkte die Kontrollmöglichkeiten der Ordinarien über die jüngeren Historiker. Oft spielten außerwissenschaftliche Faktoren, die den Kandidaten betrafen, bei der Annahme der Habilitationsschrift eine wichtige Rolle. Das Recht des Kultusministeriums, aus einer von der Fakultät unterbreiteten Liste den neuen Lehrstuhlinhaber auszuwählen, sorgte weiterhin für Beständigkeit. Auffallend war die Ähnlichkeit sozialer Herkunft; Geschichtsprofessoren – meist auch die an katholisch geprägten Universitäten wie München – kamen aus einem kleinen, homogenen Kreis von Familien mittlerer und hoher Beamter, Pastoren, seltener Rechtsanwälten und

---

[6] Eine Untersuchung des institutionellen und sozialen Rahmens der deutschen Gelehrten befindet sich in Fritz Ringer, *The Decline of the German Mandarins. The German Academic Community 1890–1933*. Cambridge, Mass. 1969.

Ärzten; sie waren zumeist Protestanten[7]; in seltenen Fällen haben sich auch Juden diesem Milieu angepaßt. Sie hatten alle die gleiche Erziehung genossen, das humanistische Gymnasium und die Universität besucht, und sie identifizierten sich mit den sozialen und politischen Zielen des protestantischen Bildungsbürgertums.

Die Professorenschaft begrüßte und unterstützte nach 1870 im großen und ganzen die bestehende Ordnung, von gelegentlichen Abweichungen abgesehen: Treitschke vertrat konservative, Schmoller »kathedersozialistische« und Hermann Baumgarten und Theodor Mommsen liberale Auffassungen[8]. Die 1898 verabschiedete »Lex Aron« schränkte die Möglichkeiten zum ideologischen Nonkonformismus weiter ein, indem nun politisch Andersdenkende, z. B. Sozialdemokraten, selbst von den niedrigen Rängen des Lehrkörpers ausgeschlossen wurden. Wichtiger als diese gesetzlichen Versuche, konformes Verhalten zu erzwingen, waren die inneruniversitären Zwänge, die sich auf politische Auffassungen und darüber hinaus auch auf weltanschauliche und methodologische Fragen erstreckten. Einem politisch so konservativ eingestellten Manne wie Kurt Breysig, Schüler Droysens und Schmollers, Mitarbeiter an den *Acta Borussica,* war es unmöglich, einen Lehrstuhl zu erhalten, sobald er sich der vergleichenden Kulturgeschichte zugewandt hatte; erst die sozialdemokratische Regierung Preußens errichtete in den zwanziger Jahren gegen den Widerstand seiner Kollegen einen Lehrstuhl für Breysig. Von der allgemeinen Linie abweichende Forscher wurden erst als Ordinarien zu »Abweichlern«. Die be- und verhinderten Karrieren von Veit Valentin, Kurt Breysig, Arthur Rosenberg, Eckart Kehr und Gustav Mayer sind nur einige bekannte Beispiele für die Kontrolle, die die Zunft ausübte[9].

[7] Siehe ›Biographical Appendix‹ in: Charles E. McClelland, *The German Historians and England. A Study in Nineteenth-Century Views.* Cambridge 1971, S. 239–256.

[8] Siehe die Aufsätze von Georg G. Iggers über Treitschke, von Pauline Anderson über Schmoller und von Albert Wucher über Theodor Mommsen in *Deutsche Historiker;* auch Dorpalen, *Heinrich von Treitschke;* Alfred Heuss, *Theodor Mommsen und das 19. Jahrhundert.* Kiel 1956; Helmut Schachenmayer, *Arthur Rosenberg als Vertreter des Historischen Materialismus.* Wiesbaden 1964. Über die Lage an den Universitäten und die Lex Aron, siehe Ringer, *Decline of the German Mandarins.*

[9] Über Valentin, Breysig, Rosenberg, Kehr und Mayer, siehe *Deutsche Historiker.* Über Breysig auch Bernhard vom Brocke, *Kurt Breysig. Geschichtswissenschaft zwischen Historismus und Soziologie.* Lübeck 1971.

Selbst innerhalb der Historikerschaft entwickelte sich eine in methodologischen Fragen und politischen Anschauungen abweichende Richtung; aber das war eine maßvolle Abweichung, die sehr wohl im Rahmen der nationalen Tradition blieb. Ihr erster Repräsentant war vielleicht Friedrich Meinecke[10], der als Herausgeber der *Historischen Zeitschrift* von 1896 bis 1935 in den ersten Jahren an den Angriffen auf Lamprecht stark beteiligt war. Wie Ernst Troeltsch, Max Weber und Hans Delbrück zählte Meinecke zur loyalen Opposition, die mit Friedrich Naumann glaubte, daß eine effektive deutsche Weltpolitik ein Überbrücken der Kluft zwischen Hohenzollernmonarchie und Arbeiterklasse erfordere. Es sollte eine politische Alternative zur Sozialdemokratie gefunden und gleichzeitig eine wissenschaftliche Widerlegung des Marxismus formuliert werden. Meinecke und Weber repräsentieren die verschiedenen Enden des Spektrums; beide wollten dem engen, narrativen Geschichtsansatz entkommen. Natürlich ist der Gegensatz zwischen dem Historiker Meinecke und dem historischen Soziologen Weber auffallend. Meinecke suchte die »Ideen«, die ihren Ausdruck in den großen, Geschichte machenden Persönlichkeiten fanden; Weber, der wohl die Rolle der charismatischen Führerpersönlichkeit anerkannte, suchte die in der Geschichte wirkenden unpersönlichen Kräfte kausal zu verstehen, deren Erklärungen im menschlichen Bewußtsein zu finden seien. Nach Weber werden Bürokratie, Kapitalismus und Machtstaat letztlich von einer ihnen innewohnenden Logik getrieben, ihre größte Wirksamkeit zu erreichen; und diese Logik war durch eine Weltsicht, eine innerweltliche Askese, bestimmt und nur teilweise durch widerstrebende soziale Interessen beeinflußt. Weber blieb für die Historiker jedoch ein Außenseiter. Diese gemäßigten »Abweichler«, auch Weber, waren dem nationalen Machtstaat, der über den sozialen Interessen stand und dessen Handlungen durch außenpolitische Erwägungen bestimmt wurden, immer zutiefst verpflichtet. Ihr Sinn für Realität ließ sie den maximalistischen Kriegszielen der Alldeutschen widerstehen, als im Verlauf des Ersten Weltkrieges die Grenzen deutscher Stärke sichtbar wurden, und er ließ sie auch nach 1918 die Weimarer Republik unterstützen.

[10] Über Meineckes politische Anschauungen siehe Robert A. Pois, *Friedrich Meinecke and German Politics in the 20th Century.* Berkeley 1972, und Imanuel Geiss, *Kritischer Rückblick auf Friedrich Meinecke.* In: ders., *Studien über Geschichte und Geschichtswissenschaft.* Frankfurt a.M. 1972, S. 89–107.

Die deutsche Niederlage im Ersten Weltkrieg führte zur Festigung des historiographischen und politischen Konservatismus an den deutschen Universitäten[11]. Die Bekämpfung der »Kriegsschuldlüge« wurde zum Hauptbetätigungsfeld der Historikerschaft. Die Lehrstühle für Geschichte hielten während der Weimarer Zeit zumeist Professoren, die sie schon im Kaiserreich innegehabt hatten und sich jetzt in der Republik noch stärker bedroht fühlten. Auch der im Kern konservative, den Staat in den Mittelpunkt stellende Ansatz der Sozial- und Wirtschaftsgeschichte in der Tradition Schmollers, den Otto Hintze in der Weimarer Zeit verfolgte, wurde mißtrauisch betrachtet. Meinecke stand mit seinem gemäßigten Konservativismus, dem Einstehen für die Republik und seinem Bestreben, von der enggefaßten ereignisbezogenen zur umfassenderen ideenbezogenen politischen Geschichte überzugehen, ziemlich allein, auch wenn man seine Wirkung als Lehrer einer kritischeren jüngeren Generation von Historikern nicht unterschätzen darf.

In der Tat erschien in der Weimarer Republik eine der deutschen Vergangenheit gegenüber kritisch eingestellte Gegenrichtung, die allerdings im wesentlichen innerhalb der konventionellen ereignis- und personenorientierten politischen Geschichte verblieb. Während die Konservativen und gemäßigten Konservativen (Meinecke) die Überlegenheit des deutschen politischen und intellektuellen Lebens, wie sie es interpretierten, über das demokratischere und rationalistischere des Westens gepriesen hatten, bestand der Kern der liberalen Kritik in dem Glauben, Deutschland habe einen falschen und verhängnisvollen Weg der politischen Entwicklung eingeschlagen, als es »westlichen« Parlamentisierungsmodellen nicht gefolgt war. Zu diesen liberalen Kritikern gehörten Johannes Ziekursch, der sich der Bedeutung sozialer und ökonomischer Faktoren bewußt war, und Franz Schnabel, der eine umfassende Studie des institutionellen, intellektuellen und kulturellen Lebens Deutschlands in der ersten Hälfte des 19. Jahrhunderts aus liberaler katholischer Sicht verfaßte. Johannes Ziekursch[12], Franz

---

[11] Über die politische Einstellung der liberalen und liberaldemokratischen Historiker in der Weimarer Republik, siehe Hans Schleier, *Die bürgerliche deutsche Geschichtsschreibung der Weimarer Republik.* Berlin/DDR 1975.
[12] Siehe Hans Schleier, *Johannes Ziekursch.* Jahrbuch für Geschichte 3 (1969), S. 137–196, auch in: *Die bürgerliche deutsche Geschichtsschreibung,* S. 399–451; auch Karl-Georg Faber, *Johannes Ziekursch.* In: *Deutsche Historiker,* Bd. 3, S. 109–123.

Schnabel[13] und wenig später Veit Valentin[14] in seinem Werk über die 1848er Revolution und Erich Eyck mit seiner Bismarckbiographie[15] bestritten die Unvermeidlichkeit und Wünschbarkeit der Ereignisse von 1866 und 1871; und sie bemühten sich, das Bestehen einer alternativen liberalen und demokratischen Tradition Deutschlands im 19. Jahrhundert aufzuzeigen.

1933 und die folgenden Jahre bedeuteten für die deutsche historische Forschung keinen radikalen Bruch. Die halbherzigen Versuche des Regimes, die Gleichschaltung der Historikerschaft[16] zu erzwingen, blieben überwiegend erfolglos; allerdings bedurfte es auch gar keiner Gleichschaltung. Die ältere konservative Generation war nur selten völkisch im nationalsozialistischen Sinne eines biologischen Rassismus; sie unterstützte aber den autoritären Staat. Und auch Historiker, die ihre Bedenken über die nationalsozialistische Innenpolitik nicht verhehlten – wie Meinecke, der 1935 unter Druck als Herausgeber der *Historischen Zeitschrift* zurücktrat, Hermann Oncken, der zwangsemeritiert wurde, oder Gerhard Ritter, dem Auslandsreisen zeitweilig untersagt waren und der im Zusammenhang mit dem 20. Juli 1944 verhaftet wurde –, auch sie unterstützten die Außenpolitik des Dritten Reichs, in der sie eine Fortsetzung der traditionellen nationalen Politik sahen. 1933 bedeutete jedoch den dauerhaften Verlust einer kritischeren Gruppe demokratisch gesinnter Historiker, von denen aber keiner einen Lehrstuhl innehatte: Gustav Mayer, Eckart Kehr, Arthur Rosenberg, Hans Rosenberg, Veit Valentin, Alfred Vagts, George W. F. Hallgarten, Hajo Holborn u. a.

Die eben beschriebenen konservativen und gemäßigt konservativen historiographischen Positionen hoben den grundsätzlichen Unterschied zwischen der deutschen und der »westlichen« Weltsicht hervor. Die liberalen Historiker, von denen jetzt die

[13] Siehe F. H. Schuler, *Franz Schnabel und die Geschichtswissenschaft des 20. Jahrhunderts.* Historische Zeitschrift 205 (1967), S. 323–357.

[14] *Geschichte der deutschen Revolution von 1848/49.* 2 Bde., Berlin 1930–31 (Nachdruck Köln 1970).

[15] Siehe William H. Maehl, *Erich Eyck, 1878–1952.* In: S. William Halperin (Hrsg.), *Some 20th Century Historians.* Chicago 1961, S. 227–253; Erich Eyck, *Bismarck. Leben und Werk.* 3 Bde, Zürich 1941–44.

[16] Vgl. Helmut Heiber, *Walter Frank und sein Reichsinstitut für Geschichte des Neuen Deutschland.* Stuttgart 1966, und Karl-Ferdinand Werner, *Das NS-Geschichtsbild und die deutsche Geschichtswissenschaft.* Stuttgart 1967; auch ders., *Die deutsche Historiographie unter Hitler.* In: Bernd Faulenbach (Hrsg.), *Geschichtswissenschaft in Deutschland.* München 1974.

Rede sein wird, stimmten mit dieser Auffassung überein (der grundsätzlich unterschiedlich verlaufenen historischen Entwicklung in Deutschland und Westeuropa), doch wurde sie von ihnen ganz anders bewertet. Für die Liberalen Ziekursch und Eyck war Bismarck ebenso Schlüsselfigur zum Verständnis der neueren deutschen Geschichte wie schon für die Konservativen. Nur wenige dieser liberalen Bismarckkritiker waren Ordinarien; Ziekursch und der katholische Historiker Franz Schnabel waren die Ausnahmen. Wenn sie eine Universitätslaufbahn anstrebten, wie z.B. Veit Valentin, Gustav Mayer oder Eckart Kehr, so wurde dies ihnen im allgemeinen unmöglich gemacht.

Nach der Machtergreifung der Nazis wurde die Überprüfung der deutschen Geschichte zu einem dringlichen Problem, das von den deutschen Historikern im Exil aufgegriffen wurde[17]. Die meisten dieser Arbeiten folgen in der Betonung »großer Männer« und Ideen relativ konventionellen methodologischen Wegen, so etwa Erich Eycks kritische Darstellung Bismarcks moralischer Mängel. Wichtige Ergebnisse des Interesses an den Ursprüngen, besonders den »intellektuellen Wurzeln« des Nazismus, das die deutschen Historiker der Emigration bis in die sechziger Jahre beschäftigte, sind die Arbeiten von George Mosse *The Crisis of German Ideology*[18], Fritz Sterns *Kulturpessimismus als politische Gefahr*[19], der von Hans Kohn kurz nach dem Kriege herausgegebene Essayband *German History. Some Views*[20], ebenso Georg Lukács' *Die Zerstörung der Vernunft*[21], eine Interpretation aus marxistischer Sicht. Wenn auch hier die Rolle von Ideen betont wird, so erkannten die Verfasser dieser Werke eine Beziehung zwischen Verhaltensvorstellungen und einer wie immer definierten Sozialstruktur. Liberale Historiker – Kohn, Holborn[22], Mosse und Stern – und Marxisten – Abusch[23] und Lukács – sahen einen Zusammenhang zwischen dem Versagen des deutschen Bürgertums im 19. und 20. Jahrhundert, wirkliche politische Macht zu erringen, und dem Scheitern des deutschen Liberalismus. Insofern blieben die

[17] Siehe Georg G. Iggers, *Die deutschen Historiker in der Emigration.* In: Faulenbach, *Geschichtswissenschaft in Deutschland*, S. 97–111.

[18] New York 1964.

[19] Berkeley 1963.

[20] Cambridge, Mass. 1954.

[21] Berlin/DDR 1954.

[22] *A History of Modern Germany.* 3 Bde, New York 1959–1969; dt. *Deutsche Geschichte in der Neuzeit.* 3 Bde, München 1970–71.

[23] *Der Irrweg einer Nation.* Berlin 1946.

west- und nordeuropäischen Demokratien für die deutsche Entwicklung vorbildlich.

Auch das Jahr 1945 brachte für die Historikerschaft in Westdeutschland nicht den radikalen Bruch, von dem einige westdeutsche Historiker gesprochen haben. Die personelle Zusammensetzung der Institute änderte sich nur selten. Keiner der von den Universitäten und aus Deutschland vertriebenen liberalen und demokratischen Historiker kam endgültig zurück. Rassisch verfolgte Historiker konservativer Orientierung wie Hans Herzfeld, der jetzt allerdings demokratischen Auffassungen und methodologischen Neuerungen offener gegenüberstand, Hans Rothfels und Hans-Joachim Schoeps kehrten an deutsche Universitäten zurück. Von wenigen Ausnahmen abgesehen, verblieben die Historiker, die die geschichtswissenschaftlichen Bemühungen der Nazis unterstützt hatten, an den Universitäten oder kehrten bald wieder an sie zurück. Die Universitätsstrukturen blieben unverändert, und das System, nach dem angehende Historiker ge- und befördert wurden, änderte sich auch nicht. Ein kritisches Verhältnis zur jüngsten Vergangenheit bildete sich im allgemeinen außerhalb der historischen Seminare, nämlich in den neuen Instituten für Politologie, wo auch der Versuch unternommen wurde, Konzepte der modernen Sozialwissenschaften zu nutzen und anzuwenden. Karl-Dietrich Brachers Analyse der Auflösung der Weimarer Republik[24] ist hier zu nennen. Er verbindet einen analytischen Ansatz – Theorien politischen Verfalls, Analysen institutioneller, ideologischer, sozialer und ökonomischer Elemente in diesem Prozeß – mit einer kritischen narrativen Darstellung der nationalsozialistischen Machtergreifung in einem Machtvakuum und berücksichtigt dabei die spezifischen Umstände der deutschen Situation. Was die Verbindung von Politikwissenschaft und Geschichte angeht, ist selbstverständlich auch die in den fünfziger Jahren begonnene Schriftenreihe der »Kommission für die Geschichte des Parlamentarismus und der politischen Parteien« zu nennen. Dieser Versuch, Konzepte der sozialwissenschaftlichen Theorien auf die Analyse der Weimarer Republik und des Dritten Reichs anzuwenden, diente als wichtigstes Modell für jüngere Historiker wie Hans Mommsen und seine Studenten, die ökonomische, soziale und institutionelle Faktoren, welche in diesem Zeitraum den Verlauf der Ereignisse bestimmten, erar-

[24] *Die Auflösung der Weimarer Republik*. Villingen 1955; auch *Die deutsche Diktatur*. Köln 1969.

beiten. Seit den sechziger Jahren regte Mommsen eine Fülle von Studien über die Weimarer Republik und das Nazi-Regime an, in denen die durch die Industrialisierung ausgelösten Spannungen in ihren Auswirkungen auf das politische Geschehen in Deutschland untersucht wurden[25]. Von einem anderen Blickwinkel her sahen Historiker wie Otto Brunner, Theodor Schieder und Werner Conze, die in den dreißiger Jahren in ihre Positionen gelangt waren, allmählich die Grenzen der Ereignisgeschichte und riefen nach einer »Strukturgeschichte«[26]. Die Anfänge dieser Art von Strukturgeschichte reichen mindestens bis in die dreißiger Jahre zurück und hingen mit dem neu betonten Interesse für Volksgeschichte zusammen. Das für die mittelalterliche Landeskunde schrittmachende Werk von Brunner, *Land und Herrschaft*[27], erschien schon 1939. Die Strukturen, die bei Brunner im Mittelpunkt stehen, sind allerdings die von Verwaltung und Verfassung, Begriffen und Weltanschauungen. Werner Conze und sein in den fünfziger Jahren gegründeter Arbeitskreis für moderne Sozialgeschichte in Heidelberg befaßte sich mit den Auswirkungen der Industrialisierung auf Politik und Gesellschaft, einschließlich der Arbeiterklasse. Rechtliche und verfassungsrechtliche Änderungen infolge der Französischen Revolution schienen die Hauptfaktoren der Industrialisierung zu sein. Die Ereignisse zwischen 1933 und 1945 verloren an Bedeutung, wenn man sie unter dem Gesichtspunkt des fundamentalen Strukturwandels der Gesellschaft im Verlauf der Industrialisierung betrachtete. Der Heidelberger Kreis bezog seine Industrialisierungsstudien[28] weiterhin auf die deutschen Staaten des 19. Jahrhunderts, in denen die Rolle der Regierungen ausschlaggebend blieb. Ein wichtiges Thema der Arbeiten des Heidelberger Kreises war die Integration der sozialdemokratischen Arbeiter in den Nationalstaat. Ohne Zweifel entsprach der neue strukturelle Ansatz in der Geschichte der

[25] Hans Mommsen, Dietmar Petzina und Bernd Weisbrod (Hrsg.), *Industrielles System und politische Entwicklung in der Weimarer Republik*. Düsseldorf 1974.

[26] Vgl. Werner Conze, *Die Strukturgeschichte des technisch-industriellen Zeitalters*. Köln 1957; Otto Brunner, *Neue Wege der Verfassungs- und Sozialgeschichte*. 2. Aufl., Göttingen 1968; Theodor Schieder, *Strukturen und Persönlichkeit in der Geschichte*. Historische Zeitschrift 193 (1962), S. 265–296. Siehe auch Jürgen Kocka, *Sozialgeschichte, Strukturgeschichte, Gesellschaftsgeschichte*. Archiv für Sozialgeschichte 15 (1975).

[27] Brünn 1939.

[28] Siehe die Bände der vom »Arbeitskreis für moderne Sozialgeschichte« herausgegebenen Reihe »Industrielle Welt«.

Industrialisierung mit seinen Problemstellungen der politischen und akademischen Atmosphäre der späten fünfziger und frühen sechziger Jahre. Denn diese Strukturgeschichte erlaubte die Verbindung von Sozialgeschichte, auch der der neuesten Zeit, mit traditionellen historischen und wissenschaftlichen Vorstellungen; man konnte Deutschland als Teil der westlichen Industriegesellschaft sehen und doch die Einzigartigkeit und die grundsätzliche und ausgewogene Struktur des deutschen Nationalstaates betonen und schließlich auf den nationalen Konsensus, der sozio-ökonomische Klassenkonflikte überbrückt, hinweisen.

Ein zentrales Problem bei der Überprüfung der deutschen Vergangenheit war nach 1945 die Frage nach der Stellung des Dritten Reichs in der deutschen Geschichte. Während liberalen Historikern in der Emigration, wie George Mosse, die nationalsozialistische Machtergreifung nicht als »Zufall der Geschichte«[29], sondern als langfristig vorgegeben erschien, betonten liberal-konservative oder konservative Historiker, die wie Meinecke und Ritter in die »innere Emigration« gedrängt wurden oder aber aus »rassischen« Gründen, wie Rothfels, tatsächlich emigrieren mußten, die Diskontinuität, die die Jahre 1933 bis 1945 in der deutschen Geschichte bedeuten[30]. Der Nationalsozialismus habe keine Wurzeln in der deutschen Vergangenheit; seine Ursprünge seien vielmehr in der Tradition der politischen Demokratie, des Sozialismus und der Industrialisierung, die auf die Französische Revolution zurückgingen, zu finden. Nicht der Mangel, sondern das Übermaß an Demokratisierung sei für den Nazismus verantwortlich[31]. Das Institut für Zeitgeschichte in München bemühte sich, die Exzesse der Nazizeit zu dokumentieren, doch wurde wenig zur Analyse der Zeit vor 1914 getan. Lediglich eine begrenzte Revision der traditionellen Betrachtungsweise neuerer deutscher Geschichte erschien notwendig. Die Richtigkeit der Bismarckschen Reichsgründung wurde nicht in Frage gestellt. Gerhard Ritter begann in der Nach-Bismarckzeit den Beginn einer bisher Preußen traditionell fremden militaristischen Gesinnung zu sehen, die zu den dem Ersten Weltkrieg vorausgehenden Spannungen beitrug.

[29] *The Crisis of German Ideology*. New York 1964, S. 8.
[30] Vgl. Meinecke, *Die deutsche Katastrophe*. Wiesbaden 1946; Gerhard Ritter, *Carl Goerdeler und die deutsche Widerstandsbewegung*. Stuttgart 1955, S. 92; Hans Rothfels, *Die deutsche Opposition gegen Hitler*, Frankfurt 1960.
[31] Vgl. Ritter, *Carl Goerdeler* und Rothfels, *Die deutsche Opposition*.

Doch könne die deutsche Politik, die zwar zur diplomatischen Isolierung Deutschlands führte, nicht direkt für den Ausbruch des Ersten Weltkrieges verantwortlich gemacht werden. Das Bündnissystem trage die Schuld für einen Krieg, in den die Nationen Europas unfreiwillig hineinschlitterten. Während konservative Historiker in der Weimarer Republik Bethmann Hollweg wegen seiner angeblich maßvollen Haltung tadelten und Ludendorffs Führungstalent hervorhoben, wurde jetzt nach dem Zweiten Weltkrieg Bethmann Hollweg zum weisen Staatsmann und Ludendorff zum Vertreter des Militarismus[32]. Die liberal-konservative Richtung – in der Weimarer Zeit eine verleumdete Minderheit der Historikerschaft – war zur etablierten Schule an den Universitäten Westdeutschlands geworden.

In dieser selbstzufriedenen Stimmung, als die westdeutsche Gesellschaft sich von ihrer nationalsozialistischen Vergangenheit gelöst zu haben schien, ohne ihre nationalen Traditionen aufzugeben, wurde Fritz Fischers *Griff nach der Weltmacht*[33] 1961 als ein bedeutender Schock empfunden. Die inzwischen berühmte Fischer-Kontroverse kennzeichnet den Wendepunkt in der historischen Forschung in der Bundesrepublik, nicht weil sie plötzlich zu Neuerungen auf dem Gebiet der Methodologie oder Theorie führte, sondern weil sie die Forschung über die eigene nationale Vergangenheit wieder in Gang setzte. Fischer ging in seinem Werk, das die Kontroverse hervorrief, recht konventionell vor: er durchforschte die Staatsarchive und erörterte das Memorandum vom 9. September 1914, in dem Bethmann Hollweg zum ersten Male deutsche Kriegsziele formulierte – bisher war dieses Memorandum von den konservativ-nationalistischen Historikern bequemerweise übersehen worden. Fischer stellte in zwei einleitenden Kapiteln wichtige Fragen über die Abhängigkeit von Außen- und Innenpolitik und Wirtschaftsinteressen, die komplexe Methoden sozialer Analyse erforderten, und die bisher nur selten von nicht-marxistischen Historikern – so von Eckart Kehr und George W. F. Hallgarten – gestellt worden waren.

Für Nichtdeutsche ist die ungeheure Erregung, die Fischers Buch hervorrief, schwer zu begreifen. Besonders an zwei von Fischers Thesen entzündete sich der Streit: erstens, daß die

[32] Vgl. *Das Problem des Militarismus in Deutschland.* Historische Zeitschrift 177 (1954), S. 21–48; siehe auch ders., *Staatskunst und Kriegshandwerk.* Bd. 1, München 1954.
[33] Düsseldorf 1961.

Reichsregierung im Juli 1914 nicht nur das Risiko eines Krieges eingegangen war, sondern sich auch aktiv darauf vorbereitet hatte (zu diesem Schluß war Luigi Albertini[34], dessen Werk nicht ins Deutsche übersetzt ist, schon 1942 gekommen), und zweitens, daß die weitreichenden annexionistischen Kriegsziele nicht nur von alldeutschen Extremisten wie Ludendorff befürwortet, sondern auch durch einen breiten Konsensus der deutschen öffentlichen Meinung, die von der extremen Rechten bis zu den Mehrheits-Sozialdemokraten reichte, unterstützt worden waren. Fischer zeigte, daß die von Historikern aufgestellte Trennungslinie zwischen den alldeutschen Extremisten und den gemäßigten Politikern der Regierung um Bethmann Hollweg lediglich einen Unterschied in »Ausmaß und Methoden«[35] darstellte. Vielleicht noch störender war der Hinweis, daß die deutschen Ziele, mit militärischer Gewalt die ökonomische und politische Vorherrschaft über Mitteleuropa, den Balkan und Nahen Osten zu erringen und in Zentralafrika ein Kolonialreich aufzurichten, nicht im Verlauf des Krieges entstanden, sondern Interessen entsprachen, die bereits vor dem Krieg bestanden hatten und auch danach weiterexistierten. Der Versuch Ludwig Dehios[36], des Herausgebers der *Historischen Zeitschrift* in den fünfziger Jahren, die Kontinuität der deutschen Politik durch zwei Weltkriege hindurch zu verfolgen, war auf erhebliche Kritik gestoßen. Doch Dehio betonte noch den Primat der Außenpolitik und sah Deutschlands expansive Bestrebungen als das Ergebnis seiner hegemonialen Machtstellung nach dem Niedergang Frankreichs, während Fischer enge Beziehungen zwischen der Außenpolitik und den sozialen und politischen Interessen im Inland heraushob. Fischer deutete an, daß nicht Deutschlands exponierte Stellung als kontinentale Vormacht, sondern seine soziale und politische Struktur ausschlaggebend für seine tragische Geschichte im 20. Jahrhundert war. Die Folgerung, die Fischer nicht aussprach, lag auf der Hand: Die deutsche Politik im Ersten Weltkrieg folgte Kontinuitäten, die noch

[34] Luigi Albertini, *Le Origini della guerra della 1914.* 3 Bde, Mailand 1942.
[35] Imanuel Geiss, *Studien über Geschichte und Geschichtswissenschaft.* Frankfurt a. M. 1972, S. 127; siehe auch John A. Moses, *The War Aims of Imperial Germany. Professor Fritz Fischer and His Critics.* University of Queensland Papers, Departments of Government and History, Bd. 1, no. 4 (1968), S. 213–260; Konrad H. Jarausch, *World Power or Tragic Fate.* Central European History 5 (1972), S. 72–92.
[36] Ludwig Dehio, *Gleichgewicht oder Hegemonie.* Krefeld 1948; auch *Deutschland und die Weltpolitik im 20. Jahrhundert.* München 1955.

in den sechziger Jahren eine kritische Einschätzung nicht nur der deutschen Vergangenheit, sondern auch der deutschen Gegenwart erforderlich machten.

Auf Fischers Buch folgten ein von seinen Schülern herausgegebener Dokumentenband[37] und weitere Studien; schon vor dem *Griff nach der Weltmacht* war Imanuel Geiss' Buch über deutsche Kriegsziele während des Ersten Weltkrieges in Polen erschienen[38]. Ihren Höhepunkt erreichte die Debatte 1964 auf dem deutschen Historikertag in West-Berlin. Als die Diskussion abflaute, war der Kern von Fischers These – die weitgehende Verantwortung, die die Reichsregierung am Kriegsausbruch trug und der im Kern aggressive Charakter der deutschen Kriegsziele – von einem zunehmend größer werdenden Teil der westdeutschen Historikerschaft akzeptiert. Diese Neuorientierung ist auch dem Generationswechsel, dem Nachrücken jüngerer Historiker, die der unmittelbaren Vergangenheit Deutschlands mit größerer Distanz gegenüberstehen, zuzuschreiben, aber ohne Zweifel auch bestimmten grundsätzlichen Veränderungen in der westdeutschen Gesellschaft selbst. Ralf Dahrendorf[39] und David Schoenbaum[40] haben auf die Anfänge einer »sozialen Revolution« in Richtung auf eine stärkere »Modernität« in den dreißiger Jahren aufmerksam gemacht, die trotz der ideologischen Opposition der Nazis gegen diesen Prozeß stattfand. In den Jahren nach der Währungsreform und dem Anlaufen des Marshallplans setzte sich dieser Modernisierungsprozeß fort, und dabei verminderte sich der soziale Einfluß der Landwirtschaft, des Handwerks und der Kleinbetriebe, die einen Großteil der Opposition gegen die politische Demokratisierung gestellt hatten. Da nahezu alle Teile der Bevölkerung an dem Wohlstand der konsumorientierten Wirtschaft teilhatten, wurden die Klassenspannungen der Vergangenheit, besonders die zwischen Arbeiterklasse und Mittelstand verwischt. Große Teile der jüngeren Generation sahen jetzt die autoritären Strukturen der Vergangenheit mit kritischem Blick. Zur gleichen Zeit ermöglichte das Abflauen des Kalten Krieges und seiner Menta-

[37] Imanuel Geiss (Hrsg.), *Julikrise und Kriegsausbruch 1914*. Hannover 1963–64.

[38] Imanuel Geiss, *Der polnische Grenzstreifen 1914–1918. Ein Beitrag zur deutschen Kriegszielpolitik im Ersten Weltkrieg*. Hamburg 1960.

[39] *Gesellschaft und Demokratie in Deutschland*. München 1965 (Taschenbuchausgabe München 1971).

[40] *Hitler's Social Revolution*. Garden City, N. Y. 1966; dt. *Die braune Revolution. Eine Sozialgeschichte des Dritten Reiches*. Köln 1968.

lität, die Probleme hochindustrieller und Dritter-Welt-Gesellschaften kritischer zu überdenken. Der Druck der Studentenbewegung ließ nun endlich die schon längst fälligen Universitätsreformen in Angriff nehmen. Ende der sechziger und Anfang der siebziger Jahre wurden neue Universitäten gegründet und neue Lehrstühle für Geschichte eingerichtet; jüngere Wissenschaftler konnten in neugeschaffene Positionen aufrücken; an den Entscheidungen der Universitätsgremien, auch an den Berufungen, wurden Assistenten und Studenten stärker beteiligt. Auch entwickelte man Alternativen zur traditionellen Habilitation. Diese Reformen sind in den verschiedenen Ländern der Bundesrepublik uneinheitlich durchgeführt worden und trafen fast überall auf heftige Opposition der Ordinarien und konservativer Teile der Öffentlichkeit; in den siebziger Jahren wurden die Reformen dann modifiziert. Doch haben sie die in der traditionellen Struktur eingebauten Zwänge zu konformem Verhalten insgesamt aufgelockert.

In den sechziger Jahren entdeckte man die sozialwissenschaftlichen Theoretiker aus der Weimarer Republik wieder, die 1933 zumeist Deutschland verlassen mußten und in den fünfziger Jahren weitgehend ignoriert wurden. Ebenso begann man, sich für die Arbeiten in den Sozialwissenschaften außerhalb Deutschlands, besonders im englischsprachigen Bereich, zu interessieren, während die Entwicklung in Frankreich kaum Beachtung fand. Immer mehr junge Historiker hielten sich in den USA oder in Großbritannien auf, um zu studieren oder zu forschen. Die Rückkehr emigrierter Politologen, Philosophen und Soziologen[41] weckte nicht nur das Interesse an den geistigen Strömungen in der Weimarer Republik, sondern hatte auch eine verstärkte Vertrautheit mit sozialwissenschaftlichen Theorien zur Folge. Historische Studien in den sechziger Jahren bezogen zunehmend Begriffe und Theorien der Sozialwissenschaften ein, wenn auch vorläufig noch sehr selektiv und pragmatisch.

Hans Rosenberg machte während seiner Gastprofessur in Deutschland eine jüngere Generation von Historikern mit der nutzbringenden Anwendung ökonomischer Wachstums- und Zyklentheorien für die Analyse politischer Prozesse bekannt. Die Frankfurter Schule mit Theodor W. Adorno und Max Horkheimer, die nach dem Krieg nach Frankfurt zurückgekehrt

---

[41] Z.B. Max Horkheimer, Theodor Adorno, Ossip K. Flechtheim, Ernst Fraenkel, Helmuth Plessner u. a.

waren[42], und auch jüngere Mitglieder wie Jürgen Habermas und Alfred Schmidt halfen das Interesse an Marx wiederaufleben zu lassen, allerdings an einem Marx, dessen Beeinflussung durch Hegel stark betont wurde. Gleichzeitig wies die Frankfurter Schule auf die Grenzen quantitativer Methoden hin, ohne sie doch ganz zu verwerfen. Sie wies die »eindimensionale« Vorliebe für »Tatsachen« zurück, die Positivisten, quantitative Verhaltensforscher und Historiker gemein haben, und verlangten nach einer »kritischen Theorie«, die auf die politischen und sozialen Irrationalitäten des Status quo hinweisen soll und sich die Überführung der sozialen Beziehungen in eine Gemeinschaft selbstbestimmender Menschen, die sich von irrationalen Zwängen und Herrschaft emanzipiert haben, zum Ziel setzt[43]. Marx' Sicht vom nichtentfremdeten Menschen verband sich in der Theorie der Frankfurter Schule mit Freudschem Pessimismus über die Grenzen sinnvoller sozialer Reorganisation. So lieferte die Frankfurter Schule einer nichtkommunistischen gemäßigten Linken eine willkommene Theorie; besonders die deutschen Intellektuellen, die der Tradition des deutschen Historismus verbunden waren, dessen politisches Erbe aber zurückwiesen, fühlten sich angesprochen. Es ist schwierig, den direkten Einfluß der Frankfurter Schule auf die Historiker in den sechziger Jahren zu bestimmen, zumal aus ihren Kreisen nur wenige historische Arbeiten außer Studien über Ideen- und Kulturgeschichte vorgelegt wurden. Hans-Ulrich Wehler, der vielleicht einflußreichste Historiker seit den späten sechziger Jahren, aber auch Dieter Groh beispielsweise, gestehen ausdrücklich ihre Verpflichtung gegenüber Horkheimer und der »Kritischen Theorie« ein, »die mit dem Interesse an einer vernünftig organisierten zukünftigen Gesellschaft die vergangene und gegenwärtige kritisch durchleuchtet«[44]. Allerdings sollte der Einfluß der »Kritischen Theorie« nicht überschätzt werden. Denn wichtiger waren bestimmte marxistische und weberianische Ideen, die eine Synthese zwischen der Betonung begrifflicher Klarheit und empirischer Strenge entsprechend der angel-

---

[42] Über die Frankfurter Schule siehe Martin Jay, *The Dialectical Imagination. A History of the Frankfurt School and the Institute of Social Research, 1923–1950.* Boston 1973.
[43] Vgl. Max Horkheimer, *Traditionelle und kritische Theorie.* Zeitschrift für Sozialforschung 6 (1937), S. 245–294.
[44] *Bismarck und der Imperialismus.* Köln 1969 (Taschenbuchausgabe München 1976), S. 14.

sächsischen sozialwissenschaftlichen Tradition und der Betonung des Verstehens sozialer Prozesse zuließen.

Im Kielwasser der Fischer-Kontroverse wandten sich viele Historiker der kritischen Überprüfung der unmittelbaren deutschen Vergangenheit zu, doch mit anderen Erkenntnisinteressen und Methoden als im Jahrzehnt zuvor. Bei dem Bemühen, das Phänomen des Nationalsozialismus zu erfassen, beschäftigte man sich jetzt stärker mit dem Problem der Kontinuität in der deutschen Geschichte. Immer gründlicher untersuchte man die Wilhelminische Zeit, um spätere Entwicklungen zu verstehen, und man rekonstruierte weniger die Handlungen eizelner Personen, als daß man Sozialstrukturen kritisch untersuchte. Ein wichtiges Werk dieser neuen Richtung war *Deutschlands Weg zur Großmacht*[45] von Helmut Böhme, einem Schüler Fischers. Böhme sah in den Ereignissen von 1866 bis 1871 nicht so sehr ein Ergebnis Bismarckscher Politik als vielmehr die Folge der Industriellen Revolution und des preußischen Sieges über Österreich im Kampf um die wirtschaftliche Vorherrschaft in Mitteleuropa. Handelsinteressen ersetzten außenpolitische Faktoren als Hauptdeterminanten politischer Entscheidungen. Die Grundlage für die deutsche Einigung unter preußischer Führung war schon vor der Schlacht bei Königgrätz durch die Erneuerung des Zollvereins 1864, der engstens in die preußische Wirtschaft integriert war, gelegt worden. Hatte die Reichsgründung noch unter der Ägide der Freihändler stattgefunden, so führten die wirtschaftlichen Zwänge der Großen Depression von 1873 zu einer festen Allianz mit den ostelbischen Großagrariern, dem Ruf nach protektionistischen Regelungen und nach 1879 zur politisch und sozial konservativen Vorstellungen folgenden Reorientierung des Reichs unter Bismarcks Führung. So verhinderte gerade der Industrialisierungsprozeß unter den deutschen Bedingungen, daß die Mittelklasse politische Kontrollpositionen errang, andererseits trieb er die Führer der entstehenden großen Unternehmen in die Arme des preußischen Staats, der weiterhin fest in den Händen der alten privilegierten Personen und Gruppen verblieb.

Der Hauptteil des von Böhme bearbeiteten Archivmaterials betraf die Handelspolitik der deutschen Staaten. Seit 1966 begann dann eine Vielzahl von Werken über die Rolle der Interessenvertretungen der Wirtschaft im Kaiserreich zu erscheinen. So wurden gewissermaßen die von Fischer gestellten Fragen

[45] Köln 1966.

über die Wirksamkeit wissenschaftlicher Interessengruppen auf die Außenpolitik anhand des Archivmaterials untersucht, das sich in den Akten der entsprechenden Organisationen, Unternehmen und Behörden finden ließ. Die Autoren dieser Studien promovierten größtenteils erst in den sechziger Jahren, einige bei Fischer in Hamburg, andere in Berlin oder Münster bei Gerhard A. Ritter (der nicht mit Gerhard Ritter zu verwechseln ist), wieder andere auch bei konservativeren Lehrern wie Theodor Schieder oder Werner Conze. Die theoretische Grundlage ihrer Arbeit bezogen sie aus den Schriften von Historikern der Weimarer Republik – z. B. von Eckart Kehr, der 1933 als junger Mann in Washington starb – oder der Emigration, so von Hans Rosenberg, der 1949/50 als Gastprofessor an der Freien Universität Berlin lehrte. Beide waren in den fünfziger Jahren von den deutschen Historikern ignoriert worden. Hans Rosenbergs klassische Analyse der Entstehung des bürokratischen Absolutismus in Preußen, *Bureaucracy, Aristocracy and Autocracy. The Prussian Experience, 1640–1815*[46], ist bisher nicht ins Deutsche übersetzt worden. Doch schon Ende der fünfziger Jahre lasen jüngere Historiker in verstärktem Maße Kehrs Aufsätze, die in verschiedenen Zeitschriften der Weimarer Zeit erschienen waren, und seine Dissertation *Schlachtflottenbau und Parteipolitik, 1894–1901*[47]. Hier fand man in der Tat eine auf die Geschichte bezogene »Kritische Theorie«, einen Versuch, Max Webers Vorstellungen über Bürokratie und soziale Schichtung mit der marxistischen Auffassung über die Rolle des Staates als einer Agentur der Klassenherrschaft zu verbinden. Hans-Ulrich Wehler publizierte 1965 Kehrs wichtigste Aufsätze[48], und ein Jahr später wurde Kehrs Buch über den Aufbau der Schlachtflotte wieder aufgelegt; damit war ein entscheidender Schritt zur Neuorientierung der westdeutschen Geschichtsschreibung getan.

Seit 1966 ist die Literatur über die Politik des Kaiserreichs in ihrem sozialen und ökonomischen Zusammenhang stark angewachsen. H. J. Puhles Studie über den »Bund der Landwirte«[49]

[46] Cambridge, Mass. 1958.
[47] *Schlachtflottenbau und Parteipolitik 1894–1901. Versuch eines Querschnitts durch die innenpolitischen, sozialen und ideologischen Voraussetzungen des deutschen Imperialismus.* Berlin 1930.
[48] Eckart Kehr, *Der Primat der Innenpolitik.* Hrsg. von H.-U. Wehler, Berlin 1965.
[49] Hans-Jürgen Puhle, *Agrarische Interessenpolitik und preußischer Konservatismus im Wilhelminischen Reich 1893–1916.* Hannover 1966; auch *Von der*

ist hier zu nennen, ebenso Hans Jaegers[50] und Hartmut Kaelbles[51] Untersuchungen über Unternehmer- und Industriellenverbände; Heinrich August Winklers Analyse der Interessenverbände von Handwerk und Kleinhandel[52]; Volker Berghahns Studie über die Funktion des Schlachtflottenbauprogramms für die Innenpolitik[53] – gewissermaßen eine Erweiterung von Kehrs Analyse über das Jahr 1901 hinaus; Peter Christian Witts Arbeit über die Finanzpolitik des Reichs zwischen 1903 und 1913[54]; und Dirk Stegmanns Untersuchung über die antisozialdemokratische »Sammlungspolitik« von 1897–1918[55]; Michael Stürmers Forschung über das Verhältnis von Parlament und Regierung unter Bismarck[56]; Dieter Grohs Analyse über die Sozialdemokratie und schließlich Hans-Ulrich Wehlers als Synthese breit angelegte kritische Untersuchung der Politik Deutschlands in ihrem sozialen und kulturellen Zusammenhang, *Das deutsche Kaiserreich* (1973). Hier sind auch die viel stärker soziologisch orientierten Arbeiten von Jürgen Kocka zu erwähnen, die wir später noch ausführlich besprechen werden. In ihnen werden soziale Strukturen, Arbeitswelt und Mentalitäten,

Agrarkrise zum Präfaschismus. (Institut für europäische Geschichte Mainz, Vorträge, Nr. 54) Wiesbaden 1972.

[50] Hans Jaeger, *Unternehmer in der deutschen Politik 1890–1918.* Bonn 1967.

[51] Hartmut Kaelble, *Industrielle Interessenpolitik in der Wilhelminischen Gesellschaft. Der Centralverband Deutscher Industrieller 1895–1914.* Berlin 1967.

[52] Heinrich-August Winkler, *Der rückversicherte Mittelstand. Die Interessenverbände von Handwerk und Kleinhandel im deutschen Kaiserreich.* In: Walter Ruegg und Otto Neuloh (Hrsg.), *Zur sozialen Theorie und Analyse des 19. Jahrhunderts.* Göttingen 1971.

[53] Volker Berghahn, *Der Tirpitz-Plan.* Düsseldorf 1971. Siehe auch sein Buch *Germany and the Approach of War in 1914.* New York 1973.

[54] Peter-Christian Witt, *Die Finanzpolitik des Deutschen Reiches von 1903 bis 1913. Eine Studie zur Innenpolitik des Wilhelminischen Deutschlands.* Lübeck 1970.

[55] Dirk Stegmann, *Die Erben Bismarcks. Parteien und Verbände in der Spätphase des Wilhelminischen Deutschlands. Sammlungspolitik 1897–1918.* Köln 1970.

[56] Michael Stürmer, *Regierung und Reichstag im Bismarckstaat 1871–1880. Cäsarismus oder Parlamentarismus.* Düsseldorf 1974. Auch wichtig die von Michael Stürmer herausgegebene Aufsatzsammlung *Das kaiserliche Deutschland. Politik und Gesellschaft 1870–1918.* Düsseldorf 1970; Fritz Fischer, *Krieg der Illusionen. Die Deutsche Politik von 1911 bis 1914.* Düsseldorf 1969; Hans-Ulrich Wehler, *Krisenherde des Kaiserreichs 1871–1918.* Göttingen 1970; Dieter Groh, *Negative Integration and revolutionärer Attentismus. Die deutsche Sozialdemokratie am Vorabend des Ersten Weltkrieges (1909–1914).* Berlin 1972; Imanuel Geiss und Bernd Jürgen Wendt (Hrsg.), *Deutschland in der Weltpolitik des 19. und 20. Jahrhunderts. Festschrift für Fritz Fischer.* Düsseldorf 1973.

insbesondere mit Bezug auf die Angestellten, eingehender untersucht.

All diese Arbeiten beschäftigen sich weniger mit der direkten Einflußnahme ökonomischer Interessen – wie sie George W. F. Hallgarten in seinem Buch *Vorkriegsimperialismus*[57] aufzeigte – als mit dem tieferliegenden Problem sozialer und politischer Vorherrschaft. Die eben aufgeführten Autoren, vielleicht mit der Ausnahme von Kaelble, teilen die Grundauffassung von Kehr und Rosenberg, daß zwischen der wirtschaftlichen und sozio-politischen Modernisierung Deutschlands ein Ungleichgewicht bestand. Dieser Auffassung zufolge fand der Prozeß der ökonomischen Modernisierung in Deutschland unter Bedingungen statt, die es vorindustriellen und vorbürgerlichen Gruppen wie den Junkern, der Bürokratie und dem Militär ermöglichten, ihren sozialen und politischen Einfluß auch in einer Industriegesellschaft aufrechtzuerhalten – anders als in England, den USA oder Frankreich. Die Industrialisierung schritt mit staatlichen Hilfestellungen erfolgreich voran. Dadurch und auch durch gewisse soziale und politische Konzessionen wurden wichtige Interessen der Bourgeoisie befriedigt. Doch im Verlauf der Industrialisierung unter kapitalistischen Bedingungen kristallisierten sich die innerhalb der Gesellschaft bestehenden Konflikte und Widersprüche heraus, die schon vom bürokratischen Absolutismus in vor- oder frühindustrieller Zeit bestimmt waren. Statt eines modernen Industriestaates entstand ein »industrialisierter Agrarstaat«[58]. Die Wirtschaftsinteressen der kapitalistischen Industrie trugen zur expansionistischen Außenpolitik und zum Kriegsflottenbau bei, was nur durch einen Kompromiß mit den agrarischen Interessen der Junker erreicht werden konnte, einen Kompromiß, der die politische und soziale Macht einer Elite, die sich selbst überlebt hatte, festigte. Dieser Kompromiß – argumentieren diese Historiker – verhinderte die für eine kapitalistisch motivierte Weltpolitik notwendige soziale Basis, die sie auf lange Sicht brauchte. Die weltpolitische Lage erforderte die soziale und politische Demokratisierung zu Hause. Doch schlossen die Bedingungen, unter denen sich die Agrarier bereit erklärten, die verstärkte

[57] *Vorkriegs-Imperialismus. Die soziologischen Grundlagen der Außenpolitik der europäischen Großmächte vor dem ersten Weltkrieg.* 2 Bde, München 1951; eine erste Fassung erschien 1935 in Paris.
[58] Vgl. Helmut Böhme, *Prolegomena zu einer Sozial- und Wirtschaftsgeschichte Deutschlands im 19. und 20. Jahrhundert.* Frankfurt a. M. 1968, S. 82 ff.

Rüstung zu Lande und zu Wasser zu unterstützen, diese Demokratisierung aus. So kam es zu den Bemühungen um eine
»Sammlungspolitik« gegen die Sozialdemokratie, deren Partner
– Industrie und Landwirtschaft – ganz unterschiedliche Interessen verfolgten. Die Sammlungspolitik trug – so diese Studien –
nicht nur zum Ersten Weltkrieg und der deutschen Niederlage
bei, sondern Kehr zufolge auch zur Verstärkung des »Gegensat-
zes zwischen den Parteiinteressen der Regierenden und den
substantiellen Interessen der Nation«[59]. Sie führte eine »Refeu-
dalisierung« in den Anschauungen der gutbürgerlichen Mittelklasse, der unteren Mittelklasse und der Handwerker herbei
(Winkler), förderte – H. Rosenberg und Puhle zufolge – vorfa-
schistische, völkische, antisemitische Haltungen, die wiederum
– so Stegmanns These – ihre Erfüllung im nationalsozialistischen Staat fanden.

Kehrs Verallgemeinerungen über die politischen Aktivitäten
wirtschaftlicher Interessengruppen sind ohne Zweifel zu weitgehend und entbehren angemessener empirischer Grundlagen.
Die oben erwähnten Studien legten diese Grundlagen und zeigten ein differenzierteres Bild der Ziele und politischen Absichten der verschiedenen Interessenverbände[60]. Interessant an diesen Arbeiten ist eher die kritische Betrachtungsweise dieses Ab-
schnitts deutscher Geschichte als die methodologischen Neuerungen. Wie Puhle bemerkte, versuchten sie größtenteils die
traditionelle historische Methode des Verstehens durch kritische Textanalysen zu nutzen, doch wandten sie diese Methode
auf neues Material und neue Fragestellungen an[61].

Jedoch bemühten sich alle Verfasser der oben besprochenen
Werke, über die biographische und politische Geschichte hinaus zu einer Untersuchung der »dauerhaften Strukturen« zu
kommen[62], die nicht immer aus dem Text hervorgehen. Ausge-
nommen die Historiker, die bewußt gutausgearbeitete Kon-

[59] Kehr, *Schlachtflottenbau*, S. 7. Eine kritische Betrachtung des Begriffs
»Sammlungspolitik« findet sich in Puhle, *Von der Agrarkrise zum Präfaschismus*
und bei Wolfgang J. Mommsen, *Domestic Factors in German Foreign Policy
before 1914*. Central European History 6 (1973), S. 3–43.
[60] Z. B. E. Böhm, *Überseehandel und Flottenbau. Hanseatische Kaufmann-
schaft und deutsche Seerüstung von 1879–1902*. Düsseldorf 1972; siehe auch
Helga Nussbaum, *Unternehmer gegen Monopole*. Berlin/DDR 1967.
[61] Vgl. Puhle, *Agrarische Interessenpolitik*, S. 11.
[62] Vgl. Reinhart Koselleck, *Preußen zwischen Reform und Revolution. Allgemeines Landrecht, Verwaltung und soziale Bewegung von 1791 bis 1848*. Stuttgart 1967, S. 17.

zepte über Sozialstruktur und -wandel nutzten (Rosenberg, Wehler, Kocka und Koselleck), sollte man die Rolle der Theorie in diesen Arbeiten nicht zu stark bewerten. Viel von der Literatur über Verbände ist von Historikern geschrieben worden, die ihre theoretischen und methodologischen Voraussetzungen nicht explizit machen. Auch fehlen Institutionen, die Gruppenarbeiten wie an der École des Hautes Études en Sciences Sociales in Frankreich oder den Instituten für Geschichte an den Akademien der Wissenschaften in den sozialistischen Ländern möglich machen könnten. Die Universitäten sind die Zentren der Forschung, die dort weiterhin von den einzelnen Historikern betrieben wird. Abgesehen von wenigen Ausnahmen – das Institut für Sozial- und Wirtschaftsgeschichte in Göttingen, das Wilhelm Abel bis zu seiner Emeritierung im Jahre 1972 leitete, und der vor kurzem entstandene Arbeitskreis über Protoindustrialisierung am Max-Planck-Institut für Geschichte in Göttingen – gab es relativ wenig Beispiele von Gruppenarbeit. Auch bei großen Forschungsprojekten liefern die einzelnen Historiker ihre persönlichen Beiträge als Spezialisten ab, kommt es also erst nach weitgehender Arbeitsteilung zur Zusammenstellung der erarbeiteten Ergebnisse in einem umfassenden Sammelwerk.

Doch implizit teilen die Autoren der besprochenen Werke bestimmte generelle Auffassungen über Methode. Wie die Historiker der *Annales* bemühen sie sich darum, die strukturellen Zusammenhänge, in denen Ereignisse stattfinden, zu untersuchen; doch befassen sie sich in viel stärkerem Maße mit den die menschlichen Handlungen und Auffassungen erhellenden Strukturen – Verfassungs-, Verwaltungs- und Rechtsinstitutionen und Begriffssprachen –, als mit den elementaren, unwillkürlichen demographischen und wirtschaftlichen Faktoren, die die Annales-Gruppe interessiert. Das Erkenntnisinteresse der neuen kritischen Gruppe deutscher Historiker an Strukturen erforderte daher besondere Typen der Generalisierung oder Typologien, die die konkreten, einzigartigen Elemente in jeder historischen Situation berücksichtigten.

Die neue Richtung, also die Untersuchung der politischen Geschichte in ihrem sozialen Zusammenhang, bezog sich in methodologischer Hinsicht zumeist auf Max Weber und manchmal auch auf Otto Hintze. Wie schon erwähnt, hatte schon während der Lamprecht-Kontroverse Rickert betont, daß der Historiker die Vergangenheit niemals so abbildet, wie sie war[63]. Die Wirklichkeit in der Natur oder Geschichte war ein Chaos von Ereignissen, dem der Wissenschaftler oder Gelehrte mittels Begriffen eine Ordnung auferlegt. Die Windelbandsche Unterscheidung zwischen den idiographischen Methoden der Kultur- und Sozialwissenschaften, die einzigartige Ereignisse erklären, und dem nomothetischen Ansatz der Naturwissenschaften, die Gesetze aufstellen wollen, überzeugte Rickert und Weber nicht, da die Kultur- ebenso wie die Naturwissenschaften Generalisierungen, wenn nicht Gesetze verlangten. Die methodologische Kennzeichnung der Sozial- und Kulturwissenschaften leitet sich von ihrem Gegenstandsbereich ab, von der Bestimmung, daß »in allen Kulturvorgängen ... irgendein von Menschen anerkannter Wert verkörpert (ist), um dessentwillen sie entweder hervorgebracht oder, wenn sie schon entstanden sind, gepflegt werden«[64], und von der Tatsache, daß der Historiker oder Kulturwissenschaftler sich bei der Beschäftigung mit Geschichte mit einem Wertsystem befaßt. Weber stimmt mit Rickert darin überein, daß »(die) Erkenntnis von *Kultur*vorgängen (nicht) anders denkbar ist, als auf der Grundlage der *Bedeutung,* welche die stets individuell geartete Wirklichkeit des Lebens in bestimmten *einzelnen* Beziehungen für uns hat«[65].

Doch schließt die Tatsache, daß die Kulturwissenschaften sich mit Werten und Bedeutungen befassen, die in ihrem konkreten historischen Zusammenhang verstanden werden müssen, keinesfalls die Möglichkeit aus, sie zu erklären, sondern macht vielmehr derartige Erklärungen möglich. Die Historiker, mit denen wir uns beschäftigen, akzeptieren zumindest stillschweigend Webers Grundannahme, daß Menschen normalerweise zweckrational handeln, wenn sie auch Ziele anstreben, die in sich selbst letztlich nicht rational oder empirisch ableitbar sind. Da jedoch menschliches Verhalten wertortientiert ist, kann man durch empirische oder rationale Verfahren erklären, wie Menschen bei der Verfolgung ihrer Ziele kollektiv handeln. Die »verstehende Soziologie«, wie sie von Weber vertreten wurde, war insofern kein Teil der Psychologie, die sich mit den

---

[63] Vgl. Heinrich Rickert, *Kulturwissenschaft und Naturwissenschaft.* 4. und 5. Aufl., Tübingen 1921, S. 36.
[64] Ebd., S. 21–23.
[65] Max Weber, *Die ›Objektivität‹ sozialwissenschaftlicher und sozialpolitischer Erkenntnis.* In: *Gesammelte Aufsätze zur Wissenschaftslehre.* 2. Aufl., Tübingen 1951, S. 180.

Gründen menschlicher Motivation befaßt, als sie das Verhalten analysierte, dem Menschen entsprechen, wenn sie den Absichten, die ihr Verhalten leiten, am zweckmäßigsten folgen[66]. Das ermöglichte die Entwicklung von Erklärungsmodellen, »Idealtypen«, heuristischen Modellen, die es einem erlauben, einzigartige historische Komplexe in genetischen Konzepten zu begreifen. Diese »Idealtypen« stellte sich Weber nicht als Hypothesen vor, da sie nicht die Realität abbilden sollten, sondern als heuristische Mittel, an denen die wirkliche historische Entwicklung gemessen werden kann.

Weber vertritt in seiner Analyse der modernen westlichen Gesellschaft eine Auffassung über Modernisierung, die in modifizierter Form oft in der gerade besprochenen kritischen Literatur über Deutschland wiederaufgenommen wurde. Dieser Literatur, die sich oft auf deutsche Probleme des 19. und 20. Jahrhunderts konzentriert, fehlt die universalhistorische Perspektive, die Webers Werk kennzeichnet; für ihn war die Analyse des alten Judentums, Hellas' oder Roms, Chinas oder Indiens entscheidend für das Verständnis der Einzigartigkeit des Rationalisierungsprozesses im Westen. Die kritische Literatur akzeptierte Webers Annahme, daß starke Kräfte in Richtung auf eine »rationalere«, d. h. effizientere Organisation kollektiver Aktivität drängten; die Tendenz zur Bürokratisierung, die Ausbreitung des Kapitalismus und die Verwissenschaftlichung des intellektuellen Lebens sind Beispiele dafür. Hier kann man aber nun die Frage stellen, ob jede Bürokratisierung – zumal Weber den Begriff stark nach dem preußischen Beispiel bildete – tatsächlich ein so klarer Schritt zur Rationalisierung des Regierungsapparates war, wie Weber meinte, oder ob nicht vielmehr irrationale Elemente des Beharrens auf dem Gegebenen und des Abweisens jeder Änderung auch eine Rolle spielten. Außerdem wirft die frühe Bürokratisierung der Behörden auf dem europäischen Kontinent – im Gegensatz zu der sehr viel langsameren Entwicklung in England und Amerika – vielleicht Licht auf die ungleichmäßige Modernisierung der politischen und wirtschaftlichen Ebenen.

Weber war sich der ungleichmäßigen Modernisierung Deutschlands im Vergleich zu Westeuropa und Amerika bewußt; er sah das Weiterbestehen einer durch den Landadel geprägten Gesell-

---

[66] *Der Sinn der ›Wertfreiheit‹ der soziologischen und ökonomischen Wissenschaften.* In: *Gesammelte Aufsätze zur Wissenschaftslehre.* 3. Aufl., S. 489–540. *Über einige Kategorien der verstehenden Soziologie.* Ebd., S. 432.

schaft, die durch die mandarinhafte »Bildungsaristokratie«[67] unterstützt wurde; er wußte, daß beide als politische Kräfte die Modernisierung Deutschlands empfindlich hemmten und so Deutschlands internationale Stellung schwächten, was Weber besonders beschäftigte. Gleichermaßen sah er die Elemente sozialer Auseinandersetzung, die aus der Spannung zwischen dem Freisetzen politischer und sozialer Bestrebungen im Verlauf der Industrialisierung und dem Beibehalten eines Herrschaftssystems herrührte, das den bestehenden Modus der Macht-, Rang- und Vermögensverteilung festigen will.

Webers Einfluß auf die deutsche historische Forschung soll man keinesfalls überschätzen. Es gab gewisse Berührungspunkte mit Otto Hintzes Versuchen[68], entwicklungstypologische Begriffe einzuführen und durch komparative Ansätze die Entwicklung europäischer Institutionen wie Bürokratien, Kapitalismus und Feudalismus zu analysieren. Hintze war in epistemologischen Fragen ein viel stärkerer Realist als Weber und nahm an, daß die Generalisierungen und Typologien nicht bloße, vom Historiker erfundene heuristische Hilfsmittel sind, sondern anschauliche Abstraktionen repräsentieren, die, wenn auch durch die Fragestellungen des Forschers mitbestimmt, sich direkt aus dem historischen Gegenstandsbereich herleiten. Aber Hintze blieb zu seiner Zeit nicht nur ohne weiteren Einfluß auf die jungen Historiker der Weimarer Republik, ihm fehlte auch Webers intellektuelle Größe und dessen politisches Engagement. Er konzentrierte sich fast ausschließlich und unkritisch auf den preußischen Verwaltungsapparat und dessen Einfluß auf das Wirtschaftsgefüge vor der Französischen Revolution und berührte nur am Rande die Probleme des Industriezeitalters.

Die kritische Richtung der deutschen politischen Geschichtsschreibung der sechziger und siebziger Jahre – deren Vorläufer in der Weimarer Zeit bzw. Emigration Eckart Kehr und Hans

[67] Max Weber, *The Relations of the Rural Community to Other Branches of the Social Science.* In: Congress of Arts and Science. Universal Exposition St. Louis, Boston und New York 1906, Bd. 7, S. 725–746.
[68] Vgl. Otto Hintze, *Wesen und Wandlung des modernen Staates* SB. Preuß. Akademie der Wissenschaften, Philosophisch-Historische Klasse, 1931, S. 790. Über Hintze siehe Jürgen Kocka in: *Deutsche Historiker;* Dietrich Gerhard, *Otto Hintze. His Work and His Significance in Historiographie.* Central European History 3 (1970) S. 17–48; Walter Simon, *Power and Responsibility: Otto Hintze's Place in German Historiography.* In: Leonard Krieger und Fritz Stern (Hrsg.), *The Responsibility of Power.* New York 1968, S. 199–219.

Rosenberg waren – kann nicht als weberianisch abgestempelt werden. Wie Hintze wiesen Historiker dieser Richtung die neo-kantianische Auffassung zurück, daß sozialwissenschaftliche Begriffe nicht die Wirklichkeit wiedergeben, sondern lediglich dazu dienen, das Chaos von Ereignissen für das Verstehen zu organisieren. Doch bleiben sie Webers Status-, Bürokratie- und Kapitalismusanalysen verpflichtet, die sich ja auf seine Untersuchungen über den einzigartigen Charakter der deutschen Modernisierung bezogen. Politisch war Weber leidenschaftlich engagiert, doch bestand er darauf, daß der Gelehrte als Wissenschaftler – nicht als Politiker – nach Wertfreiheit in der Forschung zu streben habe; die jüngere Gruppe dagegen verficht eine kritische Überprüfung der deutschen sozialen und politischen Strukturen und nationalen Wertvorstellungen. Ohne sich selbst als Marxisten zu verstehen, sprechen sie dem Klassenkonflikt und den Wirtschaftsinteressen eine viel zentralere Funktion in ihrer politischen Analyse zu als es Weber je getan hatte, und stärker als er betonen sie die Rolle des Kapitalismus als eines Katalysators der inneren Spannungen der deutschen Gesellschaft und als Wegbereiter der Tragödien von 1914 und 1933.

Kehrs und bis zu einem gewissen Grade auch Rosenbergs kritische Arbeiten über deutsche und preußische Politik im 18. und 19. Jahrhundert wurden so zu wichtigen Vorbildern für die Literatur über Interessenverbände. Kehr und Rosenberg erkannten viel stärker als Weber, wie sehr der bürokratische Apparat Reformen in Richtung auf eine rationalere Sozialordnung verhinderte. Beide erkannten den kapitalistischen Charakter der Großgüter. Die absolutistischen Staaten schufen ihre Bürokratien, um die Macht des Adels und der Stände zu brechen. Militärische Zwänge verstärkten den Prozeß der Bürokratisierung und Zentralisierung im 18. Jahrhundert, doch gleichzeitig veraristokratisierte die Bürokratie. Die Errichtung des Rechtsstaats, in dem die Bürokratie durch entsprechende Verfahrensbestimmungen gegen willkürliche Einmischungen der Krone geschützt wurde, markierte für Kehr »den Sieg des agrarischen Kapitalismus über die Monarchie«. Die Stein-Hardenbergschen Reformen bestätigten für Kehr eine Diktatur der Bürokratie[69], für Rosenberg den »bürokratischen Absolutismus«[70]. Die Ent-

---

[69] *Zur Genesis der preußischen Bürokratie und des Rechtsstaats. Ein Beitrag zum Diktaturproblem.* In: *Der Primat der Innenpolitik,* S. 31–52.
[70] *Bureaucracy, Aristocracy and Autocracy.*

wicklung einer unabhängigen Bürokratie stand Kehr zufolge in engster Verbindung mit dem enstehenden Kapitalismus in Preußen. Die künftigen gesellschaftlichen Gegensätze waren schon vorgegeben: die preußische Bürokratie diente jetzt den wirtschaftlichen Interessen der Bourgeoisie, stützte jedoch gleichzeitig die politische Rolle der kapitalistischen Agrarier. Das verhängnisvolle politische Ergebnis für Deutschland war der »Zusammenbruch der politischen Aktivität des Bürgertums«, der für Kehr aus den spezifisch preußisch-deutschen Bedingungen der kapitalistischen Entwicklung mit »innerster Notwendigkeit«[71] folgte, sobald die Bourgeoisie ihre politischen Forderungen erfüllt sah und sich dann mit dem agrarischen Kapitalismus verbunden hatte. »Die ökonomisch unaufhaltsame Entwicklung der kapitalistischen Wirtschaft«[72] besiegelte dieses Bündnis und führte zu dem gefahrvollen Kurs der deutschen Außenpolitik, den Kehr in seinem Buch über den Schlachtflottenbau analysierte. Die konventionelle Auffassung über den »Primat der Außenpolitik« wurde ins Gegenteil verkehrt; Kehr sah Außenpolitik als eine Funktion inländischer Interessen[73]. Die Flotte wurde weniger als »Instrument zur Bewahrung der ökonomischen Autonomie« denn als »Instrument ökonomischer Autonomie und des Kampfes um ökonomische Expansion« gebaut und darüber hinaus als ein Mittel, »die immer brüchiger werdende Herrschaft der in der Sammlungspolitik alliierten Industrie und Landwirtschaft gegen die proletarische Gefahr erneut zu stabilisieren«[74]. Das grundsätzliche Charakteristikum der deutschen Situation, die Marx nach Kehrs Auffassung nicht voll verstanden hatte, lag in dem »Widerspruch zwischen wirtschaftlicher und politischer Macht«: »Nicht die legitimen Repräsentanten der industriell-kapitalistischen Wirtschaftsordnung, die ›Bourgeoisie‹, sondern die legitimen Repräsentanten eines im wesentlichen überwundenen Wirtschaftssystems, des Feudalismus, kontrollieren die deutsche Politik«[75]. Die wachsenden Spannungen der kapitalistischen Gesellschaftsordnung führten unter diesen Bedingungen »zwangsläufig« zur Umformung des »Nationalstaates« in einen »Klassenstaat« und

---

[71] »mit innerster Notwendigkeit«: *Zur Genesis*, S. 43.
[72] »der ökonomisch unaufhaltsamen Entwicklung der kapitalistischen Wirtschaft«: ebd.
[73] *Schlachtflottenbau*, S. 447 f.
[74] Ebd., S. 7.
[75] Ebd., S. 263–264.

zur Unterordnung der »Menschenrechte« unter die »Machtpo-
litik«[76].

Kehrs umfassende Analyse der deutschen Geschichte warf
jedoch einige methodologische Fragen auf. Im Gegensatz zu
Weber betrachtete er die Geschichte als einen »objektiven« sozialen Prozeß, der strengen inneren Notwendigkeiten folge.
Theoretisch sollte es möglich sein, zwingende empirische Belege für Prozesse zu finden, die schließlich in der objektiven
Wirklichkeit stattfinden und die für Kehr – stärker als für Weber – politisches Verhalten und grundsätzliche Einstellungen
eher selbst bestimmen, als daß sie dadurch bestimmt werden.
Doch die von Kehr zur Analyse dieser Prozesse genutzten Methoden drehten sich im Kern um die politischen Auffassungen
entweder ziemlich weitläufig aufgefaßter wirtschaftlicher Gruppierungen – wie »Kapitalismus« oder »Landwirtschaft« – oder
sozio-ökonomischer Gruppierungen oder Stände – wie Beamte,
Offiziere und Lehrer – oder aber schließlich um Parteien. Kehr
vertritt in seinem Buch eine noch immer interessante These.
Jedoch das methodische Problem, den Zusammenhang von
ökonomischen Interessen und politischen Entscheidungen herzustellen, blieb bei ihm noch ungelöst. Kehrs Klassenanalyse
verlangte auch empirische Studien, die zum größten Teil noch
fehlten. Inzwischen wurden, wenn auch in Grenzen, quantitative Methoden zu einem wichtigen Werkzeug der Sozialana-
lyse. Kehrs Unzulänglichkeiten auf diesem Gebiet sind oft auch
Webers – und bis zu einem bestimmten Grade auch Marx'.
Weber sah die Soziologie als eine »empirische« Disziplin. Doch
blieben seine Struktur- und Entwicklungsanalysen impressionistisch. Es war immer möglich, empirische Beispiele zur Stützung von Erklärungssystemen zusammenzustellen – wie für
Webers These über die religiösen Ursprünge des Kapitalismus –, doch gab es keine Kriterien, wie dieses Material auszuwählen sei, um zwingend zu überzeugen. Letztlich haben weder
Kehr noch Weber wichtige Begrenzungen des »Verstehen«-An-
satzes überwunden. Die Beschränkungen in Kehrs Arbeiten treten auch bei einem Teil der Literatur über die Interessenverbände auf, nämlich dort, wo deren Autoren Kehrs Generalisierungen als Bezugsrahmen ihrer Forschung allzu leicht akzeptiert haben.

Rosenberg und Wehler gingen über Kehrs Position hinaus
und bemühten sich, Theorien über Wirtschaftswachstum in die

[76] Ebd., S. 7.

historische Analyse einzubeziehen. Andere Historiker, wie Helmut Böhme, haben ähnliches unternommen und die Bedeutung der zyklischen Wirtschaftsentwicklung für die politische Entwicklung betont, besonders die Depression von 1873. Diese Depression, zwei Jahre nach der Reichsgründung, wurde zu einem herausragenden Element in den Erklärungsmustern über die Entstehung wirtschaftlicher Interessenverbände. Rosenberg stellt in seinem Buch über die Depression[77] für die deutsche und österreichische Geschichte des späten 19. Jahrhunderts die Hypothese auf, daß langfristige Zyklen ökonomischer Konjunkturen einen Schlüssel nicht nur für die empirische Untersuchung von Wirtschaftsprozessen und -wachstum liefern können, sondern auch nicht-ökonomische Entwicklungen und Strukturen besser erklären und so zum Verständnis »der« Geschichte beitragen[78]. So untersucht Rosenberg den Einfluß der Depression auf den Niedergang des politischen und wirtschaftlichen Liberalismus, auf das Aufkommen des Antisemitismus und auf von ihm so bezeichnete präfaschistische Einstellungen sowie auf die Festigung des Bündnisses der Agrar- und Industrieinteressen, die schon Kehr beschäftigt hatte. Die Auswirkungen der Depression müssen jedoch unter den spezifischen Bedingungen des politischen Vermächtnisses Mitteleuropas verstanden werden, betont Rosenberg, und nicht bloß als ein mechanischer Reflex auf eine Kombination ökonomischer Umstände[79].

Wehler trachtete in seinem Buch *Bismarck und der Imperialismus* danach, die deutsche Kolonialpolitik der Bismarckzeit mit einer allgemeinen Theorie über Industrialisierung in Verbindung zu setzen. Ausdrücklicher als Rosenberg betont Wehler, daß Industrialisierung nicht als uniformer linearer Prozeß wirtschaftlichen Wachstums gesehen werden darf, sondern als eine durch ungleichmäßige Schwankungen und Krisen und nationale Eigenheiten gekennzeichnete Entwicklung. »Wirtschaft und Gesellschaft, Politik und Ideen usw. bilden zusammen eine Totalität oder – wie man heute sagen könnte – ein interdependentes Regelsystem, in dem sich Veränderungen in einem Bereich auf zahlreiche andere Bereiche auswirken.«[80] Der Imperialismus der Bismarckzeit, mit dem sich Wehler hier befaßt, kann deshalb nicht unter rein ökonomischen Bedingungen verstan-

---

[77] *Große Depression und Bismarckzeit*. Berlin 1967.
[78] Ebd., S. 19.
[79] Vgl. ›Postscript‹ zu *Bureaucracy, Aristocracy and Autocracy*, S. 231–232.
[80] *Bismarck und der Imperialismus*, S. 19.

den werden, sondern muß auch im Licht sozialer, politischer und ideologischer Faktoren betrachtet werden. Wehler sieht den Imperialismus in der Bismarckzeit ebenso als Funktion der Innenpolitik wie Kehr die Seemachtspolitik späterer Jahre. Bismarck erwarb keine Kolonien, um Weltpolitik zu treiben, sondern die Weltmachtstellung war das Resultat der Wirtschaftsexpansion eines hochindustriellen Staates[81]. Die Kolonialpolitik nahm die Form eines »manipulierten Sozialimperialismus« an, der soziale Konflikte, die in Wirtschaftskrisen verstärkt auftreten, abblockte und die in einer Industriegesellschaft notwendigen Reformen verhinderte. Doch zeigen die ereignisgeschichtlichen Kapitel, die dem theoretischen Teil des Buches folgen, wie schwierig es weiterhin ist, Verbindungen zwischen theoretischen Erklärungsmodellen und tatsächlichen historischen Ereignissen herzustellen. Denn Wehlers Darstellung der Bismarckschen Kolonialpolitik unterscheidet sich nicht radikal von konventionellen Darlegungen. Wehler wies zu Recht darauf hin, daß Deutschland zu dieser Zeit ein Kolonialreich erwarb, das nach Bismarck kaum noch erweitert wurde[82]. Doch scheint Bismarcks zögernde Politik, ein für die deutsche Wirtschaft nebensächliches Kolonialreich zu erwerben – wenn man den narrativen Kapiteln des Buches folgt –, weniger durch das zyklische Verhalten des Markts oder durch Industrieinteressen beeinflußt worden zu sein, als durch teils zufällige Faktoren, teils außenpolitische Erwägungen. Obgleich Rosenberg und Wehler die Bedeutung der Depression für die Außenpolitik betonen, sehen sie doch die Auswirkungen sehr unterschiedlich. Rosenberg zufolge veranlassen die gedrückte wirtschaftliche Situation und die sozialen Spannungen Bismarcks »allen Abenteuern abholde Außenpolitik«[83]. Wehler dagegen sieht in dieser Periode die Wurzeln des deutschen Imperialismus. Die Werke beider Autoren – und Rosenbergs Buch ganz ausdrücklich – sind im Kern als Hypothesen angelegt[84], die zwar viele Fragen offenlassen, jedoch die Möglichkeit eines stärker theorie- und problemorientierten Ansatzes in der Geschichtsforschung erprobt haben; dieser Ansatz sollte die Kluft zwischen den empirischen Methoden und einem Ansatz, der »Bedeutung« und »Absicht« als Elemente einbezieht, überbrücken. Die unter-

[81] Vgl. ebd., S. 444.
[82] Ebd., S. 412.
[83] Vgl. Rosenberg, *Große Depression*, S. 264.
[84] Ebd., S. VIII.

schiedlichen Schlüsse Rosenbergs und Wehlers über die Außenpolitik zeigen wiederum, wie schwierig es ist, Begriffe und Methoden zu finden, die zur fachwissenschaftlichen Übereinstimmung in der Interpretation historischer Entwicklungen führen.

Rosenberg und Wehler wurde von konservativer Seite vorgeworfen, daß sie die Geschichte schematisierten und dem unkal-
kulierbaren Element der politischen Entscheidung ein ungenü-
gendes Gewicht schenkten[85], andererseits von marxistischer
Seite, daß sie keine umfassende Theorie des sozialen Wandels
besäßen[86]. Rosenberg und Wehler hätten daher den Stellenwert
der Großen Depression in der Geschichte des Kapitalismus
nicht richtig eingestuft. Statt einer Theorie der kapitalistischen
Entwicklung operiere Wehler mit einem »Pluralismus an Theorien«[87]. Wehler gab dies auch ganz offen zu: »Ein gewisser
Eklektizismus wird eher normal als die Ausnahme sein.«[88] Solch
ein eklektizistisches Verfahren beschränkt natürlich die wissenschaftliche Strenge und läßt ein Element an Subjektivität in der
Auswahl der zur Analyse zu benutzenden Theorien bestehen.
Dagegen läßt sich einwenden, daß diese Unzulänglichkeiten
beim heutigen Stand der Entwicklung der Sozialwissenschaften
unvermeidbar sind, wenn man sich nicht auf das unwissen-
schaftliche brüchige Eis spekulativer Geschichtstheorien bege-
ben will, die empirisch nicht überprüft werden können.

Wenn Wehler auch die Rolle wirtschaftlicher und sozialer
Faktoren betont, so sieht er doch – wie auch die Marxisten – die
Rolle der Politik in der Geschichte, die er als eine »lebendige,
politische, kritische Gesellschaftswissenschaft« betrachtet[89], die
den historischen Charakter der Zeit widerspiegelt und auf sie
einwirkt. Die Geschichte des 19. und 20. Jahrhunderts sei untrennbar mit der Industrialisierung verbunden. Die Aufgabe des

[85] Z.B. Andreas Hillgruber, *Deutsche Geschichte in moderner Sicht.* Historische Zeitschrift 216 (1973), S. 529–552 und Klaus Hildebrand, *Geschichte oder
›Gesellschaftsgeschichte‹? Die Notwendigkeit einer politischen Geschichte von
den internationalen Beziehungen.* Ebd. 223 (1976), S. 328–357.
[86] Siehe Reinhard Spree, *Zur Kritik moderner bürgerlicher Krisengeschichts-
schreibung.* Das Argument 75 (1972), S. 77–103; siehe auch Hans Schleier, *Der
traditionelle Historismus und die Strukturgeschichte.* Ebd., S. 56–76.
[87] Ebd., S. 91–92.
[88] Hans-Ulrich Wehler, *Theorienprobleme der deutschen Wirtschaftsgeschichte
(1800–1945).* In: Gerhard A. Ritter (Hrsg.), *Entstehung und Wandel der modernen Gesellschaft.* Festschrift für Hans Rosenberg zum 65. Geburtstag. Berlin
1970, S. 79.
[89] ›Einleitung‹ zu Hans-Ulrich Wehler, *Krisenherde des Kaiserreichs
1871–1918.* Göttingen 1970, S. 9.

Historikers in der gegenwärtigen deutschen Situation sei es, die Phasenverschiebungen zwischen den wirtschaftlichen, sozialen und politischen Entwicklungen, die die deutsche Geschichte so verhängnisvoll bestimmten, zu überwinden. Webers Ansicht, moderne Wissenschaft sei immer »in gewissen ›letzten Wert-ideen‹ verankert«, die bei sich verändernden sozialen Realitäten revidiert werden, treffe zu. So wie Weber sich normativ für ein individualistisches System des liberalen Kapitalismus und für gewisse abendländische kulturelle Werte entschied, so spricht sich Wehler für das Fernziel des massendemokratischen Sozial-staats aus. In diesem Staatswesen soll aber »der Absolutheitsan-spruch der Gesellschaft gegenüber den Individuen abgewehrt und die industrielle Welt humanisiert, mithin auch planrationa-ler Kontrolle unterworfen werden«[90], was im Kern den Zielvor-stellungen der heutigen deutschen Sozialdemokratie entspricht.

Wehler und Rosenberg traten in den späten sechziger Jahren im Vergleich zu den anderen von uns erwähnten Historikern durch ihren bewußten Versuch, sozialwissenschaftliche Theo-rien in den historischen Forschungsablauf einzubeziehen, her-vor. In den siebziger Jahren hat sich dies geändert. Es kam in der Bundesrepublik zu einer regelrechten Explosion geschichts-theoretischer Schriften aus den unterschiedlichsten Perspekti-ven, die wir später erörtern werden. Doch während Gerhard Ritter als Nestor der bundesdeutschen Historiker noch Anfang der sechziger Jahre in der Auseinandersetzung mit Fritz Fischer die Verteidigung nationaler politischer Traditionen mit einer erneuten Bejahung der historischen Bedeutung politischer Per-sönlichkeiten verbinden konnte, stimmt die neuere Literatur darin überein, daß das klassische Erbe des deutschen Historis-mus den historischen Forschungsaufgaben nicht mehr angemes-sen ist. Dieses Gefühl der Unangemessenheit äußert sich nicht nur in der Desillusionierung der politischen Vergangenheit ge-genüber, sondern auch im Zweifel an dem kulturellen Wert und der Bedeutung der Geschichte in einer modernen technisierten Gesellschaft, in der viele Zusammenhänge mit der Vergangen-heit zerbrochen sind.

Diese skeptische Einstellung gegenüber dem Nutzen der Ge-schichte führte seit dem Ende der sechziger Jahre zum Über-wechseln von Geschichtsstudenten zur Soziologie und Politolo-gie; die Kultusministerien der Länder ersetzten den Geschichts-

---

[90] *Probleme der modernen deutschen Wirtschaftsgeschichte.* Ebd., S. 297; Vgl. *Bismarck und der Imperialismus,* S. 497.

unterricht an den Oberschulen häufiger durch Gemeinschafts-kunde- und Sozialkundeunterricht, eine Entwicklung, die in den letzten Jahren teilweise wieder rückgängig gemacht worden ist. Parallel zu dieser Unzufriedenheit mit der Geschichte wuchs die Überzeugung unter den Historikern, die Geschichts-wissenschaft, wie sie in Deutschland praktiziert wurde, sei nicht wissenschaftlich genug. Den Historikern ging es dabei nicht um eine Abkehr von der Geschichte, sondern darum, die Ge-schichtswissenschaft den wissenschaftlichen Ansprüchen des 20. Jahrhunderts anzupassen. In der theoretischen Diskussion stimmte man darin überein, daß die individualisierende Me-thode des klassischen Historismus nicht mehr ausreiche (W. J. Mommsen)[91], daß Geschichte eine Sozialwissenschaft, wenn auch eine »historische Sozialwissenschaft« (Wehler)[92] sei und daß eine »neue Historik« (Rüsen)[93] entwickelt werden müsse, die kritisch die Grundlagen der modernen Geschichtswissen-schaft überprüfe. Die deutsche Theoriediskussion unterschied sich aber merklich von der anglo-amerikanischen Diskussion. Während sich hier eine scharfe Trennungslinie zeigte zwischen Analytikern (Hempel, Popper), die eine einheitliche Logik der Erklärung in den Natur- und Sozialwissenschaften vertraten, die auch auf die Geschichte anwendbar sei, insofern Geschichte als Wissenschaft betrachtet wurde, und Vertretern einer indivi-dualisierenden Auffassung, die den narrativen Charakter der Geschichte (Dray, Danto) betonten, waren diese Extreme in der deutschen Diskussion kaum vertreten. Auch folgte die Diskus-sion unter den deutschen Historikern nicht dem berühmten deutschen »Methodenstreit in der Soziologie«[94] der sechziger Jahre, in dem sich analytische, hermeneutische und dialektische Positionen gegenüberstanden. Wolfgang Mommsen wies in sei-ner Antrittsvorlesung von 1971 *Geschichtswissenschaft jenseits des Historismus* in die Richtung, die eine moderne Geschichts-

[91] Wolfgang J. Mommsen, *Geschichtswissenschaft jenseits des Historismus*. Düsseldorf 1971 und ders., *Die Geschichtswissenschaft in der modernen Indu-striegesellschaft*. Vierteljahrshefte für Zeitgeschichte 22 (1974), S. 1–17. Eine aus-führlichere Liste der geschichtstheoretischen Literatur in der Bundesrepublik befindet sich im bibliographischen Anhang S. 269f.

[92] Hans-Ulrich Wehler, *Geschichte als Historische Sozialwissenschaft*. Frank-furt a. M. 1973.

[93] Jörn Rüsen, *Für eine erneuerte Historik. Studien zur Theorie der Ge-schichtswissenschaft*. Stuttgart-Bad Cannstatt 1976.

[94] Theodor W. Adorno u. a., *Der Positivismusstreit in der deutschen Soziologie*. Neuwied und Berlin 1969.

wissenschaft einschlagen müsse: die Verbindung individualisie-
render und hermeneutischer Methoden mit der systematischen
Analyse der sozialen Strukturen und Prozesse, in denen sich
Geschichte ereignet. Eine überwiegend analytische, strukturalistische Konzeption, wie sie aus jeweils verschiedenen Perspektiven von Historikern der *Annales* oder der »New Economic
History« vertreten wurde, kam nicht zum Vorschein. Der Streit
entzündete sich an der Frage, ob und inwiefern eine »kritische«
Geschichtswissenschaft möglich sei. Während Karl-Georg Faber in seinem Wertpositivismus der anglo-amerikanischen analytischen Richtung nahestand, aber im Gegensatz zu ihr an der
residuellen Rolle des Verstehens in der historischen Analyse
festhielt[95], betonten politisch engagierte Historiker wie Dieter
Groh[96], Imanuel Geiss[97], Hans-Ulrich Wehler, aber auch Wolfgang Mommsen, die »emanzipatorische«, »kritische« Funktion
der Geschichtswissenschaft. Objektivität und Standortgebun-
denheit widersprächen sich nicht. Die deutschen Historiker waren sich im allgemeinen darüber einig, daß Geschichte nicht von
den Sozialwissenschaften getrennt werden könne – wenn auch
diese Wissenschaften sehr verschieden aufgefaßt wurden –, und
daß ebenso die Forschung in den Sozialwissenschaften nicht nur
auf Struktur und Funktion hin angelegt werden dürfe, sondern
Zeit und Veränderung berücksichtigen müsse. Weiter glaubte
man übereinstimmend, daß historische Studien, um wissenschaftlich zu sein, explizite Theorien benutzen müßten, obwohl
keine Einigung über den Charakter der für historische Forschung passenden Theorien gefunden werden konnte. Natürlich blieb die Aufgabe, die Forderung nach einer theoriegeleiteten historischen Forschung in tatsächliche Praxis zu übersetzen.
Die Ende der sechziger Jahre erschienene Literatur über Interessengruppen untersuchte nur begrenzt theoretisch bedingte
Fragen. Die theoretischen Voraussetzungen waren hier zumeist
implizit, und wo der Versuch gemacht wurde, explizite Theorien zu entwickeln – wie in Wehlers *Bismarck und der Imperialismus* und Hans Rosenbergs *Bismarck und die große Depression* –, da blieb die Verbindung zwischen theoretischen Modellen und Ereignissen dürftig.

[95] Karl-Georg Faber, *Theorie der Geschichtswissenschaft.* 3. Aufl. mit neuem
Nachwort. München 1974.
[96] Dieter Groh, *Kritische Geschichtswissenschaft in emanzipatorischer Absicht.*
Stuttgart 1973.
[97] Imanuel Geiss und Rainer Tamchina (Hrsg.), *Ansichten einer künftigen Geschichtswissenschaft.* München 1974.

Doch war es nicht genug, Theorien der Sozialwissenschaften auf die Geschichte zu beziehen; ebenso notwendig war eine solide Begründung der empirischen Sozialforschung, auf der solche Theorien aufbauen können. Im Bereich demographischer Studien, theorieorientierter Wirtschaftsgeschichte und quantitativer Methoden ist die bundesdeutsche historische Forschung – übrigens ebenso wie die in der DDR – im Vergleich mit der französischen, britischen oder polnischen zurückgeblieben. Hans-Ulrich Wehler hat als Herausgeber entscheidend dazu beigetragen, deutsche Historiker auf die besonders in den englisch- und französischsprachigen Ländern unternommenen Versuche hinzuweisen, sozialwissenschaftliche Theorien auf die Analyse historischer Phänomene hin zu beziehen[98]. Zur gleichen Zeit untersuchte Wehler in einer Reihe wichtiger Aufsätze die Grenzen dieser Methoden für historische Studien[99]. Diese Aufsätze zeigen eine beträchtliche Verfeinerung der in seinem Bismarckbuch entwickelten Positionen. Wehler macht auf die umfangreichen Arbeiten in den angelsächsischen Ländern und Frankreich über quantifizierende Demographie, Wirtschaftswachstum, politisches Verhalten sowie auf die Versuche, anthropologische und psychoanalytische Konzepte in die Geschichtsforschung einzuführen, aufmerksam. Er sieht die wichtigen Beiträge bei den Cliometrikern, so bei den »New Economic Historians«, die präzise Forschungsprobleme formulierten und explizite Hypothesen und Modelle mit quantitativen Methoden genau überprüften. Doch, warnt Wehler, haben diese Methoden, die von der Isolierbarkeit meßbarer Variablen ausgehen, ihre Grenzen in der Komplexität historischer Situationen mit ihren »unvermeidbar qualitativen Aspekten«[100]. Wehler sieht in der Einführung hypothetisch-deduktiver Modelle, wie sie die »New Economic History« benutzt, die Gefahr der Verzerrung der geschichtlichen und wirtschaftlichen Realität, wenn die wirtschaftliche Entwicklung von der Geschichte abstrahiert wird. Denn wenn man von einer Theorie wirtschaftlichen Gleichgewichts ausgeht, das durch perfekten Wettbewerb und die unbehinderte Wirksamkeit des Gesetzes von Angebot und Nachfrage charakterisiert ist, dann ignoriert man die konkreten

[98] Vgl. die von Hans-Ulrich Wehler herausgegebenen Bände *Moderne deutsche Sozialgeschichte*. Köln 1966; *Geschichte und Psychoanalyse*. Köln 1971; *Geschichte und Soziologie*. Köln 1972 und *Geschichte und Ökonomie*. Köln 1973.
[99] *Geschichte als Historische Sozialwissenschaft.*
[100] Ebd., S. 65.

politischen und anderen Faktoren, die in jedem Augenblick solch ein Gleichgewicht verhindern.

Das Verständnis wirtschaftlicher Prozesse erfordert daher »historisch aufgefaßte sozialökonomische Theorien anstelle von Theorien, die tendenziell universelle Gültigkeit in isolierten ökonomischen Fragen beanspruchen«[101]. Marx und Weber bieten für Wehler nach wie vor wichtige Beispiele für die »historischen Sozialwissenschaften«. Einer ihrer großen Beiträge, wie auch der deutschen Historischen Schule der Nationalökonomie, war es, eine auf Abstraktionen beruhende Wirtschaftswissenschaft, die von der »wirklichen Geschichte« abgesondert ist, zu verwerfen[102]. Marx und Weber und auch Schumpeter und Alexander Gerschenkron gingen offensichtlich weiter als die Historische Schule der Nationalökonomie, als sie Wirtschaftstheorien formulierten, die sicherlich nur innerhalb eines bestimmten historischen Zusammenhanges angewandt werden können, die jedoch fähig sind, eine innere Logik der Entwicklung begrifflich zu erfassen. Gerschenkrons Analyse von Industrialisierungsprozessen ist der Walt Rostows gerade dadurch überlegen, daß er bestimmte historische Faktoren einführt. So kann er die verschiedenen Industrialisierungsmuster in Ländern erklären, in denen der Durchbruch zu einer Industriewirtschaft unter Bedingungen stattfand, die – verglichen mit dem klassischen britischen »Take-off«-Modell – die verhältnismäßige »ökonomische Rückständigkeit« dieser Länder beleuchten[103]. Eine allgemeine historische Theorie sei, sagt Wehler, nicht möglich, je allgemeiner die Theorie, desto formaler und leerer und daher nutzloser sei sie für den Historiker[104]. Doch ist für Wehler der Gebrauch von Theorien in der Geschichtswissenschaft auf zwei Ebenen möglich. Eine Vielzahl den Sozialwissenschaften entlehnter sozialer Theorien könnte genutzt werden, um spezifisch historische Probleme zu bearbeiten. Darüber hinaus seien historische Theorien »mittlerer Reichweite«[105] möglich, die seiner Meinung nach Hypothesen liefern, die bis zu einem bestimmten Grade empirisch bestätigt werden können. Wehler erkennt zwar an, daß Wertbegriffe und intellektuelle Interessen die von den Historikern gestellten Probleme bestimmen, doch vertraut er im

[101] Ebd., S. 69.
[102] Ebd., S. 52.
[103] Ebd., S. 69–74.
[104] Ebd., S. 18.
[105] Ebd., S. 31.

Gegensatz zu den Neukantianern darauf, »daß die Vergangenheit unabhängig vom erkennenden Subjekt Strukturen besitzt«[106]; diese Strukturen werden jedoch nur inmitten konkurrierender Interpretationen sichtbar, die im Verlauf der Forschung entstehen. Trotzdem liefern diese Strukturen ein objektives Element für die Prüfung historischer Theorien.

Doch besteht weiterhin das Problem, wie Theorien »mittlerer Reichweite« in der historischen Forschung angewandt werden können. Zwar waren die Studien über Interessengruppen Ende der sechziger Jahre »kritisch« in Wehlers Sinn, aber methodisch blieben sie meist auf konventionellem Niveau: die in Dokumenten faßbaren Entscheidungen führender Persönlichkeiten aus Politik und Wirtschaft standen im Mittelpunkt. In den letzten Jahren ging man über diese Etappe hinaus und erreichte einen Zustand, in dem bewußt Versuche gemacht werden, Methoden und Konzepte der Sozialwissenschaften zu nutzen. Besonderes Augenmerk widmete man den Resultaten der internationalen Diskussion über Wirtschaftswachstum und -zyklen, der weberianischen Soziologie und in geringerem Maße den neuen demographischen Forschungen. Wehler münzte in den frühen siebziger Jahren den Begriff der Geschichte als einer »historischen Sozialwissenschaft«, die über individualisierende und hermeneutische Ansätze hinausgehe und auf umfassende Theorien der politischen und sozialen Entwicklung ziele. Der Begriff »historische Sozialwissenschaft« hat sich dann rasch eingebürgert. Der Untertitel der 1975 gegründeten Zeitschrift *Geschichte und Gesellschaft* lautet »Zeitschrift für Historische Sozialwissenschaft«. Jörn Rüsen schrieb 1976 in seiner »erneuerten Historik« über die »Wandlung der Historie von einer verstehenden Geisteswissenschaft zu einer historischen Sozialwissenschaft«[107], die er als einen Paradigmawechsel im Kuhnschen Sinn verstand. Aber wie Reinhard Rürup in der Einführung zu einem 1977 erschienenen Sammelheft, *Historische Sozialwissenschaft*, unterstrich[108], fehlt dem Begriff noch »eine präzise inhaltliche Bestimmung«. »Eine systematische Begründung der Geschichtswissenschaft«, schreibt er, »muß erst noch geleistet werden ... Wenn heute gefordert wird, Geschichtswissenschaft als historische Sozialwissenschaft zu bestimmen, dürfte in der

[106] Ebd., S. 32.
[107] *Für eine erneuerte Historik*, S. 46.
[108] Reinhard Rürup (Hrsg.), *Historische Sozialwissenschaft. Beiträge zur Einführung in die Forschungspraxis.* Göttingen 1977, S. 5.

Regel – bei durchaus unterschiedlicher Akzentsetzung – vor allem eine Annäherung an die systematischen und theoretischen Sozialwissenschaften, eine Öffnung für deren Fragestellungen und Methoden« gemeint sein. Negativ bestimmt sich die historische Sozialwissenschaft durch die klare Abgrenzung von dem herkömmlichen Verständnis der Geschichtswissenschaft als Geisteswissenschaft, als einer lediglich »individualisierenden« und »verstehenden« Wissenschaft. Sie unterscheidet sich allerdings auch von den ahistorischen Sozialwissenschaften, indem sie zwar generalisierende Aussagen machen will, diese allerdings immer im Verhältnis zu einer konkreten Zeit sieht. Sie benötigt daher, wie Reinhard Koselleck betont, eine »Theorie der historischen Zeiten« als die einzige »Theorie, die unsere Wissenschaft von den Theorien der übrigen Wissenschaften unterscheidet«[109].

Wolfram Fischer hielt Ende der sechziger Jahre eine »empirische Sozialwissenschaft« der Vergangenheit für notwendig. Noch 1967 klagte er, wie wenig deutsche Forscher in methodischer Hinsicht aus der britischen Debatte über den Lebensstandard während der Frühindustrialisierung gelernt hätten – und zwar weder von marxistischer noch von nicht-marxistischer Seite[110]. Er rief die Historiker auf, quantitative Methoden der Wirtschaftsgeschichte – Schätzungen des Bruttosozialprodukts, des Realeinkommens, des Preis- und Lohnniveaus – mit der soziologischen Klassenanalyse für die Frühzeit der Industrialisierung zu verbinden. In seinen eigenen Arbeiten suchte er Marx' Behauptung zu überprüfen, daß Industrialisierung unter kapitalistischen Bedingungen zu einer Vereinfachung der Klassenstrukturen führt; und er stellt diese Auffassung nicht nur für die spätere, sondern auch schon für die Frühindustrialisierung in Frage. In den letzten Jahren erschienen verstärkt Regionalstudien, wie Otto Büschs Arbeit über die Industrialisierung im Raum Berlin-Brandenburg, die Teil einer größeren Anzahl von der Historischen Kommission zu Berlin geförderter Arbeiten über die frühe Industrialisierung in der Mark Brandenburg ist[111]. Doch weder Büschs empirische Bevölkerungsstudien

[109] *Wozu noch Historie?* Historische Zeitschrift 212 (1971), S. 15, 16.
[110] *Innerbetrieblicher und sozialer Status der frühen Fabrikarbeiterschaft.* In: Wolfram Fischer and Georg Bajor (Hrsg.), *Die soziale Frage. Neuere Studien zur Lage der Fabrikarbeiter in den Frühphasen der Industrialisierung.* Stuttgart 1967, S. 215–252, siehe auch S. 8.
[111] Vgl. Otto Büsch, *Industrialisierung und Gewerbe im Raum Berlin Brandenburg 1800–1850. Eine empirische Untersuchung zur gewerblichen Wirtschaft*

noch die von Wolfgang Köllmann[112] zeugen von betontem theoretischen Interesse. Büsch gesteht ganz offen, daß er nicht vorhabe, »an theoretischen Auseinandersetzungen über das Verhältnis von Industrialisierung, Wirtschaftswachstum und Gesellschaftswandel teilzunehmen, sondern vielmehr dazu beitragen möchte, daß die Nachbardisziplinen der Geschichtswissenschaft ... anhand des ausgebreiteten Materials zu einer Nachprüfung ihrer Theorien, Thesen und Modelle gelangen können«[113].

Wichtige Arbeiten über die Frühzeit der Industrialisierung wurden auch aus einer anderen, weniger empirisch betonten Sicht geschrieben, in der die Methoden der verstehenden Soziologie, die Weber und teils auch Marx verpflichtet ist, weiterhin betont werden. Zwei, in ihrem begrifflichen und methodischen Ansatz sehr verschiedene Werke sind hier zu nennen: Reinhart Kosellecks *Preußen zwischen Reform und Revolution*[114] und Jürgen Kockas Studie über die Angestellten des Siemenskonzerns zwischen 1847 und 1914. Beide Arbeiten erschienen in der von Werner Conze herausgegebenen Serie *Industrielle Gesellschaft*. Koselleck zufolge war »Preußen ... der einzige europäische Staat, dessen Machtentfaltung im 19. Jahrhundert mit seiner Industrialisierung zusammenfiel«[115]. Doch bleibt der Industrialisierungsprozeß tatsächlich ein Randproblem in Kosellecks Werk. Der Schlüssel zum Verständnis der sozialen und politischen Folgen liege – so Koselleck – in der Analyse der preußischen Gesetzgebung und Verwaltung. Die Wurzeln späterer sozialer und politischer Spannungen sieht er in der Reformpolitik der preußischen Bürokratie. Deren Maßnahmen bereiteten einerseits einer Sozial- und Wirtschaftsordnung den Weg, die dem Industrialisierungsprozeß besser angepaßt war – indem nämlich das bisherige System der Grundherrschaft aufgebrochen wurde; andererseits verloren dadurch die Armen den Schutz, die Zünfte und ständische Organisationen traditionell gewährten, und so hatten die Reformen auch die direkte Konfrontation der Armen mit dem Staat während der Zeit der zu-

einer hauptstadtgebundenen Wirtschaftsregion in frühindustrieller Zeit. Berlin 1971.
    [112] Wolfgang Köllmann, *Bevölkerung und Raum in neuerer und neuester Geschichte.* Würzburg 1965; ders. (Mitherausgeber), *Bevölkerungsgeschichte.* Köln 1972; ders., *Bevölkerung in der industriellen Revolution.* Göttingen 1974.
    [113] Büsch, *Industrialisierung,* S. XI.
    [114] *Preußen zwischen Reform und Revolution.*
    [115] Ebd., S. 13.

nehmenden industriellen Verelendung zur Folge, die wiederum die 48er Revolution vorbereitete und schließlich zur antidemokratischen Opposition nach 1848 beitrug. Koselleck will über »biographische und politische Geschichte« hinaus eine Sozialgeschichte schreiben, die »dauernde Strukturen« sichtbar macht. Er betont jedoch, daß sich diese Strukturgeschichte in letzter Analyse auf Textinterpretation, auf die traditionellen »historisch-philologischen Methoden«[116] stützen muß, auch wenn diese durch quantitatives Material ergänzt werden kann.

Diese Form von Sozialgeschichte ist spezifisch deutschen geisteswissenschaftlichen Traditionen verhaftet. Das wird besonders in dem von Koselleck, Werner Conze und Otto Brunner herausgegebenen fünfbändigen Lexikon der geschichtlichen Grundbegriffe der politisch-sozialen Sprache in Deutschland offenkundig[117], von dem die ersten beiden Bände inzwischen vorliegen. Wie auch Kosellecks Buch über Preußen ist dieses Lexikon im Rahmen des von Werner Conze geleiteten »Arbeitskreises für moderne Sozialgeschichte« in Heidelberg entstanden und soll ein mögliches Paradigma für moderne Sozialgeschichte darstellen. Begriffsgeschichte soll hier streng von Sprachgeschichte oder Ideengeschichte unterschieden werden. Das Ziel dieses Lexikons ist ein anderes als das des ebenfalls in den siebziger Jahren in den USA erschienenen *Dictionary of the History of Ideas*[118]. Im Gegensatz zur Ideengeschichte soll die Begriffsgeschichte die politische und soziale Funktion der Begriffe und ihren schichtungsspezifischen Gebrauch untersuchen und die Dauer, den Wandel und die Neuentstehung von Begriffen verfolgen. Das Lexikon geht von der Voraussetzung aus, daß es »ohne gemeinsame Begriffe keine Gesellschaft gibt«, umgekehrt sich »aber unsere Begriffe in politisch-gesellschaftlichen Systemen« gründen[119]. Die Begriffsgeschichte wird daher als ein integraler Teil der Sozialgeschichte gesehen. Sie arbeitet mit der klassischen historisch-kritischen Methode, geht aber über sie hinaus, indem sie versucht, die Begriffe in ihrem sozialen Kon-

[116] Ebd., S. 17.
[117] Vgl. *Geschichtliche Grundbegriffe. Historisches Lexikon zur politischen Sprache in Deutschland.* Hrsg. von Otto Brunner, Werner Conze, Reinhart Koselleck. 5 Bde., Stuttgart 1973 ff.; siehe besonders Kosellecks Einleitung zu Band 1 und seinen Aufsatz *Begriffsgeschichte und Sozialgeschichte.* In: Peter Christian Ludz (Hrsg.), *Soziologie und Sozialgeschichte.* Opladen 1972, S. 116–131.
[118] *Dictionary of the History of Ideas.* 5 Bde., New York 1973.
[119] Koselleck, *Begriffsgeschichte und Sozialgeschichte*, S. 117.

text zu erfassen. So kann die Analyse eines Begriffes, wie dem des Bürgers, des Staates oder der Revolution, zum Verständnis des konkreten sozialen Wandels beitragen. Zwar warnt Koselleck vor der Gleichsetzung von Begriff und Geschichte, doch entkommt er nicht ganz der Gefahr, vor der er warnt, nämlich einer idealistischen Auffassung, für die die Geschichte nur insoweit Geschichte ist, als »je schon begriffen worden ist«.

Jürgen Kocka geht in seiner Arbeit[120] über die drei Generationen umfassende Entwicklung der Beziehungen zwischen Angestellten und Betriebsführung bei Siemens einen Schritt weiter in dem Bestreben, Theorien über Bürokratisierung und soziale Schichtung mit Archivmaterial zu verbinden. Zentral für Kockas wie für die meisten kritischen Studien über deutsche Geschichte zwischen 1848 und 1914 ist das Problem der Industrialisierung Deutschlands unter Bedingungen, in denen vorindustrielle bürokratische Verhaltensweisen und Traditionen ausschlaggebender waren als beispielsweise in England oder den USA. Kocka untersucht unter dieser Perspektive das Aufkommen der Mittelklasse von Angestellten und ihre politische Mentalität in Deutschland; und in einer 1977 erschienenen Arbeit behandelt er die entsprechenden Klassen in den USA[121].

Theorie und Empirie werden noch enger in Jürgen Kockas Buch *Klassengesellschaft im Krieg 1914–18*[122] zusammengeführt. Hier wird bewußter als in irgendeiner anderen Arbeit der kritischen Schule der Versuch gemacht, mit theoriegeleiteten Fragestellungen an die Geschichte zu gehen. Kocka versucht, in seiner Analyse der Politik im Ersten Weltkrieg weiterzugehen als Fritz Fischer und seine Schüler und auch über die Studien über die wirtschaftlichen Interessenverbände hinauszuführen. Denn beide Gruppen hatten sich Kockas Ansicht nach weiterhin mit »Hilfe traditioneller Methoden der Textinterpretation« auf die Entscheidungen leitender Persönlichkeiten in Wirtschaft und Politik konzentriert »statt auf sozialökonomische Strukturen und Wandlungsprozesse«[123]. Doch sind es die politischen

---

[120] *Unternehmensverwaltung und Angestelltenschaft am Beispiel Siemens 1847–1914. Zum Verhältnis von Kapitalismus und Bürokratie in der deutschen Industrialisierung.* Stuttgart 1969.
[121] *Angestellte zwischen Faschismus und Demokratie. Zur politischen Sozialgeschichte der Angestellten. USA 1890–1940 im internationalen Vergleich.* Göttingen 1977.
[122] *Klassengesellschaft im Krieg. Deutsche Sozialgeschichte 1914–1918.* Göttingen 1974.
[123] Ebd., S. 1.

Dimensionen dieser Prozesse, die Kocka in seinem Werk beschäftigen. Als Ansatz wählte er ein Marx' Klassentheorie entlehntes Modell, das aber vom weiteren Zusammenhang Marxscher Geschichtsphilosophie abgesondert wurde, und ergänzte es – zugegebenermaßen reichlich eklektisch – durch neuere Konflikttheorien. Man könnte einwenden, daß die Klassenkampftheorie, sobald sie aus Marx' umfassenderen Vorstellungen über Geschichte und Gesellschaft gelöst wird, ihre dialektische Perspektive verliert und ein ziemlich mechanistisches Erklärungsschema abgibt. Kocka würde das nicht grundsätzlich abstreiten. Doch nütze dieses Modell sehr, schreibt Kocka, um die zunehmenden politischen Konflikte in Deutschland während des Ersten Weltkrieges zu verstehen, die dann mit »folgerichtiger Konsequenz«[124] zur Revolution von 1918/19 führten. Gleichzeitig berücksichtigte dieses Modell auch Gegentendenzen wie regionale, nationale und religiöse Faktoren, die Entfremdung der Arbeiterschaft von den verbürokratisierten Gewerkschaften und der SPD. Das Modell ist somit ein heuristisches Mittel, das weder verifiziert noch falsifiziert werden kann, das vielmehr »als Instrument zur analytischen Identifikation, erklärenden Verknüpfung und plausiblen Darstellung von Elementen und Faktoren einer historischen Wirklichkeit« dient[125].

Wehlers *Das Deutsche Kaiserreich 1871–1918*[126], ebenfalls 1973 erschienen, war ein Versuch, seine neuen begrifflichen und kritischen Ansätze in einer umfassenden Synthese zu verbinden. Dieser verhältnismäßig schmale Band spiegelte, wie schon bemerkt, Wehlers politisches Engagement wider. Er wollte den verhängnisvollen »Sonderweg« verfolgen, den die Geschichte Deutschlands seit dem späten 18. Jahrhundert eingeschlagen hatte und der in die Katastrophe führte. Wie in *Bismarck und der Imperialismus* lag dem Buch die These des »ungleichmäßigen« industrie- und agrarwirtschaftlichen Wachstums, der Spannung zwischen ökonomischer Modernisierung und ihren sozialen Begleiterscheinungen, darunter die rasche Entwicklung eines Proletariats, und dem Fortbestehen vorindustrieller Machtverhältnisse, zugrunde. Das Buch setzt eine gewisse Parallelität zwischen Industrialisierung und Demokratisierung voraus. »Der kritischen Bewertung des realhistorischen Verlaufs der deutschen Geschichte liegt die Auffassung zugrunde, daß zu

---

[124] Ebd., S. 136.
[125] Ebd., S. 138.
[126] *Das Deutsche Kaiserreich 1871–1918*. Göttingen 1973.

der fortschreitenden ökonomischen Modernisierung der deutschen Gesellschaft eine Modernisierung der Sozialverhältnisse und der Politik gehört hätten.« Der Industrialisierung »hätte eine Entwicklung in Richtung auf eine Gesellschaft rechtlich freier und politisch verantwortlicher mündiger Staatsbürger mit Repräsentationskörperschaften entsprochen«[127]. Kurz gesagt: Deutschland hätte den Weg Englands einschlagen sollen. »Gewiß gehören Industrialisierung und Demokratisierung nicht notwendig zusammen«, gesteht Wehler. Die Beispiele der Länder, in denen die Industrialisierung verspätet eingesetzt hat, beweise dies. »Insofern ist Demokratisierung kein unmittelbares Ergebnis von Industrialisierung ..., sondern das jeweils mühsam zu erringende Ergebnis politischer und sozialer Kämpfe.«[128] Wehler ist davon überzeugt, daß eine »demokratische Grundordnung« am ehesten fähig gewesen wäre, die »notwendige Elastizität der politischen Institutionen und jene tragfähige Legitimationsbasis beim Aufbau des modernen Sozialstaates zu geben, ohne die schwer lösbare fundamentale Krisen unvermeidbar wirken«. Der Weg der deutschen Geschichte war daher zu einem hohen Grad durch die inneren Widersprüche zwischen Wirtschaft, Gesellschaft und Herrschaft vorbestimmt. So »tritt heute in einem kritischen Rückblick die Kontinuität von 1871 bis 1945 ... klar hervor«[129]. Wenn hier auch der Versuch gemacht wird, die Geschichte einer Gesellschaft zu schreiben, so steht »das politische Herrschaftssystem« doch bewußt im Mittelpunkt. Familienstruktur, Bildung, Kirche, Justiz usw. werden alle in ihrer Sozialisations- bzw. Legitimationsfunktion innerhalb des auf sozialen Widersprüchen aufgebauten Herrschaftssystems betrachtet.

Zwei Elemente spielen in der Wehlerschen und Kockaschen Auffassung einer Gesellschaftsgeschichte eine zentrale Rolle: Theorie und Kritik. Der theoretische und der normative Ansatz sind besonders bei Wehler eng verbunden. Während sich die preußisch-deutsche Geschichtsschreibung, wie wir schon sahen, scharf von den liberal-demokratischen Werten der westeuropäischen Länder abgrenzte, wird für Wehler die »umfassende Verwirklichung liberaler Freiheits- und demokratischer Gleichheitsrechte« zur Norm. Die deutsche Geschichte wird komparativ vom Standpunkt der Modernisierung betrachtet.

[127] Ebd., S. 17.
[128] Ebd., S. 228.
[129] Ebd., S. 16.

England und Amerika bieten das Beispiel der »normalen« Modernisierung in der Verbindung wirtschaftlicher Rationalität mit demokratischen Institutionen. Weber, meint Wehler, hat »bestimmte allgemeine Grundzüge der okzidentalen Modernisierung als ›Rationalisierung‹ in der Tat genauer herausgearbeitet als Marx«[130], dennoch bleibt Wehler viel optimistischer als Weber, für den die okzidentale Rationalisierung in einen »eisernen Käfig« mündet, der zwar durch instrumentell rationalisierte, aber in einem substantiellen Sinn irrationale Herrschaft gekennzeichnet ist. Trotz der komparativen Perspektive handelt es sich doch bei dem »kritischen« Ansatz der neuen historischen Sozialwissenschaft ganz bewußt um eine Abrechnung mit der jüngsten, spezifisch deutschen Vergangenheit.

Die neue kritische Richtung hat in den siebziger Jahren auch eine gesicherte institutionelle Basis erhalten. Noch in den späten sechziger Jahren waren kaum Vertreter der kritischen, sozialwissenschaftlichen Richtung auf Lehrstühle berufen worden. In den frühen siebziger Jahren änderte sich das infolge der Hochschulreform, der allgemeinen Liberalisierung und dem Ausbau bestehender und der Gründung neuer Hochschulen. Auch fand die neue Richtung eine publizistische Basis für ihre Arbeiten. 1972 entstand die von Hans-Ulrich Wehler, Jürgen Kocka u.a. herausgegebene Reihe *Kritische Studien zur Geschichtswissenschaft*, und seit 1975 erscheint die *Zeitschrift Geschichte und Gesellschaft. Zeitschrift für Historische Sozialwissenschaft*, die vielleicht als das deutsche Gegenstück zu den *Annales* betrachtet werden kann. Wie die *Annales* wurde die neue Zeitschrift ein Diskussionsforum für sozialwissenschaftlich orientierte Geschichtsschreibung. Ähnlich wie die *Annales* soll sich die neue Zeitschrift mit »Analysen langlebiger Strukturen und langfristiger Entwicklungsprozesse« befassen, ohne aber auf die »politikgeschichtliche Dimension« zu verzichten. Vornehmlich sollen »die Probleme seit den industriellen und politischen Revolutionen des ausgehenden 18. Jahrhunderts behandelt werden«. Der normative Ansatz bleibt. So hieß es in der Einleitung zu dem ersten Heft, Geschichte könne »als Historische Sozialwissenschaft auch einen wichtigen Beitrag zur Selbstaufklärung der Gegenwart leisten und vernünftiges Handeln von Individuen und Gruppen erleichtern. Sie kann dann daran mitwirken, humane Formen des menschlichen Zusammenlebens zu entwer-

---

[130] *Vorüberlegungen zu einer modernen deutschen Gesellschaftsgeschichte*, erscheint demnächst in einer zweiten Festschrift für Fritz Fischer.

fen« und zur Entwicklung einer »praktisch relevanten Theorie der Gegenwart beizutragen«[131].

Vielleicht kann man seit Mitte der siebziger Jahre weitere Neuorientierungen in der bundesdeutschen Geschichtsschreibung konstatieren. Die Geschichtsschreibung von Brachers *Auflösung der Weimarer Republik* (1955) und Fritz Fischers *Griff nach der Weltmacht* (1961) bis zu Wehlers *Das Deutsche Kaiserreich* (1973) war noch von der Auseinandersetzung mit der jüngsten katastrophalen Vergangenheit und ihren sozialen und politischen Wurzeln in der deutschen Geschichte des 19. Jahrhunderts beherrscht. In letzter Zeit machen sich zwei Richtungen bemerkbar: einerseits die Rückkehr zu einer traditionelleren Geschichtsschreibung, die wieder die Eigenständigkeit der Politik betont und zu einer wertneutralen »Objektivität« zurück will, andererseits eine Sozialgeschichte, die enger an die empirischen Arbeiten in Frankreich, England und in den USA anknüpft, aber doch in mancher Hinsicht einen besonderen Charakter beibehält.

So ist besonders Wehlers Werk in den Spalten der *Historischen Zeitschrift* mehrmals einer scharfen Kritik unterzogen worden. In Aufsätzen von Andreas Hillgruber[132], Klaus Hildebrand[133], Hans Günter Zmarzlik[134] und Lothar Gall[135] und in der in *Geschichte und Gesellschaft* erschienenen Besprechung von Thomas Nipperdey[136], die sich alle fünf auf Wehlers *Deutsches Kaiserreich* beziehen, wurde der theoretische Anspruch des Wehlerschen Begriffs einer als historische Sozialwissenschaft konzipierten Gesellschaftsgeschichte in Frage gestellt. Alle fünf Kritiker beriefen sich auf Grundkonzeptionen des klassischen deutschen Historismus, wenn auch, wie Nipperdey anderswo erläuterte, eines Historismus, der enge Verbindungen mit den Sozialwissenschaften, besonders der Anthropologie, aufnehme. Geschichte, betonten alle fünf Kritiker, müsse wert-

[131] Einleitung zu *Geschichte und Gesellschaft*. Zeitschrift für Historische Sozialwissenschaft 1 (1975), S. 7.
[132] *Politische Geschichte in moderner Sicht*. Historische Zeitschrift 216 (1973), S. 529–552.
[133] *Geschichte oder ›Gesellschaftsgeschichte‹?*
[134] *Das Kaiserreich in neuer Sicht?* Historische Zeitschrift 222 (1976), S. 105–126.
[135] *Bismarck und der Bonapartismus*. Historische Zeitschrift 222 (1976), S. 618–637.
[136] *Wehlers ›Kaiserreich‹. Eine kritische Auseinandersetzung*. Geschichte und Gesellschaft 1 (1975), S. 539–560.

frei sein. Wehler habe durch seinen Präsentismus die Geschichte des Kaiserreichs verzerrt. Nipperdey sah in ihm einen »Treitschke redivivus«, der gegen die Urgroßväter prozessiere. Indem Wehler sich auf »nur eine Kontinuitätslinie fixiert ..., deformiert sich sein historisches Urteil«. Das Kaiserreich müsse in seiner Zeit verstanden werden. Wo Wehler »die Erklärung aller Phänomene aus ihrer Funktion für die Herrschaftsstabilisierung«[137] herleite, übersehe er die Parallelitäten zwischen Entwicklungen in Deutschland und in anderen europäischen Ländern, wie z. B. Schutzzollpolitik, Antisemitismus, Sozialdarwinismus, Imperialismus wie auch strukturelle Bedingungen, die sich in der mangelnden sozialen Mobilität und den ungleichen Bildungschancen zeigen. Wehler übersehe, meinen Nipperdey und Zmarzlik, die liberalen, sozialreformerischen Ansätze und unterschätze die Rolle des Parlaments und die sich anbahnende Koalition der liberal-demokratischen Kräfte am Vorabend des Ersten Weltkrieges. Man könne im deutschen Kaiserreich ganz andere Kontinuitäten, die zur Weimarer Republik und der Bundesrepublik führten, entdecken. Wehler würde dies nicht verneinen, wohl aber die gesellschaftlich-politische Konstellation betonen, die die Liberalen machtlos machte. Hillgrubers und Hildebrands Kritik geht weiter als die Nipperdeys und Zmarzliks, indem sie radikal die Rolle der Theorie in der Geschichtswissenschaft in Frage stellt. Die Geschichte müsse wieder zur Erzählung zurückkehren, meinen alle vier, und Nipperdey stellt die Einseitigkeit einer theoriegeleiteten Strukturanalyse der einer theorielosen Erzählung gegenüber. »Trotz berechtigter Kritik am Historismus«, meint Zmarzlik, »zeigt Wehlers Ansatz unwillkürlich, daß es ohne die traditionellen Mittel der Narrative nicht gut geht. Die wichtigste Frage des Historikers muß lauten – was ist geschehen und warum nicht anders«[138]. Hillgruber und Hildebrand betonen wieder die relative Selbständigkeit der Geschichte der internationalen Beziehungen. Zwar sei der alten personalisierenden Geschichte die Absage zu erteilen, meint Hillgruber, doch »trotz aller Bedeutung langfristiger Entwicklungen bestimmen auch im 19. und 20. Jahrhundert die Gegensätze zwischen den Groß- und Weltmächten wesentlich den Verlauf der allgemeinen Geschichte«[139]. Die internationale Politik sei auch in der zweiten Hälfte des 20. Jahrhunderts nicht

[137] Ebd., S. 551.
[138] Zmarzlik, *Das Kaiserreich in neuer Sicht?*, S. 124.
[139] Andreas Hillgruber, *Politische Geschichte in moderner Sicht*, S. 533.

bloße Funktion des Industrialisierungsprozesses geworden, was Wehler allerdings auch nicht behauptet hatte. Für Wehler, meint Hildebrand, bestehen »alle historischen Phänomene des 19. und 20. Jahrhunderts ... nur noch als Derivate der Industrialisierung«, eine Behauptung, die Wehler als unberechtigt abweist[140]. Noch radikaler als Hillgruber betont Hildebrand die Rolle der Persönlichkeit und die Grenzen jeder Theorie. Die Geschichte befasse sich mit dem Einmaligen. Theorie ist unanwendbar, »solange die unberechenbare Größe des Menschen als Subjekt und Objekt im Mittelpunkt ihres Handelns und Interesses steht«. »Die Geschichte muß die Betrachtung der jeweiligen besonderen Situation, die einzelmenschlichen Wunschvorstellungen und Entscheidungen und nicht zuletzt die von überraschenden ›zufälligen‹ Ereignissen außerordentlich hochschätzen.« Ranke zitierend, meint Hildebrand, »daß man aus dem Besonderen ... wohl ›bedachtsam und kühn zu dem Allgemeinen aufsteigen‹ kann, daß es aber ›aus der allgemeinen Theorie ... keinen Weg zur Anschauung des Besonderen‹« gebe. Fruchtbarer als Ausgangspunkt zu einem Verständnis des Nationalsozialismus als eine Theorie des Faschismus sei die »Frage nach Politik und Persönlichkeit Hitlers«. Im Gegensatz zu Begriffen wie dem des »organisierten Kapitalismus«, der kaum das Denken und Handeln der verantwortlichen Politiker im Bereich auswärtiger Beziehungen beherrschte, bestimme die Frage nach Hegemonie und Gleichgewicht weiterhin – wie aus den Quellen zu ersehen ist – bewußt die Handlungen der Staatsmänner[141]. Dies aber setzt voraus, wie Wehler kritisch bemerkt, daß die Motive der Handelnden allein an ihren Begriffen, die Handlungen der Akteure an ihren Motiven und die historischen Prozesse allein an Handlungen analysiert und daher aus den Quellen ohne heuristisch-theoretische Gesichtspunkte abgeleitet werden können[142].

Diese Rückkehr zu einem, wenn auch erneuerten, Historismus, der zwar Zugeständnisse an die Einbeziehung sozialgeschichtlicher Fragen macht, ist dann auch in der *Erklärung des Verbandes der Historiker Deutschlands zum Studium des Faches Geschichte an den Hochschulen*[143] von 1975/76 augenfällig.

[140] Klaus Hildebrand, *Geschichte oder ›Gesellschaftswissenschaft‹*, S. 343; Wehlers Replik *Kritik und kritische Antikritik* erscheint demnächst.

[141] Hildebrand, ebd., S. 341, 352, 355.

[142] *Kritik und kritische Antikritik.*

[143] *Erklärung des Verbandes der Historiker Deutschlands zum Studium des Faches Geschichte an den Hochschulen, 14. 10. 1975.* Geschichte in Wissenschaft

Der Verband nimmt Stellung zu amtlichen Plänen, die Länge des Geschichtsstudiums zu kürzen, will aber das Geschichtsstudium so gestalten, daß die philologisch-hermeneutische Rolle der Geschichtswissenschaft hervorgehoben wird und großer Wert auf ein faktologisches Überblickswissen der Geschichte der westlichen Welt gelegt wird – auf Kosten eines problemorientierten Studiums, das die Sozialwissenschaften stärker einbezieht.

Zwischen diesem Neohistorismus und der Auffassung von der Geschichte als einer kritischen Sozialwissenschaft im Wehlerschen Sinn stehen die Arbeiten von Wolfgang J. Mommsen über den Imperialismus am Vorabend des Ersten Weltkrieges und den Ausbruch des Krieges[144] und Hans Mommsens Versuch einer Analyse der Weimarer Politik im Zusammenhang mit den Problemen einer hochindustrialisierten Gesellschaft[145]. Hier werden die philologisch-hermeneutischen Methoden der Textanalyse mit systematisch-analytischen Fragestellungen verknüpft, die gesellschaftlichen Faktoren, die die Politik mitbestimmen, betont, aber die – wenn auch begrenzte – Eigenständigkeit der Politik stärker eingeschätzt als bei Wehler.

In den letzten Jahren gewann eine Richtung an Bedeutung, die an den Universitäten allerdings noch schwach vertreten ist: es handelt sich um jene jüngeren Historiker, die stark von den anthropologischen Ansätzen in der gegenwärtigen marxistischen und nicht-marxistischen Geschichtsschreibung in Frankreich und England beeinflußt sind (E. P. Thompson, Eric Hobsbawm, Peter Laslett, Paul Bourdieu, Maurice Godelier) und die Praxis der Gesellschaftsgeschichte Wehlerscher Prägung als eine noch unzulängliche »historische Sozialwissenschaft« betrachten. Am prägnantesten, wenn auch vielleicht ein wenig überspitzt, ist diese Kritik vor kurzem von zwei Mitarbeitern des Arbeitskreises für Protoindustrialisierung am Max-

und Unterricht 27 (1976), S. 223–225, 297–304, 566–569; siehe auch Jürgen Kocka, Wolfgang J. Mommsen, Wolfgang Schieder und Hans-Ulrich Wehler, *Rückzug in den Traditionalismus. Zur Kritik an einer Erklärung des Historikerverbands zum Geschichtsstudium.* Geschichte und Gesellschaft 2 (1976), S. 537–544.
[144] Z.B. *Domestic Factors in German Foreign Policy before 1914.* Central European History 6 (1973), S. 3–43; vgl. ders., *Das Zeitalter des Imperialismus.* Frankfurt 1969; ders., *Europäischer Finanzimperialismus vor 1914. Ein Beitrag zu einer pluralistischen Theorie des Imperialismus.* Historische Zeitschrift 224 (1977), S. 17–81 und ders., *Imperialismustheorien.* Göttingen 1977.
[145] Siehe oben Anm. 25.

Planck-Institut für Geschichte in Göttingen zum Ausdruck gebracht worden[146]. Die Wehler-Kockasche Richtung vertrete einen viel zu engen Begriff der Geschichte. Sie beschränke sich »willkürlich« auf »Phänomene industriegesellschaftlicher« Herkunft, die Fragestellungen und Kategorien der »historischen Sozialwissenschaft« seien einer »eindimensionalen Sicht des historischen Prozesses verhaftet, mit einer nahezu ausschließlichen Fixierung auf die Zeit, die mit der ›Europäisch-Atlantischen‹ Revolution des ausgehenden 18. Jahrhunderts beginnt und im zeitgenössischen ›Organisierten Kapitalismus‹ endet«. Die moderne industrielle Gesellschaft drohe zu einem »Werte-Idealtyp« erhöht zu werden. Die Geschichte vorkapitalistischer Agrargesellschaften sowie die Vorgeschichte der Dritten Welt wird »allenfalls durch ihren ›Abstand‹ zur modernen Industriegesellschaft bestimmt«. Weber werde zu hoch bewertet, Marx nicht weiterentwickelt, dadurch Herrschaftsformen und Klassengegensätze »objektifiziert«. Die Rolle der politischen, wirtschaftlichen und sozialen Institutionen werde hervorgehoben. Die »kritische« Geschichtswissenschaft Wehlers oder Kockas vernachlässige weitgehend den »Bereich der sozial-kulturellen Reproduktion gesellschaftlicher Verhältnisse, der in Gestalt der alltäglichen Verhaltensweisen, der Sitten und Gebräuche, der Vielfalt der symbolischen Äußerungsformen und Artikulationsweisen«, die »ein wesentliches Moment der Sozial-, Klassenund Herrschaftsstruktur jeder Gesellschaft« ausmachen, zum Ausdruck komme. Das »Alltagsleben« muß zum Focus der geschichtlichen Analyse werden und kann, indem es den »Zusammenhang von Produktion und Reproduktion« herstellt, »einen thematischen Schlüssel für die Verknüpfung der gesellschaftswissenschaftlichen Disziplinen« liefern. Allerdings kann gegen diese neue kritische Perspektive eingewandt werden, daß sie auch nur einen Teilaspekt der Geschichte, wenn auch einen lange vernachlässigten, in Betracht zieht. In diesen historischen Analysen der Symbolik des Alltagslebens, die auf die tiefverborgenen Grundlagen des sozialen Bewußtseins zurückgehen wollen, kommen, ähnlich wie in vielen Annales-Arbeiten, die bewußten Elemente menschlichen Handelns sowie die institutionelle und kulturelle Seite des Lebens zu kurz. Eine solche Geschichte überwindet zwar die enge Perspektive einer im Grunde

[146] Alfred Lüdtke und Hans Medick, *Geschichte für wen? Grenzen und Notwendigkeiten des Reformismus in der westdeutschen Geschichtswissenschaft.* Manuskript.

genommen eurozentrischen Betrachtungsweise, die die moderne Industriegesellschaft als das Resultat einer eindimensionalen Entwicklung sieht, läuft aber Gefahr, die politischen und institutionellen Faktoren, die in der modernen Gesellschaft eine ausschlaggebende Rolle spielen, zu wenig zu berücksichtigen.

Die jüngste, sich als Sozialwissenschaft verstehende bundesdeutsche Geschichtsschreibung hat sich allerdings kaum mit der außereuropäischen Welt oder der vorindustriellen Zeit befaßt und dann meist nur im Zusammenhang mit der Industrialisierung Europas oder der Modernisierung der außereuropäischen Welt. Die komparativen Ansätze, die sich allerdings meist immer noch auf eine deutsche Problematik beziehen, haben sich vermehrt. Der nationenbezogene Standpunkt ist in den vergleichenden Arbeiten Jürgen Kockas über die Angestellten in den USA und Deutschland[147], in Hans-Jürgen Puhles Untersuchung *Politische Agrarbewegungen in kapitalistischen Industriegesellschaften*[148] und in Wolfgang J. Mommsens und Wehlers Studien über Imperialismus[149] und schon früher in dem noch sehr ideengeschichtlich konzipierten Vergleich des Faschismus in Deutschland, Frankreich und Italien von Ernst Nolte[150] überwunden worden. Andererseits ist besonders von Sozialwissenschaftlern anthropologischer, soziologischer und sozialpsychologischer Ausrichtung dazu aufgefordert worden, über die neuen kritischen sozialgeschichtlichen Arbeiten der Wehlerschen und Kockaschen Richtung hinauszugehen. Letztere, behauptete Konrad Jarausch in der Einleitung zu dem Sammelband *Quantifizierung in der Geschichtswissenschaft,* baue noch »fast ausschließlich auf <u>philologischer Akteninterpretation</u> auf und verfalle manchmal in einen etatischen <u>Strukturschematismus</u>, bei dem staatspolitische Fragen noch immer im Vordergrund stehen und die Gesellschaft kaum um ihrer selbst willen untersucht wird«[151], was kaum auf Kockas Arbeiten zutrifft und

---

[147] *Angestellte zwischen Faschismus und Demokratie.*

[148] Hans-Jürgen Puhle, *Politische Agrarbewegungen in kapitalistischen Industriegesellschaften. Deutschland, USA und Frankreich im 20. Jahrhundert.* Göttingen 1976.

[149] Wolfgang J. Mommsen, siehe Anm. 144; Hans-Ulrich Wehler, *Der Aufstieg des amerikanischen Imperialismus.* Göttingen 1974, und ders., *Bismarck und der Imperialismus.*

[150] *Der Faschismus in seiner Epoche.* München 1963.

[151] Konrad Jarausch, *Möglichkeiten und Probleme der Quantifizierung in der Geschichtswissenschaft.* In: ders. (Hrsg.), *Quantifizierung in der Geschichtswissenschaft. Probleme und Möglichkeiten.* Düsseldorf 1976, S. 11–12.

auch Wehler nicht gerecht wird. Die letzten Jahre haben schließlich ein wachsendes Interesse an der historischen Demographie und den Lebensverhältnissen der unteren Schichten im Industrialisierungsprozeß gesehen.

Bei diesen neuen Interessen hat häufig die Quantifizierung eine Rolle gespielt. Quantitative Untersuchungen sind in Deutschland lange vernachlässigt worden, trotz der umfangreichen Sozialstatistik, die schon für das 19. Jahrhundert besteht, und trotz der Bemühungen des Vereins für Sozialpolitik, noch vor der Jahrhundertwende eine statistische Grundlage für die Untersuchungen der sozialen Verhältnisse im Industrialisierungsprozeß zu schaffen[152]. In der Weimarer Republik befaßten sich zwar Soziologen wie Theodor Geiger statistisch mit Fragen der sozialen Schichtung und Mobilität, übten aber kaum einen Einfluß auf die Sozialgeschichte aus. Noch 1971 konnte der erste Band des *Handbuchs der deutschen Wirtschafts- und Sozialgeschichte* die stark quantitative Neuorientierung der Wirtschaftsgeschichte in den englisch- und französischsprachigen Ländern ignorieren und eine auf Droysens Historik zurückgehende, »durchaus auf das einmalige Geschehen« gerichtete Methode als noch grundlegend für die moderne Wirtschafts- und Sozialgeschichte betrachten[153]. Mit Ausnahme des quantitativ und mit expliziten Theorien arbeitenden Beitrags Wilhelm Abels sind die Bände der von Günter Franz in den späten sechziger Jahren herausgegebenen *Deutschen Agrargeschichte*[154] noch ganz konventionell verfassungs- und verwaltungsrechtlich konzipiert und auf Deutschland beschränkt. Walther Hoffmanns *Das Wachstum der Deutschen Wirtschaft seit der Mitte des 19. Jahrhunderts* (1965) ist zwar statistisch angelegt, aber unbeeinflußt von der theorie- und problemorientierten »quantitativen Geschichte« im Ausland. Otto Büsch[155] – wie schon bemerkt – betonte in seiner stark statistischen Untersuchung über Industrialisierung und Gewerbe im Raume Berlin–Brandenburg um 1800, daß es sich bei ihm »überwiegend um eine

[152] Siehe James J. Sheehan, *Quantification in the Study of Modern German Social and Political History.* In: Val R. Lorwin und Jacob M. Price (Hrsg.), *The Dimensions of the Past.* New Haven 1972, S. 301, dt. in: Peter Christian Ludz (Hrsg.), *Soziologie und Sozialgeschichte,* S. 491–514.

[153] Siehe die Einführung von Hermann Aubin und Wolfgang Zorn zu Band 1, Stuttgart 1971.

[154] *Deutsche Agrargeschichte.* Hrsg. von Günther Franz, 4 Bde, Frankfurt 1967–70.

[155] Siehe oben Anm. 111.

empirische Untersuchung« handle, die keine theoretischen Ziele oder Fragestellungen verfolge. Der Übergang von der Statistik zur »quantitativen Geschichte« vollzog sich dann doch, wenn auch im bescheidenen Maße, in den siebziger Jahren in Anlehnung an die sozialgeschichtliche Forschung in den USA, Frankreich und Großbritannien. Wolfram Fischer in Berlin und Richard Tilly in Münster wiesen schon in den späten sechziger Jahren in den von ihnen angeregten Untersuchungen über Sozialgeschichte der deutschen Industrialisierung in diese Richtung. 1973 entwickelte sich in den USA eine informelle Arbeitsgruppe »Quantification in German Studies«. Im Oktober 1974 fand bei dem Braunschweiger Historikertag zum ersten Mal eine Sitzung über dieses Thema statt, und im Herbst 1976 hielt der neugegründete deutsche Arbeitskreis »Quantum«, der eine eigene Schriftenreihe herausgibt, seine erste Tagung, an der verschiedene Forschungsbereiche, z.B. historische Demographie, Stadtgeschichte, Getreidepreisentwicklung in der vorindustriellen Zeit, vertreten waren. So eng ist die Quantum-Gruppe mit der anglo-amerikanischen Forschung verbunden, daß ihr Informationsblatt sich weitgehend der englischen Sprache bedient[156].

Allerdings erkannten die Vertreter der quantitativen Geschichtsforschung, z.B. Konrad Jarausch, Richard Tilly und Gerd Hohorst, engere Grenzen der Quantifizierung an, als es die radikalen Verfechter der »histoire quantitative« (Marczewski, Markovitch) oder der »histoire sérielle« (Chaunu) in Frankreich oder die Cliometriker in den USA (Fogel) taten. Die historische Demographie sowie die Industrialisierungsforschung waren nur in bedingtem Maße quantitativ, größeres Interesse lag in dem Versuch, die Strukturen mit der Geschichte der Menschen, »wie sie leben und leiden«, zu verbinden und »mit Hilfe der Anwendung neuer Methoden, durch Aufspüren neuer Daten und mittels genauer Beschreibung den Schmerz und das Leiden jener kleinen Leute der Anonymität der Geschichte zu entreißen, die vom Prozeß der Veränderung überrollt wurden«[157]. Das Wachstumsparadigma, das die anglo-ame-

[156] Inzwischen sind neben der Zeitschrift *Quantum Information* schon drei Bände in der Schriftenreihe »Historisch-Sozialwissenschaftliche Forschungen« erschienen, darunter Band 3: Heinrich Best und Reinhard Mann (Hrsg.), *Quantitative Methoden in der historisch-sozialwissenschaftlichen Forschung.* Stuttgart 1977. Siehe auch Jürgen Kocka, *Quantifizierung in der Geschichtswissenschaft,* ebd., S. 4–10.
[157] Der amerikanische Historiker Herbert Kisch, ›Postskriptum 1977‹ zu Peter Kriedte, Hans Medick und Jürgen Schlumbohm, *Industrialisierung vor der In-*

rikanische und französische Wirtschaftsgeschichte in den fünfziger und sechziger Jahren beherrschte, wurde somit in Frage
gestellt. Im Gegensatz zu den Ansätzen in den sechziger Jahren
bei Wolfram Fischer, Knut Borchart, Otto Büsch und Wolfgang Köllmann, die Geschichte der Industrialisierung mit Ein-
bezug der Bevölkerungsentwicklung »wertfrei« zu untersuchen, verstand die jüngere Generation der sozialgeschichtlichen
Forscher der siebziger Jahre ihre Funktion oft eher »kritisch«
und »emanzipatorisch«. Auf die Bevölkerungsgeschichte der
sechziger Jahre (Köllmann, Büsch) folgte die historische Demographie der siebziger Jahre, die sich eng an die französischen
(Henry, Goubert) und englischen (Laslett, Wrigley, Schofield)
Vorarbeiten auf dem Gebiet der Familienrekonstitution
lehnt[158]. Hier wird statt großer Allgemeinstatistiken aufgrund
der Auswertung von Kirchenbüchern der einzelnen Gemeinden, die auch schon für die Zeit vor dem 19. Jahrhundert relativ
gute Kenntnisse über Heiratsalter, Ehedauer, Geburtenfolge
und Sterblichkeit vermittelten, das generative Verhalten einzelner Familien ermittelt. Man wollte aufgrund dieser mikrohisto-
rischen Untersuchungen einen Übergang von der quantitativen
Demographie zu einer auch qualitative Faktoren in Betracht
ziehenden Sozialgeschichte ermöglichen[159]. Das ehrgeizigste
Unternehmen in dieser Hinsicht war die von Arthur E. Imhof
herausgegebene Untersuchung *Historische Demographie als Sozialgeschichte. Gießen und Umgebung vom 17. zum 19. Jahrhundert*[160], die zu der »histoire totale« eines Raums nach fran-
zösischem Muster beizutragen beansprucht. Allerdings fehlt bei
dieser »histoire totale« der Versuch, demographische und ökonomische Faktoren in ihrem politischen und kulturellen Zusammenhang zu sehen. Der Arbeitskreis für moderne Sozialgeschichte gab 1976 einen Band zur *Sozialgeschichte der Familie in*

---

*dustrialisierung. Gewerbliche Warenproduktion auf dem Land in der Forma-
tionsperiode des Kapitalismus.* Göttingen 1977, S. 377.

[158] Siehe Arthur E. Imhof, *Bevölkerungsgeschichte und Historische Demographie.* In: Rürup (Hrsg.), *Historische Sozialwissenschaft*, S. 16–58, und Karin
Hausen, *Historische Familienforschung* ebd., S. 59–95; siehe auch das Sonderheft
Historische Familienforschung und Demographie von Geschichte und Gesellschaft 1 (1975), Heft 2/3.

[159] Es bestanden bestimmte Ähnlichkeiten in der Methode, wenn auch nicht in
der Absicht, der deutschen Sippenforschung der zwanziger und dreißiger Jahre
und der späteren Familienrekonstitution. Siehe Imhof, *Bevölkerungsgeschichte*,
und Hausen, *Historische Familienforschung*.

[160] Darmstadt und Marburg 1975.

der Neuzeit Europas[161] heraus, in dem auffiel, wie stark die vom Ausland ausgehenden Impulse für die deutsche Forschung sind, wo die historische Demographie noch weit weniger entwickelt ist. Junge Amerikaner haben an der Forschung der deutschen demographischen Verhältnisse einen großen Anteil. Jüngere deutsche Forscher, z. B. Hans Medick, Karin Hausen und Heidi Rosenbaum (wie schon E. P. Thompson), stehen der Historical Demography, wie sie von der »Cambridge Group for the History of Population and Social Structure« betrieben wird, nicht unkritisch gegenüber: diese Form der Demographie arbeite »zu empirisch und numerisch, sie löse ihren Anspruch als eine gesamtgesellschaftlich orientierte ›social structural history‹« nicht ein[162], untersuche nicht »unter Heranziehung *aller* Quellen alle Dimensionen der Haushalte oder Familien ... einschließlich von Problemen der Autoritätsstruktur, Sozialisation, Ehebeziehungen usw.«[163]. »Denn was nützen die genauesten Zahlenangaben über die Verbreitung« der verschiedenen Familienstrukturen, meint Rosenbaum, »wenn dabei völlig vom *Inhalt* des Zusammenlebens abstrahiert wird«[164]. Unter der Leitung von Rudolf Vierhaus hat sich der Schwerpunkt der Forschung in der Sektion für neuere Geschichte am Max-Planck-Institut für Geschichte in Göttingen von einer breitangelegten vergleichenden Untersuchung der Beziehungen zwischen ständischen Institutionen und absoluter Monarchie im 18. Jahrhundert auf eine Analyse tiefliegender wirtschaftlicher, sozialer und demographischer Strukturen und Prozesse verlagert. Von einer Forschungsgruppe des Max-Planck-Instituts (Peter Kriedte, Hans Medick und Jürgen Schlumbohm) über Protoindustrialisierung oder »gewerbliche Warenproduktion auf dem Land in der Formationsperiode des Kapitalismus« wird der Versuch gemacht, Familienstruktur und generatives Verhalten enger in Verbindung mit den Produktionsverhältnissen zu bringen, aber auch die Mentalitäten und Lebenseinstellungen der industriellen Bevölkerung zu berücksichtigen. Einerseits wird die Protoindustrialisierung demographisch-ökonomisch determiniert als »ein Vorgang wechselseitiger Beschleunigung von Bevölkerungsexpansion und Wirtschaftswachstum«[165], der an Mechanismen,

[161] Stuttgart 1976.
[162] Hans Medick, ebd., S. 255.
[163] Heidi Rosenbaum, *Zur neueren Entwicklung der Historischen Familienforschung.* Geschichte und Gesellschaft 1 (1975), S. 225.
[164] Ebd., S. 217.
[165] Kriedte u. a., *Industrialisierung vor der Industrialisierung,* S. 155.

wie wir sie schon bei Goubert und Le Roy Ladurie trafen, erinnert. Andererseits werden aber diese Mechanismen eng auf spezifisch historische Faktoren bezogen: die Kommerzialisierung der Landwirtschaft, die Überbevölkerung auf dem Land, die Pauperisierung, die Inflexibilität der zünftisch organisierten städtischen Gewerbe, den merkantilistischen Interventionsstaat, die Akkumulation von Kapital, die Entstehung des Weltmarktes und eine Produktion, die nur durch zunehmende Beschäftigung, noch kaum durch technologische Innovationen, gesteigert werden konnte. In diesem Zusammenhang werden die Änderungen in Familienstrukturen und generativem Verhalten betrachtet. Diese protoindustrielle Produktionsweise ist aber noch kaum von einer protestantischen Arbeitsethik im Weberschen Sinn bestimmt, sondern wird im Gegenteil von dem »unendlich zähen Widerstand« des familienwirtschaftlich verankerten »Leitmotivs präkapitalistischer Arbeit« gekennzeichnet, der sich in der Ersetzung produktiver Arbeitsanspannung durch Konsum und Muße, durch Feste, Spiel und Trinken ausdrückt, ein Widerspruch, der mit der Reproduktions- und Expansionsdynamik des protoindustriellen Systems unvereinbar war und schließlich zu dem Übergang der Protoindustrialisierung in den industriellen Kapitalismus oder zur De-Industrialisierung führen mußte[166]. So besteht hier ein Übergang von einer Analyse von Strukturen, die ihre eigene Dynamik besitzen, zu einer Betrachtung von Mentalitäten, Sitten, Gebräuchen, Konsumverhalten, die eng mit der materiellen produktiven und generativen Basis zusammenhängen, aber auch auf sie einwirken. Hier knüpft besonders Medick[167] an Thompsons »moral economy of the crowd« an; nur geht es bei Medick weniger um die bewußten Protestaktionen der »food riots« als um viel tiefer verankerte Verhaltensweisen (die übrigens auch Thompson in seinen neueren Arbeiten beschäftigen).

Wie in England und Frankreich gibt es auch in der Bundesrepublik in den siebziger Jahren Ansätze zu einer »Geschichte von unten her gesehen«. Man kann leicht zwei Phasen in dieser Geschichtsschreibung unterscheiden: eine erste, die mehrere Jahrzehnte zurückgeht und den »kleinen Mann« als passives, statistisch erfaßbares Objekt struktureller Entwicklungen er-

---

[166] Ebd., S. 264 f.
[167] Hans Medick, *Plebeian Culture and the Plebeian Public. On Some Forms of Pre-Proletarian Behavior and Consciousness.* Vortrag, 7th Round Table in Social History, Konstanz am 24/25. Juni 1977.

faßt, und eine neue, die stärker die aktive Seite der Menschen der »unteren« Schichten berücksichtigt, d.h. nicht nur Protestbewegungen, sondern politisch weniger bewußte Lebensweisen, die dennoch politische Implikationen haben. Einen frühen Beitrag zur Untersuchung der materiellen Bedingungen in der vorindustriellen Zeit machte Wilhelm Abel schon 1935 in seiner Arbeit *Agrarkrisen und Agrarkonjunkturen in Mitteleuropa vom 13. bis zum 19. Jahrhundert*[168], die, ähnlich wie einige der schon besprochenen Annales-Studien, die Interdependenz von Bevölkerungsschwankungen, Agrarpreisen und Lohnentwicklungen von den Anfängen einer Marktwirtschaft im späten Mittelalter bis zum industriellen Aufschwung um die Mitte des 19. Jahrhunderts theoretisch und empirisch erfassen wollte. Hier handelte es sich um eine Geschichtsbetrachtung, aus der politische, ideologische und kulturelle Faktoren vollkommen ausgeschlossen blieben. Abels Institut für Wirtschafts- und Sozialgeschichte in Göttingen setzte die minutiösen Arbeiten über Lebensmittelpreise, Löhne und Bevölkerungsentwicklung in verschiedenen deutschen Städten fort und versuchte aufgrund dieser Daten einen Einblick in die soziale Struktur der Städte zu gewinnen. Der theoretische Ansatz blieb aber der deutschen historischen Zunft fremd, und die Arbeiten Abels, der lange in der landwirtschaftlichen Fakultät isoliert war, wurden bis in die späten sechziger Jahre, als die Neuauflage des Agrarkrisenbuchs erschien, weitgehend ignoriert, während seine Arbeiten im Ausland, besonders in Frankreich und Polen, bereits beachtet wurden. In der zweiten Hälfte der sechziger Jahre entstand eine Forschungsgruppe der Historischen Kommission zu Berlin für Probleme der frühen Industrialisierung, in der Wolfram Fischer und später Otto Büsch und Rudolf Braun (Zürich) eine führende Rolle spielten und die, obwohl sie sich auf den Berlin-Brandenburger Raum beschränkte, mit der internationalen Forschung Kontakt hielt. Ebenso wurden bei Richard Tilly in Münster regionale Untersuchungen der Industrialisierung eng mit Theorien der modernen Nationalökonomie verbunden. Der einige Jahre ältere, von Werner Conze geleitete Heidelberger Arbeitskreis für soziale Geschichte veröffentlichte in seiner Schriftenreihe *Industrielle Welt* Arbeiten, die stärker die Rolle des Staates im Industrialisierungsprozeß verfolgten und beson-

---

[168] *Agrarkrisen und Agrarkonjunkturen in Mitteleuropa vom 13. bis zum 19. Jahrhundert.* Berlin 1935; 2., veränd. Aufl., Hamburg 1966; siehe auch *Massenarmut und Hungerkrisen im vorindustriellen Europa.* Hamburg 1974.

deres Interesse der »Integration« der Arbeiterbewegung im Deutschen Kaiserreich schenkten.

Die Geschichte der Arbeiter war für lange Zeit in der Bundesrepublik – ähnlich wie in der DDR – fast ausschließlich die Geschichte der organisierten Arbeiterbewegung und der Arbeiterparteien. Bis vor kurzem beschäftigten sich verhältnismäßig wenige Arbeiten mit sozialer Schichtung und Mobilität[169]. Streng quantitativ gehen Richard Tilly und Gerd Hohorst in ihrer Skizze eines Forschungsansatzes über sozialen Protest in Deutschland im 19. Jahrhundert vor, die vermittels isolierbarer Variablen empirisch überprüfbare Hypothesen aufstellen will, »Faktorenanalysen«, die »die Lage und Vorstellungswelt der arbeitenden Massen im Modernisierungsprozeß«[170] adäquater erfassen sollen. Im allgemeinen hat dieser streng quantitative Ansatz nur mäßigen Anklang in den neueren Arbeiten, die sich mit Arbeiterleben und -verhalten befassen, gefunden. Wie die Kritik an Tilly und Hohorst meint[171] – und wie die beiden auch selbst erkennen –, lassen sich Bewußtseinsfaktoren, Verhaltensweisen und Formen der politischen Autorität, die diese beeinflussen, nur begrenzt quantifizieren. Die deutsche Forschung blieb nicht unbeeinflußt von dem Engländer E. P. Thompson und dem Schweizer Rudolf Braun, die beide die Rolle sozial- und kulturhistorischer Faktoren betonen. Schon in den späten sechziger Jahren begann Rolf Engelsing seine Untersuchungen über Dienstbotenlektüre, die er zu einer Untersuchung der Lektüre der unteren und mittleren Schichten im Übergang von der ständisch vorindustriellen zur kapitalistisch industriellen Gesellschaft ausweitete[172]. Engelsing meidet quantitative Daten,

[169] Siehe das Sonderheft *Soziale Schichtung und Mobilität in Deutschland im 19. und 20. Jahrhundert*. Geschichte und Gesellschaft 1 (1975), Heft 1; auch Heilwig Schomerus, *Ausbildungs- und Aufstiegsmöglichkeiten württembergischer Metallarbeiter 1850 bis 1914 am Beispiel der Maschinenfabrik Esslingen*. In: *Soziale Bewegungen und politische Verfassung*. Festschrift für Werner Conze. Stuttgart 1976, S. 372–393. Siehe auch Hartmut Kaelble, *Berliner Unternehmer während der frühen Industrialisierung. Herkunft, sozialer Status und politischer Einfluß*. Berlin 1972, auch ders., *Sozialer Aufstieg in Deutschland 1870–1914*. In: Jarausch (Hrsg.), *Quantifizierung in der Geschichtswissenschaft*, S. 279–304.

[170] Richard Tilly und Gerd Hohorst, *Sozialer Protest in Deutschland im 19. Jahrhundert. Skizze eines Forschungsansatzes*. In: Jarausch (Hrsg.), *Quantifizierung in der Geschichtswissenschaft*, S. 232–278.

[171] Vgl. Karin Hausen, *Schwierigkeiten mit dem ›sozialen Protest‹. Kritische Anmerkungen zu einem historischen Forschungsansatz*. Geschichte und Gesellschaft 3 (1977), S. 257–263.

[172] *Analphabetentum und Lektüre. Zur Sozialgeschichte des Lebens in Deutschland zwischen feudaler und industrieller Gesellschaft*. Stuttgart 1973.

wie sie von den Verfassern von *Livre et Société* benützt wurden, und verläßt sich auf literarische Quellen – Briefe, Tagebücher und Memoiren bekannter und unbekannter Persönlichkeiten im In- und Ausland –, die es ihm erlauben, ein breites, aber doch impressionistisches Bild zu zeichnen. Rudolf Schenda leistet etwas ähnliches in *Volk ohne Buch*[173]. Walter Grab rekonstruiert in seinen Studien über Jakobinismus und demokratisches Denken in Deutschland im späten 18. Jahrhundert das politische Bewußtsein einer breiteren Öffentlichkeit aufgrund literarischer Quellen[174]. Ähnliches unternimmt Horst Dippel in seiner soziopolitischen Untersuchung des politischen Bewußtseins verschiedener Bevölkerungsschichten im ausgehenden 18. Jahrhundert am Beispiel der Reaktionen auf die amerikanische Revolution[175]. Andere erforschen alltäglichere und lebensbezogenere Probleme: H. Möller, Karin Hausen, Heidi Rosenbaum und Rolf Engelsing Familienstrukturen[176], Ulrich Linse[177] Arbeiterschaft und Geburtenentwicklung im Deutschen Kaiserreich, Dirk Blasius[178] Gesundheit, psychische Krankheiten und Kriminalität im 19. Jahrhundert, Lutz Niethammer[179] die Wohnungsbedingungen von Arbeitern im Kaiserreich und den Einfluß dieser Bedingungen auf Familienstruktur und die Entwicklung einer proletarischen Lebensweise. Im Sommer 1977 fanden zwei wichtige internationale Tagungen statt, die eine in Bielefeld unter der Leitung von Jürgen Kocka über *Arbeiterkultur im 19. Jahrhundert im europäischen Vergleich*, die andere in

[173] *Volk ohne Buch. Studien zur Sozialgeschichte der populären Lesestoffe 1770–1910.* Frankfurt a.M. 1970 (Taschenbuchausgabe München 1977).

[174] *Norddeutsche Jakobiner.* Frankfurt 1967; ders. (Hrsg.), *Die revolutionären Demokraten. Eine Dokumentation.* 6 Bde, Stuttgart 1971–1978.

[175] *Deutschland und die amerikanische Revolution. Sozialgeschichtliche Untersuchungen zum politischen Bewußtsein im ausgehenden 18. Jahrhundert.* Diss. Köln 1972.

[176] Helmut Möller, *Die kleinbürgerliche Familie im 18. Jahrhundert. Verhalten und Gruppenkultur.* Göttingen 1969; Heidi Rosenbaum (Hrsg.), *Familie und Gesellschaftsstruktur.* Frankfurt a.M. 1974; Hausen, *Historische Familienforschung.* S. 158.

[177] Ulrich Linse, Arbeiterschaft und Geburtenentwicklung im Deutschen Kaiserreich von 1871. Archiv für Sozialgeschichte 12 (1972), S. 205–272.

[178] Dirk Blasius, *Geschichte und Krankheit. Sozialgeschichtliche Perspektiven der Medizingeschichte.* Geschichte und Gesellschaft 2 (1976), S. 386–415; ders., *Bürgerliche Gesellschaft und Kriminalität.* Göttingen 1976.

[179] Lutz Niethammer und F. Brüggemeier, *Wie wohnten die Arbeiter im Kaiserreich?* Archiv für Sozialgeschichte 16 (1976), S. 61–134. Über Lebensbedingungen der Arbeiter, Alltagsleben und soziale Struktur siehe auch Klaus Tenfelde, *Sozialgeschichte der Bergarbeiterschaft an der Ruhr im 19. Jahrhundert.* Bonn-Bad Godesberg 1977.

Konstanz unter Dieter Grohs Vorsitz über *Entstehung und Wandel eines plebejischen und proletarischen Bewußtseins vom 18. bis zum 20. Jahrhundert*. Beide deuten in die Richtung einer neueren Forschung, die politische und kulturelle Bewußtseinsformen und Lebensweisen in enger Beziehung zu den materiellen Grundlagen der Gesellschaft zu untersuchen trachtet. Der Begriff der Geschichte als einer »historischen Sozialwissenschaft« hat sich somit, seit Wehler ihn zuerst verwandte, erweitert; aber Wehler und Kocka haben diese neue Richtung keineswegs abgelehnt, sondern ihr in den *Kritischen Studien* und in *Geschichte und Gesellschaft* wichtige Diskussionsforen zur Verfügung gestellt.

Zum Abschluß sei nur noch betont, daß es kein einheitliches Paradigma in der bundesdeutschen Geschichtsschreibung gibt. Wir haben hier keinen allgemeinen Überblick über die gegenwärtige Geschichtsforschung versucht, sondern jene Ansätze eingehender betrachtet, die sich enger an Tendenzen in der internationalen modernen Sozialgeschichte anlehnen. Ein großer Teil der Hochschulschriften in der Bundesrepublik, im Gegensatz zu Frankreich, befaßt sich weiter mit einer recht eng konzipierten Politikgeschichte[180]. Dennoch ist es nicht unberechtigt, von einer Änderung der »disziplinären Matrix« (Rüsen)[181] zu sprechen: weg von einer sich ausschließlich als »individualisierende« und »verstehende« Geisteswissenschaft betrachtenden Geschichtsforschung zu einer Geschichtswissenschaft, die hermeneutische Interpretation mit sozialwissenschaftlichen Fragestellungen und Methoden enger verbindet. Die Isolierung der bundesdeutschen Geschichtswissenschaft – methodisch und thematisch – von der internationalen Forschung ist weitgehend überwunden. Trotz Konvergenzen mit der Sozialgeschichte in den anglo-amerikanischen Ländern und Frankreich bewahrt die jüngere bundesdeutsche Forschung bestimmte Eigenheiten, eine auch außerhalb der Bundesrepublik zunehmende Skepsis gegenüber einer rein analytischen, struktural-funktionalen Sozialwissenschaft und weiterhin ein stärkeres Engagement für eine Geschichtswissenschaft, die sich mit den spezifisch politisch-sozialen Problemen der modernen Industriewelt befaßt.

[180] Hans-Ulrich Wehler, *Moderne Politikgeschichte oder ›Grosse Politik der Kabinette‹?* Geschichte und Gesellschaft 1 (1975), S. 348.

[181] Vgl. Jörn Rüsen, *Historik und Didaktik*. In: Erich Kohorst (Hrsg.), *Geschichtswissenschaft*. Göttingen 1977, S. 54–55; auch ders., *Für eine erneuerte Historik*.

Bis vor kurzem befanden sich marxistische Historiker und Wirtschaftswissenschaftler im scharfen Gegensatz zu ihrer jeweiligen Zunft. Marx bezog sich noch grundsätzlich auf die klassische ökonomische Theorie. Er versuchte, sie teilweise mit ihren eigenen Methoden zu widerlegen. Andererseits wurde Marxens Wirtschaftsanalyse, auch wenn sie von den politischen Wirtschaftswissenschaftlern zurückgewiesen wurde, Teil des klassischen Kanons wirtschaftswissenschaftlicher Literatur. Obgleich sich Marx der Grenzen empirischer Methoden in ökonomischen Analysen zutiefst bewußt war, bemühte er sich, hypothetisch-deduktive Systeme zu formulieren, die die der klassischen politischen Ökonomie ersetzen sollten und, wie die letzteren, empirischer Überprüfung unterworfen werden konnten. Rudolf Hilferding, Rosa Luxemburg u. a. entwickelten die marxistische Wirtschaftstheorie weiter, so daß eine kontinuierliche Tradition marxistischer Wirtschaftswissenschaft entstand. Im Gegensatz dazu fehlte den marxistischen historischen Werken schon bei Marx und Engels die begriffliche und methodologische Strenge marxistischer Wirtschaftsstudien. Marxens historische Schriften entsprachen stärker den unmittelbaren Bedürfnissen politischer Situationen und richteten sich gleichzeitig nach allgemeinen theoretischen Konzepten und politischen Werten.

Das Fehlen methodologischer Gemeinsamkeiten trug ebenso zur Isolierung marxistischer Historiographie von den Hauptströmungen wissenschaftlicher historischer Diskussion bei wie die jeweils sehr verschiedenen institutionellen Rahmen. Auch gelang es den Marxisten nicht, ihre exakten Modelle ökonomischer Entwicklung mit der Analyse historischer Ereignisse zu verbinden, es sei denn, sie nahmen zu allgemeinen Generalisierungen Zuflucht, die empirisch unüberprüfbar blieben.

In den letzten Jahrzehnten gelang den marxistischen Historikern der Eintritt in die Zunft. Die Professionalisierung, die im 19. Jahrhundert die historische Forschung veränderte, wirkte sich im 20. Jahrhundert auch auf die marxistische Geschichtsschreibung aus. Die großen marxistischen Historiker, Marx und Engels selbst, Franz Mehring, Jean Jaurès, Lenin und Trotzki, waren Politiker oder (in Mehrings Fall) Publizisten in führenden Positionen innerhalb ihrer Parteien, die Geschichtsschreibung als ein strategisches Instrument im Klassenkampf ansahen. Seit den zwanziger und dreißiger Jahren wurde marxistische Geschichte zunehmend an Universitäten und Forschungszentren geschrieben. Die Bedingungen für diese Entwicklung waren in den von kommunistischen Parteien beherrschten Gesellschaften, also in der Sowjetunion und nach 1945 in den sozialistischen Ländern östlich der Elbe, grundsätzlich anders als in Ländern wie Frankreich oder Italien, wo marxistische Historiker Teil einer großen pluralistischen Gemeinschaft von Wissenschaftlern waren. Doch hatte die Professionalisierung, auch wo sie von ideologischer Ausrichtung begleitet war, überall zur Folge, daß sich die marxistischen Historiker der konventionellen Forschungstechniken des Faches bewußt wurden; auch verstärkte sich nun die Möglichkeit zum Dialog mit Nicht-Marxisten, die jetzt die marxistische Herausforderung der konventionellen Geschichtsauffassung ernstzunehmen begannen.

Dieses Kapitel will nicht einen umfassenden Überblick über die heutige marxistische Geschichtsschreibung geben. Die Verschiedenheit innerhalb marxistischer Geschichtsstudien hält uns davon ab, »Marxismus« in abstrakten Begriffen zu definieren. Zuerst werden die historischen Arbeiten von Marx und Engels untersucht werden, die sehr viel schwerer auf eine gemeinsame Formel gebracht werden können, als gemeinhin angenommen wird. Im zweiten Teil werden dann verschiedene Strömungen moderner marxistischer Geschichtsforschung erörtert werden. Er wird sich auf verschiedene Entwicklungen konzentrieren, die die Wechselwirkung zwischen marxistischer Geschichte und anderen Strömungen der modernen analytischen Sozialgeschichte illustrieren. Betont werden dabei die Entwicklungen in Westeuropa, weil dort die Bedingungen für einen Dialog mit den geschichtswissenschaftlichen Richtungen, die wir in den letzten beiden Kapiteln erörtert haben, günstiger waren. Dieser Teil ist notwendigerweise selektiv, teils auch durch des Autors Kenntnis der neueren Literatur begrenzt. So ist es leider nicht möglich, Arbeiten mit neuen Ansätzen aus Italien, Ungarn usw. zu besprechen. Und was vielleicht schwerer wiegt: historische Arbeiten aus der Sowjetunion konnten nicht berücksichtigt werden. Verschiedene klassische Themen marxistischer Studien, der Übergang vom Feudalismus zum Kapitalismus, die Dynamik der Entwicklung nicht-westlicher, besonders asiatischer

Gesellschaften, Charakter und Wirkung des Imperialismus, sind übergangen worden. Auch Historiker, deren Namen man hier zu finden erwarten darf – J. B. Finlay, Maurice Dobbs, Jean Chesneaux, Pierre Vilar, Jean Bouvier, Lucien Goldmann u.a. –, sind deshalb nicht oder nur am Rande erwähnt. Wir haben drei begrenzte Themen ausgewählt, die Licht auf die Wechselwirkung zwischen marxistischer und nicht-marxistischer Sozialgeschichte werfen: den Versuch polnischer Historiker, wirtschaftliche Struktur- und Wachstumsmodelle auf mittelalterliche oder frühneuzeitliche Gesellschaften anzuwenden, dann Interpretationen der Französischen Revolution durch französische Historiker und schließlich Analysen der Industrialisierung durch britische Geschichtswissenschaftler. Obwohl in diesem Kapitel die Gemeinsamkeiten der marxistischen und nicht-marxistischen modernen Sozialgeschichte untersucht werden, sollte man nicht daraus schließen, daß beide Richtungen in eine gemeinsame empirische analytische Geschichte aufgehen; vielmehr bleibt ein besonderer marxistischer Geschichtsansatz, dessen man sich bewußt zu sein hat.

I

Marx war überzeugt, daß Ökonomie und Geschichte auf das Niveau strenger Wissenschaftlichkeit emporgehoben werden müßten und daß außerdem beide Disziplinen, außer für heuristische Zwecke, nicht von ihrem umfassenden totalen Zusammenhang, in dem sie »stattfinden«, getrennt werden dürften. Was Marx unter wissenschaftlicher Methode verstand, wurde jedoch Gegenstand weitreichender und voneinander abweichender Interpretationen.

Es gibt klare Punkte der Übereinstimmung zwischen Marxens Wissenschaftsbegriff und der nomologischen Wissenschaftsauffassung[1]. In seinen ökonomischen Schriften versucht er sicherlich, Entwicklungs»gesetze« zu formulieren, die einen

---

[1] Georg Lukács und Karl Korsch haben ohne Zweifel recht, wenn sie Marxens kritische Einschätzung der Methoden der empirischen Naturwissenschaften betonen; doch gehen sie meiner Meinung nach weiter, als Marx beabsichtigte, wenn sie diese Methoden als »Verdinglichung aller menschlichen Beziehungen« (Lukács) identifizieren oder von einer »spezifisch bürgerliche(n) Methode der wissenschaftlichen Forschung« (Korsch) sprechen. Siehe Georg Lukács, *Geschichte und Klassenbewußtsein*. Neuwied 1968, S. 66, und Karl Korsch, *Die materialistische Geschichtsauffassung und andere Schriften*. Frankfurt a. M. 1971, S. 132.

wichtigen Grundstein des Geschichtsprozesses bildeten. »Es ist der letzte Endzweck dieses Werks«, schreibt Marx im *Kapital,* »das ökonomische Bewegungsgesetz der modernen Gesellschaft zu enthüllen«[2]. Diese Gesetze ökonomischer Entwicklung sind nicht als abstrakte Gesetze mit universeller Gültigkeit angelegt, sondern sind durch den konkreten historischen Zusammenhang der sozialen Produktionsverhältnisse definiert, in denen sie wirken. Die wissenschaftliche Formulierung von Gesetzen verlangte trotzdem explizite Theorien, die eine gewisse quantitative Formulierung gestatteten und empirisch überprüft werden konnten. Im *Kapital* sucht Marx Gesetze zu formulieren, die zur Befriedigung von Wirtschaftswissenschaftlern aller Richtungen die Richtigkeit oder Falschheit historischer Entwicklungen beweisen sollten, so z. B. das »Gesetz des tendenziellen Falls der Profitrate«, das seiner Ansicht nach in Formeln ausgedrückt werden konnte.

Doch trotzdem wies Marx nachdrücklich eine einfache Widerspiegelungstheorie und den Empirismus, den eine solche Theorie voraussetzt, ab. Durchweg unterscheidet er zwischen dem Wesen der Dinge und ihrer Erscheinungsform und gibt im *Kapital* zu bedenken, daß »die allgemeinen und notwendigen Tendenzen des Kapitals ... von ihren Erscheinungsformen (zu unterscheiden sind)«[3].

Auch warnt er in der *Deutschen Ideologie* den Historiker davor, Aussagen einer Epoche über sich selbst unkritisch zu akzeptieren[4]. Diese Kritik des Empirismus ist vielleicht am genauesten in dem Abschnitt über Methodologie in der *Einleitung zur Kritik der Politischen Ökonomie* formuliert worden. Hier schreibt Marx: »Es scheint das Richtige zu sein, mit dem Realen und Konkreten, der wirklichen Voraussetzung zu beginnen, also z. B. in der Ökonomie mit der Bevölkerung, die die Grundlage und das Subjekt des ganzen gesellschaftlichen Produktionsakts ist. Indes zeigt sich dies bei näherer Betrachtung als falsch. Die Bevölkerung ist eine Abstraktion, wenn ich z. B. die Klassen, aus denen sie besteht, weglasse. Diese Klassen sind wieder ein leeres Wort, wenn ich die Elemente nicht kenne, auf denen

[2] Karl Marx, *Das Kapital.* Bd. 1. ›Vorwort zur ersten Auflage‹ in Karl Marx und Friedrich Engels, *Werke,* Bd. 23, S. 15–16 (künftig: MEW).

[3] *Das Kapital.* Bd. 1. MEW, Bd. 23, S. 335. Vgl. Roman Rosdolfsky, »Einige Bemerkungen über die Methode des Marxschen ›Kapital‹ und ihre Bedeutung für die heutige Marxforschung«. In: Walter Euchner und Alfred Schmidt (Hrsg.), *Kritik der politischen Ökonomie. 100 Jahre Kapital.* Frankfurt, 1968, S. 15–16.

[4] Karl Marx und Friedrich Engels, *Deutsche Ideologie.* MEW, Bd. 3, S. 49.

sie beruhn, z. B. Lohnarbeit, Kapital etc. Diese unterstellen Austausch, Teilung der Arbeit, Preise etc. Kapital z. B. ohne Lohnarbeit ist nichts, ohne Wert, Geld, Preis etc. Finge ich also mit der Bevölkerung an, so wäre das eine chaotische Vorstellung des Ganzen, und durch nähere Bestimmung würde ich analytisch immer mehr auf einfachere Begriffe kommen; von dem vorgestellten Konkreten auf immer dünnere Abstrakta, bis ich bei den einfachsten Bestimmungen angelangt wäre. Von da an wäre die Reise nun wieder rückwärts anzutreten, bis ich endlich wieder bei der Bevölkerung anlangte, diesmal aber nicht als bei einer chaotischen Vorstellung eines Ganzen, sondern als einer reichen Totalität von vielen Bestimmungen und Beziehungen.«

Und es ist die Aufgabe der Wissenschaft, das Konkrete als »Zusammenfassung vieler Bestimmungen«, also als »Einheit des Mannigfaltigen« in seinem Verhältnis zur Totalität zu erfassen[5].

Das »Konkrete« als Ausdruck der »Totalität« kann nur auf theoretischer Ebene begriffen werden. Doch jede Theorie ist Marx zufolge tatsächlich nur eine Abstraktion essentieller, aber dennoch partieller Aspekte des Ganzen. Noch verwickelter werde historisches Verstehen durch die Tatsache, daß, wie Vico sagt, »die Menschengeschichte sich dadurch von der Naturgeschichte unterscheidet, daß wir die eine gemacht und die andere nicht gemacht haben«[6]. Jedoch wird sie nicht von Menschen unter Bedingungen ihrer Wahl gemacht, »sondern unter unmittelbar vorgefundenen, gegebenen und überlieferten Umständen«[7]. Menschliches Handeln schafft Kräfte, die an einem Punkt in der historischen Entwicklung selbständig vom menschlichen Willen zu wirken beginnen und die Menschen dann tatsächlich beherrschen. Das ermöglicht Marx, »die Entwicklung der ökonomischen Gesellschaftsformation«, die für ihn die Geschichte ausmacht, als einen »naturgeschichtlichen Prozeß« zu sehen, der durch Gesetze geregelt wird[8]. Diese Gesetze sind aber keine Gesetze im naturwissenschaftlichen Sinn, sondern Gesetze von Gesellschaftsformationen an einem bestimmten Punkt ihrer Entwicklung[9]. Sie sind also aus der Reali-

[5] *Einleitung zur Kritik der Politischen Ökonomie.* MEW, Bd. 13, S. 631.
[6] *Das Kapital,* Bd. 1, S. 393.
[7] *Der achtzehnte Brumaire des Louis Bonaparte.* MEW, Bd. 8, S. 115.
[8] *Das Kapital,* Bd. 1, Vorwort zur ersten Auflage. MEW, Bd. 23, S. 16.
[9] *Das Kapital,* Bd. 1, ›Nachwort zur zweiten Auflage‹. MEW, Bd. 23, S. 26; zum Bevölkerungsgesetz siehe auch S. 660.

tät gewonnene Konstruktionen, die Erklärungstheorien des Verhaltens unter bestimmten historischen Umständen abgeben. Doch ist die konkrete historische Situation immer komplexer als die Theorie. Wenn Marx daher allgemeine »Gesetze« der kapitalistischen Entwicklung bildet, wie das »Gesetz des tendenziellen Falls der Profitrate«, so erkennt er doch, daß man immer mit Einflüssen rechnen muß, die diesen Gesetzen »entgegenwirken« und ihnen »nur den Charakter einer Tendenz« lassen[10].

Empirische Analysen erweisen sich somit als ungenügend für das Verständnis konkreter historischer Situationen. Die Verbindung zwischen Gesetz und Ereignis ist für Marx wie für Hegel im dialektischen Prozeß enthalten. Sicherlich will Marx die Dialektik von den idealistischen »Mystifikationen« befreien, die ihr von Hegel angetan wurden, und sie auf den festen Boden des »Materiellen« stellen[11]. Die treibende Kraft der Dialektik ist Marx zufolge nicht im »Denkprozeß«[12] zu finden, sondern in den bei der Entwicklung der »materiellen Produktivkräfte« entstandenen Widersprüchen und »den Eigentumsverhältnissen, innerhalb deren sie (die Produktivkräfte) sich bisher bewegt hatten«[13]. Doch gleichzeitig setzt der Begriff des Dialektischen einen Prozeß zunehmender Rationalität voraus – verstanden nicht nur als effizientere Organisation materieller und menschlicher Mittel zu Produktionszwecken, sondern auch als Herstellung der »materiellen Produktionsbedingungen, welche allein die reale Basis einer höheren Gesellschaftsform bilden können, deren Grundprinzip die volle und freie Entwicklung jedes Individuums ist«[14].

Obgleich der Marxsche Ansatz gesellschaftlicher Untersuchungen in der Betonung von Veränderungen durchaus historisch ist, so ist er doch auch normativ. Diese Normen sind sicherlich nicht die ahistorischen Maßstäbe des Naturrechts; denn »indem (der Mensch) ... auf die Natur außer (sich) wirkt und sie verändert, verändert er zugleich seine eigene Natur«[15]. Jede Gesellschaftswissenschaft ist für Marx eine historische Wissenschaft, die von der materiellen Basis menschlichen Da-

---

[10] *Das Kapital*, Bd. 3. MEW, Bd. 25, S. 319.
[11] *Das Kapital*, Bd. 1, ›Nachwort zur zweiten Auflage‹. MEW, Bd. 23, S. 27.
[12] Ebd.
[13] *Zur Kritik der Politischen Ökonomie*, Vorwort. MEW, Bd. 13, S. 9.
[14] *Das Kapital*, Bd. 1. MEW, Bd. 23, S. 540.
[15] Ebd., S. 148.

seins ausgeht; und soweit sie wie jede Sozialwissenschaft gesellschaftliche Zustände nicht nur in wirtschaftlicher Hinsicht, sondern auch unter dem Gesichtspunkt der beeinträchtigten sozialen Funktionalität untersucht, ist sie kritisch und normativ. Es ist wichtig, den normativen Aspekt des dialektischen Prozesses zu verstehen, da die Polarität zwischen der normativen und der bestehenden Ordnung ein grundsätzliches Element der Marxschen Methode in der Wirtschafts- und Geschichtswissenschaft bildet. Der Humanismus der Pariser Manuskripte, in denen der Mensch als »Gattungswesen« aufgefaßt wird, der »sich zu sich als einem universellen, darum freien Wesen verhält«, der aber unter den Bedingungen des Privateigentums von »seinem menschlichen Wesen«[16] »entfremdet« wurde, ist bekannt. Und eine ähnliche Polarität zwischen normativen Bedingungen menschlicher Werte und den im Kern »irrationalen« Umständen der gegebenen historischen Formation der Gesellschaft, die »keine natürliche Grundlage« hat, findet sich wiederholt im *Kapital* und in den *Grundrissen*. Marxens grundlegende Kritik der politischen Ökonomie ist gleichermaßen philosophisch wie ökonomisch. Er wirft der politischen Ökonomie vor, mit einer falschen Auffassung von Wert zu arbeiten, die Wert als »Eigenschaft der Dinge« statt als »Reichtum (Gebrauchswert)« für den Menschen mißt[17]. »Die politische Ökonomie«, schrieb Marx, »hat nun zwar, wenn auch unvollkommen, Wert und Wertgröße analysiert. ... Sie hat niemals auch nur die Frage gestellt, ... warum sich ... die Arbeit im Wert und das Maß der Arbeit durch ihre Zeitdauer in der Wertgröße des Arbeitsprodukts darstellt«[18].

Im *Kapital* wie schon in den *Ökonomisch-Philosophischen Manuskripten* führt Marx aus, daß Kapitalismus die äußerste Form der Entwicklung repräsentiert, »worin der Produktionsprozeß die Menschen, der Mensch noch nicht den Produktionsprozeß bemeistert«[19] und soziale Beziehungen zu »sachlichen Verhältnisse(n) der Personen und gesellschaftliche(n) Verhältnissen der Sachen«[20] reduziert sind. Der »Produktionsprozeß, ... (in dem) sich der Arbeiter zu den Produktionsmitteln nicht

[16] *Ökonomisch-philosophische Manuskripte (1844)*. MEW, Ergänzungsband 1, S. 515.
[17] *Das Kapital*, Bd. 1. MEW, Bd. 23, S. 62.
[18] Ebd., S. 58f.
[19] Ebd., S. 60.
[20] Ebd., S. 52.

als Kapital, sondern als bloßes Mittel und Material seiner zweckmäßigen produktiven Tätigkeit (verhielt)«, ist durch den kapitalistischen Arbeitsprozeß ersetzt worden, in dem »es nicht mehr der Arbeiter (ist), der die Produktionsmittel anwendet, sondern ... die Produktionsmittel, die den Arbeiter anwenden«[21]. Der Kapitalismus ist, nicht nur, weil er sich auf lange Sicht als wirtschaftlich selbstzerstörerisch erweist, sondern auch, weil er gleichzeitig menschlich zerstörerisch wirkt, letztlich zum Untergang verurteilt. Da der Kapitalismus sich auf der Schöpfung von Mehrwert gründet, also verlangt, »daß der Wert der Arbeit stets kleiner sein muß als ihr Wertprodukt«[22], gerät er immer tiefer in den inneren Widerspruch, daß innerhalb seines Systems »alle Mittel zur Entwicklung der Produktion in Beherrschungs- und Exploitationsmittel des Produzenten umschlagen ... (und) den Arbeiter in einen Teilmenschen verstümmeln«[23]. Aber gerade die Forderungen des kapitalistischen Produktionsprozesses »machen es zu einer Frage von Leben und Tod«, »das Teilindividuum, den bloßen Träger einer gesellschaftlichen Detailfunktion, durch das total entwickelte Individuum, für welches verschiedene gesellschaftliche Funktionen einander ablösende Betätigungsweisen sind, zu ersetzen«[24]. Und ebenso treibt dieser Prozeß »die Konzentration der Produktionsmittel und die Vergesellschaftung der Arbeit«[25] soweit voran, daß diese mit dem kapitalistischen System unvereinbar werden. Für den »reifen« Marx von 1867 wie für den »jungen« von 1844 steht fest, daß die kapitalistische Produktion ihre eigene »Negation«[26] erzeugt. In letzter Analyse fallen für Marx Wissenschaft, Ethik und der Verlauf der historischen Entwicklung zusammen – wie auch schon für Hegel –, auch wenn die treibende Kraft dieses Prozesses nicht mehr im spontan wirkenden Denken, sondern im »Wirklichen«, in den durch die materiellen Kräfte erzeugten Widersprüchen liegt[27]. Es stellt sich nun die Frage, wie diese dialektische Auffassung für die wissenschaftliche historische Forschung nutzbar gemacht werden kann. Geschichtsschreibung, bemerkte Marx in der *Deutschen*

---

[21] Ebd., S. 274.
[22] Ebd., S. 487.
[23] Ebd., S. 595.
[24] Ebd., S. 442.
[25] Ebd., S. 705.
[26] Ebd. Marx spricht hier von der »Negation der Negation«; vgl. *Ökonomisch-philosophische Manuskripte (1844)*. MEW, Ergänzungsband 1, S. 585.
[27] *Das Kapital*, Bd. 1. MEW, Bd. 23, S. 12.

Ideologie, muß von den »materiellen Lebensbedingungen«, unter denen Menschen leben, »von diesen natürlichen Grundlagen und ihrer Modifikation im Laufe der Geschichte durch die Aktion der Menschen ausgehen«[28]. Trotzdem bleibt es zweifelhaft, ob es Marx in seinem historischen Werk gelungen ist, die materiellen Bedingungen, unter denen Menschen leben, mit dem Verlauf historischer Ereignisse empirisch zu verbinden oder seine historischen Hypothesen zu prüfen. Trotz seiner Forderung, alle sozialen Erscheinungen in ihrem dynamischen, totalen Zusammenhang zu sehen, schrieb Marx Geschichte auf zwei sehr verschiedene Weisen: einerseits Wirtschafts- und Sozialgeschichte im ersten Band des *Kapitals,* aus denen die Erörterung politischer Faktoren weitgehend verbannt war; andererseits politische Geschichte wie *Der 18. Brumaire des Louis Bonaparte,* wo Marx annimmt, daß alle politischen Auseinandersetzungen Klassenkonflikte repräsentieren, ohne jedoch seine Klassenanalyse auf gründliche empirische Forschung zu stellen.

Der erste Band des *Kapitals* befaßt sich gleichermaßen mit ökonomischer Theorie wie mit Wirtschafts- und Sozialgeschichte. Die geschichtlichen Abschnitte, die von der Entwicklung des Arbeitstages, des Fabriksystems und der Arbeitsgesetzgebung handeln, nehmen einen großen Teil des Bandes ein, ergeben sich jedoch nicht so klar aus den theoretischen Abschnitten, wie Marx beabsichtigte. In den theoretischen Abschnitten abstrahiert Marx bewußt den Kapitalismus von seinen konkreten historischen Bedingungen, um die innere Logik herauszuarbeiten, die mit der »Notwendigkeit eines Naturprozesses«[29] den Kapitalismus als System beherrscht, wo und wann auch immer er auftreten mag. Sobald der Prozeß der »ursprünglichen Akkumulation«, in dem der Arbeiter gewaltsam von den Produktionsmitteln getrennt wurde, einen ausreichenden Vorrat an Kapital angehäuft hat, läuft ein selbstwirkender Prozeß an, in dem »jede Akkumulation das Mittel neuer Akkumulation wird«[30], bis die systemimmanenten Widersprüche zu seiner Zerstörung führen.

Bei der Analyse der Gesetze der kapitalistischen Entwicklung hat sich Marx darum bemüht, diese von den konkreten historischen Bedingungen zu abstrahieren. Doch hatte sich für ihn der Kapitalismus nur in einem spezifischen historischen Zusam-

---

[28] *Deutsche Ideologie.* MEW, Bd. 3, S. 20.
[29] *Das Kapital,* Bd. 1. MEW, Bd. 23, S. 705.
[30] Ebd., S. 575.

menhang in Europa entwickelt. In einem berühmten Brief aus dem Jahre 1877 weist er nachdrücklich Versuche zurück, »meine historische Skizze von der Entstehung des Kapitalismus in Westeuropa in eine geschichtsphilosophische Theorie des allgemeinen Entwicklungsganges (zu) verwandeln, der allen Völkern schicksalsmäßig vorgeschrieben ist, was immer die geschichtlichen Umstände sein mögen, in denen sie sich befinden«[31]. Doch entstünde der Kapitalismus in anderen Gesellschaften, wie in Rußland, so würde er eine ähnliche Entwicklung nehmen. Im *Kapital* zeigt sich jedoch ein scharfer Gegensatz zwischen der Entwicklung, die der Kapitalismus Marxens Analyse zufolge haben müßte, wenn er seiner eigenen inneren Logik folgen dürfte, und dem tatsächlichen Verlauf der wirtschaftlichen und sozialen Entwicklung Englands, wie Marx sie zeigt. »Arbeit während aller 24 Stunden des Tages anzueignen, ist ... der immanente Trieb der kapitalistischen Gesellschaft«[32]; »Es ist die beständige Tendenz des Kapitals«, schreibt Marx, »Löhne auf Null herabzudrücken«[33]. Doch geben die langen historischen Abschnitte über den Arbeitstag und die Lohnentwicklung ein viel komplizierteres Bild als Marx' Modell erwarten läßt. Marx berichtet, wie seit dem »Schwarzen Tod« bis ins 18. Jahrhundert unter mehr oder weniger vorkapitalistischen Bedingungen die Gesetzgebung dazu neigte, den Arbeitstag zu verlängern und Löhne zu kürzen. Aber in dem Augenblick, als mit dem Reformgesetz von 1832 das Parlament ein für die Verfolgung kapitalistischer Interessen effektives Instrument wird, verkehrt sich diese Tendenz: gesetzliche Regelungen, die den Arbeitstag verkürzen und Arbeitsbedingungen regulieren, wurden durchgesetzt. Die durch die Mechanisierung ermöglichte Intensivierung der Arbeit und die Mißachtung dieser Gesetze durch Fabrikbesitzer machten viele dieser Fortschritte zunichte. Es ist jedoch England, und Marx gibt das offen zu, das in der Mitte des 19. Jahrhunderts vor allen anderen weniger kapitalistisch entwickelten Ländern wie Frankreich gesetzliche Arbeitsregelungen einführte. Wenn die dem Kapitalismus systemimmanenten Tendenzen zu längeren Arbeitstagen und niedrigeren Löhnen sich nicht unangefochten behaupten konnten, so kam es Marx zufolge dazu, weil andere Faktoren eben diesen

[31] Brief an N. K. Michailowski. In: *Ausgewählte Briefe.* Berlin/DDR 1953, S. 370f.
[32] *Das Kapital,* Bd. 1. MEW, Bd. 23, S. 221.
[33] Ebd., S. 549.

systemimmanenten Gesetzen kapitalistischer Produktion entgegenarbeiteten. Die Widersprüche des Kapitalismus hatten eine moderne Arbeiterklasse entstehen lassen, und das Bewußtsein dieser Klasse wurde eine wichtige Kraft in der historischen Entwicklung. Die Länge des Arbeitstages war niemals das Resultat rein wirtschaftlicher Faktoren, sondern immer das »Produkt eines langwierigen, mehr oder minder versteckten Bürgerkriegs zwischen der Kapitalistenklasse und der Arbeiterklasse«[34]. Deshalb ist die politische Geschichte der Schlüssel zum Verständnis der Wirtschaftsgeschichte, auch wenn dann politische Geschichte wieder nur in ihrem sozio-ökonomischen Zusammenhang verstanden werden kann.

Es fällt auf, daß Marx und Engels wenig über die politische Geschichte Englands oder über die Wirtschaftsgeschichte Frankreichs und Deutschlands schrieben. Ihre Analysen der deutschen und französischen Geschichte erinnern nur entfernt an die sorgfältige Untersuchung der wirtschaftlichen Entwicklung Englands im *Kapital*. Die Grundthese war natürlich, daß auf der politischen Ebene die widerstreitenden Klasseninteressen ausgefochten wurden und daß das Ergebnis dieser Konflikte grundsätzlich durch die allgemeine Richtung der Geschichte bestimmt wurde, die in der europäischen Welt zur Ablösung der »feudalen« durch die »bürgerliche« Produktionsweise führte, bis die systemimmanenten Entwicklungen und Widersprüche in ihr die Abschaffung der Klassengesellschaft verlangten. Doch war der tatsächliche Verlauf politischer Geschichte, wie sie Marx und Engels in ihren Schriften über Deutschland und Frankreich im 19. Jahrhundert und Engels in seinem Buch *Der deutsche Bauernkrieg* darlegten, viel komplexer, als die Stufentheorie annehmen läßt, die Marx und Engels in nur sehr allgemeiner Form skizziert hatten[35].

Der 18. Brumaire des Louis Bonaparte und *Die Klassenkämpfe in Frankreich 1848 bis 1850* stellten Marx, *Revolution und Konterrevolution in Deutschland* sowie *Der deutsche Bauernkrieg* stellten Engels vor die Frage, warum die liberal-bürgerliche Revolution, die sie im *Kommunistischen Manifest* vorausgesagt hatten, nicht zur proletarischen Revolution geführt hat. Die

[34] Ebd., S. 263.
[35] Über die Stufenlehre bei Marx und Engels siehe Eric Hobsbawm, *Pre-Capitalist Economic Formations*. New York 1965, der den Standpunkt vertritt, daß Marx nirgends ein »allgemeines Gesetz« historischer Entwicklung zu formulieren suchte (S. 43).

Antwort gab zum großen Teil die wirtschaftliche und politische Zurückgebliebenheit beider Länder: »Die deutsche Bourgeoisie hat(te) das Unglück, ... nach beliebter deutscher Manier zu spät (zu) (kommen)«[36]. Doch widerspricht diese Erklärung Marx' Annahme, die er auch im Vorwort zur Erstausgabe des *Kapitals* wiederholt hatte, daß alle kapitalistischen Länder durch ähnliche Entwicklungsstufen gehen und daß deshalb »das industriell entwickelte Land (England) ... dem minderentwickelten nur das Bild der eigenen Zukunft (zeigt)«[37]. In Deutschland und Frankreich fürchtete die Bourgeoisie ein revolutionäres Proletariat und war, wie Marx in *Der 18. Brumaire des Louis Bonaparte* zeigt, in sich selbst aufgrund widersprechender Wirtschaftsinteressen gespalten; deshalb suchte sie entweder, wie in Deutschland, Unterstützung in der vorkapitalistischen sozialen und politischen Ordnung oder, wie in Frankreich, mit starker bäuerlicher Unterstützung im Bonapartismus. Obwohl Marx die Wurzeln der politischen Parteien in Eigentumsverhältnissen sieht[38], erkennt er doch an, daß Louis Bonapartes Sieg in Frankreich nicht allein aus Klasseninteressen erklärt werden kann; denn auch das Gewicht politischer Traditionen und Erinnerungen, die Gerissenheit von Individuen wie Louis Bonaparte und den Mitgliedern der »Gesellschaft vom 10. Dezember«, einer Gruppe mit fest definierte soziale Basis, die nach politischer Macht strebt, muß verstanden und ihr Einfluß abgeschätzt werden[39]. Sobald erst der bonapartistische Staat die Macht fest in den Händen hielt, konnte er funktionieren, ohne dem direkten Druck wirtschaftlicher Interessenverbände oder Klassen unmittelbar nachgeben zu müssen. Engels sieht das Versagen der deutschen Revolution von 1848 in moralischeren Kategorien als Marx: es ist die Feigheit der Bourgeoisie, die nicht willens ist, ihre objektive historische Rolle anzutreten. Deshalb ist »der Liberalismus in der Politik, die Herrschaft der Bourgeoisie, gleichviel ob unter monarchischer oder republikanischer Regierungsform, ... fortan in Deutschland unmöglich«[40].

Der *18. Brumaire* entspricht am ehesten dem Versuch einer sorgfältigen ökonomischen Interpretation der Geschichte, die auch frei von Engels' Moralismus ist. Doch, so schreibt Marx,

[36] Friedrich Engels, *Der deutsche Bauernkrieg*. MEW, Bd. 7, S. 534.
[37] *Das Kapital*, Bd. 1, ›Vorwort zur ersten Auflage‹. MEW, Bd. 23, S. 12.
[38] *Der achtzehnte Brumaire des Louis Bonaparte*. MEW, Bd. 8, S. 138 f.
[39] Ebd., S. 124, 160 f.
[40] *Revolution und Konterrevolution in Deutschland*. MEW, Bd. 8, S. 107.

»gebührt mir nicht das Verdienst, weder die Existenz der Klassen in der modernen Gesellschaft noch ihren Kampf unter sich entdeckt zu haben. Bürgerliche Geschichtsschreiber hatten längst vor mir die historische Entwicklung dieses Kampfes der Klassen und bürgerliche Ökonomen die ökonomische Anatomie derselben dargestellt. Was ich neu tat, war 1. nachweisen, daß die *Existenz der Klassen* bloß an *bestimmte historische Entwicklungsphasen der Produktion* gebunden ist; 2. daß der Klassenkampf notwendig zur *Diktatur des Proletariats* führt; 3. daß diese Diktatur selbst nur den Übergang zur *Aufhebung aller Klassen* und zu einer *klassenlosen Gesellschaft* bildet«[41].

Der *18. Brumaire* ist »histoire engagée«, die im Scharfsinn ihrer Interpretation und der Brillanz ihres Stils frühere Versuche von Augustin Thierry, François Guizot, Louis Blanc und Lorenz von Stein übertrifft, die französische Politik als Klassenkonflikt zu analysieren. Doch obgleich Marx und Engels eine Beziehung zwischen Wirtschaftskrisen und politischen Unruhen annahmen, bemühten sie sich kaum, die Ereignisse von 1848 bis 1851 in Beziehung zu zyklischen Wirtschaftsbewegungen der Zeit zu setzen. Die Analyse der Klassen bleibt impressionistisch und entbehrt empirischer Untersuchungen – die doch eine marxistische Wissenschaftskonzeption, trotz ihrer Kenntnis um die Grenzen des Empirismus, theoretisch verlangt. So blieb es eine Aufgabe für spätere Historiker, eine kritische politische und soziale Geschichte aus marxistischer Perspektive zu schreiben, die sich auf Wirtschaftstheorie und empirische Belege stützt.

II

Wir haben bereits den allgemeinen Prozeß der Professionalisierung erwähnt, an dem auch die marxistische Historikerschaft teilhatte. In der Sowjetunion und den anderen Ländern östlich der Elbe lief dieser Prozeß Hand in Hand mit der Reorganisation der wissenschaftlichen Berufe nach dem Machtantritt einer von der jeweiligen Kommunistischen Partei dominierten Regierung. In den westlichen Ländern und in Japan erschienen die ersten konventionell ausgebildeten Historiker marxistischer Ausrichtung an den Universitäten, an denen verschiedene ideologische und methodologische Positionen vertreten waren. So

[41] Vgl. Marx an Weydemeyer, 5. März 1852. In: *Ausgewählte Briefe*. S. 86.

waren sie fast von Anfang an zum Dialog mit Nichtmarxisten gezwungen. Solche Bedingungen bestanden in den sozialistischen Ländern nicht. Eine wichtige Rolle in der Koordination der Forschung wurde dort zumeist den Akademien der Wissenschaften übertragen; gleichzeitig lieferten die Parteien, die auch ihre eigenen Forschungszentren unterhielten, oft allgemeine Interpretationsrichtlinien. Man sollte allerdings die Forschung in den sozialistischen Ländern Osteuropas nicht leichtfertig auf einen Nenner bringen. Von Land zu Land bestehen starke Unterschiede, die die verschiedenen wissenschaftlichen Traditionen und politischen Bedingungen widerspiegeln. Während in der Sowjetunion und der DDR[42] die Forschungsgebiete durch methodologische Ansätze und Interpretationen seitens Partei und Staat weitgehend vorgegeben sind, ist das im allgemeinen in Jugoslawien, Polen und Ungarn nach 1956 und in der ČSSR in den sechziger Jahren weniger der Fall. In der Sowjetischen Besatzungszone, der späteren DDR, wo ein Teil der Historikerschaft wie in ganz Deutschland durch den Nationalsozialismus politisch und intellektuell kompromittiert war, kam es in den Jahren nach 1945 zu einem nahezu völligen Wechsel in der personellen Zusammensetzung der Berufshistorikerschaft; die Lehrstühle und Schlüsselpositionen in den Instituten nahmen jetzt Personen ein, die viele Jahre aktiv im antifaschistischen Widerstand tätig gewesen waren. In anderen Ländern, wie in Polen[43], wo schon vor dem Krieg eine lebendige sozialgeschichtliche Tradition bestand, konnten Nichtmarxisten wie die Sozial- und Wirtschaftshistoriker Jan Rutkowski und Henryk Łowmiański, aber auch traditionellere Historiker, an die Universitäten zurückkehren und sich an der Ausbildung einer jungen Generation marxistischer Historiker beteiligen. In Frankreich entstand die marxistische Richtung historischer Forschung an den Universitäten ohne radikalen Bruch innerhalb

[42] Über die Organisation der historischen Forschung in der DDR siehe Walther Eckermann und Hubert Mohr (Hrsg.), *Einführung in das Studium der Geschichte*. Berlin/DDR 1966, S. 8–16; über die Bedeutung der Beschlüsse der SED für die Geschichtswissenschaft siehe ebd., S. 92–96; über die UdSSR siehe Nancy Whittier Heer, *Politics and History in the Soviet Union*. Cambridge, Mass. 1971, S. 11–58.

[43] Zur Organisation der Historikerschaft in Polen und zur polnischen Geschichtswissenschaft seit 1945 siehe *La Pologne au XIIIe Congrès International des Sciences Historiques à Moscou*. 2 Bde, Warschau 1970, besonders den Aufsatz von Jerzy Topolski, *Développements des études historiques en Pologne 1945–68*, Bd. 1, S. 7–76; auch ders., *Le Développement des recherches d'histoire économique en Pologne*. Studia Historiae Oeconomicae 1 (1966), S. 3–42.

der Konventionen der Zunft. Die Professionalisierung marxistischer Forschung ermöglichte wissenschaftliche Dialoge mit Nichtmarxisten, obwohl die ideologischen und politischen Weisungen an die Historikerschaft in bestimmten sozialistischen Staaten diese Diskussion verschleppten und beeinträchtigten. In den Ländern des Westens wurde dieser Dialog dadurch erleichtert, daß man Mitglied derselben Gemeinschaft von Wissenschaftlern mit einer ähnlichen historiographischen Tradition war. Doch selbst wo die historische Forschung von Partei und Staat weiterhin gesteuert wird – wie in der Sowjetunion und der DDR – ließ die Professionalisierung ein Bewußtsein über das notwendige Niveau kritischer Quellenuntersuchung entstehen. Nancy Heer hat in ihrer Studie mit Hilfe statistischen Materials die stetige Abnahme von parteiausgebildeten und die Zunahme von universitätsausgebildeten Historikern in der UdSSR aufzeigen können und beschreibt, wie seit 1956 »der Prozeß historischen Schreibens und Umschreibens in der UdSSR immer weniger zur Reflexhandlung wird und sich eher zum Dialog zwischen Historikern und Politikern entwickelt«[44].

Schon in den fünfziger Jahren hat eine ernsthafte Debatte zwischen Roland Mousnier in Frankreich und dem sowjetischen Historiker Boris Porschnew über den Charakter der Bauernaufstände im 17. Jahrhundert stattfinden können, wobei sie sich ergänzende Dokumentensammlungen benutzten; diese Debatte ergab zwar kaum übereinstimmende Interpretationen, stellte aber wichtige begriffliche und methodologische Fragen auf[45]. Die Gemeinsamkeit der Sprachebene, die Porschnew und Mousnier trotz ideologischer Verschiedenheit aufrechterhalten konnten, war noch offensichtlicher bei der Diskussion zwischen französischen Historikern der Annales-Gruppe und polnischen und ungarischen Sozial- und Wirtschaftshistorikern, die Strukturmodelle sozialer und wirtschaftlicher Entwicklung zu bilden suchten. Da die marxistischen Historiker verstärkt auf wissenschaftliche Strenge Wert legen und Konzepten der Sozialwissenschaften offen gegenüberstehen, konnten sich marxistische

[44] *Politics and History in the Soviet Union*, S. 58.

[45] J. M. H. Salmon, *Venality of Office and Popular Sedition in 17th Century France. A Review of a Controversy*. Past and Present 37 (1967), S. 21–43; eine französische Übersetzung von Boris Porschnew, *Les Soulèvements populaires en France de 1623 à 1648*. Paris 1963, wurde in der Reihe »Œuvres Étrangères« der 6. Section veröffentlicht.

und nicht-marxistische Richtungen der Geschichte der Arbeiterbewegung treffen und teilweise miteinander verschmelzen, wie z.B. in Großbritannien. Ein Dialog mit dem Marxismus wurde möglich, weil sich die linke Tradition der Geschichte der Arbeiterklasse, die sich in Großbritannien relativ unabhängig von marxistischen Einflüssen entwickelt hatte, der begrifflichen Grenzen ihres grundsätzlich narrativen chronologischen Ansatzes bewußt wurde; und eine neue Generation marxistischer Historiker, die kritisch, aber frei von Dogmatismus war und genug methodologische Kenntnisse besaß und auch mit den modernen Sozialwissenschaften vertraut war, konnte jetzt Hypothesen für die Analyse der sich ändernden Rolle der Arbeiterklasse unter den Bedingungen der Industrialisierung anbieten.

Trotz zunehmender Selbständigkeit der Historiker in den sozialistischen Ländern besteht doch auch heute noch eine deutliche Trennungslinie zwischen historischem Forschen in der Sowjetunion und der DDR, wo Wissenschaft, wenn auch sicherlich nicht monolithisch strukturiert, präzisen ideologischen Weisungen unterworfen ist, und anderen Ländern wie Ungarn, Polen und denen im Westen, wo die Autonomie wissenschaftlicher Forschung relativ sicher etabliert ist. Zwei verschiedene Auffassungen über Objektivität dominieren. Fast alle Marxisten würden mit der in der DDR erschienenen *Einführung in das Studium der Geschichte* (1966) »die Unmöglichkeit einer voraussetzungslosen Geschichtswissenschaft« bestätigen und darin übereinstimmen, daß »sowohl Geschichtsforschung als auch Geschichtslehre ... gesellschaftlich bedingt sind und bestimmte gesellschaftliche Zwecke erfüllen«[46]. Doch unabhängigere Marxisten – im Gegensatz zu Marxisten-Leninisten – würden eine Vorstellung von Parteilichkeit in Frage stellen, die die Geschichtswissenschaften zu einer der »ideologischen Hauptwaffen ... des Klassenkampfes«[47] im Dienste der Partei – als der Verkörperung des objektiven Bewußtseins – reduziert.

Und diese Auffassung, die die offizielle historiographische Theorie in der Sowjetunion und DDR (wenngleich nicht immer

[46] *Einführung in das Studium der Geschichte*, S. 31; ausführlicher in: Peter Bollhagen, *Soziologie und Geschichte*. Berlin/DDR 1966. Über Gesetzmäßigkeit und Kausalität in der Geschichte siehe Georg Klaus und Hans Schulze, *Sinn, Gesetz und Fortschritt in der Geschichte*. Berlin/DDR 1967, und Gottfried Stiehler, *Geschichte und Verantwortung*. Berlin/DDR 1972.

[47] Heinrich Scheel u.a., *Forschungen zur deutschen Geschichte 1789–1848*. In: *Historische Forschungen in der DDR 1960–1970*. Sonderband der Zeitschrift für Geschichtswissenschaft 18 (1970), S. 381.

das historische Schrifttum) bis jetzt beherrscht hat und die Trennung von Ideologie und Wissenschaft leugnet, machte es schwierig, historische Interpretationen und detaillierte Beweise auf eine Art und Weise zu verbinden, die Wissenschaftler überzeugt, welche nicht den momentanen Leitlinien der Partei folgen. So formulierte Peter Bollhagen in seiner *Einführung in das Studium der Geschichte* als eine grundlegende Voraussetzung marxistischer Historiographie die »Einheit des Logischen und Historischen«[48]. So postuliert er, »daß sich Geschichte als ein naturhistorischer, einheitlicher dialektischer Prozeß in einem gesetzmäßigen Zusammenhang vollzieht«[49], und daß dieser gesetzmäßige Prozeß die »Periodisierung«[50] der Geschichte entsprechend den von Marx und Engels skizzierten Entwicklungsstufen erlaubt. Doch während Eric Hobsbawm in England vielleicht mit seiner Behauptung, daß »es nichts in Marx' Stufenlehre gibt, das uns berechtigt, ein allgemeines Entwicklungsgesetz zu erkennen«[51] (man muß allerdings an das berühmte Vorwort zur *Kritik der Politischen Ökonomie* denken), zu weit geht, haben sich die DDR-Historiker in die entgegengesetzte Richtung bewegt und führen aus, daß es die Aufgabe des marxistischen Historikers sei, die Gesetzmäßigkeit der »geschichtlichen Entwicklung als Fortschritt vom Niederen zum Höheren« zu demonstrieren[52].

Marxismus ist also weniger als eine Methode und mehr als philosophisches System betrachtet worden. Die Betonung der ideologischen und politischen Funktion der Geschichtswissenschaft ergab – trotz der materialistischen Voraussetzungen – einen außerordentlich konventionellen Ansatz der politischen Geschichte, der die Rolle von Persönlichkeiten und ihren Ideen betont. Dieser Ansatz ist eher marxistisch-leninistisch als marxistisch in Marx' Sinne. Der Akzent auf Männern und ihren

[48] Bollhagen, *Einführung*, S. 44–46; vgl. ders., *Soziologie und Geschichte*, S. 28–69.

[49] Hans Schleier, *Der traditionelle Historismus und die Strukturgeschichte*. Das Argument 75 (1972), S. 68.

[50] Vgl. Bollhagen und G. Brendler, *Einführung*, S. 81; als Beispiel einer Anwendung der Periodisierungstheorie auf die Weltgeschichte siehe die zehnbändige von I. M. Shukow herausgegebene *Vsemirnaia Istoria*. Moskau 1955–65.

[51] *Pre-Capitalist Formations*, S. 43. Siehe auch Eric Hobsbawm, *Karl Marx's Contribution to Historiography*. In: Robin Blackburn (Hrsg.), *Ideology in Social Science*. New York 1973, S. 265–283.

[52] Institut für Marxismus-Leninismus beim Zentralkomitee der SED (Hrsg.), *Geschichte der deutschen Arbeiterbewegung*. Berlin/DDR 1966, Bd. 1, S. 7; vgl. Herbert Langer u. a. in: *Historische Forschungen in der DDR 1960–1970*, S. 353.

Ideen ist besonders offensichtlich in der achtbändigen *Geschichte der deutschen Arbeiterbewegung*[53]. Dieses Werk beruht, wie in der Einleitung festgestellt wird, insbesondere auf den Arbeiten von Marx, Engels, Lenin und den »Beschlüssen der Partei der Arbeiterklasse und den Reden und Aufsätzen führender Funktionäre der deutschen Arbeiterbewegung«[54]. Trotz vereinzelter Untersuchungen über Streiks und Arbeitsbedingungen wird keine »Geschichte von unten« vorgelegt, wie es Jürgen Kuczynski in seiner vielbändigen *Geschichte der Lage der Arbeiter unter dem Kapitalismus*[55] unternommen hatte, sondern die Geschichte der institutionalisierten Partei, die von ihren großen Persönlichkeiten beherrscht und durch ideologische Konfrontationen charakterisiert wurde.

Gleichzeitig führte die »marxistische Geschichtskonzeption« – wie sie von den offiziellen marxistischen Historikern verstanden wird – zu einer eindrucksvollen Ansammlung historischer Information über solche Themen wie die wirtschaftlichen und sozialen Bedingungen der Bauern und Handwerker in der vorindustriellen Periode, Streiks und soziale Protestbewegungen und die Rolle von Wirtschaftsinteressen in der Innen- und Außenpolitik im »Zeitalter des Imperialismus«. Ein Band über die historische Forschung in der DDR zwischen 1960 und 1970[56] illustriert die bedeutende Sammlung an Information auf diesen Gebieten. Die Forschung in der DDR liefert wichtige Grundlagen für eine Sozialgeschichte deutscher Politik. Unter Jürgen Kuczynskis Leitung ist eine eindrucksvolle Sammlung von Informationen über die Lebensbedingungen der Arbeiter seit dem Ende des 18. Jahrhunderts ausgearbeitet worden. Hans Motteks Studien über die Frühindustrialisierung[57] brachten nicht nur wichtige neue Tatsachen. Er wies auch auf Investitionen z. B. im Eisenbahnbau hin und korrigierte so das simplifizierende englische Modell, das zuvor für Marxisten und Nicht-Marxisten bei der Analyse der deutschen Frühindustrialisierung als Maßstab galt und den Gebrauch von Maschinen in der Leichtindustrie als Beginn der Industrialisierung ansetzte.

[53] *Geschichte der deutschen Arbeiterbewegung.*
[54] Vgl. ›Vorwort‹, ebd. Bd. 1, S. 2*–40*.
[55] *Die Geschichte der Lage der Arbeiter unter dem Kapitalismus.* 38 Bde, Berlin/DDR 1961–72.
[56] *Historische Forschungen in der DDR 1960–1970.*
[57] Vgl. Hans Mottek, *Wirtschaftsgeschichte Deutschlands. Ein Grundriß.* 2 Bde, Berlin/DDR 1957–64; Hans Mottek u. a., *Studien zur Geschichte der industriellen Revolution.* Berlin/DDR 1960.

Das 1960 von Kuczynski gegründete *Jahrbuch für Wirt-schaftsgeschichte* etablierte sich als Forum der kritischen internationalen Diskussion neuerer wirtschaftsgeschichtlicher Arbeiten. Hier erschienen Karl Obermanns Aufsätze über die Rolle demographischer Faktoren in der Revolutionsbewegung von 1848[58]. Obermann setzte damit das Studium revolutionären Bewußtseins in einen konkreten sozialen Zusammenhang, der sich in einigen Bereichen für quantitative Untersuchungen eignete. Die neueren demographischen Forschungsarbeiten in der DDR lösten jedoch Kontroversen aus[59]. Sehr wertvoll sind auch die ausführlichen Studien über die kommunistischen, liberalen und demokratischen Bewegungen und ihre führenden Persönlichkeiten in Deutschland – Gebiete, die von den konventionellen deutschen Historikern bewußt seit der Mitte des 19. Jahrhunderts vernachlässigt worden sind[60]. Wie in der Bundesrepublik widmete man sich in den Arbeiten der letzten Jahre besonders den Beziehungen zwischen Wirtschaftsinteressen und Außenpolitik vor und während des Ersten Weltkrieges und auch der innenpolitischen Entwicklung im Kriege[61]. Trotz der verschiedenen doktrinbestimmten Voraussetzungen sind diese Arbeiten denen westdeutscher Historiker bemerkenswert ähnlich: gleichermaßen stützt man sich auf schriftliche Quellen von Firmen, Parteien und Behörden. Die Archivarbeit war solide, doch bestand in vielen der besprochenen Arbeiten die Tendenz, übermäßig schematische Erklärungsmodelle anzuwenden; wenn darauf verzichtet wurde, ging man im Grunde genommen empirisch vor. Was fehlte, war der ernsthafte Versuch, marxistische Theorien so zu formulieren, daß sie in stärkerem Maße empirischen Kontrollen unterworfen werden können.

[58] Vgl. z. B. Karl Obermann, *Die Arbeitermigrationen in Deutschland im Prozeß der Industrialisierung und der Entstehung der Arbeiterklasse in der Zeit von der Gründung bis zur Auflösung des Deutschen Bundes (1815 bis 1867)*. Jahrbuch für Wirtschaftsgeschichte (1972), Teil I, S. 135–182, auch *Zur Klassenstruktur und zur sozialen Lage der Bevölkerung in Preußen 1846–1849*. Ebd. (1973), Teil II, S. 79–120 und Teil III, S. 143–174.

[59] Vgl. H. Hanisch, *Über die Bedeutung der Bevölkerungsgeschichte als Teil der Wirtschafts- und Sozialgeschichte. Bemerkungen zu Karlheinz Blaschke, Bevölkerungsgeschichte in Sachsen bis zur industriellen Revolution*. Ebd. (1973), Teil IV, S. 205–220.

[60] Ein nach Sachgebieten organisierter Überblick über die historischen Forschungen in der DDR befindet sich im Sonderband 18: *Historische Forschungen in der DDR 1960–1970* der Zeitschrift für Geschichtswissenschaft (1970); ein ähnlicher, 1960 erschienener Band berichtet über die Zeit von 1945 bis 1960.

[61] Vgl. Fritz Klein, W. Gutsche u. a., *Deutschland im I. Weltkrieg*. 3 Bde, Berlin/DDR 1968.

Auf den folgenden Seiten wollen wir uns mit einem nur kleinen Teil der Geschichtsschreibung Nachkriegspolens befassen, nämlich mit dem bewußten Versuch, die Lücke zwischen Theorie und Empirie zu überbrücken. Federführend ist eine Gruppe von Wirtschafts- und Sozialhistorikern, zu denen Witold Kula, Jerzy Topolski und Andrzej Wyczański gehören. Als Marxisten tragen sie viele Elemente der wirtschafts- und sozialgeschichtlichen Tradition Vorkriegspolens weiter, die Jan Rutkowski und Franciszek Bujak repräsentierten. Zwischen den Weltkriegen bestanden enge Kontakte zwischen Rutkowski und Bujak und Marc Bloch und Lucien Febvre. Die 1926 gegründete Zeitschrift *Rocznike Dziejów Społecznych i Gospodarczych* (Annalen der Sozial- und Wirtschaftsgeschichte) vertrat ähnliche Interessen wie die *Annales d'histoire économique et sociale*. Wie Bloch und Febvre wollten Rutkowski und Bujak von der ereignisorientierten zur wirtschaftlichen und sozialen Strukturgeschichte übergehen. Ihre Schüler nach dem Krieg blieben sich der internationalen Diskussion in allen Sozialwissenschaften, besonders in den Wirtschaftswissenschaften, bewußt. Nach 1956 nahmen polnische Historiker dann wieder enge wissenschaftliche Kontakte mit ihren französischen Kollegen auf. Die *Annales* wurden ein gern genutztes Forum, um die neuere polnische Forschung in französischer Sprache vorzustellen. Wie die Annales-Historiker waren Kula, Topolski und Wyczański an Strukturen interessiert, doch aus der Perspektive des historischen Materialismus; und die Entwicklung der Produktion und der »Aneignung des ökonomischen Mehrwerts«[62] stand bei ihnen stärker im Mittelpunkt als bei der Annales-Gruppe. Sie bedauerten, wie Kula sagte, daß »marxistische Wissenschaft«, obgleich sie in ihren Programmen jeder »idiographischen« Geschichte entgegentritt, in der Praxis unglücklicherweise oft gerade diese Stellung bezieht[63]. Doch im Gegensatz zu den offiziellen Erklärungen aus der DDR betonen sie den Primat der »Methoden« über »Gesetze« in marxistischer historischer Forschung[64].

Kula und Topolski stellen übereinstimmend fest, daß Marx

---

[62] Vgl. Witold Kula, *Théorie économique du système féodal, pour un modèle de l'économie polonaise 16e–18e siècles*. Préface de Fernand Braudel. Paris und Den Haag 1970, S. 5.
[63] Ebd., S. 8–9.
[64] Vgl. ebd., S. 2.

versuchte, Erklärungsmodelle zu konstruieren, die aus der Analyse realer wirtschaftlicher und sozialer Prozesse gewonnen wurden. Sie anerkannten auch, daß diese Modellmethode keineswegs eine einzigartige Entwicklung Marxens war, sondern von einem Großteil der modernen Wirtschaftsgeschichte geteilt wurde. Topolski akzeptierte Fernand Braudels Definition von Modellen als »vereinfachten Schemata«, »Hypothesen oder Erklärungssystemen, die durch Gleichungen oder Funktionen zuverlässig verbunden sind; dieses ist jenem gleich oder bestimmt jenes«[65]. Ein Großteil der modernen Wirtschaftstheorie und quantitativer Methoden – d.h. die Definition säkularer und kurzfristiger Tendenzen, von Zyklen und Wachstum – nutzte der marxistischen Geschichte, und zwischen marxistischer und nicht-marxistischer Geschichte bestehen viele Übereinstimmungen. Marxistische Wirtschaftsgeschichte, betonen Topolski und Kula, muß jedoch wissen, worüber sich die traditionelle politische Ökonomie nicht stets im klaren war, daß nämlich »der Wirtschaftshistoriker vor allem und ständig an dynamischen Prozessen interessiert zu sein hat« und sich daher nicht mit »Zeit im allgemeinen (denn die wird in rein ökonomischen und naturwissenschaftlichen Modellen gebraucht), sondern mit sogenannter datierbarer Zeit, die an einer bestimmten Stelle im Zeitflusse festgelegt werden kann«[66], zu befassen hat. Er muß also die beiden Extreme der »ahistorischen Abstraktion« und des »atheoretischen Historizismus« vermeiden, warnt Kula[67]. Ähnlich äußerte sich Pierre Vilar, der sich bemühte, übereinstimmende Bereiche zwischen der Geschichtsauffassung der *Annales* und des Marxismus festzustellen[68]. Topolski bemerkte, daß die marxistische Methode »Realmodelle« entwickeln will,

---

[65] Jerzy Topolski, *The Model Method in Economic History*. The Journal of European Economic History 1 (1972), S. 715; vgl. ders., *Założenia methodologiczne ›Kapitału‹ Marksa*. Studia Filozoficzne 54–55 (1968) 3/4, S. 3–33, mit französischer Zusammenfassung.

[66] Topolski, *The Model Theory*, S. 714; kritisch aus marxistischer Sicht gegenüber den modernen Wachstumstheorien ist Claude Mazauric, *Sur la Révolution française. Contribution à l'histoire de la Révolution bourgeoise*. Paris 1970, S. 12–14.

[67] Witold Kula, *Histoire et économie. La longue durée*. Annales 15 (1960), S. 295.

[68] Vgl. Pierre Vilar, *Histoire marxiste, histoire en construction. Essai de dialogue avec Althusser*. Annales 28 (1973), S. 165–198; dt. *Marxistische Geschichte, eine Geschichte im Entstehen. Versuch eines Dialogs mit Althusser*. In: Claudia Honegger (Hrsg.), *Schrift und Materie der Geschichte*. Frankfurt a.M. 1977, S. 108 ff.

die eine abstrakte Logik der Entwicklung und ebenso die konkreten historischen Faktoren, innerhalb deren diese Entwicklung stattfindet, mitberücksichtigen; diese Methode unterscheidet sich deutlich von den abstrakten instrumentalistischen Modellen, die quantitative Wirtschaftshistoriker wie Marczewski und Fogel benutzen[69].

Die polnischen Historiker arbeiten also mit einem anderen Gesetzesbegriff als die Historiker in der DDR und UdSSR. Sie sind nicht willens, das Gesetz der Entwicklungsstufen zu einem welthistorischen Prinzip zu erheben. »Wir sollten uns nicht mit der Frage quälen, ob die Kulturentwicklung der Welt in eine oder in verschiedene Richtungen gegangen ist«, kommentiert Kula. »Vielmehr sollten wir von der erstaunlichen Tatsache ausgehen, daß die Welt heutzutage den Typus der industriellen Zivilisation als ihr Modell (an)genommen hat, den alle Gesellschaften des Planeten anstreben«[70]. Er betont, daß Marxens Wirtschaftsgeschichte keine Gesetze kennt, die auf jede Gesellschaft anwendbar sind. Marx habe vielmehr versucht, den Wirtschaftsablauf beherrschende Gesetze in einem spezifisch räumlich-zeitlichen Rahmen zu formulieren. In der Wirtschaftsgeschichte geschehe das durch Modelle, die die essentiellen Elemente von Stabilität und Veränderung in den Sozialstrukturen zu isolieren suchen. Diese Modelle sind zuerst in qualitativen Begriffen formuliert worden, die dann teilweise durch quantitative Information »konkretisiert« werden können.

Das Hauptinteresse der polnischen Schule ist die Analyse »feudaler« Wirtschaftsformen, die als vorkapitalistisch, vorwiegend agrarisch definiert werden, in denen die Grundeinheit der Produktion landwirtschaftlicher Großgrundbesitz ist[71]. Das klassische Werk über die Wirtschaft im Feudalismus war Kulas Versuch, eine Theorie für die polnische Wirtschaft vom 16. bis 18. Jahrhundert zu formulieren[72]. Dieses Modell benutzte bestimmte theoretische Darlegungen, die auf alle Wirtschaftssysteme anwendbar sind, und versuchte dann, bestimmte spezifische Charakteristika der polnischen Wirtschaft in dieser Zeit zu berücksichtigen. Zu diesen Charakteristika gehören u. a. das Vor-

[69] *The Model Method*, S. 722–724; Topolski befaßt sich in seiner Kritik des Instrumentalismus auch mit Webers Idealtypen.
[70] *Histoire et économie*, S. 312.
[71] Kula, *Théorie économique du système féodal*, S. XI; vgl. die Definition des Begriffes »feudal« bei dem Kolloquium 1968 in Toulouse, siehe Mazauric, *Sur la Revolution Française*, S. 134.
[72] *Théorie économique du système féodal*.

herrschen der Landwirtschaft, das Bestehen von Bauern- und Kleinadels(Schlachta)gütern, die Stellung von Leibeigenschaft und Fronarbeit in der Agrarwirtschaft, die einzigartige Rolle des Handwerks innerhalb des Landbesitzes und die Zünfte. Kula versucht dann, ein Modell zu entwickeln, das die Errechnung der Rentabilität landwirtschaftlicher Unternehmen in einer Gesellschaft ermöglicht, wo der Markt nur eine begrenzte Rolle spielt und unbezahlte Arbeit stets zu berücksichtigen ist. Jerzy Topolski versuchte, dieses Modell noch weiter zu »konkretisieren«, indem er es so modifizierte, daß es den in Westpolen herrschenden Bedingungen entsprach[73]. In dem zur gleichen Zeit erschienenen Buch über die Genese des europäischen Kapitalismus entwickelte er »konkretisierte« Modelle wirtschaftlicher Entwicklung, die die Basis einer komparativen Untersuchung über kapitalistische Akkumulation in den Zonen »dynamischen Wachstums« (England), »gemäßigten Wachstums« (Frankreich) und der »Stagnation« (Polen) bilden[74]. Andrzej Wyczański benutzt verschiedenartige quantifizierte Daten – so auch Außenhandelsstatistiken – und versucht so, die Bruttoproduktion für Polen zu errechnen und diese mit anderen europäischen Ländern zu vergleichen. In einer Arbeit über Güter der Schlachta im 16. Jahrhundert bemüht er sich, ein quantitatives Modell für einen derartigen Hof zu rekonstruieren, wobei er Faktoren wie Größe, geleistete Arbeit und Produktionsvolumen einbezog. Wyczański hat versucht, Aspekte der Geschichte zu sondieren, die Braudel zufolge als »materielle Geschichte« die Grundlage für eine »Geschichte von unten« bildet; so schrieb Wyczański über den Lebensmittelverbrauch, aber auch das Analphabetentum in Polen und vergaß dabei nie den europäischen Zusammenhang[75]. Kula ging über die Untersuchung

[73] *Model gospodarczy Wielkopolski w XVIII wieku.* Studia i Materialy do Dziejow Wielkopolski i Polorza 20 (1971), S. 57–71.
[74] *Narodziny kapitalizmy w Europie XIV–XVII wieku.* Warschau 1965; französische Zusammenfassung.
[75] Z.B. *Studia nad folwarkiem szlacheckim w Polsce w latach 1500–1580* (Untersuchungen über die Adelsgüter in Polen 1500–1580). Warschau 1960; *L'économie de la Starostie de Dorczyn.* Studia Historiae Oeconomicae 2 (1967), S. 57–81; *The Agricultural Production and Its Amount in XVIth Century Poland.* Studia Historiae Oeconomicae 4 (1969), S. 3–11; *Die Reallöhne und die Unterhaltskosten in Polen Ende des XVI. und erste Hälfte des XVII. Jh.* Studia Historiae Oeconomicae 5 (1970), S. 117–128; *L'Alphabétisation en Pologne au XVIe siècle.* Annales (1974), S. 705–713; siehe auch ders., *Polska w Europie XVI stulecia.* Warschau 1973, mit breit angelegtem komparativem Ansatz über wirtschaftliche, soziale und kulturelle Verhältnisse im Europa des 16. Jahrhunderts.

ökonomischer Strukturen hinaus und erforschte Mentalitäten anhand einer historischen Analyse veränderter Gewichte und Maße seit Urzeiten; er erhoffte sich davon einen Schlüssel zum Studium sich verändernder wie auch beständiger Anschauungen im Verlauf der Weltgeschichte.

Bestimmte, gegen die Annales-Historiker gerichtete kritische Argumente können ebenso gegen diese polnischen Studien erhoben werden. Die Geschichte von Strukturen ist von Ereignissen, besonders politischen Ereignissen relativ abgesondert. Die Beziehung von ökonomischen Entwicklungen und politischen Strukturen spielt in Topolskis Arbeiten eine wichtigere Rolle als bei Kula[76], doch betonen beide die Rolle subjektiver Faktoren sozialen Bewußtseins im historischen Wandel. Auch trennen die polnischen Wirtschaftshistoriker strukturelle Aspekte der Geschichte nicht so bereitwillig von zeitlich faßbaren Entwicklungen, wie die Annales-Historiker es häufig getan haben.

Die Heraushebung polnischer Wirtschaftsgeschichte soll kein einseitiges Bild von der polnischen marxistischen Historiographie geben. Wir haben diese Historiker ausgewählt, weil sie in ihrem Bemühen, empirische Forschung und Theorie zu verbinden, sehr viel weiter gegangen sind als andere. Wie in der DDR führte die marxistische Perspektive dazu, daß Fragen über zuvor mißachtete Bereiche gestellt wurden und daß man sich stärker mit den materiellen Begründungen von Kultur befaßte.

1951 wurde dann das »Institut für die Erforschung der materiellen Kultur« gegründet. Dieses Interesse läßt sich in Henryk Łowmiańskis monumentaler Studie über die Ursprünge des polnischen Staates erkennen[77] und ebenso in der mehrbändigen Geschichte Polens, die seit den fünfziger Jahren vom Historischen Institut der Polnischen Akademie der Wissenschaften herausgegeben wird[78]. Das Jahr 1956 bedeutete dann für die polnische marxistische Historiographie eine Reorientierung auf vielen Gebieten. Einerseits führte diese Reorientierung dazu, historisches Schreiben ganz und gar von expliziten marxistischen Voraussetzungen zu befreien, und markiert die Rückkehr zu konventionellen monographischen Studien oder zur Anwendung ökonometrischer oder demographischer Methoden, die oft denen der *Annales* ähneln und von klar artikulierten theore-

---

[76] Witold Kula, *Miary i Ludzie* (Masse und Menschen). Warschau 1970.

[77] Henryk Łowmiański, *Począti Polski*. Warschau 1964 ff.

[78] Polska Akademia Nauk, Institytut Historii (Hrsg.), *Historia Polski*. Warschau 1960 ff.

tischen Zusammenhängen relativ isoliert sind; andererseits war die Reinterpretation Marxscher Schriften durch Philosophen wie Adam Schaff, Leszek Kołakowski und seit kurzem Leszek Nowak kennzeichnend, die ihre Wirkung auf die marxistische Historiographie haben. So lange marxistische Sozial- und Wirtschaftshistoriker unkritisch ein übermäßig einfaches Schema, das Marx zugeschrieben wurde, akzeptiert hatten, neigten sie dazu, Archivmaterial in ziemlich positivistischer Manier anzuhäufen. Theorie und empirische Forschung hatten nebeneinander existiert, und es gab kaum Versuche, die beiden zu integrieren. Die Emanzipation aus einer enggefaßten Interpretation der Marxschen Geschichtskonzeption ermöglichte jetzt eine Historiographie, die sich zunehmend der Rolle der Theorie in der Geschichte und der Notwendigkeit, kurz- und mittelfristige Theorien zu formulieren, die mit Belegen konfrontiert werden können, bewußt wurde. Die polnische Historiographie nach 1956 griff deshalb die methodologische Diskussion in der Philosophie und den Sozialwissenschaften im In- und Ausland auf[79].

IV

Bis 1945 war die Kluft zwischen Ideologen und Publizisten der Kommunistischen Partei Frankreichs sowie anderen politischen Gruppierungen auf der Linken und den Berufshistorikern ziemlich weit und unüberbrückbar. Es gab nur wenig berufsmäßig ausgebildete Historiker in der Partei, wie z.B. Jean Bruhat, einer der wichtigsten und zu dieser Zeit äußerst doktrinären Geschichtstheoretiker. Nach 1945 trat eine Anzahl junger Historiker der Partei bei. Doch verhinderte der beständige Dogmatismus der Partei, deren relatives Desinteresse an historischer Forschung sowie deren Reinterpretation der entscheidenden revolutionären Momente in der französischen Geschichte seit der Französischen Revolution entsprechend der jeweiligen Parteilinie und den augenblicklichen taktischen Erfordernissen der politischen Situation eine sinnvolle Symbiose von Parteitätigkeit und wissenschaftlicher Arbeit. Wie David Caute bemerkte, »äh-

[79] Siehe die Zeitschrift *Studia Metodologiczna*, die seit 1975 erschienenen *Poznan Studies in the Philosophy of the Sciences and the Humanities* und Jerzy Topolski, *Metodologia historii*. Warschau 1973; engl. *Methodology of History*. Warschau 1976.

nelte die Berufsausübung dieser Historiker – wie aktiv sie sich auch in der Parteiarbeit engagierten – zu oft der ihrer nichtmarxistischen Kollegen«[80].

Seit den fünfziger Jahren wurden die Positionen versöhnlicher. Wie in anderen Ländern nahm der Dogmatismus der Partei zugunsten einer größeren Offenheit in Fragen historischer Methoden und Interpretationen ab. *La Pensée*, die theoretische Kulturzeitschrift der Partei, organisierte eine Reihe von Kolloquien über die Anwendung marxistischer Prinzipien auf die Geschichte. 1953 konnte Pierre Vilar in einem von *La Pensée* organisierten Kolloquium »Marxismus und Geschichte« Klage führen über den Mangel an eigenständiger Forschung und das Unvermögen marxistischer Historiker, statistische Methoden anzuwenden[81]. Das von der Partei eingerichtete »Centre d'Études et de Recherches Marxistes« bemühte sich unter der Leitung von Roger Garaudy, in einer Reihe von thematischen »cahiers«, aus marxistischer Perspektive ernsthaft die Tendenzen in den modernen Sozialwissenschaften zu berücksichtigen, die sich mit Fragen der historischen Entwicklung und Problemen zeitgenössischer westlicher und nicht-westlicher Gesellschaften befassen. Doch war die parteiinterne Diskussion, die in diesen Kolloquien und Publikationen stattfand[82], zumeist noch zu sehr in eine marxistische Stufentheorie und marxistische Terminologie eingebettet, als daß es möglich gewesen wäre, einen fruchtbringenden methodologischen Dialog zwischen Marxisten und Nicht-Marxisten zu ermöglichen; und für unsere Absicht, den marxistischen Beitrag zur Entwicklung einer modernen historischen Sozialwissenschaft zu diskutieren, scheint deshalb die innerparteiliche Diskussion wenig geeignet.

Wir werden uns auf die Diskussion außerhalb der Partei, an den Universitäten und Forschungszentren, konzentrieren. Hier bestehen natürlich größere Schwierigkeiten zu bestimmen, was zu einer Untersuchung der marxistischen Historiographie gehört, als in den vorangegangenen Abschnitten über historische Studien in den sozialistischen Ländern Osteuropas, wo die mar-

---

[80] David Caute, *Communism and the French Intellectuals 1914–1960*. New York 1964, S. 276.

[81] Vgl. ebd., S. 278; auch *La Pensée*, November 1953, S. 122.

[82] Die kritischen Besprechungen der *Annales* von Antoine Pelletier und Jean-Jacques Gablot in *La Pensée* – wiederabgedruckt in: *Matérialisme historique et histoire des civilisations*. Paris 1966 – sollten hier erwähnt werden. Wichtig ist auch das vom Centre d'Études et de Recherches Marxistes abgehaltene Kolloquium über Feudalismus, siehe *Sur le Féodalisme*. Paris 1971.

xistische Historie an den Forschungs- und Lehrinstituten fest
etabliert ist. Eine Art diffuser Marxismus, der die ökonomische
Determinierung politischer Entwicklungen und die Rolle von
Klassenkonflikten betont, war für einen großen Teil der französischen Historiographie charakteristisch – besonders in den Arbeiten über die Französische Revolution und die revolutionären
Aufstände im 19. Jahrhundert. Die Interpretation der Geschichte der Französischen Revolution hat sich in unserem
Jahrhundert stark verändert: die im Kern politischen Interpretationen republikanischer und antirepublikanischer Historiker
wie Alphonse Aulard und Louis Madelin wurden von einer
Richtung abgelöst, die die wirtschafts- und klassenbedingten
Faktoren eher betont; zu ihren Vertretern gehören Albert Mathiez und Georges Lefebvre. Die Bedeutung dieses neuen Ansatzes liegt weniger in der politisch linken Haltung der Autoren
als in dem Versuch, politische Ereignisse in ihrem strukturellen
Zusammenhang zu sehen. 1971 kommentierte daher Pierre Vilar, der die Vereinbarkeit der Auffassungen und Forschungsmethoden der Annales-Richtung mit dem Marxismus festhalten
wollte: »Wenn wir uns heute umsehen, finden wir, daß die von
Historikern geschriebene Geschichte eher Marxens (oder Ibn
Chalduns) Vorstellungen entspricht als den Raymond Arons
(d. h. der Geschichte in der Manier des Thukydides).« Als zentral für den modernen Geschichtsansatz betrachtet Vilar »eine
grundsätzliche Hypothese: daß der Gegenstandsbereich der
Geschichte strukturiert ist, gedanklich erfaßbar ist und wissenschaftlich zugänglich ist wie jede andere Form der Realität«[83].
Aber das unterscheidet die marxistische Geschichtswissenschaft
nicht von der Geschichtswissenschaft der *Annales* oder der
deutschen »historischen Sozialwissenschaft«, die wir bereits
dargestellt haben. Denn, wie Vilar feststellt, »marxistische Historiker gehen von einer bestimmten Auffassung von der Struktur der historischen Realität aus, die die Produktionsweise als
den Kern der Sozialstruktur ansieht. Diese ist durch das ökonomische Prinzip des sozialen Widerspruchs gekennzeichnet, das
in sich die Notwendigkeit seiner Zerstörung als Struktur
trägt«[84]. Marxismus beinhaltet also die Anwendung eines theoretischen Gerüstes, um die »Mechanismen menschlicher Gesellschaften« dialektisch zu verstehen, und gleichzeitig eine praktische politische Verpflichtung, an der Veränderung eben dieser

[83] Vgl. Vilar, *Marxistische Geschichte.*
[84] Ebd., S. 76.

Gesellschaft teilzunehmen, was sich aus der Einsicht in die objektiven Notwendigkeiten der historischen Situation ergibt.

Doch Marxismus sieht sich selbst in erster Linie nicht als Praxis, sondern als durch wissenschaftliche Theorie unterrichtete Praxis. Vilar weist zu Recht auf das marxistische Anliegen hin, daß Geschichte zu wissenschaftlicher Analyse fähig sein muß, ein Anliegen, das Marxisten mit anderen sozialwissenschaftlich orientierten Historikern teilen. So ist die Grundlage für einen Dialog zwischen marxistischen und nicht-marxistischen Historikern gegeben, obgleich klare Unterschiede über grundsätzliche Fragen wie die Grenzen der Empirie, die Rolle von Werten in der historischen Forschung, die politische Funktion und Bedeutung sozialwissenschaftlicher Studien usw. bleiben. Eine marxistische Interpretation jedes historischen Ereigniszusammenhanges, die ihren eigenen Anforderungen nach einer hinreichenden Erklärung genügt, verlangt, daß die angenommenen Beziehungen zwischen Strukturen und Ereignissen nicht nur in der Theorie bestehen, sondern auch empirisch bestätigt werden können.

Im Folgenden wollen wir uns auf die Literatur über die Französische Revolution konzentrieren, weil hier in einer lebhaften Diskussion, an der Marxisten und Nicht-Marxisten gleichermaßen teilnehmen, der Versuch unternommen wurde, Beziehungen zwischen sozialen und politischen Strukturen und politischen Ereignissen herzustellen. Ernest Labrousses Arbeiten aus den dreißiger und vierziger Jahren müssen hier wiederum genannt werden. Seine Arbeit war entscheidend für spätere marxistische Analysen der Französischen Revolution, obwohl Labrousses Werk weder in seiner Anlage noch in seiner empirischen Untermauerung marxistisch zu nennen ist. In seinem Werk *Esquisse du mouvement des prix et des revenus en France au XVIIIe siècle* (1933) hatte Labrousse die Teuerung für alle Güter in den Jahren 1730 bis 1817 dokumentiert, die von einem relativ langsameren Anwachsen der Löhne begleitet wurde. Wichtiger für unsere Fragestellung war sein zweites Werk, *La Crise de l'économie française à la fin de l'ancien régime et au début de la revolution* (1944)[85], in dem er Preis- und Lohnzyklen und politische Ereignisse miteinander in Verbindung setzte. Er versucht zu zeigen, daß der Ausbruch der Französischen

---

[85] Über Labrousse siehe Pierre Renouvin *Ernest Labrousse.* In: Hans H. Schmitt (Hrsg.), *Historians of Modern Europe.* Baton Rouge, La. 1971, S. 235–254.

Revolution im Rahmen der Rezession von 1778 bis 1787 gesehen werden muß, die den Anstieg von Preisen und Löhnen unterbrach; ebenso im Zusammenhang mit den Mißernten von 1787 und 1788 und der hohen Arbeitslosigkeit im Manufakturwesen, besonders in den Textilwerken, im Jahre 1789. Die »ökonomische Konjunktur« trug somit zur »revolutionären Konjunktur« bei. Labrousse betont aber auch in seiner Diskussion über die Revolutionen von 1789, 1830 und 1848[86], daß Wirtschaftskrisen nur dann zu revolutionären Situationen führen, wenn sie – wie in diesen Jahren – mit einer politischen Krise zusammenfallen, die sozialen Konflikten und strukturbedingten Widersprüchen entspringt, und durch »provokative Unklugheiten der Regierung« hervorgerufen werden.

Labrousses Analyse der Preisbewegungen bildete die Grundlage für spätere marxistische und nicht-marxistische Studien des Ancien régime und der Französischen Revolution. Trotzdem sind Labrousses Erklärungsmuster politischen Verhaltens als zu mechanistisch von verschiedenen Seiten – und mit einigem Recht – angegriffen worden, so von Roland Mousnier und Igor Kon[87]. Georges Lefebvre lieferte ein für unsere Zwecke wichtigeres Muster für eine politische Geschichte der Französischen Revolution in ihrer wirtschaftlichen und sozialen Bedingtheit: er ging weiter als Labrousse, indem er Analysen sozio-ökonomischer Klassenstrukturen unternahm und auch Bewußtseinsfaktoren in ihren sozialen Zusammenhang miteinbezog.

Lefebvre war stark von Jean Jaurès beeinflußt. Dieser hatte in der Einleitung zu seiner *Histoire socialiste de la revolution française* (1904)[88], einem Versuch einer Wirtschafts- und Sozialgeschichte der Revolution, darüber geklagt, die Geschichtsschreibung der Revolution stütze sich bisher vorrangig auf die Auswertung politischer Dokumente, wie die Protokolle der Nationalversammlung, der Pariser Stadtverwaltung (commune) und der Sitzungen des Jakobinerklubs. Doch seit Marx sei es klar, daß Wirtschafts- und politische Geschichte unzertrennbar

[86] *1848–1830–1789–Comment naissent les revolutions?* In: *Actes du Congrès historique du centenaire de la Revolution de 1848.* Paris 1948, S. 1–21.
[87] Vgl. Roland Mousnier, *Problèmes de méthode dans l'étude des structures sociales des 16e, 17e et 18e siècles.* In: Konrad Repgen und Stephan Skalweit (Hrsg.), *Spiegel der Geschichte. Festgabe für Max Braubach.* Münster 1964, S. 550–564; Igor S. Kon, *Die Geschichtsphilosophie des 20. Jahrhunderts.* Berlin/DDR 1964, Bd. 2, S. 194f.
[88] *Histoire socialiste de la revolution française.* Édition revue par A. Mathiez. 8 Bde, Paris 1922.

seien. Es sei jetzt also notwendig, Dokumente zu verwerten und zu veröffentlichen, die Licht auf die wirtschaftliche und soziale Seite der Französischen Revolution werfen; so z. B. die »Cahiers« aus Stadt und Land, in denen Informationen über den Verkauf des verstaatlichten Kirchengutes und der örtlichen Lebensbedingungen und Löhne enthalten sind. 1903 erreichte Jaurès, Mitglied der Abgeordnetenkammer, daß zu diesem Zwecke eine »Kommission zur Erforschung und Veröffentlichung von Dokumenten über die wirtschaftlichen Verhältnisse während der Revolution« eingerichtet wurde.

Lefebvre, der niemals Mitglied der KPF war, aber doch oft mit ihr übereinstimmte, erkannte den Einfluß, den Marx auf ihn ausübte, eher an als Labrousse[89]. Lefebvres Arbeit ist undenkbar ohne die marxistische Auffassung vom Klassenkampf und seiner politischen Funktion. Gleichzeitig warnte er aber vor einer »zu eng gefaßten Auslegung der ökonomischen Interpretation der Geschichte« und vor dem Versuch, die Französische Revolution »allein unter dem Gesichtspunkt des Anwachsens der Bourgeoisie« zu erklären. Marx, so führte er an, habe den Begriff »historischer Materialismus« niemals benutzt[90]. Er betonte, »daß es für den Historiker nicht ausreiche zu beschreiben, er müsse zählen«[91]; und in seiner These *Les paysans du nord pendant la revolution française*[92] überwand er die traditionellen marxistischen Versuche, intuitiv oder impressionistisch Klassenbeziehungen aufzudecken, und untermauerte sein Werk über die Klassenstruktur in der Revolutionszeit mit einer wissenschaftlichen und empirischen Basis. Er arbeitete die noch vorhandenen Quellen aus ungefähr 200 ländlichen Gemeinden durch, standesamtliche Dokumente, Steuereinschätzungen, Register der Landgüter usw. für die dem Jahr 1789 unmittelbar vorausgehenden und die ihm folgenden Jahre; er nutzte Vermö-

[89] Über Lefebvre siehe den Gedächtnisband der Société des études robespierristes: *Hommage à Georges Lefebvre (1874–1959)*. Nancy o. J., besonders den Aufsatz von Albert Soboul, *Georges Lefebvre, historien de la Revolution française, 1874–1959*; R. R. Palmer, *Georges Lefebvre. Peasants and the French Revolution*. Journal of Modern History 31 (1959), S. 329–342; Beatrice F. Hyslop, *Georges Lefebvre, Historian*. French Historical Studies I (1958–60), S. 265–282; Gordon H. McNeil, *Georges Lefebvre. 1874–1959*. In: S. William Halperin (Hrsg.), *Essays in Modern European Historiography*. Chicago 1970, S. 160–174.
[90] *La Revolution française et les paysans*. In: *Études sur la Revolution française*. 2. Aufl. Paris 1963, S. 360.
[91] Zitiert in Albert Soboul, *Paysans, Sans-culottes et Jacobins*. Paris o. J., S. 6.
[92] *Les Paysans du Nord pendant la Revolution française*. Lille 1924.

gen und Einkommen als Kriterien für die Klassenabgrenzung und gewann so ein Bild von widerstreitenden Klasseninteressen, das vielfältiger war als das der traditionellen marxistischen Klassenkategorisierung. Die Solidarität der Bauernschaft gegen den Adel im Jahre 1789 verbarg die scharfen politischen Interessenunterschiede zwischen der landbesitzenden »ländlichen Bourgeoisie« reicher Bauern, die am Ende traditioneller Eigentumsbeschränkungen interessiert waren, und der landlosen oder landarmen Bauernschaft, die traditionelle dörfliche Gemeinschaftsrechte erhalten wissen wollte – Interessenunterschiede, die sich im Verlauf der Revolution verstärkten. Lefebvre revidierte die traditionelle marxistische Klassenanalyse der Revolution. In seinen folgenden zusammenfassenden Werken[93] entwickelte er seine These über eine autonome Bauernrevolution, die sich von der städtischen Revolution von 1789 unterscheidet, weiter. Die Revolution sei niemals eine einfache »bourgeoise Revolution« gewesen. »Feudale« oder seigneurale Vorrechte und Kapitalismus waren keineswegs so unversöhnlich, wie Marxisten bisher angenommen hatten. In der zweiten Hälfte des 18. Jahrhunderts kam es zu einem Wiederaufleben adliger Privilegien und gleichzeitig zum Eindringen kapitalistischer Praktiken auf dem Lande, wodurch Gemeinschaftsrechte bedroht wurden. Durch diesen Prozeß ist der wirtschaftliche Wert der seigneuralen Rechte gestiegen, auch suchten Adlige jetzt diese Rechte wieder durchzusetzen, und schließlich verstärkte sich der Widerstand der Bauernschaft. Die Finanzkrise, die Arbeitslosigkeit und die Mißernten waren der Nährboden der Revolution; die Opposition der Aristokratie, das Privilegiensystem zu reformieren, löste sie aus. Doch von Anfang an unterschieden sich die Ziele der bürgerlichen Klassen, die ein unbeschränktes marktwirtschaftliches System anstrebten, und die der Armen aus Stadt und Land, die ihre gemeinschaftlichen Rechte und die Regulierung der Preise für Grundnahrungsmittel erhalten wollten.

Doch können Revolutionen nicht bloß aus den objektiven Klassengegensätzen verstanden werden[94]; das Bewußtsein der an einer revolutionären Situation Beteiligten spielt eine entscheidende Rolle. Lefebvre las ausführlich die Werke über die Sozialpsychologie der Massen von Gustave Le Bon, Émile

---

[93] Siehe *La Revolution française et les paysans.* S. 338–368; siehe auch *Quatrevingt-neuf.* Paris 1939.
[94] *Foules revolutionnaires.* In: *Études sur la Revolution française,* S. 374.

Durkheim und Maurice Halbwachs. Mit seinem Aufsatz *Revolutionäre Massen* und dem Buch *La grande peur de 1789*[95], die beide 1932 veröffentlicht wurden, wurde er zum Mitbegründer nachfolgender Studien über die »kollektive revolutionäre Mentalität«. In *La grande peur de 1789* untersucht Lefebvre das Auftreten einer Massenhysterie auf dem Lande gegen eine eingebildete Adelsverschwörung, eine Hysterie, die in einer Zeit von Mißernten und hoher Arbeitslosigkeit, zunehmendem Bettelwesen und Brigantentum auftrat, die aber auch in altüberkommenen Klassengegensätzen wurzelte und den Angriff der Bauern gegen das seigneurale Regime festigte.

So lieferte Lefebvre, der niemals ein marxistisches »System« akzeptierte, zwei bedeutende Beiträge für die marxistische Geschichtswissenschaft in Frankreich. Ohne auf den darstellenden Aspekt zu verzichten, stützte er die Analyse des Klassenkampfes auf gesichertes Archivmaterial, was in Marxens eigener Klassenanalyse und der der meisten orthodoxen marxistischen Historiker fehlte. In der konventionellen marxistischen Historiographie war die Verbindung zwischen Sozialstruktur und politischen Ereignissen niemals zufriedenstellend hergestellt worden; und diese kreisten, auch in Marxens eigenen Schriften, um Politiker und um Ideologien. Durch die Konzeption der »revolutionären kollektiven Mentalität« wies Lefebvre den Weg zu einer auf Klassenanalyse basierenden Geschichte. Die breiten Segmente der Bevölkerung werden nicht mehr als abstrakte Masse oder Klasse aufgefaßt, sondern differenziert, und erscheinen als aktive Handlungsträger historischer Veränderung.

Albert Soboul führte die Studien seines Lehrers über die städtische Masse weiter und veröffentliche eine Arbeit über die Pariser Sansculotten im Jahre II[96]. Soboul wurde gewißermaßen Lefebvres Nachfolger: 1959 gab er die erste allgemein zugängliche Ausgabe von *Les paysans du nord* heraus, er folgte Lefebvre als Herausgeber der *Annales historiques de la revolution française* und übernahm schließlich den einst von Lefebvre gehaltenen Lehrstuhl für Geschichte der Französischen Revolution an der Sorbonne. Im Gegensatz zu Lefebvre identifiziert sich Soboul mit einer marxistischen Perspektive und ist aktives Mitglied der KPF. Seine umfassenderen Interpretationen über den Klassencharakter des Ancien régime und der Französischen Re-

[95] *La Grande Peur de 1789.* Paris 1932.
[96] *Les Sans-culottes Parisiens en l'An II.* Paris 1958. Vgl. ders., *Die große Französische Revolution.* 2 Bde, Köln 1973.

volution[97], die von der marxistischen Auffassung über die ökonomischen Gesellschaftsformationen stark beeinflußt sind, führten zu einer intensiven Kontroverse – wie auch schon Lefebvres zurückhaltendere Analysen über den Klassencharakter der Französischen Revolution.

Jedoch fehlen in der Sansculotten-Studie vereinfachende Generalisierungen über den allgemeinen Verlauf der Geschichte. Soboul warnt vor den alten marxistischen »Vereinfachungen«, denen seiner Meinung nach sogar Jaurès in seiner *Histoire socialiste* verfallen war, die die Revolution als »das Resultat der wirtschaftlichen und intellektuellen Macht der Bourgeoisie, die ihre Reife erreicht hat« und jetzt »diese Macht im Gesetz rechtfertigt«, beschreibt[98]. Soboul stützt seine Studie auf die verbliebenen Materialien der 48 Sektionen, die in Paris während der Revolution eingerichtet worden waren. Die Revolution in Paris entstand, so Soboul, ebenso wie die ländliche Revolution in Lefebvres Département du Nord nicht einfach als eine Revolution der Bourgeoisie, sondern als eine komplexe, zeitweilige Allianz von Gruppen mit verschiedenen Interessen und Hoffnungen. Wie Labrousse sah Soboul die Wirkung der »Brot-und-Butter«-Faktoren wie die Schwankungen der Grundnahrungsmittelpreise auf die politische Tätigkeit der städtischen Bevölkerung. Doch betonte er, daß die Sansculotten keine Klasse als solche waren und daß die »Sansculotten-Bewegung keine Partei einer Klasse« war. Sie »kamen aus allen Schichten der Gesellschaft und hatten deshalb kein Klassenbewußtsein«. Gemeinsame Ideologie und gemeinsamer Lebensstil, Haß auf die Aristokratie, Verlangen nach gleichen sozialen und politischen Rechten und nach direkter politischer Demokratie – das waren nach Soboul die Faktoren, die die Sansculotten aneinanderbanden. Auch repräsentierten die Jakobiner keine Klasse. Vielmehr »basierte das ganze Regime des Jahres II auf einer

[97] Vgl. Alfred Cobban, *The Myth of the French Revolution.* London 1955, und *The Social Interpretation of the French Revolution.* Cambridge 1964; Elizabeth L. Eisenstein, *Who Intervened in 1788? A Commentary on The Coming of the French Revolution.* American Historical Review 71 (1965/66), S. 77–103; Jeffrey Kaplow, Gilbert Shapiro, Elizabeth L. Eisenstein, *Class in the French Revolution. A Discussion.* Ebd. 72 (1966/67), S. 497– 522; François Furet und Denis Richet, *La Revolution.* 2 Bde, Paris 1965–66; Claude Mazaurics Kritik an Furet und Richet in: *Sur la Revolution française. Contributions à l'histoire de la Revolution bourgeoise.* Paris 1970, ›Avant-propos‹ von Albert Soboul, besonders S. 21–61, Furets Antwort: *Le Catéchisme de la Revolution française.* Annales 26 (1971), S. 255–289.
[98] *Les Sans-culottes.*

idealistischen Auffassung von demokratischer Politik, was seine Schwäche erklärt«. Jedoch wurde die Vorstellung der Revolution für ihn wie für Lefebvre nur innerhalb des weiteren Rahmens der wirtschaftlichen Entwicklung verständlich: nämlich durch das stetige Vordringen kapitalistischer Wirtschaftspraktiken im 18. Jahrhundert bei gleichzeitigem Zusammenbruch der sozialen Regulierungen der Wirtschaft. Wie Lefebvre versuchte Soboul, die »inneren Widersprüche« herauszuarbeiten, die zum »Niedergang der Volksbewegung, die der dialektischen Bewegung der Geschichte selbst implizit ist«, führten[99]. Ohne die Allianz der Volksmassen und der bourgeoisen Klassen hätte die bürgerliche Revolution nicht siegen können[100]. Doch waren die Zielvorstellungen der Führung, auch während der Jakobinerherrschaft, von denen der städtischen Massen verschieden. Der Terror beschleunigte die Zerstörung der alten Gesellschaft und – trotz zeitweiliger kriegsbedingter Maßnahmen – somit die Ablösung sozialer Eigentumsbeschränkungen, die, vom vorindustriellen Standpunkt der Handwerker und kleinen Ladenbesitzer aus gesehen, Recht und Sitte erforderten. So entstand der grundlegende Widerspruch einer neuen Gesellschaft, in der das Industriekapital dominieren sollte.

Souls Arbeit vertritt explizit eine marxistische Position, die manchmal in ihrem Versuch, Revolution mit der »dialektischen Bewegung der Geschichte«[101] zu verbinden, nicht frei von dogmatischen Merkmalen ist. Und Souls Historismus, sein Versuch, die revolutionäre Situation frei von vorgegebenen Schemata so zu konstruieren, wie sie aus dem Archivmaterial erkennbar wird, unterscheidet sich deutlich von anderen marxistischen Interpretationen wie z. B. von Daniel Guérins Versuch in *La lutte des classes sous la Première Republique 1793–1797*[102], der von einer bewußt trotzkistischen Theorie der »permanenten Revolution« aus geschrieben die Probleme der Gegenwart auf die Vergangenheit zu projizieren sucht und in den Konflikten

---

[99] *Les Sans-culottes*, S. 1030f.

[100] Vgl. *Les Sans-culottes*, S. 1025.

[101] *Les Sans-culottes*, S. 1031. Siehe Georges Lefebvres Formulierung: »marche dialectique de l'histoire« in ders., *La Revolution française*. Paris 1951, S. 638; siehe auch Lefebvres allgemeine Übereinstimmung mit Souls Schlußfolgerungen in seiner Rezension von *Les Sans-culottes* in: Annales historiques de la Revolution française 31 (1959), S. 173.

[102] *La Lutte des classes sous la Première République*, 1793–1797. Nouvelle éd., Paris 1968, siehe besonders ›Postface‹, Bd. 2, S. 406–461 und Guérins Antwort an seine Kritiker, darunter Souboul, ebd. S. 489–513.

während der Ersten Republik ein »embryonales Proletariat« entdeckt, das die modernen Klassenkämpfe ahnen läßt. Trotz der radikalen ideologischen Haltung erscheint Guérins Arbeit in vieler Hinsicht konventionell und idealistisch – ähnlich den besprochenen Studien aus der Sowjetunion und der DDR: Guérin versäumt es, Daten über Wirtschaft und Sozialstruktur zu berücksichtigen, außerdem betont er die Rolle der führenden Persönlichkeiten und den Zusammenprall von Ideen. Wie Lefebvre erfaßt Soboul Geschichte auf der breiten Basis einer Analyse der kollektiven Mentalität. Doch die Notwendigkeit, die Mentalität in ihrer konkreten »materiellen« Lage zu analysieren, ließen Lefebvre und Soboul Methoden sozialer Analyse aufnehmen, die nicht ausschließlich marxistisch sind. Marxistische Historiographie, wie sie Soboul vertritt, und die empirische historische Soziologie der Annales haben manche Gemeinsamkeiten. Alle politische Geschichte, betont Soboul, ist Sozialgeschichte, und in letzter Analyse ist Sozialgeschichte – und gerade hier stimmt er mit François Furet und Daumard überein – quantitative Geschichte. Doch Soboul fügt hinzu, daß die Materialien, über die die Sozialgeschichte verfügt, nicht »aus ihrem konkreten sozialen Zusammenhang abstrahiert« werden dürfen, sondern eine »genaue Kenntnis von Strukturen« und »Mechanismen« sozialen Wandels sowie sozialer und ökonomischer Konjunkturen voraussetzen. Marxistische Historiographie stehe nicht im Widerspruch zu einer quantitativen Geschichte sozialer Strukturen, sondern sehe vielmehr in ihr ein unverzichtbares Hilfsmittel für ein genaueres Verständnis des Dynamismus, der den Antagonismus sozialer Klassen bewegt[103].

In den letzten fünfzehn Jahren schritt das Studium des politischen Massenverhaltens in revolutionären Situationen beträchtlich fort; es beschäftigte eine zunehmende Anzahl von Historikern außerhalb Frankreichs, besonders in den englischsprachigen Ländern. Zur sozialen Analyse politischen Verhaltens in der Französischen Revolution haben Richard Cobb[104] und

---

[103] *Paysans, Sans-culottes et Jacobins,* ›Préface: A propos d'histoire sociale‹, S. 5–12. Soboul befaßt sich ausführlicher mit den Problemen der Quantifizierung in der Geschichte und erläutert seine teilweise Übereinstimmung mit Braudels Strukturbegriff in *Description et mésure en histoire sociale.* In: *L'histoire sociale. Sources et méthodes.* Colloques de l'École Normale Superieure de Saint-Cloud, 15.–16. Mai 1965. Paris 1967, S. 9–25.
[104] Richard Cobb, *The Police and the People. French Popular Protest, 1789–1820.* Oxford 1970.

George Rudé mit wichtigen Arbeiten beigetragen. Rudé analysierte in seinem Lefebvre gewidmeten Buch *The Crowd in the French Revolution*[105] die Zusammensetzung und das Verhalten der Massen während verschiedener Aufstände und Aufläufe zwischen 1789 und 1795. Er vertritt die Auffassung, daß Selbstvorstellung, Interessen und Erwartungen der politisch aktiven Elemente der Bevölkerung »nicht länger als bloße Echos oder Reflexe der Ideen, Reden und Dekrete von in Paris ansässigen Journalisten, Rechtsanwälten, Rednern und Politikern behandelt werden können«[106]. Wie Lefebvre und Soboul benutzte Rudé ausgiebig die Polizeiarchive von Paris und versuchte – bisweilen vielleicht zu mechanistisch – politisches Verhalten mit den Schwankungen der Lebensmittelpreise zu verbinden. Trotzdem bemüht er sich, wie auch schon Lefebvre und Soboul, Individualität und politisches Bewußtsein der Volksmasse anzuerkennen, im Gegensatz zu den älteren Vorstellungen von einer geschichtslosen Masse, die von Jules Michelet als »Volk« heroisiert und von Hippolyte Taine als »Pöbel« dämonisiert wurde. Charles Tillys Versuch, die regionalen Unterschiede im Verhalten gegenüber der Revolution und Konterrevolution in der Vendée als Indikatoren ökonomischer und sozialer Modernisierung zu erklären[107], kennzeichnet einen völlig verschiedenen strukturalen, quantitativen Ansatz, dem das narrative Element fast völlig fehlt. Die Tatsache, daß Klassenkampf hier als Funktion rein strukturaler Faktoren relativer Verstädterung und Modernisierung auftritt, die verhältnismäßig unabhängig von menschlichen Absichten wirken, unterscheidet Tillys quantitativen Ansatz von marxistischer Sozialgeschichte, die die aktive Rolle des Klassenbewußtseins im politischen Kampf betont. Das Forschungsgebiet wurde in den letzten Jahren von der Französischen Revolution auf die revolutionären Ausbrüche im 19. Jahrhundert und die Hungeraufstände des 18. Jahrhunderts ausgedehnt. Auch sind parallele Studien über Unruhen im vor- und frühindustriellen Großbritannien erschienen[108]. Nicht alle diese Studien, d.h. die von Cobb und Tilly, sind marxistisch ausgerichtet. Zwischen Marxisten und Nicht-Marxisten ergab

---

[105] Oxford 1959.

[106] Ebd., S. 5.

[107] Charles Tilly, *The Vendée. A Sociological Analysis of the Counter-Revolution of 1793.* New York 1964.

[108] Darunter George Rudé, *Die Volksmassen in der Geschichte. England und Frankreich 1730–1848.* Frankfurt a.M. 1977.

sich eine lebhafte Debatte über die Rolle der wirtschaftlich definierten Klassen im Ancien régime und in der Französischen Revolution[109]. Marxistische Historiker wandten sich Sozialarchiven zu und begannen, quantitative Methoden anzuwenden, während nicht-marxistische Historiker die gegeneinander streitenden Interessengruppen in ihrem sozialen Rahmen beachteten. Somit entstand eine gewisse methodologische Gemeinsamkeit über die Grundlage und die Struktur von Sozialgeschichte, die allerdings nicht zu stark betont werden sollte. Denn marxistische Historiographie unterscheidet sich weiterhin – trotz des allgemeinen Interesses für Theorie und Generalisierungen, die sie mit den Sozialwissenschaften teilt – durch die besondere Bewußtheit der konkreten historischen Situation und der Würdigung der Rolle des Bewußtseins als eines aktiven Faktors im sozialen Wandel. Letzteres fehlt in Charles Tillys Buch *Vendée*, in dem meßbare, anonyme Faktoren der Modernisierung den Ton angeben.

V*

Die geschichtswissenschaftliche Diskussion über die Industrialisierung in Großbritannien empfiehlt sich als ein weiteres Beispiel für bestimmte parallele Entwicklungen in der marxistischen Geschichtswissenschaft und der modernen Sozialgeschichte – ähnliches haben wir ja schon in Frankreich gesehen; diese Diskussion zeigt ebenso fundamentale Unterschiede zwischen der marxistischen und nicht-marxistischen Sozial- und Wirtschaftsgeschichte. Denn beide Richtungen versuchen, theoretische Konstruktionen zur Interpretation sozialer und ökonomischer Abläufe zu entwickeln. Und paradoxerweise sind gerade die marxistischen Historiker trotz ihrer Betonung der den politischen und sozialen Erscheinungen zugrunde liegenden materiellen Bedingungen äußerst zurückhaltend, die aktiven Faktoren des Bewußtseins auszuschließen und Geschichte auf Modelle wirtschaftlichen Wachstums zurückzuführen. Die folgenden Abschnitte versuchen, den Dialog zwischen marxistischen und nicht-marxistischen Sozial- und Wirtschaftshistorikern in Großbritannien während der letzten Jahrzehnte nachzuzeichnen. Doch ist es zuvor notwendig, auf einige Besonder-

[109] Siehe oben Anm. 97.
* Dieser Abschnitt wurde von Norman Baker verfaßt.

heiten der Entwicklung der britischen Geschichtsschreibung hinzuweisen.

Zum ersten entwickelte sich die Geschichtswissenschaft hier erst spät zum Beruf, oder, genauer gesagt, behielt der Amateur, der Nicht-Spezialist, sehr lange eine vorrangige Stellung. Nimmt man die Gründung der English Historical Review im Jahre 1886 als bezeichnenden Schritt auf einen berufsmäßigen »Historikerstand« hin, so zeigt die erst 35 Jahre später erfolgte Gründung des »Institute of Historical Research«, wie langsam und allmählich diese Entwicklung vor sich ging. Erst im 20. Jahrhundert konnten die Berufs-Historiker ihren nahezu monopolartigen Anspruch auf ernstzunehmende historische Forschung durchsetzen. Man kann viele Gründe dafür anführen, daß die Professionalisierung langsam fortschritt: die individualistische Tradition, die oft bemerkte britische Vorliebe für Amateurhaftes[110], die Betonung des literarischen Gehaltes historischer Werke, die lange Vorherrschaft einiger weniger Universitäten (Oxford, Cambridge und London) und die generell zurückhaltende Anerkennung und Aufnahme der Sozialwissenschaften. Dem hermeneutischen Historismus Rankes entsprach in Großbritannien die »Whig-Schule«, nach deren Regeln sich die Mehrheit der Amateur- und Berufshistoriker richtete. Sie vertrat eine »tatsachenbezogene«, narrative Geschichtsschreibung und betonte politische und verfassungsrechtliche Fragen. Die Anhänger dieser Schule verwarfen Positivisten wie Buckle in Rankescher Manier. Im Gegensatz zu den nationalistischen und elitären Annahmen des deutschen Historismus stützte sich die Whig-Schule ganz offensichtlich auf den Glauben an das rationale Fortschreiten der Geschichte in Richtung auf kapitalistische, liberale und parlamentarische Werte und Institutionen. Ohne jemals Angriffe von rechts oder links erleben zu müssen, verblieb das Gros britischer Geschichtsforscher bis zum Ersten Weltkrieg in dieser Tradition. Die Ereignisse seit 1914 störten zwar diese liberale Einstellung, doch kam es nicht zu einem Einbruch wie bei den intellektuellen Kreisen anderer Teile Europas seit dem Ende des 19. Jahrhunderts. Das überschäumende Vertrauen, das die Whig-Schule zuvor ausgestrahlt hatte, wurde gedämpft, viele der übertriebenen Generalisierungen wurden kritisiert und aufgegeben; doch die individualistischen liberalen

[110] Über die Rolle des Amateurismus in der modernen englischen Betriebsleitung siehe D. C. Coleman, *Gentlemen and Players*. Economic History Review 26 (1973), S. 92–116.

Werte und die im Kern Rankesche Methodologie behielt man bei und machte sie zur Grundlage des sich entwickelnden Berufskodex'. Historiker zu sein wurde zum Beruf; dadurch beschleunigte sich die Spezialisierung auf bestimmte Bereiche, und gleichzeitig kam es zu einem »wissenschaftlichen« Vorstoß strengerer Textkritik und genauerer Beweisführungen. Doch weiter beharrte man – sogar stärker als zuvor – auf der Einzigartigkeit historischer Erscheinungen[111], und das Selbstverständnis des Berufs schloß jede begriffliche Erneuerung des Rahmens historischer Forschung, insbesondere die Einbeziehung sozialwissenschaftlicher Theorien, aus.

Zwei in den Zwischenkriegsjahren aufkommende verwandte Einflüsse auf die britische Geschichtsschreibung milderten die Zwänge, die die traditionelle Richtung andernfalls auf die britische Historiographie dauernd und drückend ausgeübt hätte. Das pragmatische Element des britischen Geisteslebens und die Ansprüche – seien sie berechtigt oder nicht – der Historikerschaft auf einen unpolitischen Standpunkt lockerten den Berufskodex und gaben so die Möglichkeit zu einer gewissen intellektuellen Weitsicht. Die britische Historiographie hat dadurch eine Anzahl von Ideologien innerhalb eines generell akzeptierten Beweismusters aufgenommen. Das bedeutete auch die Tolerierung von Ideologien, die der innerhalb der Zunft vorherrschenden widersprachen; sinnvolles Debattieren und bisweilen auch ergebnisreiche gegenseitige Beeinflussungen waren möglich geworden; und Meinungsverschiedenheiten beschränkten sich nicht immer auf polemische Vorhaltungen.

Die Erhaltung eines Forums für Debatten innerhalb der sonst einschränkenden Regeln des Berufskodex' war einer der Faktoren, die zu einer bedeutsamen (wenngleich nicht völligen) Veränderung in diesem Kodex seit der Mitte der fünfziger Jahre beitrug. Damit zusammen fiel der immer weiterreichende Gebrauch sozialwissenschaftlicher Begriffe, ein starker marxistischer Einfluß und die zunehmende Betonung der neuen und umfassenderen Auffassung von Sozialgeschichte[112]. Der Rest dieses Kapitels wird sich hauptsächlich mit der Diskussion dieser Elemente der Veränderung im Zusammenhang mit der De-

[111] Dies läßt sich zumindest teilweise als Reaktion auf jetzt aufgegebene Generalisierungen der Whig-Schule oder auf schematische Vereinfachungen des marxistischen Geschichtsbildes erklären.
[112] Im Gegensatz zu der konventionellen Sozialgeschichte, die sich auf große Persönlichkeiten konzentrierte.

batte über die Industrialisierung in Großbritannien beschäftigen.

Grob betrachtet hielten sich bis in die Mitte unseres Jahrhunderts zwei selbständige, jedoch nicht immer voneinander unabhängige Traditionen, die der Industrialisierung gegenüber Erklärung und Reaktion waren. Beide Traditionen entstanden in der ersten Hälfte des 19. Jahrhunderts; jede unterwarf sich jeweils zeitgenössischen Sorgen und Vorlieben und wurde durch strengere wissenschaftliche Maßstäbe und engere Kontakte mit den Sozialwissenschaften beeinflußt, doch der Kern einer jeden Tradition blieb unberührt. Die eine Tradition schätzte die Auswirkungen der Industrialisierung grundsätzlich positiv ein und stützte sich dabei zumeist auf materielle Kriterien. Auch wenn die Vertreter dieser Tradition das den Industrialisierungsprozeß begleitende Elend durchaus sehen, so stellen sie doch zugleich fest, daß die erreichten materiellen Gewinne ausschlaggebende Bedeutung haben. Die gegenläufige Tradition, die in erster Linie – wenn auch nicht ausschließlich – von Sozialisten entwickelt wurde, beurteilt die Industrialisierung aus einer humanistischeren Perspektive: sie besteht darauf, daß jeder materielle Gewinn durch den dafür gezahlten Preis an menschlicher Not und Härte mehr als aufgewogen wurde. In beiden Traditionen gibt es Unstimmigkeiten zwischen der Art der Bewertung und Erklärung. Von einigen Ausnahmen abgesehen[113] haben erst seit dem Zweiten Weltkrieg Historiker beider Richtungen den Begriffsapparat entwickelt, der es ihnen gestattet, die Ursachen und Auswirkungen der Industrialisierung im Zusammenhang zu sehen und sich ihnen zuzuwenden.

Die der Industrialisierung positiv gegenüberstehende Tradition war gegen 1830 schon voll entwickelt. Sie stützte sich auf die implizite oder explizite Annahme des durch die Industrialisierung repräsentierten Fortschritts und auf die mechanistischen Theorien von Smith, Malthus und Ricardo über soziale und ökonomische Organisation und Tätigkeit. Selbst wenn sich solche Autoren[114] um die durch die Industrialisierung entstandenen sozialen Probleme sorgten, so enthielten ihre Besorgnisse

---

[113] von denen Marx die bemerkenswerteste ist.

[114] James Phillip Kay, *The Moral and Physical Condition of the Working Classes employed in the Cotton Manufacture in Manchester*. London 1832; P. Gaskell, *The Manufacturing Population of England*. London 1833; John Fielden, *The Curse of the Factory System*. London 1836; Edwin Chadwick, *Report on the Sanitary Conditions of the Labouring Population of Great Britain*. London 1842.

doch keine grundlegende Kritik oder Ablehnung der Industrialisierung und des kapitalistischen Wertsystems. Vielmehr unterstützten sie die vollständige Annahme dieses Prozesses und wünschten die erkannten Probleme und Hindernisse zugunsten der vollen nutzbringenden Wirksamkeit des herrschenden sozio-ökonomischen Systems aus dem Wege zu räumen. Diese Kategorie von Reaktionen kann als materialistisch in ihren Voraussetzungen und auf Einzelprobleme bezogen und dennoch manchmal als humanitär in ihrer Absicht bestimmt werden.

Die materialistische Tradition mit ihrem Glauben an die augenfälligen Werte des vorherrschenden sozialen, wirtschaftlichen und politischen Systems wurde von der Whig-Schule in die 2. Hälfte des 19. Jahrhunderts hereingetragen. Die Industrialisierung sah man als Vollendung des Individualismus und des politischen und verfassungsrechtlichen Systems, das, wie man glaubte, diese Qualität genährt habe. Die politischen, institutionellen und konstitutionellen Annahmen der Whig-Schule führten zur Beschäftigung mit den politischen Revolutionen des 17. Jahrhunderts. Sie vertraten eine narrative Geschichtsschreibung, die sich auf die zunehmende Auswertung dokumentarischer Zeugnisse stützte. Ein durchaus vorhandenes historisches Empfinden trat zumeist gegenüber der Ansicht späterer britischer Historiker zurück, die einen steten und unvermeidbaren Fortschritt von 1688 bis zum parlamentarischen Liberalismus des späten 19. Jahrhunderts annahmen. Die Industrialisierung wurde als natürlicher und verstärkender Teil dieses Prozesses angesehen, aber kaum als eine eigenständige Erscheinung behandelt oder in ihren sozio-ökonomischen Ursachen oder Auswirkungen untersucht. Einige bedeutende Historiker, wie Lecky in seiner ausführlichen Darstellung des Methodismus, ließen manchmal von der Behandlung nur politischer Probleme ab, doch kam man mit solchen »Abschweifungen« kaum den Grundzügen des Industrialisierungsprozesses näher[115]. Während sich ihre Hauptbeschäftigung auf spezielle politische Fragen erstreckte, hingen die Vertreter der Whig-Schule philosophisch direkt von den Geschichtsschreibern ab, die schon in der ersten Hälfte des Jahrhunderts die Industrialisierung und ihren überwiegend materiellen Nutzen akzeptiert hatten. Die Whig-Schule nahm dieselben Grundsätze klassischer politischer Ökonomie und die ihr innewohnenden Werte an. Ihre Historiker

[115] W. E. H. Lecky, *History of England in the Eighteenth Century*. London 1886.

schrieben nicht die Geschichte der Industrialisierung, sondern die Geschichte *für* die herrschende liberal-kapitalistische Orthodoxie des 19. Jahrhunderts.

Aus der Erfahrung und Beobachtung der Industrialisierung entstanden auch die Anfänge einer entgegengesetzten Tradition. Ihre Vertreter stellten die grundsätzlichen Annahmen der entstehenden kapitalistischen Orthodoxie in Frage, ohne dabei einzelne und unmittelbare Fragen zu vernachlässigen. Sobald einzelne Aspekte dieser Orthodoxie die Aura gegebener Naturgesetze annahmen, waren ihre Kritiker gezwungen, alternative sozio-ökonomische und politische Theorien zu erforschen[116]. Da sie ja die grundsätzlich materialistische Orthodoxie vor Gericht stellten, erhielt die Kritik einen deutlich humanistischen Impuls. Die frühen englischen Kritiker der Industrialisierung sahen sowohl Ursachen wie Auswirkungen dieses Prozesses: die Schäden und Verluste, die das rein Ökonomische einschlossen, aber auch darüber hinausgingen. Die kritische Einschätzung der Industrialisierung innerhalb dieser humanistischen Tradition hielt sich bis in die zweite Hälfte des 19. Jahrhunderts. Dazu gehören William Morris, die »Fabians« und Arnold Toynbee, dessen 1882 abgegebene Erklärung, »die Auswirkungen der Industriellen Revolution beweisen, daß freier Wettbewerb Reichtum hervorbringen kann, ohne ein allgemeines Wohl herzustellen«[117], einen der Kernpunkte dieser Tradition vermittelt. Obwohl in der britischen Geschichtsschreibung Marxens und Engels' Einfluß erst später, im 20. Jahrhundert, spürbar wurde, gehören sie doch in diese Tradition. Marx und Engels sahen die Industrialisierung als das Produkt und die Ursache grundlegender Veränderungen der ökonomischen Organisation der Gesellschaft; die Analyse der Implikationen dieses Prozesses gründete sich auf die menschliche Reaktion, die diese Veränderung hervorrief, und die sich besonders als »Bewußtsein« ausdrückt. Auch lieferten Marx und Engels, was beiden Traditionen so lange fehlte: eine Methode der Analyse, die zur Erklärung und Bewertung der Industrialisierung gebraucht werden kann.

[116] Robert Owen, Engels und Marx sind die bekanntesten dieser Kritiker, und Marxens Werk stellt den Höhepunkt des hier besprochenen Prozesses dar. Andere Kritiker, z. B. Thomas Hodgskin und James Morrison und ihre Ideen erörtert E. P. Thompson im letzten Kapitel seines Werks *The Making of the English Working Class*. London 1963, dessen revidierte Ausgabe, New York 1968, wir hier benutzen. Schließlich müssen auch William Blake sowie einige der Romantiker bei der Entwicklung dieser Tradition beachtet werden.

[117] Arnold Toynbee, *Lectures on the Industrial Revolution*. London 1884, S. 93.

Während der ersten Hälfte des 20. Jahrhunderts wurde die Entwicklung beider Traditionen durch mehrere zeitgenössische Ereignisse beeinflußt. Das zunehmende politische Gewicht des Gewerkschaftswesens und der Labour Party führte bei den Historikern der antikapitalistischen Tradition zur Konzentration auf die Entstehung dieser Bewegungen. Daraus ergab sich die Betonung institutioneller Aspekte in den Werken der Hammonds, Webbs und G. D. H. Coles[118]. Alle betrachteten die Industrialisierung als eine gewaltsame, überfallartige Erfahrung, die die Verbindung mit der Vergangenheit zerriß; sie fühlten mit denen, die diesen Prozeß zu erdulden hatten. Ihre Auffassung von Klassenbewußtsein als dem »Produkt« der Industrialisierung enthielt jedoch etwas mechanistisches; auch verfolgten sie die Spuren dieses Produktes hauptsächlich auf institutioneller Ebene. Ihre Darstellungen der Industrialisierung waren ungewöhnlich detailliert, doch blieben die Erklärungen eben dieses Prozesses im allgemeinen unsystematisch und beruhten gewöhnlich eher auf einem Sinn für das Verlorene, als auf einer gut ausgearbeiteten Theorie über diesen Verlust. Methodologisch entfernten sie sich kaum von den Whigs: sie schrieben eine narrative Geschichte von Errungenschaften, nun allerdings für die organisierte Arbeiterklasse, nicht für den liberalen viktorianischen Mittelstand.

Nur langsam wurden in Großbritannien ökonomische Theorien von der historischen Forschung aufgenommen, und ebenso zögernd entwickelte sich die Wirtschaftsgeschichte, die dann allmählich in die historische Disziplin integriert wurde[119]. Doch begannen ökonomische Theorien und die sich entwickelnde Wirtschaftsgeschichte in der Zwischenkriegszeit beide Traditionen zu beeinflussen und veranlaßten systematischere Analysen der Industrialisierung[120]. In der kapitalistischen Tradition ver-

---

[118] J. L. und B. Hammond, *The Village Labourer*. London 1911; *The Town Labourer*. London 1917; *The Skilled Labourer*. London 1919; *The Rise of Modern Industry*. London 1925; *The Age of the Chartists*. London 1930; S. und B. Webb, *History of Trade Unionism*. London 1894; G. D. H. Cole, *The Common People, 1746–1938* (mit Raymond Postgate). London 1938; *A Short History of the British Working Class Movement, 1789–1925*. 3 Bde, London 1925–27; *Chartist Portraits*. London 1941.

[119] An einigen britischen Universitäten sind die Institute für Geschichte von den Instituten für Wirtschaftsgeschichte organisatorisch noch weitgehend getrennt.

[120] Es ist nicht ohne Bedeutung, daß der erste Versuch, den Industrialisierungsprozeß systematisch zu untersuchen, von einem Franzosen (Paul Mantoux)

traten John Clapham und später T.S. Ashton diese Tendenzen. Clapham kam aufgrund zumeist ökonomischer Kriterien zu dem Urteil, daß die Industrialisierung eine grundsätzlich wohltuende Wirkung auf das Leben der Mehrheit der englischen Bevölkerung im 19. Jahrhundert hatte. Er legt in seiner Argumentation Wert darauf, daß die Beurteilung von Verhältnissen im 19. Jahrhundert sich auf ein gründlicheres und genaueres Verständnis der Verhältnisse der unmittelbar davor liegenden Periode stützen müsse. Er behauptete, daß das Goldene Zeitalter des 18. Jahrhunderts ein Mythos sei, aber nicht als Tatsache bestanden habe und daß demzufolge Autoren, die diesen Mythos weiterhin verbreiteten, den falschen Eindruck von Niedergang und Verlust im 19. Jahrhundert entstehen ließen. Nicht nur zur Stützung dieser Argumentation befaßte sich Clapham sehr ausführlich mit dem 18. Jahrhundert. Er suchte auch eine ökonomische Erklärung der Industrialisierung zu entwickeln, die die kommerziellen, institutionellen und technischen Entwicklungen dieses Prozesses mit einschloß[121]. Diesem Aspekt von Claphams Werk folgte später Ashton[122]. Er bemühte sich darum, eine Anzahl ökonomischer Faktoren, die zur Industrialisierung beitrugen, zu isolieren und zu bewerten; schließlich konzentrierte er sich auf Umstände von zentraler Bedeutung: auf finanzielle Faktoren und die vorherrschenden Zinssätze. Außerdem förderte Ashton zahlreiche Studien über die Industrialisierung in bestimmten Regionen und Branchen. Diese Arbeiten boten eine Fülle detaillierter Informationen über die Auswirkungen der Industrialisierung, trugen aber kaum dazu bei, eine allgemeine Synthese der verursachenden Faktoren zu entwickeln[123]. Hier wurde eher die Frage, wie es zur Industrialisierung kam, als warum es dazu kam, beantwortet. Zwar nutzte man einen begrenzten begrifflichen Rahmen, doch blieb der

unternommen wurde, dessen Werk *La Revolution industrielle au XVIIIe siècle.* Paris 1906, erst 1928 ins Englische übersetzt wurde.

[121] John H. Clapham, *An Economic History of Modern Britain.* 3 Bde, Cambridge 1926–28.

[122] T. S. Ashton, *The Industrial Revolution.* Oxford 1948; *An Economic History of England. The Eighteenth Century.* London 1955; *Economic Fluctuations in England, 1700–1800.* Oxford 1959.

[123] Z. B. P. Mathias, *The Brewing Industry in England, 1700–1830.* London 1959; A. H. John, *The Industrial Development of South Wales, 1750–1850.* Cardiff 1950; W. H. B. Court, *The Rise of the Midland Industries, 1600–1838.* Oxford 1938. Ashton hatte schon früher *Iron and Steel in the Industrial Revolution.* Manchester 1924, und (mit J. R. Sykes) *The English Coal Industry of the Eighteenth Century.* Manchester 1929, veröffentlicht.

Großteil der Studien der Wirtschaftsgeschichte innerhalb der vom konventionellen Historismus gesetzten Grenzen. Und obwohl er eine wertfreie Objektivität beansprucht, sind im Werke Ashtons und anderer die in jeder kapitalistischen Tradition vorhandenen materialistischen Voraussetzungen lebendig. Die wichtige Erweiterung der kapitalistischen Tradition durch die Betonung des Ökonomischen war mechanistisch und schematisch, und die grundsätzlich materialistischen Werte wurden eher bestärkt als befragt.

Der sozialwissenschaftliche Einfluß auf die kapitalistische Tradition nach dem Ersten Weltkrieg kam hauptsächlich aus den Wirtschaftswissenschaften; für die Gegenströmung galt das gleiche, jedoch verbunden mit einem soziologischen Ansatz. R. H. Tawney behandelt in seinen historischen Schriften zumeist Probleme des 16. und 17. Jahrhunderts, doch sind diese Arbeiten wegen der langfristigen Interpretation des Entstehens und der Herrschaft des industriellen Kapitalismus in Großbritannien wichtig für die heutige Diskussion. Tawney gab der Auffassung, daß die Industrialisierung ein Verlust gewesen sei, die zuvor die antikapitalistische Tradition britischer Historiographie gekennzeichnet hatte, eine systematischere Form[124]. Tawney verfolgte die Wurzeln wirtschaftlicher Veränderungen, die zur Industrialisierung führten, zumindest bis zur sogenannten Einhegungs-Bewegung und den bedeutenden Veränderungen ländlicher Eigentumsverhältnisse im 16. Jahrhundert zurück. Für Tawney war dies nicht nur ein Prozeß, in dem die wirtschaftliche Organisation deutliche kapitalistische Formen annahm, sondern auch soziale Werte sich änderten; die Erwerbsgesellschaft (acquisitive society) entfaltete sich. Obwohl er sich nicht völlig an Weber anschloß, glaubte Tawney doch, daß eine enge Beziehung zwischen den aufkommenden sozialen Werten und den allgemeinen Grundsätzen des Puritanismus bestehe. Den zum Bürgerkrieg führenden Konflikt im 17. Jahrhundert sah Tawney als eine Auseinandersetzung von Interessen und Überzeugungen (und nicht ausschließlich religiösen) zwischen einem latenten Kapitalismus, der von den Veränderungen des 16. Jahrhunderts stammt, und dem Quasi-Feudalismus der Aristokratie und Monarchie; diese Analyse steht der Marxens nahe. Wenn auch nicht notwendigerweise beabsichtigt, bildete Tawneys Werk ein Gegengewicht zu der von zeit-

[124] Bei der Einschätzung von Tawneys Urheberschaft muß aber stets Marxens Arbeit in Rechnung gestellt werden.

genössischen Wirtschaftshistorikern der Gegenströmung vertretenen Auffassung, die Entwicklung des Kapitalismus mittels ökonomischer Faktoren und Institutionen zu erklären[125].

Diese Form der Interpretation – also die Betonung ökonomischer Faktoren, die durch den Nachdruck auf umfassendere soziale Faktoren und sozialpsychologische Erwägungen ausgeglichen wurde – nahm vom marxistischen Standpunkt her Christopher Hill auf. Darüber hinaus übertrug Hill diesen Ansatz auf spätere Epochen und brachte ihn in Verbindung mit der eigentlichen Periode der Industrialisierung[126]. Obwohl auch er eigentlich Wirtschaftshistoriker war, beachtete Hill den tatsächlichen Verlauf des politischen Konflikts und besonders der institutionellen Aspekte dieses Konflikts stärker als Tawney. Hill verstand die Institutionen – Kirche, Parlament, Gerichtshöfe – als wesentliche Kanäle und Vermittlungsebenen im Konflikt der Werte und Interessen, die England in der Mitte des 17. Jahrhunderts erschütterten[127]. Eine Zeitlang widerspiegelte Hills Arbeit die wichtigsten Eigenheiten der historiographischen Entwicklung seit dem Zweiten Weltkrieg, die wir noch später in diesem Kapitel untersuchen werden. Zuerst schrieb er Arbeiten mit ökonomischer und verfassungsrechtlicher Betonung, allmählich wandte er sich dann kollektiven und individuellen Ideologien zu und untersuchte Verhaltensweisen und Überzeugungen, wichtige Elemente zum Verständnis des Veränderungsprozesses von einem sozio-ökonomischen System zu einem anderen, vom Feudalismus zum Kapitalismus[128]. Dadurch hat er einige der Schlagworte eines mißverstandenen Marxismus entwertet, die häufig gegen Marxisten angewandt wurden. Hill schrieb hauptsächlich über eine Zeit, in der soziale, ökonomische und politische Ideen meist in religiöser Terminologie ausgedrückt wur-

---

[125] Tawney war von Marx and Weber gleichermaßen beeinflußt; er kann nicht als Marxist angesehen werden, da seine Einschätzung des Kapitalismus überwiegend durch seine moralische Ablehnung bestimmt war. Siehe R. H. Tawney, *The Agrarian Problem in the 16th Century.* London 1912; *Religion and the Rise of Capitalism.* London 1926 und *The Rise of the Gentry.* Economic History Review 2 (1944), S. 1–38.

[126] Christopher Hill, *The Century of Revolution, 1603–1714.* Edinburgh 1961; *Reformation to Industrial Revolution.* London 1967.

[127] Christopher Hill, *Economic Problems of the Church.* Oxford 1956.

[128] Christopher Hill, *Society and Puritanism in Pre-Revolutionary England.* 2. Aufl., London 1964; *Intellectual Origins of the English Revolution.* Oxford 1965; *God's Englishman. Oliver Cromwell and the English Revolution.* London 1970; *The World Turned Upside Down. Radical Ideas during the English Revolution.* New York 1972.

den. Er tut das nicht als unwichtig ab oder behandelt es als bloß inkonsequent in der Erklärung des 17. Jahrhunderts. Er erkennt und behandelt Religion als eine wirkliche Kraft, nicht nur in ihrer institutionellen Bedeutung, sondern auch in ihrer zentralen Rolle als Gestalterin der Entwicklung von Ideen und Verhaltensweisen. Ebenso betrachtet er andere Ausdrucksformen traditioneller Werte als wesentlichen Teil des Veränderungsprozesses und nicht als überflüssige Belastung dieses Prozesses[129].

Die Entwicklung der Geschichtswissenschaft zum Beruf erforderte zunehmend eine »wissenschaftliche« Strenge in der historischen Forschung und auch die Vertiefung der Forschung. Das wiederum bürdete der Geschichte eine Komplexität auf, die zur Aufgabe einiger herkömmlicher Generalisierungen führte und gleichzeitig die Auffassung von der Individualität von Ereignissen der Vergangenheit stärkte; die Fähigkeit für umfassende systematische Erklärungen schien begrenzt. Diese Entwicklung stellte zwei Tendenzen in Zweifel: vereinfachte Formen marxistischer Analyse und die humanistische Tradition der Auseinandersetzung mit der Industrialisierung. Das Gleichgewicht in Hills Werk zwischen dem Verständnis für die Vielschichtigkeit historischer Veränderungen und dem Glauben, daß dies in einem grundsätzlich marxistischen Erklärungsschema erfaßt werden könne, stellt eine wesentliche Antwort auf diese Zweifel dar.

Ein ähnlicher Prozeß von »Herausforderung und Antwort« (Toynbee) fand auch bei den Historikern statt, die sich in einem chronologisch unmittelbareren Sinne mit der Industrialisierung beschäftigten. Ohne traditionelle Ansätze aufzugeben, haben beide Richtungen in den letzten zwanzig Jahren zunehmend Neuerungen der Technik und Begriffsbildung in das Studium der Industrialisierung eingebracht. Ein Großteil dieser Neuerungen war die Folge verstärkter Zusammenarbeit mit den anderen Sozialwissenschaften. Es gibt verschiedene Gründe, warum sich dieser Prozeß der Neuerungen, der schon vor dem Zweiten Weltkrieg begann, seit der Mitte der fünfziger Jahre beschleunigte. Die Anerkennung der neueren Sozialwissenschaften als wissenschaftliche Disziplinen und das größere Interesse an deren Theorien waren dafür wichtig. Verbesserte statistische Methoden und besonders der Einsatz von Computern

---

[129] Christopher Hill, *The Norman Yoke*. In: J. Saville (Hrsg.), *Democracy and The Labour Movement*. London 1954.

förderten Neuerungen und machten bestimmte Studiengebiete zugänglich, die zuvor zu untersuchen sich schon allein aus Zeitgründen verbot. Das schnelle Wachstum der britischen Universitäten seit der Mitte der fünfziger Jahre öffnete auch mehr Möglichkeiten, neue Ideen umzusetzen. Ebenso beeinflußten politische Faktoren diese Entwicklung. Das Abflauen des Kalten Krieges und die Trennung zahlreicher britischer Akademiker von der KP im Jahre 1956 beseitigten einige psychologische Hindernisse und Auffassungen, die zuvor jede Debatte belastet hatten. Die Suche nach und die Annäherung an ideologisch weniger starre Positionen war ein Wandel, der die Übernahme verschiedener begrifflicher Ansätze und technischer Methoden förderte.

Innerhalb der kapitalistischen Tradition waren die Tendenz, ökonomische Modelle zu konstruieren, und die rapide Zunahme des Gebrauchs hochentwickelter statistischer Techniken die wichtigsten Neuerungen der letzten zwanzig Jahre. Die Aufstellung von Wirtschaftsmodellen für historische Erklärungen kam teilweise unter dem Einfluß der Wirtschaftstheorie John Maynard Keynes' zustande, andernteils aber aus dem Bemühen, Richtlinien der Industrialisierung innerhalb eines kapitalistischen Rahmens zu entwickeln, die auf Entwicklungsländer angewandt werden können.

Das ehrgeizigste Beispiel dieser Richtung kam von dem Amerikaner Walt W. Rostow mit seinem *Stages of Economic Growth. A Non-Communist Manifesto*[130]. Schon der Titel trennt dieses Buch ausdrücklich von den gewohnten Ansprüchen britischer Historiker auf politische Objektivität, und Rostow vertritt ständig Positionen kapitalistischer Provenienz, wie z.B. den Wunsch nach einer unbehinderten Wirtschaft. Sein Werk hatte einen beträchtlichen Einfluß – gleichermaßen durch Nachvollzug wie durch Ablehnung. Sein allgemeines Modell, entwickelt aus speziellen Abläufen der Industrialisierung in bestimmten Ländern, insbesondere Großbritannien, lief der institutionellen und mikro-ökonomischen Tendenz britischer Wirtschaftsgeschichte entgegen. Auch von einer anderen Perspektive her wurde Rostow angegriffen, nämlich für seinen Versuch, ein im Grundsatz ökonomisches Modell aufzustellen, um einen in

---

[130] Walt W. Rostow, *The States of Economic Growth. A Non-Communist Manifesto.* Cambridge 1960; dt. *Stadien wirtschaftlichen Wachstums,* 2. Aufl., Göttingen 1967.

seiner Herkunft und Auswirkung auch sozialen und politischen Prozeß zu erklären[131].

R. M. Hartwell liefert eine für die kapitalistische Tradition der britischen Wirtschaftshistoriker beispielhafte Antwort auf Rostows These. Er stimmt mit Gerschenkron in der Rückweisung der Idee »einheitlicher Vorbedingungen industrieller Entwicklung« überein und schreibt: »Eine verschleierte sektorale Interpretation der industriellen Revolution in Form einer Stufentheorie bietet wenig mehr, als einige bedeutende Wachstumsvariablen anzugeben und einige vage Ideen über die zeitliche Abfolge dieses Wachstums vorzugeben; sie erklärt das Wachstum aber nicht.« Jedoch anerkennt Hartwell Rostows Anspruch, »der einflußreichste moderne Wirtschaftshistoriker zu sein«, und glaubt, daß ein »statistisch verifizierbares Wachstumsmodell für das 18. Jahrhundert formuliert werden kann«, zumal die Fülle des Quellenmaterials es erlaubt, die Beziehungen zwischen den einzelnen Faktoren in »quantitativ-funktionalen«, statt in den gegenwärtig vorherrschenden »qualitativen« Maßstäben anzugeben[132]. Dieselbe Betonung der zentralen Bedeutung quantitativen Materials für die Erklärung und Bewertung findet sich in Hartwells Arbeit über die Ergebnisse der Industrialisierung. Er ist der bekannteste zeitgenössische Optimist, der die grundsätzlich positiven Aspekte der Industrialisierung stark betont und dafür hauptsächlich den ökonomischen Bereich aufführt[133]. Zwar erwähnt Hartwell auch, daß die Industrialisierung soziale Vorteile – so die zunehmende Alphabetisierung und das Aufkommen weniger gewalttätiger Modelle sozialen Verhaltens – brachte, die auch die Formen sozialen Protests in den vierziger Jahren beeinflußten, doch das Hauptgewicht seiner Argumentation liegt in der übermäßig statistischen Darstellung der Verbesserung der materiellen Bedingungen – Ernährung, Bekleidung, Wohnung – der Mehrheit der britischen Bevölkerung.

Zuerst wurden hochentwickelte statistische Methoden und Computer in allen Gebieten der Wirtschaftsgeschichte zuneh-

[131] Alexander Gerschenkron, *Economic Backwardness in Historical Perspective*. Cambridge, Mass. 1962; E. J. Hobsbawm, *From Social History to the History of Society*. In: *Historical Studies Today*. New York 1971, S. 5–7; A. Fishlow, *Empty Economic Stages*. Economic Journal 85 (1965) S. 112–125.

[132] R. M. Hartwell (Hrsg.), *The Causes of the Industrial Revolution in England*. London 1967, S. 4, 9, 17.

[133] E. J. Hobsbawm und R. M. Hartwell, *The Standard of Living in the Industrial Revolution. A Discussion*. Economic History Review 16 (1963), S. 119–146.

mend angewandt, doch seit der Mitte der sechziger Jahre verband man diese Techniken mit der Entwicklung der Demographie und der Geschichte sozialer Strukturen. Oberflächlich gesehen scheinen diese beiden Felder sehr eng miteinander verwandt zu sein, und das stimmt auch in mancher Hinsicht; die Demographie ist aber dynamischer in ihren Interessen und konzentriert sich auf Veränderungen innerhalb langer Zeiträume, während das andere Fach sich eher bemüht, eine bestimmte Gesellschaft festzuhalten, um sie einer Analyse unterwerfen zu können. Es schien selbstverständlich, daß in beiden Fächern Wissenschaftler aus der humanistischen Tradition mitarbeiten und daß sie viel zur Entwicklung aus ihrer Perspektive beitragen können. Ein derartiger Eindruck könnte wegen des beharrlichen Bemühens dieser Tradition entstehen, die Vergangenheit der unteren Ebenen der Sozialskala zu durchdringen und zu verstehen. Im allgemeinen haben die Demographie und die Sozialgeschichte dieses Ziel nicht erreicht. Vielmehr haben sie unser Wissen über die Masse der Bevölkerung und deren Lebensbedingungen erweitert, jedoch ohne Verständnis[134]. Peter Laslett hat das sehr genau ausgeführt, als er seine Auffassung von der vorindustriellen Gesellschaft Englands als einer »einklassigen« Gesellschaft rechtfertigte[135]. Während der letzten fünfzehn Jahre hat sich in Großbritannien die Sozialgeschichte hauptsächlich unter den Fittichen der »Cambridge Group for the History of Social Structure and Population« entwickelt. Ihre wichtigsten generalisierenden Behauptungen und auch Forschungsergebnisse sind von Laslett veröffentlicht worden, der dazu neigt, die Ansprüche auf die einzigartige Natur der Beiträge dieses Spezialfachs und manchmal auch dessen Unabhängigkeit von den Ereignissen der politischen Geschichte sehr nachdrücklich zu betonen[136]. Die Kritik von Historikern aus der humanistischen Tradition war scharf, aber punktuell. Als Entgegnung auf Lasletts Behauptung, daß Historiker sich zuvor jedem soziologischen Ansatz verschlossen hätten, führt Christopher Hill eine lange Liste von Historikern auf, deren Werke die Unrichtigkeit von Lasletts Behauptung aufzeigen, und er schließt viele mit ein, »mit denen ich in vielen Punkten der Interpretation nicht übereinstimme, aber deren solide Wissen-

---

[134] Diese Bemerkungen beziehen sich nur auf die britische Historiographie, nicht auf die *Annales*.
[135] Peter Laslett, *The World We Have Lost*. London 1965, S. 26–70.
[136] Ebd., S. 151.

schaftlichkeit Respekt erheischt«[137]. Vom marxistischen Standpunkt aus kritisieren Hill und E. P. Thompson, daß es nicht gelungen sei, die Erforschung von Sozialstrukturen auf allgemeine Erklärungsmodelle der Vergangenheit zu beziehen – seien es statische oder dynamische. Doch unterscheiden die Kritiker zwischen dem in dieser Hinsicht schuldhaften Verhalten Lasletts und den detaillierten Studien, die andere Mitglieder der »Cambridge Group« vorgelegt haben[138]. Ihre Enttäuschung über die Sozialhistoriker basiert nicht auf grundsätzlicher Feindschaft diesen gegenüber, sondern gründet sich eher auf das Wissen um deren möglichen, aber bisher noch niemals geleisteten Beitrag zu umfassenderen Erklärungen der Vergangenheit. Das Versagen der Sozialgeschichte, den Historikern der humanistischen Tradition Auftrieb zu geben, ist aber nicht nur das Ergebnis einer bestimmten Richtung der »Cambridge Group«. Mit der Verfeinerung statistischer Analysen und dem zunehmenden Gebrauch von Computern bestimmen und begrenzen die verfügbaren Quellen – die ja, wenn zahlreich und gleichmäßig dicht vorhanden, erst die Anwendung derartiger Methoden erlauben – sehr stark die Analyse sozialer Strukturen. Als Ergebnis wird die Vergangenheit zunehmend auf der Grundlage materieller Bedingungen untersucht und erklärt, auch wenn es um allgemeine Verhaltenserscheinungen wie die Geburtenfreudigkeit geht[139]. Die Furcht, daß diese Betonung zur Mißachtung nichtmaterieller Kräfte bei der Formung der Vergangenheit führt, liegt der Kritik, besonders der Thompsons, an einigen Aspekten der Arbeiten der »Cambridge Group« zugrunde.

Die Tendenzen der letzten fünfzehn Jahre in der Wirtschafts- und Sozialgeschichte innerhalb der materialistischen Schule führten zu Reaktionen ähnlich der bereits dargestellten Christopher Hills. Überlegungen zu diesen Reaktionen in einem besonderen marxistischen Zusammenhang lassen sich anhand der Werke von Thompson und Eric Hobsbawm entwickeln. Ihre Reaktion steht stellvertretend für den Beitrag und auch für die zutage getretene begriffliche und methodologische Verlegenheit

[137] Hills Rezension von *The World We Have Lost.* History and Theory 7 (1967), S. 117–127.
[138] Times Literary Supplement, 5. Mai 1973, Rezension von *Household and Family in Past Time.* Cambridge, 1972.
[139] Sozialhistoriker, die die Unzulänglichkeiten konventioneller politischer Geschichte schon allein aufgrund des Quellenmaterials und der Quellenauswahl behaupteten, scheinen nicht zu sehen, daß auch ihnen der gleiche Vorwurf gemacht werden kann.

marxistischer Historiker. Beide sind davon überzeugt, daß Marx die besten begrifflichen Werkzeuge zum allgemeinen Verständnis und für die Erklärung der Gesellschaft und des sozialen Wandels der Vergangenheit zur Verfügung gestellt hat[140]. Auch sind sich beide dessen bewußt, daß bisher einige marxistische Historiker eine dogmatische, mechanistische und zu eng gefaßte materialistische Interpretation von Marxens eigenem Geschichtsbild entwickelt haben. Hobsbawm und Thompson (ebenso Hill) bemühen sich, Marx vor diesen »vulgärmarxistischen Historikern« zu »retten« und gleichzeitig der ebenso einschränkenden materialistischen Betonung unter kapitalistischen Wirtschaftshistorikern zu widerstehen, die behaupten, durch die Anwendung ökonomischer Theorien und verfeinerter quantitativer Techniken zu genauen Ergebnissen zu kommen. Bei dieser doppelten Aufgabenstellung suchen sie Hilfe bei den anderen Sozialwissenschaften, aber nicht durch Übertragung von deren »Gesetzen« sozialen Verhaltens, die sich auf Verhaltensweisen des 20. Jahrhunderts stützen, sondern durch den Gebrauch allgemeiner Begriffe, die es möglich machen, Fragen auch über bisher von Historikern vernachlässigte Bereiche vergangener Erfahrung zu stellen und Erklärungen dafür zu suchen. Der Versuch, die Vergangenheit in einem totaleren Sinne zu sehen, zu beschreiben und zu erklären, als es innerhalb der konventionellen Spezialgebiete möglich war, hält sich an die kritische historische Methode, die die Grundlage der modernen wissenschaftlichen Historie ist.

Obgleich beide diese Absicht teilen, lassen doch Thompsons und Hobsbawms Arbeiten verschiedene Betonungen ihres gemeinsamen Zieles erkennen. Beide folgen der Tradition, die dem Industriekapitalismus und besonders den Auswirkungen der Industrialisierung auf Großbritannien im 19. Jahrhundert kritisch gegenübersteht. Hobsbawm verwickelte 1963 R. M. Hartwell in der *Economic History Review* in eine Debatte, in der die bündigsten optimistischen und pessimistischen Behauptungen über den Lebensstandard im England des frühen 19. Jahrhunderts formuliert wurden. Hobsbawm als Wirtschaftshistoriker war bereit, sich mit Hartwell auf der Grundlage ökonomischer Daten auseinanderzusetzen, um so Hart-

[140] Eric J. Hobsbawm, *Karl Marx's Contribution to Historiography*. In: Robin Blackburn (Hrsg.), *Ideology in Social Science*. New York 1973, S. 265–283; E. P. Thompson, *An Open Letter to Leszek Kołakowski*. Socialist Register (1974), S. 1–95.

wells hauptsächlich statistisch untermauerten Anspruch, daß sich der Lebensstandard verbessert habe, zu bestreiten. Sein stärkstes Argument jedoch waren die »sozialen Kosten« der Industrialisierung, die sich in emotionalen und psychologischen Umwälzungen und Bedrängnissen äußerten[141]. Thompson veranschlagt den Vorrang menschlicher Werte bei der Beurteilung der Auswirkungen der Industrialisierung noch höher; er scheint zwar bereit zu sein, die »optimistischen« Ansprüche auf eine Verbesserung der materiellen Bedingungen zuzugestehen, doch führte er weiter aus, daß das noch lange nicht eine positive Beurteilung der Industrialisierungsfolgen für das Leben der Mehrheit der britischen Nation in der ersten Hälfte des 19. Jahrhunderts bedeute. »... es ist durchaus möglich, zwei Behauptungen festzuhalten, die sich auf den ersten Blick zu widersprechen scheinen. In den Jahren 1790 bis 1848 verbesserte sich der durchschnittliche Lebensstandard leicht. In derselben Zeit nahmen Ausbeutung, Unsicherheit und menschliches Elend zu. 1840 ging es den meisten Leuten besser als ihren Vorfahren fünfzig Jahre zuvor, doch bezahlten sie für diese minimale Verbesserung einen katastrophal hohen Preis (... but they had suffered and continued to suffer this slight improvement as a catastrophic experience).«[142]

Hobsbawm und Thompson sehen den Kapitalismus als Wirtschafts- oder Verhaltenssystem an, wobei jeder Teil vom anderen abhängt und beide durch einen breiten Fächer politischer und sozialer Einrichtungen wirken. Und sie sehen dieses System im historischen Kontext der Geschichte zumindest der letzten 450 Jahre als beherrschendes Thema, doch betrachten sie seine Entwicklung nicht bloß mechanistisch, sondern als eine Kraft, deren Fortschritt und Wirkung der Variation und Eingrenzung durch menschliche Tätigkeit unterworfen ist. Innerhalb dieser allgemeinen Übereinstimmung gibt es zwischen den beiden Historikern Unterschiede der Betonung, die zumindest teilweise mit ihren verschiedenen Interessen zu tun haben. Stärker als Thompson betont Hobsbawm wirtschaftliche Faktoren und Kräfte, deren Rolle er auch bei der Erklärung historischer Veränderungen ständig hervorhebt. Thompson erkennt zwar die grundlegende Bedeutung dieser Kräfte an, doch liegen sie nicht im Zentrum seiner Aufmerksamkeit und drängen sich auch weniger seinem Erklärungsmuster auf. Diese Unterschiede

[141] Hobsbawm und Hartwell, *The Standard of Living*.
[142] Thompson, *Working Class*, S. 231.

und Gemeinsamkeiten sind in den Erklärungen und Einschätzungen der Industrialisierung und ihrer Wirkungen offenbar.

Seit der Mitte der fünfziger Jahre spielte Hobsbawm eine herausragende Rolle in der historischen Debatte über die europäische Krise des 17. Jahrhunderts[143]. Seiner Ansicht nach war diese Krise im Kern eine Wirtschaftskrise, »die letzte Phase des allgemeinen Übergangs von einer feudalen zu einer kapitalistischen Wirtschaft«; und sie führte »zu einer dem System entsprechenden grundsätzlichen Lösung der Schwierigkeiten, die zuvor dem Triumph des Kapitalismus im Wege standen«[144]. Das Ergebnis dieser Krise war nicht einheitlich, und Hobsbawm anerkennt den Anteil, den politische Institutionen und dominierende Individuen bei der Ausgestaltung dieser Vielfalt hatten. Für Hobsbawm ist das Aufkommen des Kapitalismus als eines Wertsystems, das direkt oder indirekt mittels mächtiger Institutionen, so besonders – wenn auch nicht ausschließlich – mittels der Regierung, Einfluß ausübt, entscheidend für das Wachstum des industriellen Kapitalismus. In seinem Werk *Industrie und Empire*, einer allgemeinen Studie über die britische Wirtschaft seit 1750, betont er – wie Marx zuvor[145] – besonders den expandierenden Überseehandel, der die Industrialisierung Großbritanniens beschleunigte, und er hob auch die Bedeutung der Regierung in diesem Prozeß hervor, die zumindest teilweise durch ihre Politik der »systematischen Aggressivität« an ihm teilhatte[146]. Der Regierungsbeitrag zur Förderung der Industrialisierung beschränkte sich nicht auf eine aggressive, handelsorientierte Außen- und Kolonialpolitik; Hobsbawm betont ebenso die generelle Bereitschaft zur »systematischen Unterstützung der Händler und Fabrikanten und die keinesfalls geringen Anreize für technische Neuerungen und den Aufbau der Investitionsgüter-Industrie«[147]. Thompson hat auch die zunehmende Bindung der nationalen und lokalen Behörden Großbritanniens im 18. Jahrhundert an die sozialen und wirtschaftlichen Werte des Kapitalismus beschrieben, die Hand in

[143] Eric J. Hobsbawm, *The Crisis of the Seventeenth Century*. Past and Present 5 (1954), S. 33–49 und 6 (1954) S. 44–63; wieder abgedruckt mit Nachwort in: Trevor Aston (Hrsg.), *Crisis in Europe, 1560–1660*. London 1965, S. 5–58.

[144] *Crisis in Europe*, S. 5–6.

[145] Ebd., S. 57 f.

[146] Eric J. Hobsbawm, *Industry and Empire*. London 1969, S. 49; dt. *Industrie und Empire. Britische Wirtschaftsgeschichte seit 1750*. 2 Bde, Frankfurt a. M. 1970.

[147] Ebd.

Hand ging mit der Preisgabe gesetzlicher Bestimmungen, die auf einem älteren Wertsystem basierten[148]. Derartige Tendenzen reichten bis in die Zeit der Industrialisierung, und Thompson betont, daß das von der britischen Arbeiterklasse während dieser Zeit erlittene Elend weder das Ergebnis der mechanistischen Wirkung von »Natur«-Gesetzen der klassischen Ökonomie noch ein »Zufallsprodukt« der Napoleonischen Kriege war, sondern das Resultat der Verteilung ökonomischer und politischer Macht und der Entscheidungen, wie diese Macht zu nutzen sei[149]. Hobsbawm und Thompson betrachten die Entfaltung der Organisation und neuer Werte als grundlegend für das Wachstum des Kapitalismus und seine Entwicklung zur Industriegesellschaft, doch berücksichtigt Hobsbawms Erklärung institutionelle und legislative Gesichtspunkte, während Thompson die Marktwirtschaft stärker betont und auf die Notwendigkeit hinweist, sich mit den in ihr sich durchsetzenden Werten kritisch auseinanderzusetzen.

Thompson sieht das Wachstum des Industriekapitalismus auf dem Hintergrund konkurrierender Werte, und ebenso betrachtet er die Auswirkungen der Industrialisierung. Im Vorwort seines Hauptwerks *The Making of the English Working Class* beschreibt er seine Auffassung von Klasse und Klassenbewußtsein. Klasse ist für ihn keine statische Erscheinung, die als Teil einer Sozialstruktur kategorisiert oder isoliert werden kann. Klasse ist kein »Ding«, und Thompson macht klar, daß eine derartige falsche Auffassung nicht Marx zugeschrieben werden kann. Klasse ist eine Beziehung, die sich während einer längeren Periode entwickelt aufgrund gemeinsamer Erfahrungen, die »zuvörderst durch die Produktionsverhältnisse bestimmt werden, in die man hineingeboren ist oder unfreiwillig eintritt«. Klassenbewußtsein ist ebenso Resultat einer historischen Entwicklung; es ist »die Art, in der diese Erfahrungen ihren kulturellen Ausdruck finden«[150]. Für Thompson ist Klassenbewußtsein das Ergebnis besonderer Erfahrung und eine Reaktion, die zumindest teilweise durch spezielle »Traditionen, Wertsysteme, Ideen und institutionelle Formen« geprägt wurde[151]. Die menschliche Umsetzung – inner- oder außerhalb institutioneller

---

[148] E. P. Thompson, *The Moral Economy of the English Crowd in the Eighteenth Century*. Past and Present 50 (1971), S. 76–136.
[149] Thompson, *Working Class*, S. 198–207.
[150] Ebd., S. 9–10.
[151] Ebd.

Formen, in spezifisch politischem oder eher allgemein kulturellem Zusammenhange – spielt eine bedeutende Rolle bei der Ausformung der Erfahrungen und der Reaktion auf diese Erfahrungen.

Zuerst erörtert Thompson die überlieferten politischen, religiösen und sozialen Traditionen der englischen Arbeiterklasse und legt ausführlich ihre Erfahrungen im frühen 19. Jahrhundert dar, die nach Realität und Wahrnehmung der Ausbeutung unterschieden werden. Schließlich beschreibt er detailliert das ganze Ausmaß der Reaktionen und deren Aneignung durch das Bewußtsein der Arbeiterklasse, das seiner Einschätzung nach die englische Gesellschaft im Jahre 1830 an den Rand der Revolution brachte. Er betrachtet dieses Bewußtsein nicht als eine mechanistische Schöpfung der Industrialisierung, sondern als von der Arbeiterklasse selbst gestaltet. Thompson betont, daß die traditionellen Wege zu denken nicht als vorausbestimmende Faktoren, sondern als Bestandteile in diesem Prozeß eine wichtige Rolle gespielt haben. Er warnt vor der »Unterschätzung der Kontinuität politischer kultureller Traditionen«[152]. Thompsons Analyse ist im Kern eine hochentwickelte Ausarbeitung des dialektischen Ansatzes. Die Erfahrungen der britischen Arbeiterschaft während der Industrialisierung widersprachen einer Vielzahl von teils realen, teils abstrakten, seit längerem akzeptierten Auffassungen, wie eine Gesellschaft funktionieren soll. Aus der Erfahrung und Erkenntnis dieses Widerspruchs entstand das Bewußtsein der Arbeiterklasse, das die materiellen Bedingungen ebenso wie die philosophischen Voraussetzungen des industriellen Kapitalismus angriff.

Nach dem Erscheinen von *The Making of the English Working Class* im Jahre 1963 wandte Thompson seine Aufmerksamkeit besonders den traditionellen Verhaltensweisen und Werten der »Unterschichten« im England des 18. Jahrhunderts zu. In seinem Aufsatz *The Moral Economy of the English Crowd in the Eighteenth Century* gibt er eine Interpretation, die sich abhebt von den Ansichten über die dem vorindustriellen Mob eigene Irrationalität, der einzig als manipulierfähiges Werkzeug von Politikern und Agitatoren Bedeutung hatte. Auch versucht er, über die rein mechanistische Analyse der Beziehung zwischen Hungersnot, hohen Lebensmittelpreisen und Massenunruhen hinauszugehen. Solchen Unruhen gibt Thompson eine qualitativ bedeutendere Stellung, indem er den

[152] Ebd.

Glauben der Massen an die moralische Notwendigkeit eines zum allgemeinen Nutzen arbeitenden Wirtschaftssystems aufzeigt. Er beschreibt die Feindschaft der Massen nicht nur gegenüber den Zwischenhändlern, die nach ihrer Auffassung diese Notwendigkeit im Interesse ihres persönlichen Profits verneinen, sondern auch gegenüber den Behörden, die ihre Macht, eine moralische Wirtschaft zu erzwingen, nicht zu nutzen verstanden. Thompson erörtert in seiner Abhandlung *Time, Work Discipline and Industrial Capitalism*[153] die vorindustrielle Auffassung von Zeit, dargestellt anhand der Stunden des Tages und der Jahreszeiten; er betont die Vorstellungen über ihre Ausnutzung und bringt so einen besonders wichtigen Aspekt des Traumas zur Sprache, das der Übergang zur Fabrik-Umwelt mit sich brachte.

Hobsbawm blieb in seinen Arbeiten stärker als Thompson dem Klassenbegriff der »Fabian«-Arbeitshistoriker verpflichtet, die »Klasse« als ökonomisch bedingte Institution ansahen. Besonders in seinem Buch *Primitive Rebels*[154] vertritt er jedoch einen Ansatz, der dem Thompsons nahesteht. In einer Reihe von Essays, die er ausdrücklich als Nicht-Fachmann dieses Bereichs verfaßte, skizziert Hobsbawm in groben Zügen die historische Entwicklung des von ihm so genannten »Sozialbanditentums« in Westeuropa. Er erörtert hier auch die Reaktionen bestimmter sozialer Gruppen auf das Gefühl der Entfremdung von ihrer politischen, sozialen und wirtschaftlichen Umwelt. Die Gruppen sind ausgesucht, um »die Anpassung von Volksbewegungen an eine moderne kapitalistische Gesellschaft« zu illustrieren[155]; sie repräsentieren ein Zwischenstadium in der Entwicklung vor dem Entstehen eines breiten Arbeiterklassenbewußtseins. Zwar unterscheidet sich Hobsbawms Buch durch die komparative Note deutlich von Thompsons Arbeiten, die sich auf die englische Geschichte konzentrieren, doch versuchen beide, bestimmte soziale Gruppen und Bewegungen der Vergessenheit zu entreißen, zu der sie aufgrund der von Thompson so bezeichneten »außerordentlichen Herablassung der Nachwelt«[156] bestimmt waren. In Vergessenheit gerieten

[153] E. P. Thompson, *Time, Work-Discipline and Industrial Capitalism*. Past and Present 38 (1967), S. 56–97.
[154] Eric J. Hobsbawm, *Primitive Rebels*. Glencoe, Ill. 1959; dt. *Sozialrebellen. Archaische Sozialbewegungen*. Neuwied 1962. Siehe auch ders., *Die Banditen*. Frankfurt a. M. 1972.
[155] *Primitive Rebels*. S. 9.
[156] Thompson, *Working Class*, S. 12.

diese Gruppen durch ihr Scheitern zu ihrer Zeit und auch durch die anscheinende Irrationalität oder Unwichtigkeit ihrer Handlungen. Ob es sich um die sizilianischen oder katalonischen Banditen oder um ludditische Maschinenstürmer handelt, es geht darum, über die Handlungen und Ideen von Personen, die bisher als absurd oder irrational abgetan wurden, sinnvoll zu berichten. Solche Bemühungen, Gruppen der Vergessenheit zu entreißen, solche »Rettungsvorhaben«[157] bilden einen bedeutenden Teil der »New Social History«. Der Etablierung derartiger Studien innerhalb der Disziplin standen Hindernisse im Wege: ihre Schlüssigkeit und ihr potentieller Beitrag zur Geschichtswissenschaft wurden bezweifelt. Vom nomologischen Standpunkt aus gesehen sind diese Studien zum Teil fragwürdig, weil sie sich hauptsächlich mit Leuten beschäftigen, die historischen Tendenzen zu trotzen scheinen, und zum Teil auch, weil die Motivation dieser Widerstände nicht allein auf materialistische Begriffe gebracht werden kann, auf denen ja der nomologische Standpunkt aufgebaut ist. Trotz der starken historischen Elemente in den Studien Thompsons und Hobsbawms läßt sich von einer hermeneutisch orientierten Tradition her kritisieren, daß nicht genug beweiskräftiges Material vorliegt, um diese Erklärungsversuche zu stützen. Zum Teil bezieht sich diese Kritik auch auf die Begriffsbildung, die zur Stützung der Glaubwürdigkeit der benutzten Quellen und zu ihrer Verbindung mit den angebotenen Erklärungen notwendig ist. Das Vorgehen wird manchmal als unhistorisch oder unwissenschaftlich angesehen; in den kritischsten Formulierungen spricht man sogar von bloßen Mutmaßungen[158].

Im Ringen um eine gewisse Anerkennung und auch um Einfluß innerhalb der »Zunft« haben die Sozialhistoriker, einschließlich der Marxisten, zu den anderen Sozialwissenschaften eine Beziehung entwickelt, die sich von den Beziehungen zwischen Wirtschaftshistorikern und Wirtschaftstheoretikern unterscheidet, aber ihnen auch in mancher Hinsicht entspricht. Diese Beziehung ist besonders klar in dem Verhältnis zur Soziologie, Sozialanthropologie und zu einigen Bereichen der Massenpsychologie. Die Natur einer solchen Beziehung ist manchmal nicht zu fassen. Mit Sicherheit bedeutet sie nicht, daß

[157] Ebd.
[158] Auch wird bisweilen, teils aus ideologischen Gründen, das Studium der sozialen Gruppen, auf die sich die neuere Sozialgeschichte konzentriert, als unwichtig abgetan.

sozialwissenschaftliche Theorien und Modelle auf historische Situationen übertragen werden. Thompson weist dieses Vorgehen zurück und greift gezielt die Auffassung bestimmter Soziologen über Klassen und den Prozeß sozialen Wandels in der Industriellen Revolution an[159]. Er lehnt die Möglichkeit, »überhaupt irgendein *Gesetz* aufzustellen«[160], ab, doch hält er ein »logisches Muster von Reaktionen auf ähnliche Situationen« für möglich[161]. Eine solche Logik der Reaktion kann nicht ständig im historischen Kontext angewandt werden, es kann dort Ebben und Fluten geben, doch die Logik selbst bleibt dauernd bestehen[162]. George Rudé untersucht in seinem Buch *The Crowd in History*[163] die Beziehung zwischen den Sozialhistorikern und den anderen Sozialwissenschaftlern. Er begrüßt die Bereitschaft der Soziologen, die Masse nicht mehr als lediglich generalisierte Abstraktion zu behandeln, und ihre Neigung, »sie aufzugliedern und entsprechend ihren Zielen, Verhaltensweisen oder festgefügten Überzeugungen zu klassifizieren«[164]. Trotzdem warnt er davor, die Stereotypen der Historiker durch die der Soziologen zu ersetzen, und auch vor der ständigen Beschäftigung mit dem »pöbelhaften« Aspekt der Masse, der von Burke und Taine stammt[165]. Rudés eigenes Werk, das die Masse aus der geistlosen Anonymität retten will, schließt sich eng an Thompson an, obgleich dieser den Hoffnungen und Verhaltensweisen der Masse eine zentralere Position in seinem Modell des entstehenden industriellen Kapitalismus und der von ihm herausgeforderten Reaktionen einnimmt. Trotz der Qualifikationen ist der sozio-psychologische Einfluß auf Rudé offensichtlich, wenn er die Hauptbestandteile seiner eigenen Forschung bespricht und die Fragen, die er beantworten will, formuliert.

Das Aufkommen einer neuen Sozialgeschichte, das Ergebnis vieler Einflüsse, so auch der Wechselwirkung von Marxismus und Sozialwissenschaften, war die bedeutendste historiographische Entwicklung in Großbritannien und auch anderswo wäh-

[159] Thompson, *Working Class*, S. 10f.
[160] Ebd.
[161] Siehe Thompsons eingehendere Besprechung dieser Problematik in *Open Letter*, S. 51–55.
[162] Ein weiteres Beispiel des marxistischen Einflusses auf die Sozialgeschichte.
[163] George Rudé, *The Crowd in History, 1730–1848*. London 1964, S. 9; vgl. ders., *Die Massen in der französischen Revolution*. München und Wien 1962.
[164] Ebd., S. 9–10.
[165] Gareth Stedman-Jones, *History. The Poverty of Empiricism*. In: *Ideology in Social Science*, S. 96–117.

rend der letzten fünfzehn bis zwanzig Jahre. Doch blieb diese Entwicklung nicht von Kritik verschont, und Ausmaß, Bestand und Wert dieser Entwicklung sind in Frage gestellt worden. Handelt es sich nur um eine Modeerscheinung in der Geschichtsschreibung? Droht die neue Sozialgeschichte ihre eigene restriktive Orthodoxie aufzurichten?

Die Antworten auf diese Fragen beeinflussen natürlich die Einschätzung dieser Entwicklung eines neuen allgemeinen Bezugsrahmens oder »Paradigmas« in der Begrifflichkeit und Methodologie. Absolute Feststellungen darüber wird man nur in der Zukunft machen können, doch ist es schon jetzt möglich, Befunde vorzulegen, die eine negative Antwort auf die beiden Fragen nahelegen und ein positives Urteil über ihre potentielle Rolle bei der Formung eines zukünftigen Bezugsrahmens für Historiker zulassen. Die Fülle des bereits auf vielen Gebieten innerhalb der Regeln der »New Social History« Geschriebenen, das Ausmaß der neugestellten Fragen und der Einfluß der neuen methodischen Ansätze auf viele langanhaltende historische Debatten lassen vermuten, daß es keine Modeerscheinung ist und daß die »New Social History« in der Zukunft nicht zu übersehen sein wird. Der sich erfolgreich entwickelnde Austausch von Konzepten und Methoden scheint die Gefahr der Verfügung der politischen Linken über die »New Social History« auszuschließen und läßt auch die Möglichkeit einer neuen und restriktiven Orthodoxie nicht erwarten. Die Verschiedenheiten innerhalb der Richtung sind hoffentlich aus den Überlegungen zu Hobsbawms und Thompsons Werk hervorgegangen. Besonders die britische Zeitschrift *Past and Present* gab den neuen Ansätzen in der Sozialgeschichte Raum zur Entfaltung[166]. Als Forum für Debatten über abweichende Interpretationen – die durch die Auswahl der Artikel und die Organisation von Kongressen unterstützt werden – paßt diese Zeitschrift nicht in ein Bild einseitiger ideologischer Ausrichtung oder einer aufkommenden engstirnigen Orthodoxie. Marxistische Historiker haben zwar eine herausragende Rolle gespielt, doch besaß zu keiner Zeit irgendeine Ideologie irgendein Monopol. So beteiligen sich auch Historiker wie Lawrence Stone, Asa Briggs und Harold Perkins an der Diskussion: Stone schlug einen phantasievolleren Gebrauch von Strukturanalysen bezüglich Veränderungen vor, als er von der Cambridge Group vertreten wird,

---

[166] Hier ist auch die 1976 gegründete Zeitschrift *History Workshop. A Journal of Socialist Historians* zu erwähnen.

Briggs beteiligte sich hauptsächlich durch ihre Studien auf dem Gebiet der Stadtgeschichte, und Perkins legte eine allgemeine Arbeit über britische Geschichte zur Zeit der Industrialisierung vor, die die soziale und nicht die politische Evolution in den Mittelpunkt stellt[167].

Die Entwicklung der Sozialgeschichte in den letzten zwanzig Jahren zeigt dem Fach auch Wege auf, seine Fähigkeit, die Vergangenheit zu verstehen, auszuweiten. Hobsbawm selbst hat erklärt, daß weder die gegenseitigen Beziehungen zwischen Geschichte und Sozialwissenschaften noch das Fortschreiten zu einem umfassenderen Verständnis von Geschichte – eine Entwicklung, die er »von der Sozialgeschichte zur Geschichte der Gesellschaft« nennt[168] – sich auch nur einen Fingerbreit in Richtung auf ihr Ziel hin bewegt hätten. Dieser Prozeß hat jedoch begonnen, und das Weiterbestehen historischer Kontroversen oder sogar deren Zunahme widerlegen nicht die Ansicht, daß die Historiker allmählich einen wissenschaftlicheren Ansatz des Studiums und der Erklärung der Vergangenheit besitzen. Tatsächlich gewann die Geschichtswissenschaft aus der Auseinandersetzung zwischen marxistischen und nichtmarxistischen Historikern in den letzten zwanzig Jahren viele wissenschaftliche Anregungen.

Es ist höchst unwahrscheinlich und in diesem Bereich auch nicht wünschenswert, daß die Entwicklung der Geschichtswissenschaft zu einer Geschichte führt, mit der alle übereinstimmen. Vielmehr geht es darum, auf weiteren Ebenen Fragen bei der Beschreibung und Erklärung der Vergangenheit zu stellen; und es handelt sich um die Ausbildung eines damit korrespondierenden umfassenderen Systems von Konzepten, die bei der Beurteilung dieser Fragen helfen.

Der marxistische Beitrag zur neuen Sozialgeschichte sollte nicht unterschätzt werden. Ein gut Teil der modernen Sozialwissenschaften entstand als Reaktion auf die marxistische Herausforderung. Der Marxismus konzentrierte sich auf Sozialstrukturen, -prozesse und -konflikte und verlangte eine stärker theorie-orientierte Geschichtswissenschaft. Er verbreitete das

[167] Lawrence Stone, *The Crisis of the Aristocracy, 1558–1641.* Oxford 1965; *Social Change and Revolution in England, 1540–1640* (Hrsg.). London 1965; *Social Mobility in England, 1500–1700.* Past and Present 33 (1966), S. 16–55; Asa Briggs, *Victorian Cities.* London 1963; Harold Perkins, *Origins of Modern British Society, 1780–1880.* London 1969.

[168] Eric J. Hobsbawm, *From Social History to the History of Society.* In: *Historical Studies Today,* S. 1–24.

Blickfeld des Historikers und brachte ihn dazu, bisher vernachlässigte Teile der Bevölkerung und Bereiche des menschlichen Lebens zu berücksichtigen. Es wurde zunehmend schwieriger, Sozialgeschichte und politische Geschichte isoliert voneinander zu bearbeiten. Doch sollen die letzten Seiten nicht den Eindruck vermitteln, daß marxistische und nicht-marxistische Geschichte zu einer neuen wissenschaftlichen Sozialgeschichte verschmolzen sind. Denn der Marxismus lehnt ja schon in seiner Selbstdefinition jede Wertneutralität ab, auf der ein Großteil der sozialwissenschaftlich orientierten Geschichte besteht. Der Marxismus sieht eine derartige Wertneutralität als Illusion an und vertritt vielmehr eine »histoire engagée«, die sich nicht nur der Interpretation, sondern auch der Veränderung der sozialen Wirklichkeit verpflichtet fühlt. Das Ideal der Cliometriker, vieler Demographen und soziologisch orientierter Historiker, wie der der Annales-Tradition, ist eine radikal empirische, quantitative Geschichte; die Marxisten hingegen lehnen für gewöhnlich die Autonomie sozialer Prozesse gegenüber menschlichem Handeln und Kämpfen ab. Wie E. P. Thompson anregte, ist Klasse »nicht ein Ding«, sondern eine »Beziehung, die durch die Menschen bestimmt wird, wenn sie ihre eigene Geschichte leben«[169]. So haben in wichtigen Bereichen die marxistischen Ansätze in den Sozialwissenschaften dazu beigetragen, die Kluft zwischen einer konventionellen idealistischen Geschichte, in der die Absicht und Taten der Menschen von ihrer sozialen Umgebung getrennt werden, und einer Sozialwissenschaft, die die Menschen zu Daten reduziert hat, zu überbrücken.

[169] Thompson, *Working Class*, S. 11.

5. Kapitel
Tendenzen der neueren amerikanischen Sozialgeschichte
Die Grenzen der Annäherung
von Michael Frisch

Die letzten beiden Jahrzehnte sind für die amerikanische Geschichtsschreibung ungewöhnlich ertragreich gewesen. Erregende neue sozialwissenschaftliche Methoden, meist quantifizierende, haben sich mit mehr traditionellen Methoden und Fragestellungen verbunden und eine wahre Flut von Forschungsarbeiten in allen herkömmlichen wie auch in vielen neueren Bereichen gezeitigt. Geschichtliche Untersuchungen, lange durch thematische und disziplinäre Grenzen getrennt, tendieren unter dem Druck der neuen interdisziplinären Ansätze zum Konvergieren. Das hat auch zu einer internationalen Konvergenz geführt, denn die amerikanische Geschichtsschreibung ist in Gehalt und Form der europäischen erheblich ähnlicher geworden, als sie es vor ein oder zwei Jahrzehnten war – und umgekehrt, denn die fortgeschrittenen amerikanischen Studien sind nicht ohne Einfluß auf die europäische Wissenschaft geblieben.

Zugleich blieb die Arbeit der Historiker in den Vereinigten Staaten eindeutig amerikanisch, mit eigenen Zügen sowohl in ihrem geistigen Habitus als auch in der besonderen Art, in der sie traditionelle und sozialwissenschaftliche Ansätze legiert hat. Man kann diese Eigenheiten einerseits auf eine komplizierte Mischung allgemeiner Faktoren des amerikanischen sozialen und politischen Lebens zurückführen, andererseits auf konkrete Faktoren des akademischen wissenschaftlichen Lebens.

Der Großteil der amerikanischen Geschichte ist in den letzten Jahrzehnten des 19. Jahrhunderts von Amateuren geschrieben worden, die in einer im wesentlichen literarischen Tradition wurzelten. In dieser Hinsicht ähnelten sie den englischen Historikern dieser Periode, doch gab es bedeutsame Unterschiede: den Amerikanern lag weit mehr daran, als Historiker die Gesellschaft um sie anzusprechen, deren Wesen und Entwicklung ihre Hauptanliegen waren. In ihrem geschichtlichen Gefühl weit idealistischer und romantischer, faßten sie ihre Sendung viel pragmatischer auf. Sie suchten nicht den Sinn einer langen, komplizierten Geschichte, sondern schrieben eine für eine neue Nation geeignete Geschichte, die vom Sinn her definiert war:

dem vermeintlichen Sinn ihrer demokratischen Ideologie und ihrer neuen republikanischen Institutionen.

Diese ideologische Ausrichtung und das Sendungsbewußtsein hielten auch an, als Wesen und Organisation der Geschichtsforschung sich wandelten. Die amerikanischen Historiker wurden etwas schneller zu einer Zunft als ihre englischen Kollegen. In den siebziger und achtziger Jahren wurde die höhere Ausbildung in Amerika nach dem Vorbild des deutschen Ranke-Seminars reorganisiert. Verbände und Fachzeitschriften tauchten auf; um die Jahrhundertwende gab es eine Fachwelt akademischer Historiker, die schon über die führenden Universitäten hinausreichte. Dieser Wandel trug dazu bei, die amerikanische Geschichtsschreibung von ihrer romantischen, ja mystischen Verzückung über die demokratische Idee zu befreien. Aber die grundlegende Einstellung änderte sich kaum. Wie am deutschen Beispiel zu sehen, besaß die Schule Rankes mehr Einfluß auf Methode und Material der Forschung als auf die Bildung größerer geschichtlicher Konzepte. Im großen und ganzen befaßten sich die amerikanischen Historiker, wenn auch auf neue Art, weiter mit der Einmaligkeit der Entwicklung Amerikas, besonders seiner politischen Einrichtungen und seiner Ideologie.

In den ersten Jahren des 20. Jahrhunderts trat den normativen und methodischen Voraussetzungen der entstehenden Fachwelt die »Neue Geschichte« entgegen. Die progressiven Historiker wurden zahlreicher, unter ihnen Männer wir Charles Beard, Frederick Jackson Turner, Carl Becker und James Harvey Robinson. Herausfordernd relativistisch und in gewissem Sinne implicite materialistisch, kritisierten sie die enge politische und institutionelle Blickrichtung der Rankeschen Geschichte und forderten eine Erweiterung des Bereichs der historischen Fragen auf die Sozialgeschichte. Die vordem sakrosankte amerikanische Tradition begannen sie skeptisch, ja spöttisch zu betrachten.

Trotz all dieser Bilderstürmerei gingen die Progressiven nicht weit über die Grenzen der zeitgenössischen Geschichtsschreibung hinaus. Ihr Interesse an der von der zeitgenössischen Gesellschaft eingeschlagenen Richtung wurzelte selbst in der Tradition; ihr Ruf nach neuen Bereichen und Methoden der Forschung änderte nicht viel an der Professionalisierung, die weitgehend an die Stelle jener Tradition getreten war. Auf die Einmaligkeit Amerikas waren sie nicht weniger versessen als ihre

Vorgänger. Die kritische Spitze der neuen Geschichtsschreibung stumpfte sich in den folgenden Jahren ab, hauptsächlich durch den zunehmenden politischen und kulturellen Konformitätsdruck während des Ersten Weltkriegs und nachher. Die Kritik umfaßte nur ein verhältnismäßig schmales ideologisches Spektrum. Die amerikanische Geschichtsschreibung entwickelte nicht die Tendenz zur ideologischen Bandbreite, die wir in den englischen Arbeiten derselben Periode festgestellt haben.

Aus diesen Gründen, wie auch wegen der früher besprochenen strukturellen Rückständigkeit im allgemeinen, zeigt die amerikanische Historikerzunft während der ersten Hälfte des 20. Jahrhunderts eine gewisse traditionsverbundene Kontinuität. In einer Zeit, in der die neu aufgetauchten Sozialwissenschaften – die Soziologie ist ein besonders gutes Beispiel – sich eines ungewöhnlich schnellen, ja stürmischen Wachstums erfreuten, standen die historischen Fakultäten mit den meisten Historikern in der Reihe der sogenannten humanistischen Fächer. Statt nach den nomologischen Generalisationen der Sozialwissenschaft zu streben, beschäftigten sich die amerikanischen Historiker weiterhin hauptsächlich mit der Besonderheit ihrer eigenen nationalen Geschichte.

Diese Einstellung erreichte ihren Gipfel in der Zeit nach dem Zweiten Weltkrieg, der Blütezeit der sogenannten Konsens-Geschichte. Dieser Haltung trat bald ein neu aufwogender Revisionismus entgegen. Noch wichtiger war es, daß in diesen Jahren endlich die Sozialwissenschaften größeren Einfluß in der amerikanischen Historikerzunft gewannen. Angesichts dieser Nachkriegskonstellation ist es kein Zufall, daß nun eine der bewegtesten und produktivsten Perioden der Historiographie einsetzte. Eine Betrachtung der neueren amerikanischen Geschichtsschreibung wird somit weitere Illustrationen zu den Themen liefern, die durch dieses ganze Buch hindurch verfolgt werden – die internationale Konvergenz der historischen Methodologie im Rahmen erhalten gebliebener, wenn auch modifizierter nationaler Unterschiede. Auch wird sich die Richtigkeit der Fragestellungen erweisen, die wir zum Verständnis einer historiographischen Periode herangezogen haben, in der sich ein ebenso gründlicher wie schneller Wandel vollzogen hat.

Man kann sich verschiedene Wege des Vorgehens vorstellen. In Anbetracht der Flut neuer Arbeiten in den letzten Jahren wäre es sicher von Wert, die neuere Geschichtsschreibung auf so unterschiedlichen Gebieten wie Familiengeschichte, Ökonometrie, Wahlanalyse, Geschichte der Frauen, psychologisch gedeutete Geschichte, Sklaverei, Unruhen oder nationale Herkunft zu katalogisieren. Die Literatur zu diesen Fragen ist in der Treibhausatmosphäre des neueren amerikanischen Wissenschaftsbetriebs unglaublich schnell angewachsen.

Doch steht zumindest eine Übersicht dieser Art den europäischen Lesern als Ausgangspunkt zur Verfügung; jedenfalls konzentriert sich dieses Buch auf den historiographischen Prozeß, nicht auf dessen Produkte[1]. Wenn das so ist, ist es wohl besser, einen bestimmten Forschungsschwerpunkt über eine gewisse Periode zu verfolgen, d.h. zu beobachten, wie sich die amerikanische Sozialgeschichtsschreibung geändert hat. Ein historiographischer Film soll an die Stelle einer Weitwinkelaufnahme treten. Das dürfte besser geeignet sein, die Kräfte aufzudecken, die in den letzten Jahrzehnten die wissenschaftliche Landschaft so stark verändert haben.

Der Gegenstand eines solchen Films muß sorgfältig gewählt werden, wenn er diesen Prozeß in seiner weitesten Dimension erfassen soll. Er muß eine Forschungstendenz darstellen, die breit genug ist, um mehr als nur einen Schwerpunkt oder eine einzelne methodologische Debatte einzuschließen. Gleichzeitig muß sie ausreichend genau umschrieben sein, um einen Schauplatz für systematische Darstellung und geistige Wechselwirkung zu definieren. Der Gegenstand der Darstellung muß selber genügend kontinuierliche Geschichte haben, um historiographischen Maßstab zu erreichen. Es gibt hier verschiedene Möglichkeiten, die jedoch meist nur ein oder zwei dieser Bedingungen erfüllen, aber nicht alle drei: ihre Geschichte würde Bezugspunkte in einer historiographischen Konstellation darstellen, aber nicht den allgemeinen Prozeß der Geschichtsschreibung selbst zeigen. An einer früheren Stelle in diesem Buch ist beispielsweise von der »New Economic History« gesprochen worden; sie erfüllt, namentlich im Bereich der umstrittenen ökonometrischen Forschungen, nicht die dritte Forderung. Geschichte der Frauen ist noch zu zerstreut, um der zweiten Forderung gerecht zu werden. Die psychohistorische Arbeit entspricht zu wenig der dritten.

Nach den drei Postulaten bleiben einige Möglichkeiten übrig. Unter diesen dürfte die Geschichte der Stadt meines Erachtens am ehesten die Perspektive und Dimension bieten, die wir su-

[1] John Modell, *Die »Neue Sozialgeschichte« in Amerika.* Geschichte und Gesellschaft 1 (1975), S. 155–170.

chen. Eine ziemlich deutlich erkennbare Gruppe von Forschern hat auf diesem Gebiet recht erhebliche zusammenhängende Arbeit geleistet, sowohl mit traditionellen als auch mit »neuen« Methoden. Die Stadtgeschichte ist aber keineswegs von den allgemeineren Systemen der Sozialgeschichte isoliert. Man hat eine gesunde innere Skepsis in der Frage bemerken können, ob die Stadtgeschichte wirklich verlangen kann, mehr als einfach die Geschichte eines bestimmten Themas zu sein. Ob sie nun eine gültige Subdisziplin ist oder nicht, die Stadtgeschichte zeichnet sich jedenfalls durch ein erhebliches historiographisches Selbstbewußtsein und auch durch Selbstkritik aus. Ihre Diskussionen über Methode und Quantifizierung haben in großem Maße die Aufmerksamkeit der amerikanischen Historiker erregt. Auch wenn die Stadtgeschichte nicht der einzige Ort der Energie ist, die in größerem Rahmen die »neue Sozialgeschichte« hervorbringt, so ist sie doch gewiß eine der fundamentalen und am meisten bemerkten Quellen dieser Entwicklung. Eine nähere Untersuchung der Entwicklung der Stadtgeschichte wird es also ermöglichen, in äquivalenter Tiefe einige der allgemeinen Merkmale der neueren amerikanischen Sozialgeschichte zu erfassen. In noch engerer Verbindung mit dem Zweck dieses Buches bietet sie einen geeigneten Punkt für die Beobachtung der Wechselwirkung, die ganz allgemein zwischen methodologischen Neuerungen, dem historiographischen Prozeß und dem besonderen kulturellen wie fachlichen Rahmen der Forschung in den Vereinigten Staaten besteht.

I

Als eigenes Forschungsgebiet läßt sich die Stadtgeschichte mindestens auf 1940 zurückdatieren. In diesem Jahr verlangte Arthur Schlesinger sen. in einem manifestartigen Aufsatz, man solle die Stadt als Thema ganz eigener Bedeutung, ja als Zentralthema behandeln, um welches sich die herkömmlichen Ansätze der amerikanischen Geschichte neu gruppieren könnten[2].

---

[2] Arthur M. Schlesinger sen., *The City in American History*. Mississippi Valley Historical Review 27 (1940), S. 43–66; nachgedruckt als *The City in American Civilization* in ders., (Hrsg.), *Paths to the Present*. New York 1949. Der Verfasser hat diese frühe Stadtgeschichtsschreibung eingehender in *L'histoire urbaine américaine. Réflexions sur les tendances récentes*. Annales 25 (1970), S. 880–896, besprochen.

Selbstredend hatte es auch früher schon historische Arbeiten über Städte und Verstädterung gegeben. Meist waren es erzählende Historien über spezielle Themen des städtischen Lebens gewesen, »Biographien« einzelner Städte und Untersuchungen zur wirtschaftlichen Entwicklung, die sich traditioneller Quellen und Methoden bedienten. Man kann von Schlesingers Aufsatz, obwohl er in hohem Maße das Interesse der Historiker auf die amerikanischen Städte lenkte, eigentlich nicht sagen, daß er dieser Arbeit viel Struktur oder Richtung gegeben hätte. Die Hochflut der stadtgeschichtlichen Untersuchungen umfaßte bald alles, was irgendwie mit einer Stadt oder mit der Urbanisierung zu tun hatte. Gewiß gab es hier hervorragende Arbeiten. Die verschiedenen Untersuchungen von Constance McLaughlin Green zum Beispiel sind von dauernder Bedeutung. Aber es gab nichts, was einen kohärenten analytischen Schwerpunkt gezeigt hätte, noch weniger irgendeine methodologische Konsistenz. Im allgemeinen teilte die Stadtgeschichte der vierziger und fünfziger Jahre die idiographische Orientierung und die formlose traditionelle Methodologie des Großteils der amerikanischen Geschichtsschreibung[3].

Das ist so überraschend nicht, denn das große neue Interesse für die Geschichte des Urbanismus stammte aus Quellen, die außerhalb der Geschichtswissenschaft und überhaupt des eigentlichen Geisteslebens der Zeit lagen. Der Anstoß kam von dem wachsenden Bewußtsein des problematischen städtischen Charakters der modernen amerikanischen Zivilisation. Auf der Suche nach einem Stichwort aus dem Bereich manifester geschichtlicher Veränderungen wandten sich viele Historiker der auf Turner folgenden Generation so bereitwillig der Stadt zu, wie es ihre Vorgänger mit dem Westen getan hatten.

Fast von Anfang an war aber noch eine andere Dimension der neuen Richtung zu erkennen. Der städtische Blickpunkt mag den Historikern neu gewesen sein, jedoch hatte er schon lange in der amerikanischen Sozialwissenschaft, namentlich in der Soziologie und der Politologie, eine zentrale Rolle gespielt. Bei vielen Historikern war die »Entdeckung« der Möglichkeiten der Urbangeschichte zumindest teilweise eine Funktion des Grades, in dem sie sich für die Anliegen, Methoden und Fragen zu interessieren begannen, die in mehreren ungewöhnlich

[3] Frisch, *L'histoire urbaine américaine*, S. 880–884. Vgl. beispielsweise Constance M. Green, *Holyoke, Massachusetts*. New Haven 1939; *Washington*. Princeton 1962–63, und *American Cities in the Growth of the Nation*. London 1957.

schöpferischen Jahrzehnten sozialwissenschaftlicher Arbeit
entwickelt worden waren. Gegen Ende der fünfziger Jahre bot
sich die Stadtgeschichte weiten Kreisen als ein Forschungsgebiet
an, das den Nutzen eines solchen wissenschaftlichen Ansatzes
für die Quellenbehandlung und die Methoden der Geschichte
demonstrierte. Das neue Gebiet war interdisziplinär komplex
und verlangte diesen neuen Ansatz[4]. Man muß nicht betonen,
daß dies ein ganz anderer Impuls war als die lockende zeitge-
schichtliche Bedeutung, die immer mehr traditionelle Historiker zum Studium des Stadtwachstums und seiner Probleme hin-
zog. Von Anbeginn bestand eine Spannung zwischen den beiden Richtungen. So wurde Schlesingers Arbeit sofort dahin kritisiert, daß sie einer »urbanen Interpretation« die Tür öffne, die
ebenso hoffnungslos impressionistisch und unempirisch sei, wie
es für Turners »Grenzland-These« dargetan worden war[5]. Gegen Ende der fünfziger Jahre war die Debatte schärfer und
hitziger geworden. Manchmal schien es, als ob die Praktiker der
traditionellen Methoden und die Vorkämpfer der sozialwissenschaftlichen Methoden hinsichtlich der Verstädterung aus verschiedenen Ecken auf demselben Feld vorrückten und lärmend
darum stritten, wer die Rennbahn des neuen Bereichs der Geschichtsforschung nun beherrschen sollte.

Wenn es bloß auf kritische Kommentare ankäme, wäre nur
eine einzige Meinung über die historiographische Form der nun
einsetzenden Arbeiten möglich: fast in regelmäßigen Abständen
erschienen scharfe Kritiken, welche die amorphe Informalität
der beginnenden Forschung angriffen und eine strenge empirische und analytische Methode verlangten. Namentlich von dem
Begriff des ökologischen Komplexes inspiriert, den zuerst Robert Park und die Stadtsoziologen der sogenannten Chikagoer

[4] Diese Entwicklung ist in einer Anzahl guter Übersichten zusammengefaßt.
Siehe namentlich Wallace S. Sayre und Nelson Polsby, *American Political Science
and the Study of Urbanization*, Gideon Sjoberg, *Theory and Research in Urban
Sociology* und Charles Glaab, *The Historian and the American City*, sämtlich in
Philip Hauser und Leo Schnore (Hrsg.), *The Study of Urbanization*. New York
1965. Vgl. ferner R. Richard Wohl, *Urbanism, Urbanity, and the Historians*.
University of Kansas City Review 22 (1955), S. 53–57, abgedruckt in Charles
Glaab, *The American City. A Documentary History*. Homewood, Ill. 1963. Be-
sonders nützlich ist Don Martindale, *The Theory of the City*, die Einführung zu
Max Weber, *The City*. Übers. und hrsg. von Don Martindale und Gertrude
Neuwirth. New York 1958.
[5] William Diamond, *On the Dangers of an Urban Interpretation of History*.
In: Eric Goldman (Hrsg.), *Historiography and Urbanization*. Baltimore 1941.
Vgl. auch Frisch, *L'histoire urbaine américaine*, S. 882–884.

Schule in den zwanziger Jahren entwickelt hatten und der in neuerer Zeit von Forschern wie Leo Schnore verfeinert worden war, forderte die Kritik eine koordinierte Forschung über Verstädterung als generellen Prozeß. Sie stellten sich der idiographischen Methode entgegen, die eine einzelne Stadt oder »die Großstadt« als Allgemeintyp hervorhob. Die schwierigen, aber lohnenden Arbeiten von Eric Lampard waren die wichtigsten unter diesen Kritiken, namentlich wegen des Hinweises auf die Bedeutung der demographischen Analyse als Voraussetzung für die Formulierung einer Geschichte der städtischen Gesellschaft[6].

Während solche Darlegungen die kritische Literatur beherrschten, hatten sie so gut wie keinen Effekt auf die Geschichte, die wirklich geschrieben wurde. »Es ist schändlich«, rief Charles Tilly frustriert in einem bedeutsamen kritischen Aufsatz aus, »Lampard hat etwas Wichtiges zu sagen und niemand hört zu ... Warum folgen andere Praktiker nicht diesem guten Rat?«[7] Die Frage war wichtig und die Antwort komplizierter, als Tilly wissen konnte, als er den Historikern vorwarf, daß sie es hartnäckig ablehnten, der Forderung nach einer rigorosen Methodologie und präzisen analytischen Begriffen ins Auge zu sehen. Denn obwohl ihre Position nicht gut artikuliert war, dürften die amerikanischen Historiker doch positive – oder zumindest weniger defensive – Gründe gehabt haben, wenn sie die Aufforderung zur Erarbeitung eines soliden statistisch-theoretischen Rahmens für die Untersuchung der Verstädterung ablehnten.

Leo Schnore selbst verwies hierauf in seiner Antwort auf eine Kritik, die ihm vorgeworfen hatte, eines seiner analytischen Argumente sei durch mangelnde Berücksichtigung der kulturellen und historischen Zusammenhänge beeinträchtigt. Der Sozialwissenschaftler, so meinte er, »sucht vielleicht etwas anderes als eine vollständige Beschreibung ... Er sucht vielleicht eine Gar-

[6] Siehe z.B. Eric Lampard, *The History of Cities in the Economically Advanced Areas*. Economic Development and Cultural Change 3 (1955), S. 86–136; *American Historians and the Study of Urbanization*. American Historical Review 67 (1961), S. 49–61; *Urbanization and Social Change. On Broadening the Scope and Relevance of Urban History*. In: Oscar Handlin und John Burchard (Hrsg.), *The Historian and the City*. Cambridge, Mass. 1963. Siehe ferner Sjoberg, *Urban Sociology*. In: Hauser und Schnore, *Study of Urbanization*.
[7] Charles Tilly, *The State of Urbanization*. Comparative Studies in Society and History 10 (1967), S. 103 f. und Frisch, *L'histoire urbaine américaine*, S. 883–885.

nitur notwendiger, aber ungenügender Bedingungen oder eine Serie ziemlich abstrakter Gesetze, die in konkreten historischen Fällen viele kleine Variationen zulassen«[8]. Analytische Schärfe bedeutete notwendigerweise deskriptive Schwäche. Die Mehrzahl der an Stadtgeschichte interessierten amerikanischen Historiker hatte sich offenbar dem traditionellen Ziel der möglichst vollständigen historischen Erklärung verschrieben, der ausreichenden Erklärung eines Wandels, und nicht einem Rahmen von Bedingungen, die für eine solche Erklärung notwendig wären. Selbst die Ausnahmen bestätigten die Regel. Versuche zu einer mittleren Linie, wie Oscar Handlins Aufsatz von 1963 *The Modern City as a Field of Historical Study* oder Sam B. Warners einfallsreiche Monographie *Streetcar Suburbs* über den Großstadtbildungsprozeß, wurden zwar vielfach begrüßt, übten aber praktisch kaum einen Einfluß aus[9]. Es waren vielmehr die Arbeiten von Richard Wade, die zu Beginn der sechziger Jahre die größte Wirkung hatten. Sie waren thematisch faszinierend, aber viel konventioneller als die früheren Ansätze. Wade schrieb verschiedene Monographien und begann die einflußreiche Reihe *Urban Life in America*[10]. Das Bild vom Sportplatz wäre für diese Periode zu revidieren: die Parteien kämpften nicht mehr um die gleiche Strecke, sondern waren räumlich getrennt. Die Sozialwissenschaft beherrschte die Pressetribüne, die idiographische Tradition das Spielfeld.

Wie ist bei dieser Frontbildung das plötzliche Auftreten eines Phänomens zu erklären, das bald die »neue Stadtgeschichte« genannt wurde? Es rief einen Sturm in der Fachwelt, in den Zeitschriften, an den Universitäten, auf den Tagungen und in

[8] Leo Schnore, *On the Spatial Structure of Cities in the Two Americas*. In: Hauser und Schnore, *Study of Urbanization*, S. 386–387. Siehe auch Leo Schnore, *Problems in the Quantitative Study of Urban History*. In: H. J. Dyos (Hrsg.), *The Study of Urban History*. New York 1968. Diese Fragen sind in Frisch, *L'histoire urbaine américaine*, S. 882–886, eingehender besprochen.

[9] Oscar Handlin, *The Modern City as a Field of Historian* Study. In: Handlin und Burchard, *The Historian and the City;* Sam B. Warner jun., *Streetcar Suburbs. The Process of Growth in Boston. 1870–1900.* Cambridge, Mass. 1962.

[10] Richard Wade, *The Urban Frontier. The Rise of the Western Cities, 1790–1850.* Cambridge, Mass. 1959, und *Slavery in the Cities. The South. 1820–1860.* New York 1964. Einige repräsentative Titel aus der Reihe *Urban Life* (Oxford University Press): Stanley Buder, *Pullman. An Experiment in Industrial Order and Community Planning;* Lyle Dorsett, *The Pendergast Machine;* Kenneth T. Jackson, *The Ku Klux Klan and the City;* Zane Miller, *Boss Cox's Cincinnatti;* Raymond Mohl, *Poverty in New York, 1783–1825,* und James F. Richardson, *The New York Police.*

der ganzen Literatur hervor. Man begrüßte es mit Begeisterung, eben weil hier anscheinend mit Erfolg die neuen begrifflichen Ansätze und die strenge Quantifizierung mit der gefälligen Idiographie der traditionellen Geschichte verknüpft waren.

II

Vielleicht schien die Lage nur bei oberflächlicher Betrachtung zu stagnieren. Die nomologische Kritik mag wenig unmittelbare Wirkung auf die Fachwelt gehabt haben, aber als Professoren an wichtigen Universitäten konnten die Kritiker doch Einfluß auf die neue Studentengeneration nehmen. In der Tat hatten viele spätere Köpfe der neuen Stadtgeschichte unter Lampard, Schnore, Tilly, Handlin, Samuel Hays und anderen gearbeitet, die gegen die Bindungen der traditionellen Methode ankämpften. Freilich erklärt das nicht den besonderen Zeitpunkt der Explosion und liefert auch keine Erklärung dafür, daß gerade die wichtigsten, charakteristischen neuen Arbeiten wenig Ähnlichkeit mit dem Programm jener Kritiker zeigten. Wie wir jedoch an anderen Stellen dieses Buches gesehen haben, sind größere Wendungen in der Geschichtsschreibung oft Reflexe von Faktoren, die jenseits der Institutionen der historischen Fachwelt und ihrer Kultur liegen. Das war hier sicherlich der Fall.

Das läßt sich am besten am Beispiel eines Buches demonstrieren, das an diesem Wendepunkt steht. Stephan Thernstroms Monographie *Poverty and Progress* von 1964 sieht eigentlich nicht wie ein Meilenstein in der Entwicklung aus[11]. Es ist eine gut gearbeitete Studie über die Bedeutung und den Umfang sozialer Mobilität für die Arbeiterklasse der Stadt Newburyport, Massachusetts. Das Buch ist thematisch eng, beschränkt sich auf eine einzige Stadt, noch dazu eine nicht sehr wichtige, ist von bescheidenem Umfang und in der Methode primitiv. Es scheint kaum zu den Werken zu gehören, die großen Einfluß ausüben oder gar eine Wende in der Geschichtsschreibung auslösen, wenn nicht sogar schaffen. Das Buch hatte jedoch ungewöhnlichen Einfluß und wurde sehr bekannt, weniger seiner Substanz wegen als wegen der Art, in der es eine ganze Reihe bedeutsamer Richtungen der aktuellen Geschichtsschreibung

[11] Stephan Thernstrom, *Poverty and Progress. Social Mobility in a Nineteenth Century City*. Cambridge, Mass. 1964.

unter einen Hut brachte. Es sprach sie alle gleichzeitig und gleich wirkungsvoll an.

Da war zunächst die Methode. Schon lange hatte sich die amerikanische Geschichtsschreibung mit den Themen der »Aussichten« und der »sozialen Mobilität« beschäftigt, aber Thernstrom war der erste, der diese geschichtliche Untersuchung auf harte Daten und auf Quantifizierung gründete. Zu diesem Zweck griff er auf die unglaublich reiche Quelle der sogenannten Manuskript-Volkszählungsdokumente zurück. Die Volkszähler waren von Tür zu Tür gegangen und hatten die erhaltenen Informationen in Vordrucke eingetragen. Diese Papiere ermöglichten es, einzelne Personen von einer Volkszählung zur anderen zu verfolgen. Auch andere Quellen wurden herangezogen, und so gelang es, die Lebensphasen dieser Menschen zu rekonstruieren; aus diesen Lebensläufen ließen sich dann größere soziale Aggregate bilden, die gewisse Tendenzen verrieten.

Thernstrom fügte einen Anhang an, der große Wirkung hatte. Er trug den Untertitel *Die Fallstricke der ahistorischen Sozialwissenschaft.* Thernstrom legte den Unterschied seiner Methode gegenüber jenen Sozialwissenschaftlern dar, die Totalstatistiken von Jahrzehnt zu Jahrzehnt verglichen, aber über die Tatsache hinweggingen, daß die Individuen in jeder Probe verschieden sein konnten. Sie hatten auch nicht berücksichtigt, daß viele andere Faktoren hineinspielen und den Wert jedes Vergleichs herabsetzen konnten[12]. Thernstroms Methode mußte den Historikern zusagen, die zwischen den Aufforderungen zur Quantifizierung und ihrem eigenen Prinzip der Individualisierung hin- und hergerissen wurden. Hier bot sich eine Gelegenheit für beides: man konnte individuelle Daten so verwenden, daß sie zu historisch begründeten, empirisch genauen Verallgemeinerungen führten.

Auch früher war versucht worden, die Mobilität durch die Verfolgung einzelner Lebensläufe zu erfassen. Aber ausnahmslos hatte es sich dabei um die Karriere weithin sichtbarer Angehöriger verschiedener Eliten gehandelt. Der eigentliche Zweck war gewesen zu ermitteln, auf welche Weise die Erfolgsgruppe einer Gesellschaft zustandekam[13]. Thernstroms Arbeit ging in

[12] *Further Reflections on the Yankee City Series. The Pitfalls of Ahistorical Social Science.* Anhang zu *Poverty and Progress,* S. 225–239.

[13] Vgl. zum Beispiel Frances W. Gregory und Irene D. Neu, *The Industrial Elite of the 1870's. Their Social Origins,* und William Miller, *American Historians*

eine ganz andere Richtung. Bei ihm handelte es sich um die gewöhnlichen, nicht weiter auffälligen Lebensläufe von Angehörigen der arbeitenden Klasse. Diese Reorientierung läßt eine zweite Quelle des Einflusses dieses Buches erkennen. Denn die amerikanische Geschichtswissenschaft der sechziger Jahre hallte von Rufen nach dem Studium der Geschichte von Gruppen wider, die in der konventionellen Literatur lange übersehen worden waren: die Geschichte der Schwarzen, der Frauen, der ethnischen Gruppen, der Arbeitergruppen. Es war weniger eine Frage der Erwähnung als der Betonung, denn die traditionelle Geschichtsschreibung hatte jene Gruppen und Klassen oft erwähnt, aber selten versucht, die Geschichte aus dieser Perspektive zu definieren. So forderten die Historiker der sechziger Jahre, von der sozialen Gärung jenes Jahrzehnts angetrieben, die Neubewertung der Geschichte »von unten nach oben«, wie Jesse Lemisch in einer bekannten Wendung sagte[14]. Die Standpunktfrage umging jedoch die Frage der Quellen und Methoden. Eine ideologisch fundierte Gleichgültigkeit gegenüber dem Erleben von Arbeitern, Schwarzen, Frauen, Indianern usw. ließ sich schwer von der Voreingenommenheit der traditionellen literarischen Quellen trennen, nach denen die Geschichte meist geschrieben wurde. In diesen Quellen kamen Minderheiten und unterdrückte Gruppen selten vor; sie blieben historiographisch stumm, wenn auch nicht immer im wirklichen Leben.

Thernstroms Arbeit fand großes Interesse bei allen, denen diese Fragen mehr am Herzen lagen als Quantifizierung und

and the Industrial Elite of 1900, beide abgedruckt in Edward Pessen (Hrsg.), *Three Centuries of Social Mobility in America*. Lexington, Mass. 1974. Dieses Werk enthält einen gründlichen bibliographischen Beitrag über ältere und neuere Arbeiten zur Mobilität. Vgl. ferner William Miller, *The Recruitment of the American Business Elite*. In: Miller (Hrsg.), *Men in Business. Essays on the Historical Role of the Entrepreneur*. New York 1962.

[14] Vgl. zum Beispiel Jesse Lemisch, *The American Revolution Seen from the Bottom Up*. In: Barton J. Bernstein (Hrsg.), *Towards a New Past. Dissenting Essays in American History*. New York 1967, und *Listening to the »Inarticulate«. William Widger's Dream and the Loyalties of American Revolutionary Seamen in British Prisons*. Journal of Social History 4 (1971), S. 333-356. Eine ausgezeichnete Sammlung von Beiträgen zur neueren Sozialgeschichte aus dieser Perspektive ist Tamara K. Hareven (Hrsg.), *Anonymous Americans. Explorations in Nineteenth Century Social History*. Englewood Cliffs, N. J. 1971. Umfassendere Sammlungen zur ganzen amerikanischen Geschichte: Thomas Frazier (Hrsg.), *The Underside of American History*. New York 1971, und Blanche Wiesen Cook, Alice Kessler Harris und Ronald Radosh (Hrsg.), *Past Imperfect. Alternative Essays in American History*. New York 1973.

Urbanisation. Sie beleuchtete unmittelbar das zentrale methodologische Problem einer »Von-unten-nach-oben«-Methode in der neuen Sozialgeschichte: Wie sollte man die Grenzen der herkömmlichen Quellen und der konventionellen Fragestellungen der Historiker durchbrechen, um das Erleben und, wie man hoffte, auch das Bewußtsein jener Gruppen zu erfassen, denen man so lange einen zentralen Platz in den amerikanischen Geschichtsprozessen verweigert hatte? Das Buch *Armut und Fortschritt* schien eine Antwort zu bieten, zumindest die Richtung zu weisen, indem es die Quantifizierung benutzte, um das spezifische historische Erleben »obskurer« Personen und Gemeinschaften zu rekonstruieren.

Dies rief seltsame historiographische Genossen auf den Plan. Zu den sozialwissenschaftlichen Quantifikatoren gesellten sich zahlreiche jüngere Historiker der »Neuen Linken«, die sich beeilten, ein Geschehen auszugraben, das nach ihrer Meinung durch ideologische und kulturelle Vorurteile verdrängt worden war, die ein Historiker verpflichtet war anzugreifen. Die Quantifizierung, wie sie Thernstrom hier angewandt hatte, erhielt einen Nimbus sozialer und politischer Bedeutung, der stärker auf jüngere Historiker wirkte als die bloße Anrufung einer präzisen Methodologie für die weniger unmittelbaren Effekte des sozialwissenschaftlichen Fortschritts[15].

Abgesehen von seiner sozialen und methodischen Seite, wirkte Thernstroms Forschungsmodell auf andere Weise höchst anregend. Seine Quellen und Methoden waren begrifflich äußerst raffiniert, aber verhältnismäßig einfach anwendbar. Sie konnten Neulinge nicht abschrecken, ob es sich nun um Leser handelte oder um fortgeschrittene Studenten, die auf der Suche nach einem Dissertationsthema waren. Das Buch *Armut und Fortschritt* lieferte ein Modell, das sich leicht auf andere Gruppenstudien anwenden ließ. Es hatte seine Mängel: simple Kategorien, die oft winzigen Proben, welche Datenanalyse mit

---

[15] Interessant ist es zum Beispiel, daß die Sammlung *Towards a New Past*, die im Rahmen einer bewußt radikalen »Anti-Lehrbuch«-Reihe veröffentlicht wurde und sich ausdrücklich mit der sogenannten Neuen Linken identifizierte, einen wichtigen Beitrag von Thernstrom enthielt, der in seinen politischen Voraussetzungen kaum etwas mit den anderen Aufsätzen gemein hatte. Obwohl auch Thernstroms weitere Arbeiten nicht eben durch Neigung zu den Fragestellungen und Perspektiven der linksradikalen amerikanischen Literatur gekennzeichnet sind, halten ihn viele weiter für einen Historiker der »Neuen Linken«. Vgl. *Urbanization, Migration, and Social Mobility in Late Nineteenth-Century America*. In: Bernstein, *Towards a New Past*.

handsortierten Kärtchen zuließen, die etwas ausgefallene Gruppe, die für die Untersuchung gewählt worden war. Aber gerade das lockte andere Forscher, die Methode Thernstroms zu übernehmen, denn hier ließ sich ja so viel tun, um sie zu verbessern. So blieb Raum für Originalität. Die Methode war erweiterungsfähig, aber zu allgemeiner Anwendung geeignet. Sie bedeutete ferner, daß eine neue Gelehrtengeneration sich entfalten konnte, ohne dem Individualismus abzusagen, der im akademischen Leben Amerikas so fest verwurzelt ist. Diese Seite der Sache war wichtig im Hinblick auf die Originalitätsforderung für Dissertationen und den Wettbewerb um akademische Posten. Ohne sichtbare Beeinträchtigung traditioneller Verfahren konnten die Forscher nun in einer Weise arbeiten, die den Notwendigkeiten sowohl der Sozialwissenschaft als auch des sozialen Wandels besser angepaßt war. Man konnte kooperativ arbeiten, um einen wachsenden Fundus von (wie man hoffte) vergleichbaren Daten zusammenzutragen, der zunehmend gültigere Generalisierungen gestattete.

In noch einer Hinsicht erwies sich Thernstroms Arbeit als meinungsversöhnend: in seiner Wahl des Problems. Wie wir gesehen haben, hatten sich die Fronten zwischen der traditionellen Historie und der fundamentalen Methode der Sozialwissenschaft verhärtet. In dieser Lage eröffnete die Analyse der sozialen Mobilität einen dramatischen Fluchtweg aus dem Gefängnis eines wenig versprechenden Entweder-Oder. Kaum eine andere Fragestellung hätte ein breiteres Spektrum von für jede amerikanische Geschichtsschreibung zentralen Streitpunkten einnehmen können. Die Tocquevillesche Spannung zwischen Gleichheit und individueller Freiheit; die Bedeutung der Westwanderung und der städtischen Migration; der Effekt des Industrialismus auf die amerikanische Sozialstruktur und ihre Werte; die Bedeutung und Realität der Klassen in den Vereinigten Staaten; das Wesen der Arbeiterbewegung und das Spektrum der Politik; die Dynamik der gesellschaftlichen Kohäsion und der Assimilationsprozeß; die Frage, ob Amerika eine Ausnahme von der Regel bildete, wonach der Kapitalismus Ungleichheit, Klassenscheidung und Klassenkampf hervorbringt – alle diese klassischen Fragen schienen sich nun hauptsächlich um die Offenheit und Fluidität der besonderen Sozial- und Wirtschaftsordnung Amerikas zu drehen.

Thernstroms Tat bestand in dem Frontalangriff auf diese klassischen Streitfragen. Er setzte einen disziplinierten empirischen

Test an die Stelle der intuitiven Urteile und Verallgemeinerungen, die aus biographischen Anekdoten stammten, wie sie in der konventionellen historischen Darstellung so häufig zu finden waren. Die Methode war von magnetischer Anziehungskraft für alle, ob sie sich nun für die Methode an sich interessierten, mit revisionistischen Ansätzen beschäftigt oder einfach vom traditionellen Standpunkt aus neugierig waren, was für Antworten man nun auf alte, wichtige Fragen bekäme. Das Buch sprach wirklich alle Kreise an. Noch wichtiger war es, daß es die Historiker, besonders die jüngeren, der Notwendigkeit enthob, sich der einen oder anderen Front in dem oft bitteren Streit um Quantifizierung und Sozialwissenschaft anzuschließen. Es gab große Aufregung, aber sie führte zu Synthesen und war im besten Sinne konstruktiv.

Armut und Fortschritt trug wesentlich zur Freisetzung des schon lange sichtbaren Potentials der Städtegeschichte bei, indem es die verschiedenen Elemente gerade in der richtigen Weise und anscheinend gerade zur richtigen Zeit zusammenbrachte. Binnen weniger Jahre waren zahlreiche ähnliche Forschungsvorhaben im Gange, manche direkt von Thernstrom inspiriert, andere selbständiger, aber mit dem gleichen Hintergrund, alle jedoch quantitativ in der Methode, gruppenbezogen im Umfang und nomologisch in der begrifflichen Grundhaltung. Im Jahre 1968 führte die Yale University viele dieser Forscher zum erstenmal zusammen. Thernstrom und Richard Sennett hatten eine große Tagung über die Großstadt des 19. Jahrhunderts organisiert. Auf der Konferenz zeigte sich erstaunlich viel Resonanz und gleiche Ausrichtung. Als im Jahr darauf eine Auswahl der Tagungsvorträge erschien, war es nicht unangebracht, daß Thernstrom und Sennett ihr den selbstbewußten Titel *Essays in the New Urban History* gaben[16].

Der Ausdruck »Neue Stadtgeschichte« schlug ein, weniger weil er eine genaue Vorstellung vermittelte, als weil er sinnfällig eine Wende in der Geschichtsschreibung zum Ausdruck brachte. Unter dem Schirm der »neuen Stadtgeschichte« sammelte sich eine große Anzahl meist jüngerer Historiker, denen an neuen Fragen und Methoden lag. Die neue Richtung gab ihnen ein erregendes Gefühl fachlichen Formats, bei manchen entfaltete sich eine Art methodologischer Missionarsgeist. Dank der »Krise der Stadt«, die damals die Schlagzeilen beherrschte,

[16] Stephan Thernstrom und Richard Sennett (Hrsg.), *Nineteenth-Century Cities. Essays in the New Urban History*. New Haven 1969.

empfanden alle das Stimulans eines sozialen Engagements, einer gesellschaftlichen Bedeutung. Das hatten amerikanische Historiker selten genossen. Die Stadtgeschichte breitete sich schnell über die Lehrpläne für die jüngeren Studenten aus. Unter dem Druck der Studenten wurde auch für die höheren Semester die Stadtgeschichte als Spezialgebiet anerkannt. Natürlich begriffen auch die Verlage sogleich, welcher Markt sich hier auftat auf allen Stufen vom Lehrbuch bis zur Monographie. Die Gründung des *Journal of Urban History* im Jahr 1974 war eine Art disziplinärer Meilenstein[17].

Eine wichtige Wirkung des plötzlich auftretenden und intensiven Selbstbewußtseins der neuen Richtung bestand darin, daß fast über Nacht eine funktionierende Historikergemeinde entstand. Damit beschleunigte sich der historiographische Prozeß in dramatischer Weise selbst. In dem Maße, wie Forscher die

---

[17] Was im Hörsaal beliebt war, ist aus Bayrd Still und Diana Klebanow, *The Teaching of American Urban History.* Journal of American History 55 (1969), S. 843–847, zu ersehen. Unter den besseren Übersichten finden sich Charles N. Glaab und A. Theodore Brown, *A History of Urban America.* New York 1967, revid. Ausg. 1976; Bayrd Still, *Urban America. A History with Documents.* Boston 1974; Blake McKelvey, *American Urbanization. A Comparative History.* Glenville, Ill. 1973, und Zane Miller, *The Urbanization of Modern America. A Brief History.* New York 1973. Neuere Fragen, Methoden und Untersuchungen sind in zwei Werken vertreten: Howard Chudacoff, *The Evolution of American Urban Society.* Englewood Cliffs, N. J. 1975, und Sam B. Warner jun., *The Urban Wilderness. A History of the American City.* New York 1972. Einen noch größeren Einblick in die Tiefe und Vielfältigkeit neuerer Arbeiten vermitteln mehrere vorliegende Anthologien von Dokumenten, Aufsätzen und Forschungsberichten. Hierzu besonders Alexander Callow (Hrsg.), *American Urban History. An Interpretive Reader with Commentaries.* New York 1969, revid. Ausg. 1973; Kenneth T. Jackson und Stanley K. Schultz (Hrsg.), *Cities in American History.* New York 1972; Raymond Mohl und Neil Betten (Hrsg.), *Urban America in Historical Perspective.* New York 1970; Allen M. Wakstein (Hrsg.), *The Urbanization of America.* Boston 1970; schließlich James Richardson und Raymond Mohl, *The Urban Experience. Themes in American History.* Belmont, Cal. 1973. Diese Titel, deren Liste kaum vollständig ist, sind fast auswechselbar und überschneiden sich oft im Inhalt; sie illustrieren den stürmischen Drang zum schnellen Veröffentlichen. Doch ist jedes dieser Bücher auf seine Art nützlich, und alle bringen brauchbare Bibliographien. In dieser Hinsicht ist Callows Lesebuch besonders empfehlenswert.

Das neue *Journal of Urban History* hat eine interessante neue Kolumne eingeführt, die abgesehen von ihrer Nützlichkeit auch das neue historiographische Selbstbewußtsein zum Ausdruck bringt. Sie bringt Gespräche mit führenden Stadthistorikern, »alten« wie »neuen«. Die interviewten Historiker sind bisher Sam B. Warner jun., Stephan Thernstrom, Eric Lampard, Constance Green, Samuel Hays, Richard Morse, Blake McKelvey, Oscar Handlin und Richard Wade. Einzeln und kollektiv gesehen, liefern die Gespräche eine interessante biographisch-kritische Perspektive des Wachstums der Arbeit auf diesem Gebiet.

einseitige Abhängigkeit ihrer Interessen und Probleme entdeckten, wuchs die Erarbeitung technischer Verfeinerungen, methodologischer Fortschritte und begrifflicher Kritik. Die Forscher begannen mit der formalen Koordination der Sammlung und Analyse von Daten; zum Beispiel taten sich fünf Historiker zusammen, die sich zum erstenmal auf der Yale-Konferenz getroffen hatten, und führten parallele Gruppenuntersuchungen durch. Es schien, daß eine neue Epoche in der Organisation der Forschung begonnen hatte. Den amerikanischen Fachhistorikern, die unter den in diesem Buch besprochenen Richtungen wohl den ausgeprägtesten Individualismus repräsentierten, kam es vor, als zertrümmere man alle ihre Götterbilder[18].

Der Schwung der Bewegung hatte noch eine sehr wesentliche Wirkung: es war, als wenn eine Generation der Forschung auf einige wenige Jahre zusammengedrängt worden wäre. Die Untersuchungen über die Mobilität schritten so rasch fort, daß Thernstroms ursprüngliche Studie und sogar die etwas komplizierteren Studien in *Nineteenth Century Cities* bald als methodisch primitiv und in der Begriffswelt von 1970 steckengeblieben erschienen. Die Forschung hatte, unter Einschluß Thernstroms, den Kreis der Fragestellungen erweitert und insbesondere nationale und rassische Variationen ins Auge gefaßt, ferner dem Wechsel der Arbeitsstruktur und der sozialen Schichtung in der industriellen Stadtgesellschaft besondere Bedeutung zugebilligt[19]. Auf einem wichtigen Gebiet hatten gerade die anfänglichen Schwierigkeiten auf ein höchst bedeutsames und

[18] Theodore Hershberg u.a., *Occupation and Ethnicity in Five Nineteenth Century Cities. A Collaborative Inquiry*. Historical Methods Newsletter 7 (1974), S. 174–216. Dieser Aufsatz findet sich in einer Sondernummer mit dem Titel ›The Historian and the Computer‹, die für die Historiographie der Quantifizierung besonders interessant ist.

[19] Siehe Stuart Blumin, *Mobility and Change in Ante-Bellum Philadelphia;* Thernstrom und Sennett, *Nineteenth Century Cities,* und *The Historical Study of Vertical Mobility.* Historical Methods Newsletter 1 (1968), S. 1–13. Nützlich sind auch Stephan Thernstrom, *Notes on the Historical Study of Social Mobility.* Comparative Studies in Society and History 10 (1967), S. 162–172, und *Reflections on the New Urban History.* In: Felix Gilbert und Stephen R. Graubard (Hrsg.), *Historical Studies Today.* New York 1972. Eine besonders gute Übersicht der Mobilitätsliteratur findet sich in Glyde Giffen, *Occupational Mobility in Nineteenth Century America. Problems and Possibilities.* Journal of Social History 5 (1972), S. 310–330. Vgl. Ferner die Sondernummer des Journal of Interdisciplinary History 7 (Herbst 1976) mit dem Titel ›Social Mobility in Past Time‹ und eine gute Anthologie von Edward Pessen (Hrsg.), *Three Centuries of Social Mobility in America.* Lexington, Mass. 1974, die »neue« quantitative Arbeiten mit traditionelleren vereint.

fruchtbares Forschungsgebiet geführt. Als Thernstrom und Genossen dem Lebenslauf bestimmter Personen nachgingen, stießen sie oft auf ein Hindernis: sehr viele Menschen waren verzogen. Sie harrten nicht von einem Jahrzehnt ins andere in einer gegebenen Stadt aus. Ihnen nachzuspüren, war angesichts der gemeindebezogenen Natur der Daten nicht leicht. Als die Forscher dieses Problem angingen, enthüllten sich ihnen die Konturen einer erstaunlichen geographischen Mobilität und die Umrisse von Strömen und Wanderungen von überraschendem Umfang und überraschender Konsequenz, wenn auch mit einer etwas mysteriösen Struktur. Um 1975 hatte sich dieses Problem zu einem der Hauptanliegen der neuen Forschung entwickelt. Eine fundamentale Neubewertung der Bedeutung der sozialen und räumlichen Struktur in städtischen Gemeinwesen wurde notwendig[20].

Diese Entwicklung illustrierte das Wachstum der neuen Stadtgeschichte durch Verfeinerung und Fortbildung eines ursprünglichen Ansatzes, in diesem Falle des Mobilitäts-Blickpunktes, den die Yale-Konferenz bestätigt hatte. Eine weitere Konferenz von 1970 in Madison, Wisconsin, beleuchtete die Entwicklung eines neuen Gebiets durch Erweiterung ihres interdisziplinären Bereichs. Die Tagungsberichte von Madison wurden später wieder unter einem historiographisch markanten Titel veröffentlicht: *The New Urban History. Quantitative Explorations by American Historians.* Insgesamt geben sie das bisher beste Bild eines erregenden, bewegten Forschungsbereichs und ermöglichen eben durch ihre Verschiedenheit, das neue Feld abzustecken[21].

Die Sammlung war ausgesprochen interdisziplinär. Unter den Mitarbeitern waren Volkswirte, Geographen und Historiker. Die analytische Orientierung der Beiträge war unterschiedlich.

---

[20] Die methodischen Probleme sind in Charles Stephenson, *Tracing Those Who Left. Mobility Studies and the Soundex Indexes to the U.S. Census.* Journal of Urban History 1 (1974), S. 73–84, und in *Determinants of American Migration. Methods and Models in Mobility Research.* Journal of American Studies 9 (1975), S. 187–197, besprochen. Ferner Peter Knights und Stephan Thernstrom, *Men in Motion. Some Data and Speculation about Urban Population Mobility in Nineteenth Century America.* In: Hareven, *Anonymous Americans.* Eine ausgezeichnete Monographie zum Studium der geographischen Mobilität ist Howard Chudacoff, *Mobile Americans. Residential and Social Mobility in Omaha 1880–1920.* New York 1972.

[21] Leo Schnore (Hrsg.), *The New Urban History. Quantitative Explorations by American Historians.* Princeton 1975.

Manche behandelten die Urbanisierung als Prozeß und untersuchten ihren Effekt auf die Gesellschaft, während andere die
innere Struktur und Organisation der Städte in verschiedenen
Dimensionen aufs Korn nahmen. Man konnte die Arbeiten
auch zu einer Art nomologischem Spektrum ordnen. Alle gingen von Hypothesen aus und suchten sie an empirischem Material zu prüfen, aber die Tendenz zu Generalisierungen oder gar
Voraussagen und theoretischen Schlüssen, war sehr verschieden
ausgeprägt[22].

Der Band von Thernstrom und Sennett zeigte, in welchem
Grad die mehr traditionell erzogenen Historiker sich neuen
Methoden und Problemen zuwandten. Der neue Band demonstrierte die wachsende historische Dimension von Ansätzen, die
mehr in der Sozialwissenschaft als solcher wurzelten, und zeigte
klar den Einfluß Leo Schnores, des Herausgebers der Sammlung, und Eric Lampards, der eine lange und recht nützliche
kritische Einführung beisteuerte. Offenkundig hatte sich die
alte Dichotomie zwischen traditionellen Praktikern und nomologischen Kritikern weitgehend verflüchtigt. Eine Vielfalt von
Forschern stritt nicht mehr um die Rennbahn, sondern entwik-
kelte verschiedene Methoden zur Bearbeitung des Felds, das
ihnen gemeinsam geworden war.

Die Plötzlichkeit der Entwicklung brachte Unruhe mit sich.
In seinem Vorwort zu *The New Urban History* berichtete
Schnore über die erfolglosen Bemühungen der Konferenz von
Madison, mit der auf einer solchen wissenschaftlichen Tagung
zu erwartenden Präzision zu definieren, was eigentlich an ihrer
Stadtgeschichte »neu« war. Jeder Versuch einer Aufzählung der
Merkmale, die neu und alt unterschieden, scheiterte. Man er-
richtete immer neue Zäune, aber immer fanden sich zu viele
Beispiele, die quer über die Zäune reichten[23]. Darauf hätte man
eher stolz sein sollen, statt sich einem Gefühl der Frustration
hinzugeben, wie es anscheinend der Fall war. Im Rahmen dieses
Buches wird dieser Punkt deutlicher. Im Zusammenhang mit

[22] Der Verfasser hat diese Sammlung in *Beyond »Quantificating« in Urban
History* in: *The Chronicle of Higher Education* vom 26. April 1976 eingehender
besprochen. Die Beiträge sind zu drei Gruppen geordnet: ›The Growth and
Function of Cities‹, ›Accomodations to the Urban Environment‹ und ›Economic
Analysis of Urban-Historical Phenomena‹. Unter Abweichung von der üblichen
Anthologieform analysiert Eric Lampard die anderen Aufsätze kritisch in einem
langen Beitrag *Two Cheers for Quantitative History. An Agnostic Foreword.*
[23] Leo Schnore, *Further Reflections on the »New« Urban History. A Prefatory
Note.* In: ders., *The New Urban History.* S. 3–11.

unserem Thema kann es nicht überraschen, daß ein historiographischer Wandel, weit entfernt davon, den Triumph eines neuen Recken über einen alten zu verlangen, aus der Konvergenz einer ganzen Reihe von Faktoren hervorgehen kann, aus alten wie neuen, deren Verschmelzung schon an sich zur Quelle eines Stroms wissenschaftlicher Energie werden kann.

III

Aus dem bisher Gesagten scheint hervorzugehen, daß die Stadtgeschichte der letzten Jahre ein Muster des historiographischen Fortschritts darstellt. Alte Totpunkte weichen schöpferischen synthetischen Durchbrüchen. Aber wenn das in vollem Umfang so wäre, dann wäre die neue Stadtgeschichte nicht so umstritten, ja man kann sagen so verdächtig geblieben, wie sie einem großen Teil der allgemeinen amerikanischen Geschichtsschreibung noch immer erscheint. In den letzten Jahren hat die Skepsis auch in den Reihen der Urbanhistoriker zugenommen. Viele der ursprünglichen Gestalter der neuen Lehre haben zunehmend zu zweifeln begonnen, ob sie tatsächlich in ausreichendem Grade einen zweckmäßigen neuen Ansatz zur Sozialgeschichte definieren können.

Wenn gemäß unserer Darstellung gewisse Faktoren, die den gestaltenden Kräften der europäischen Geschichtsschreibung ähneln, die scheinbare Konvergenz erklären, aus der die Stadtgeschichte hervorgegangen ist, so hat auf der anderen Seite der besondere Charakter und Hintergrund der Historie in den Vereinigten Staaten viel damit zu tun, daß die Grenzen jener Synthese immer deutlicher in Erscheinung treten.

Ein modischer Charakter hat einen langen Schatten über das Unternehmen geworfen. Die Resonanz zwischen der gleichzeitigen »urbanen Krise« und der neuen Stadtgeschichte lieferte der neuen Richtung einen starken Impuls, ließ aber zugleich die unvermeidliche Frage entstehen, wie tief der historiographische Strom wirklich floß. Die Skepsis wurde durch die engen Verbindungen genährt, die in Amerika zwischen dem Verlagswesen, der Lehre und der Forschung bestehen. Die verlegerische Welt unterlag offenkundig den Marktforderungen. In überraschendem Ausmaß galt das auch für den zweiten Punkt. Gerade das schnelle Emporschießen der Urbangeschichte ließ vermuten, daß auch der dritte Punkt ebenso ein Produkt des Marktes wie des Geistes war. Die Forscher wurden davon mehr als nur indirekt betroffen. Jobs, Forschungsstipendien, Stiftungen und Verlagsverträge, alle vermehrten sich schnell in einem so aufregenden »Wachstumgsgebiet«. Absolventen auf der Suche nach Dissertationsthemen kamen bald darauf, daß die schnell vorrückende Front eines sensationellen neuen Gebiets ein ausgezeichnetes Sprungbrett für den Eintritt ins akademische Leben war. Aus allen diesen Gründen konnten sich die Skeptiker des Gedankens nicht erwehren, daß die lauten Ansprüche der Urbangeschichte selbstsüchtigen Motiven entsprangen, mochte das Unternehmen auch nicht in dieser Absicht geplant gewesen sein. Wie in der Werbung erwies es sich auch im Hochschulleben als schwierig, den Anspruch, daß es sich um etwas ganz Neues handle, ganz ernstzunehmen[24].

Im gegebenen Fall wurden die aus Marktgedanken stammenden Zweifel auf der anderen Seite durch die Substanz- und Wichtigkeitsansprüche der neuen Lehre selbst verstärkt. Denn wenn sie Gelegenheit dazu bekommen, neigen die Gelehrten wie andere Menschen dazu, sich selbst zu wichtig zu nehmen und zu behaupten, daß ihre Arbeit nicht nur die Wissenschaft fördere, sondern die ganze Landschaft von Grund auf verändere. Solche Tendenzen wurden, milde gesagt, von der Atmosphäre intensiver Gärung, aus der die neue Geschichte erwuchs, nicht eben behindert.

Das allgemeine Unbehagen hinsichtlich der Solidität der stadtgeschichtlichen Ansprüche führte bald zu greifbarer Kritik, namentlich aus den eigenen Reihen. Es bestand kein Zweifel, daß eine Flut interessanter und wichtiger Arbeiten vorlag, aber bei weiterer Überlegung erschienen sie doch weniger eindrucksvoll, als es auf den ersten Blick ausgesehen hatte. Die Kritik verwies besonders auf die begrenzten Leistungen der Quantifizierung. Ungeachtet aller empirischen Solidität und allen methodischen Scharfsinns mangelte es der neuen Schule an Theorie, und selbst ihre Verfechter zögerten mit Verallgemeinerungen. Ein deutliches Beispiel bietet die Monographie *Plain People of Boston* von Peter Knights. Der Autor war ein Pionier der neuen Methode auf dem Gebiet der geographischen Mobilität. Er war recht originell bei der Feststellung und Präsentation

[24] Thernstrom, *Reflections on the New Urban History;* Lampard, *Two Cheers for Quantitative History.* Vgl. auch die Gespräche mit Stadtgeschichtlern in *Journal of Urban History* (siehe Anm. 17).

der Daten, die dieses Phänomen beleuchten[25]. Aber zur großen Enttäuschung seiner Leser lehnte es Knights rundweg ab, aus den Daten irgendwelche Schlüsse über die Struktur der von ihm ausgegrabenen Wanderungen zu ziehen, geschweige denn über die Zusammenhänge zwischen sozialer Struktur, Verstädterung und individuellen Lebensläufen. Knights hatte vielleicht recht, wenn er es ablehnte, über seine harten Daten hinauszugehen, aber die Tendenz ist für viele amerikanische Arbeiten kennzeichnend: stark in der Empirie, sind sie so vorsichtig beim Versuch der Generalisierung und Theorienbildung, daß dies bereits zum Mangel wird. Deshalb hat sich Eric Lampard in seinem kritischen Vorwort zu *The New Urban History* auf den Ausruf »Two Cheers for Quantitative History« (Ein zweifach Hoch auf die quantitative Geschichte) beschränkt[26]. Er bemerkte treffend, die amerikanischen Praktiker hätten nicht genügend begriffen, daß zur quantitativen Methode definitionsgemäß mehr gehöre als nur Daten. Es muß ein Konzept historischer Erklärung gegeben sein, mit Hypothesen und Modellen, die empirisch getestet werden können. Bei all ihrer kunstvollen Arbeit hat der Großteil der neuen Stadtgeschichte den traditionellen amerikanischen Mangel an Interesse für theoretisches Denken beibehalten.

Auch aus mehr traditioneller Sicht, jenseits von Theorien und hypothetisch-deduktiven Modellen, ist die Arbeit im quantitativen Modus überraschend zurückhaltend geblieben, soweit es auf eigentlich historische Fragestellungen ankommt, die überhaupt die Bedingungen stadtgeschichtlicher Forschung neu definieren könnten. Eine nähere Betrachtung der Arbeiten in *The New Urban History* zum Beispiel lehrt, daß die einzelnen Aufsätze statt der erwarteten Konvergenz der Methoden die Tendenz zur Polarisierung zeigen. Entweder stellen sie Fragen, die eigentlich schon in den verwendeten Methoden und Daten enthalten sind und treten einem größeren geschichtlichen Ausblick nur widerwillig näher, oder sie suchen sich dadurch zu legitimieren, daß sie eine Antwort auf traditionelle Fragen versuchen, die von der konventionellen Methode nur intuitiv angegangen worden sind. Die ersteren Arbeiten demonstrieren die historiographischen Grenzen dessen, was Lampard mit ei-

[25] Peter Knights, *The Plain People of Boston, 1830–1860. A Study in City Growth.* New York 1971.
[26] Eric Lampard, *Two Cheers for Quantitative History. An Agnostic Foreword.* In: Schnore, *The New Urban History*, S. 12–48.

ner richtigen Mischung von Konfusion und Hochachtung »die Macht des positivistischen Denkens« nennt[27]. Bei der zweiten Richtung wird die löbliche Methodologie oft dadurch sabotiert, daß sie für traditionelle Fragestellungen eingespannt wird, deren Sinn und Bedeutung ungenügend geklärt ist[28]. Statt die Begriffe der Quantifizierung zu einer Erweiterung des Wesens historischer Fragen als solcher zu verwenden, neigen die Praktiker dazu, an ihren Methoden zu kleben oder es sich durch Behandlung konventioneller Probleme bequem zu machen. In Anbetracht der Verschüchterung, zu der die neue Quantifizierung anfänglich bei vielen Traditionalisten geführt hat, ist es lehrreich festzustellen, ein wie großer Teil der neuen Arbeiten in der Stadtgeschichte mehr durch Ängstlichkeit als durch Arroganz beeinträchtigt worden ist.

Wie steht es mit den Mobilitätsstudien, die einen so großen Teil der neuen Stadtgeschichte hervorgebracht haben? Auch hier wurde das Ganze weniger imposant als die Summe seiner Teile, sobald man in größerem Umfang zur kritischen Überprüfung schritt. Da die Zweifel an der historiographischen Signifikanz der Mobilitätsstudien die Leistungen der neuen Stadtgeschichte notwendigerweise in Frage stellen, ist es wohl angebracht, diese wachsenden Vorbehalte näher zu betrachten.

[27] Lampard, *Two Cheers*, S. 37. Dem europäischen Leser wird nicht ohne weiteres klar sein, daß Lampard in diesem Zitat auf den Titel eines Buches von Pfarrer Norman Vincent Peale *The Power of Positive Thinking* anspielt, das lange ein Bestseller war. Das Buch war ein klassischer Vorläufer der jetzt blühenden amerikanischen Literatur über »Selbstverbesserung«.
[28] Beispielsweise wird in Zane Millers Arbeit *Urban Blacks in the South, 1865–1920* eine Menge ingeniöser Forschung mit detaillierten und sinnvollen Ergebnissen auf eine Reihe von »Indikatoren« reduziert, die angeblich eine Frage beantworten, deren Sinn noch unklar ist: nämlich ob schwarze Orte durch die schnelle Verstädterung »bunt und lebhaft« oder »demoralisiert und träge« wurden. Das Problem taucht auch auf, wo die Fragen wissenschaftlicher gestellt sind. Kathleen Conzens ausgezeichneter Aufsatz *Patterns of Residence in Early Milwaukee* verwendet soviel Mühe auf das Arbeiten mit starren Idealtypen aus der früheren ökologischen Theorie, daß sie nicht dazukommt, die positiveren Hypothesen zu entwickeln, die aus ihrer reichen eigenen Forschung hervorgehen. Eine neuere Illustration zu dem Problem ist die Monographie von Eric Monkkonen, *The Dangerous Class. Crime and Poverty in Columbus, Ohio, 1860–1885*, Cambridge, Mass. 1975. Methodisch blendend, trägt das Buch von vornherein Scheuklappen, weil es eine Antwort auf eine konventionelle und zugegebenermaßen klischierte Frage sucht: »Hat die Verstädterung und die mit ihr einhergehende Industrialisierung die Armut und das Verbrechen geschaffen?« (S. 1). Monkkonen setzt »Indikatoren« an die Stelle des höchst notwendigen Nachdenkens darüber, was eigentlich jeder dieser Ausdrücke bedeutet. So kommt seine Untersuchung kaum aus den Klischees heraus, mit denen sie beginnt.

Wir haben früher vier Faktoren besprochen, die den großen Effekt der frühen Arbeiten über soziale Mobilität erklären: die Methode selbst, ihre Wiederholbarkeit und Fähigkeit zur Erweiterung für Vergleichszwecke, die revisionistischen Implikationen ihrer Perspektive und schließlich ihre Fähigkeit, eine schwer faßbare zentrale Frage der traditionellen Geschichtsschreibung wissenschaftlich in den Griff zu bekommen. In dem Maße, wie der Strom dieser Forschung breiter wurde, traten in jeder dieser Dimensionen ernste Probleme auf.

Die Methode der Verfolgung beruflicher Mobilität bot dauernd grundsätzliche Schwierigkeiten. Angesichts des drastischen Wandels in der Bedeutung und Struktur von Berufen wurde es recht schwierig, die Berufe so zu kategorisieren und einzuordnen, daß die Status-Verschiebungen, nach denen die Forscher suchten, ausreichend aufgedeckt werden konnten[29]. Theoretisch drängte das die Forscher dazu, feine Unterschiede zu machen und kunstvolle Berufsleitern zu konstruieren, auf denen man die Individuen auf- und absteigen sah. In der Praxis aber zwangen unvollkommene Quellen und variierende Berufsstrukturen, in geringerem Maße auch die Notwendigkeit, überhaupt generalisieren zu können, die Forschung zu breiteren Kategorien zurück. Meist sortierte man die Berufe in vier oder fünf Fächer, zunächst unqualifizierte Arbeit, dann qualifizierte Arbeit, darüber die Arbeit »mit weißem Kragen«, die wieder in »niedrigere« und »höhere« unterteilt wurde[30]. Da aber diese

[29] Theodore Hershberg und Robert Dockhorn, *Occupational Classification.* Historical Methods Newsletter 9 (1976), S. 59–98. Vgl. auch Griffen, *Occupational Mobility,* und Michael B. Katz, *Occupational Classification in History.* Journal of Interdisciplinary History 3 (1972), S. 68–88.

[30] Beispiele bei Michael B. Katz, *Occupational Classification,* Anhang 2. In: *People of Hamilton, Canada West. Family and Class in a Mid-Nineteenth Century City.* Cambridge, Mass. 1975; Stephan Thernstrom, *On the Socio-Economic Ranking of Occupations,* Anhang B. In: *The Other Bostonians. Poverty and Progress in the American Metropolis 1880–1970.* Cambridge, Mass. 1973; ferner Hershberg und Dockhorn, *Occupational Classification.* Andere interessante Beispiele sind Paul Worthman, *Working Class Mobility in Birmingham, Alabama, 1880–1914.* In: Hareven, *Anonymous Americans,* und Howard M. Gitelman, *Workingmen of Waltham. Mobility in American Urban Industrial Development 1850–1890.* Baltimore 1974. Thernstrom vergleicht eine Reihe Mobilitätsstudien im letzten Kapitel der *Other Bostonians.*
Ein Aufsatz, der kühn darauf besteht, daß trotz all dieser Schwierigkeiten eine Skala der Berufe aufgestellt werden kann, die sich auf jede Gruppe in jeder Gesellschaft zu jedem Zeitpunkt der Geschichte anwenden läßt, stammt aus der Feder von Donald J. Treiman, *A Standard Occupational Prestige Scale for Use with Historical Data.* Journal of Interdisciplinary History 7 (1976), S. 283–304.

Methode definitionsgemäß nur Hin- und Herbewegungen über Grenzen messen konnte und nicht Bewegungen innerhalb größerer Kategorien, wurde die Lokalisierung der Beobachtungsposten kritisch und ein Anlaß zu Streitigkeiten. Nur größere Wechsel des Berufs wurden gezählt, nicht kleinere und noch weniger der Aufstieg innerhalb einer gegebenen Berufskategorie. Das so festgestellte Quantum von Mobilität mußte teilweise zum Artefakt der Methode und ihrer Definitionen werden.

Die Mannigfaltigkeit der tatsächlichen Berufsstrukturen erwies sich als unvereinbar mit den praktischen Notwendigkeiten eines Forschungsmodells. Das trat immer mehr hervor, als man versuchte, die Befunde über längere Perioden und aus einer größeren Anzahl von Gruppenstudien unter einen Hut zu bringen. Ungeachtet aller Bemühungen machte die Kompliziertheit der beruflichen Daten einen genauen Vergleich unmöglich. Man konnte zwar die Kategorien einigermaßen einander angleichen, aber doch nicht genug, um mehr als die allerallgemeinsten Aussagen zu ermöglichen. Um die inadäquaten Daten herum bildeten sich, besonders bei vergleichsweiser Aufreihung, mehrfache Zäune, die zu solcher Höhe wuchsen, daß die Erforscher der beruflichen Mobilität sich im Irrgarten ihrer eigenen Methode verliefen[31].

Gerade weil die Methode der persönlichen Laufbahnverfolgung so leicht war und die Schatzkammer bisher unbenutzter Daten aus Volkszählungsbogen und Adreßbüchern lockte, wurden die Schwierigkeiten immer größer. Eine Flut von Untersuchungen begann zu erscheinen, die von mechanisch zusammengestellten Statistiken über »Blaukragenaufsteiger« und »Weißkragenrutscher« strotzten. Es war löblich, parallele Untersuchungen mit Hilfe derselben Quellen und Kategorien anzustellen, aber das machte in diesem Falle die Sache noch schlimmer. Die Untersuchungen übernahmen kritiklos unzulängliche Kategorien und Einstufungen. Das lenkte von der eigentlich nächstliegenden Aufgabe ab, genau klarzustellen, was die berufliche Mobilitätsforschung wirklich bringen konnte und wie man es genauer machen könnte[32]. Diese Klarstellung wurde in gewissem Sinne sogar verhindert.

[31] Siehe Thernstrom, *The Other Bostonians*, 9. Kap.: ›The Boston Case and the American Pattern‹; ferner eine daran anknüpfende kritische Arbeit des Verfassers *Ladders, Racing, and Forest Trails*. Labor History 15 (1974), S. 461–466.

[32] Vgl. die von Thernstrom in Kap. 9 der *Other Bostonians* und von Griffen in *Occupational Mobility* besprochenen Beispiele. Neuere Beispiele zünftiger Mo-

Die Forscher, die sich diesen Arbeiten unterzogen, mußten einen hohen Preis zahlen: sie mußten sich von den größeren historischen Prozessen auf die Methodologie umstellen, die zum Mittelpunkt ihrer Bemühungen wurde. Stephan Thernstroms zweite große Mobilitätsstudie *The Other Bostonians* illustrierte diesen Vorgang[33]. Diese verwickelte Studie konzentriert sich ganz auf das methodologische Abenteuer einer Langzeit-Mobilitätsanalyse, die es gestattet, klassenhafte, ethnische, rassische und konfessionelle Untergruppen zu überprüfen. Thernstrom untersucht genau die einzelnen Verfahrensschritte, anerkennt offen die statistischen Probleme und setzt sich mit ihnen auseinander. Es liegt jedoch in der Natur der Sache, daß uns dieser Ansatz mehr über die exegetische Bedeutung der Thernstromschen Messungen sagt als über die soziale Bedeutung dessen, was gemessen wurde oder über dessen Beziehung zum allgemeinen geschichtlichen Geschehen. Der Leser dürfte bemerkt haben, daß *Poverty and Progress* ungeachtet aller Primitivität eine gesellschaftliche Untersuchung war, die in der Sozialgeschichte eines komplizierten Gemeinwesens wurzelte. Dagegen sagte ungeachtet allen methodischen Raffinements das Buch über die »anderen Bostoner« wenig über diese Stadt oder die sozialen Gruppen und Prozesse in ihr[34].

Das Problem wurde immer bedenklicher, je mehr die Zweifel an dem Prinzip stiegen, sich so ganz auf die berufliche Mobilität zu stützen. Das hatte zunächst wie ein praktischer Ansatz ausgesehen. Man glaubte annehmen zu dürfen, daß der Berufswechsel ein Indikator des Statuswechsels war. Gleich zu Anfang kamen allerdings vielen Forschern Zweifel daran, ob das stimme. Ungeachtet der handlichen Messung konnte es so sein, daß der Beruf nicht viel mit dem Status zu tun hatte, wie ihn

---

nographien zu dem Problem sind Thomas Kessner, *The Golden Door. Italian and Jewish Immigrant Mobility in New York City 1880–1915*. New York 1977; Michael P. Weber, *Social Change in an Industrial Town. Patterns of Progress in Warren, Pennsylvania, from Civil War to World War I*. University Park, Pa. 1976, und Glenna Matthews, *The Community Study. Ethnicity and Success in San José*. Journal of Interdisciplinary History 7 (1976), S. 305–318.

[33] Thernstrom, *The Other Bostonians*.

[34] Frisch, *Ladders, Racing, and Forest Trails*, S. 461–466. Auf der Jahrestagung der amerikanischen Historiker in Boston 1975 machte Herbert Gutman die Bemerkung, daß man ungeachtet aller über die berufliche Mobilität der Iren zusammengetragenen Daten mehr über die Kultur und die Werte der iro-amerikanischen Arbeiter aus einem seinerzeit kursierenden Witz erfahren könnte. Er besagte, daß die aufstiegsmobilen Iren eben Leute wären, die »Obst servieren, auch wenn niemand krank ist«.

andere Indikatoren anzeigten[35]. Mit der Verfeinerung der Forschung wuchsen diese Zweifel. Eine neuere Schrift von Michael B. Katz, der zu der ursprünglichen Yale-Gruppe von 1968 gehörte, hat eigentlich der Methode, nur den Beruf zu betrachten, den Todesstoß versetzt. Katz untersuchte vier Indizes der sozialen Mobilität: Beruf, Vermögen, Realbesitz und Beschäftigung von Dienstpersonal. Nach einer der allergründlichsten quantitativen Untersuchungen in der ganzen Literatur fand er, daß das Auf- und Absteigen von Personen auf einer dieser Mobilitätsleitern wenig Beziehung zu ihrem Fortschreiten (oder dessen Fehlen) auf den anderen Leitern hatte. Der Berufswechsel erwies sich als die unverläßlichste Leitlinie zur Erfassung sozialer Veränderung. Die oft als Kennzeichen betonte Unterscheidung zwischen manueller und nichtmanueller Arbeit war, wie sich nun zeigte, einer der unwichtigsten Faktoren überhaupt[36].

Die Mobilitätsforschung hatte beim Testen des Mythos von den unbegrenzten Möglichkeiten durch Messung des realen Aufstiegs von Individuen und Familien große Fortschritte gemacht. Aber als apparative Probleme die Forscher nötigten, ihre methodologische Lokomotive zu überprüfen, begannen die Fahrgäste in dem Zug, den sie gezogen hatte, nach dem Sinn der ganzen Expedition zu fragen. Man denke an die anfängliche Hoffnung, die Perspektive der gewöhnlichen Menschen zu rekonstruieren, die in den traditionellen Quellen und Historien unsichtbar geblieben waren. Die Kritik meinte, selbst bei einer Einigung über genaue Maßstäbe und Kategorien könne man zwar erfahren, wie die Leute ihre Position veränderten, aber nicht, was diese Veränderungen für sie bedeuteten, auch nicht, wie sie die Bedeutung der verschiedenen Veränderungen in ihrem Leben bewerteten oder welchen Einfluß diese auf ihre Selbsteinstufung in ihrer sozialen und politischen Welt hatten. Die »Stummen« blieben also die Objekte der Analyse und wurden nicht zu Subjekten einer neuen Geschichte »von unten nach oben«[37].

Das alles wäre nicht so wichtig, wenn den amerikanischen

[35] Vgl. besonders Blumin, *Mobility and Change* und *Historical Study of Vertical Mobility;* ferner Griffen, *Occupational Mobility* und die in Anm. 19 und 30 zitierten Stellen.

[36] Katz, *The People of Hamilton*, namentlich Kap. 2: ›The Structure of Inequality 1851 and 1861‹.

[37] Frisch, *Ladders, Racing, and Forest Trails*, S. 461–466.

Historikern nicht die empirische Erforschung der speziellen Fragen so am Herzen läge, die sich aus der Verbindung der Mobilität mit der amerikanischen Kultur ergeben. Das Hauptanliegen ist die Beziehung individuellen Erlebens zu dem sozialen Gewebe des amerikanischen Lebens, seinen Institutionen, seiner gesellschaftlichen Stabilität, letztlich seiner Politik. Hier geht es auch um das Klassenbewußtsein oder sein Fehlen. Die neue Richtung schien aber immer weniger fähig, gerade diese größeren Fragen anzugehen.

Die Kette der Schwierigkeiten ließ die Frage auftauchen, ob die neue Stadtgeschichte nicht in die Grube der Probleme gefallen war, die zu lösen sie ausgezogen war. David Montgomery schrieb: »Das Problem der sozialen Mobilität ... enthält ein Vorurteil, das sich sozusagen selbst bestätigt.« Man wählte zum Studium das individuelle Fortkommen und den »Erfolg« aus, ein Phänomen, das den Mittelpunkt der bürgerlichen Ideologie bildete. »Wenn sich der Historiker«, fuhr Montgomery fort, »auf eine Frage konzentriert, die von jener Ideologie für wichtig gehalten wird, so schließt er, so systematisch er hinsichtlich seiner Daten vorgehen mag, von vornherein alle nichtbürgerlichen Gruppenkulturen oder Gruppenwerte aus, die im Gemeinwesen vorliegen«[38].

Mit anderen Worten, sagte die Kritik, hatte die neue Stadtgeschichte ungeachtet all ihrer methodologischen Präzision ihre Sache auf die verblüffend leichtfertige Annahme gestellt, daß der individuelle Aufstieg, so oder so gemessen, für Angehörige der arbeitenden Klasse von zentraler und selbstverständlicher Bedeutung sei. Um diese Annahme zu vermeiden, hat interessanterweise ein amerikanischer Mobilitätsforscher, einer von wenigen, eine europäische Stadt an Stelle einer amerikanischen untersucht. In Marseille konnte, wie William Sewell zeigte, die geringe Rate der Mobilität bei den Arbeitern keineswegs das Vorhandensein von Klassenbewußtsein »erklären«; auch sagte sie an sich nichts über die objektive »Offenheit« der französischen Gesellschaft aus. Das Material deutete vielmehr in die umgekehrte Richtung: die Angehörigen der Arbeiterklasse »hatten eher eine geringe Mobilität, weil sie bereits eine embryonale Form des Klassenbewußtseins besaßen, weil sie sich

[38] David Montgomery, The New Urban History. Reviews in American History 2 (1974), S. 498–504. Vgl. James Henretta. The Study of Social Mobility. Ideological Assumptions and Conceptual Bias. Labor History 18 (1977), S. 165–171.

den Berufen der Arbeiterklasse verpflichtet fühlten und nicht-manuelle Tätigkeit als fremd und unerwünscht ansahen«[39]. Sewell vermutet, daß der Unterschied zwischen den französischen und den amerikanischen Arbeitern genüge, um die ganz verschiedene Bewertung des beruflichen Aufstiegs zu erklären. Man könnte freilich mit gleichem Recht behaupten, daß der Unterschied ebenso sehr in den Fragestellungen der Historiker liegt wie in den untersuchten Arbeitergruppen und daß diese Fragestellungen mehr von abweichenden historiographischen Voraussetzungen herrühren als von abweichender Industriegeschichte.

Methodische und begriffliche Schwierigkeiten haben somit die Mobilitätsforschung in eine Sackgasse geführt. Wie wir früher gesehen haben, ist die breitere quantitative Forschung der neuen Stadtgeschichte auf ähnliche, wenn auch weniger problematische Hindernisse gestoßen, als sie Methode, Theorie und Hintergrund unter einen Hut bringen wollte. Nach all den Konvergenzhoffnungen und aller methodischen Pionierarbeit ist die amerikanische Forschung eher hinter der europäischen Sozialgeschichte zurückgeblieben, die in früheren Kapiteln besprochen wurde.

Dafür haben wir schon eine Reihe von Gründen angedeutet, aber in dem rätselhaften Bild findet sich ein entscheidendes Element, das zur Aufklärung des Sonderweges der amerikanischen Geschichtsschreibung beiträgt. Wie bei dem Rätsel, das Sherlock Holmes dadurch löste, daß er auf die Bedeutung des *Nicht*-bellens eines Hundes hinwies, liegt hier der Schlüssel in etwas, das in der amerikanischen Sozialwissenschaft fehlt: der Einfluß des Marxismus, der in der geistigen Entwicklung Europas eine so große Rolle gespielt hat.

Dieser Aufsatz ist nicht der Ort für eine ausführliche Diskussion der Gründe für das Fehlen einer dauernden marxistischen Präsenz in der amerikanischen Geschichtsschreibung. Man kann aber feststellen, daß heute kaum noch jemand argumentieren wird, die Vereinigten Staaten hätten eine so außergewöhnliche Geschichte gehabt, daß sich die marxistischen historischen Methoden, die an anderen Stellen der modernen Welt so nützlich gewesen sind, in Amerika definitionsgemäß nicht anwenden lassen. Es kann auch nicht behauptet werden, daß die minimale Präsenz der marxistischen Richtung in der amerikanischen

[39] William H. Sewell jun., *Social Mobility in a Nineteenth Century European City. Some Findings and Implications.* Journal of Interdisciplinary History 7 (1976), S. 217–233.

Geschichtswissenschaft auf die Beschränktheit dieser Richtung selbst zurückgeht, die oft eine Tendenz zum Doktrinären und Mechanischen gezeigt hat. Nur eine sorgfältige Betrachtung der Kräfte in der amerikanischen Kultur, der amerikanischen Politik im abgelaufenen Jahrhundert und der historischen Soziologie des Geisteslebens besonders seit den dreißiger Jahren kann wenigstens ansatzweise erklären, warum die amerikanische Gelehrtenwelt, großenteils aus Unwissenheit, sich einer der hauptsächlichen Strömungen der Geschichtsschreibung des 20. Jahrhunderts so erfolgreich widersetzt hat[40].

Für unsere Zwecke dürfte es genügen, das Fehlen des Marxismus als wesentliche geistige Triebkraft zu vermerken und nochmals darauf hinzuweisen, wie auffallend geringfügig die marxistische Richtung in der amerikanischen Sozialgeschichte vertreten ist. Soweit die Marxisten das »orthodoxe« Denken beeinflußt haben, ist das in der innen- und außenpolitischen Geschichte geschehen[41]. Die Fälle eines stärkeren Einflusses marxistischer Sozialgeschichte sind Ausnahmen, die die Regel bestätigen, so die Arbeiten von Eugene Genovese über Sklaverei und südstaatliche Agrarkultur vor dem Bürgerkrieg[42]. Hinsichtlich der Geschichte des amerikanischen Kapitalismus und der Ge-

---

[40] Eine interessante Untersuchung dieser Frage durch einen führenden amerikanischen marxistischen Historiker findet sich bei William Appleman Williams, *The Great Evasion. An Essay on the Contemporary Relevance of Karl Marx and the Wisdom of Admitting the Heretic into the Dialogue about America's Future.* Chicago 1964.

[41] William Appleman Williams ist der marxistische Historiker, der die amerikanische Wissenschaft am meisten beeinflußt hat. Vgl. u. a. folgende Werke dieses Autors: *American-Russian Relations 1781–1947.* New York 1952; *The Tragedy of American Diplomacy.* New York 1962; *The Contours of American History.* Chicago 1966; *The Roots of the Modern American Empire.* New York 1969; *From Colony to Empire. Essays in the History of American Foreign Relations.* New York 1972; *America Confronts a Revolutionary World 1776–1976.* New York 1976. Unter den jüngeren Historikern ist Gabriel Kolko sicher der bedeutendste und fruchtbarste. Vgl. die Werke *Railroads and Regulation.* Princeton 1965; *The Triumph of Conservatism.* New York 1963; *The Roots of American Foreign Policy.* Boston 1969; *Main Currents in Modern American History.* New York 1976; ferner (mit Joyce Kolko) *The Politics of War. The World and U. S. Foreign Policy 1943–45.* New York 1968, und *The Limits of Power. The World and U. S. Foreign Policy 1945–1954.* New York 1972. Es hat eine erhebliche marxistische Forschung über Wirtschaft und Arbeiterbewegung gegeben, die nützlich und dokumentbeflissen war. Auf die Geschichtsschreibung im allgemeinen hat sie nicht viel Einfluß gehabt. Ein gutes Beispiel ist Philip Foner, *A History of the Labor Movement in the United States.* New York 1947.

[42] Eugene D. Genovese, *The Political Economy of Slavery.* New York 1965; *The World the Slaveholders Made.* New York 1969; *In Red and Black. Marxian*

sellschaft, die er errichtete (wozu der Marxismus am meisten etwas zu sagen gehabt hätte), sind dialektische Methode und Klassenanalyse nicht nennenswert fähig gewesen, in die Festung der Orthodoxie einzudringen. In der neueren Sozialgeschichte und in der Stadtgeschichte selbst sind marxistische Analysen ohne Bedeutung, wenn nicht völlig unsichtbar geblieben.

Diese Bemerkungen können dazu beitragen, die Dynamik der amerikanischen Historiographie den früher besprochenen europäischen Tendenzen gegenüberzustellen. Soweit die neue Stadtgeschichte für die neuere amerikanische Sozialwissenschaft überhaupt repräsentativ genannt werden kann, ist eine bedeutsame Feststellung zu machen. Die Punkte, in denen die neue Literatur am meisten enttäuscht hat, sind gerade die Punkte, in denen die moderne marxistische Tradition in Europa ihre wertvollsten Beiträge geleistet hat: die Entwicklung einer Theorie mittlerer Reichweite, die sowohl mit empirischen Daten als auch mit konkreten Situationen umgehen kann; die Auffindung einer analytischen Methode zur Diskussion der Rolle von Individuen und Gruppen; die Verknüpfung von Strukturanalyse und Bewußtsein; die Erforschung des Klassen- und anderen kollektiven Erlebens als zentraler Dimension des gesellschaftlichen Lebens und Wandels; das Verstehen der Kultur selbst an Hand politischer und ökonomischer Prozesse – die europäische Leistung in diesen Dingen verdankt viel der Vitalität marxistischer Methoden, sowohl was ihre Beiträge an sich als auch was die Ergebnisse einer fruchtbaren Wechselwirkung mit anderen Ansätzen betrifft. Kopieren wir die Liste als Negativ, so erweist sie sich als eine recht gute Zusammenfassung der Schwächen der Stadtgeschichte, über die wir gesprochen haben. Diese Schwächen haben die Verheißungen der neueren amerikanischen Sozialgeschichte zunichte gemacht.

IV

Trotz allen diesen Mängeln und Vorbehalten muß die Entwicklung der amerikanischen Sozialgeschichte in den letzten zwan-

Explorations in Southern and Afro-American History. New York 1971, ferner *Roll, Jordan, Roll. The World the Slaves Made.* New York 1974. Außerdem hat Genovese mehrere gute Sammlungen redigiert, darunter mit Laura Foner *Slavery in the New World. A Reader in Comparative History.* Englewood Cliffs, N. J. 1969; mit Stanley Engerman *Race and Slavery in the Western Hemisphere. Quantitative Studies.* Princeton 1975, und *The Slave Economy.* New York 1973.

zig Jahren immer noch bemerkenswert genannt werden, und wäre es nur wegen ihres Elans. Die Geschichtsschreibung scheint sich so zu beschleunigen, wie viele es von der Geschichte selbst glauben. Richtungen, die früher nach Generationen zählende Halbwertszeiten hatten, scheinen einander jetzt alle drei oder vier Jahre abzulösen. Die neue Stadtgeschichte, unser Beispielsfall, kam explosiv zur Prominenz, erlebte eine Blüteperiode voll großer Begeisterung und großer Erwartungen und kam dann plötzlich ins Wanken, der Kohärenz ihrer Synthese und überhaupt ihrer Richtung unsicher geworden – das alles in weniger als einem Jahrzehnt.

Dieser Schwung deutet wohl darauf hin, daß die derzeitige Unzufriedenheit nur ein Augenblick in der historiographischen Zeit ist, nicht eigentlich die Sackgasse, die manche Kritiker sehen wollen. Die in diesem Buch besprochenen Grundkräfte sind noch am Werk, in Amerika wie in Europa; man kann zuversichtlich erwarten, daß die amerikanische Wissenschaft eine weitere Konvergenz der verschiedenen Methoden und Forschungsansätze erleben wird, die zu einer allgemeineren Akzeptierung modifizierter Prinzipien führen wird. Ebenso wahrscheinlich ist es, daß binnen weniger Jahren die Unterschiede zwischen der amerikanischen und der europäischen Sozialwissenschaft sehr viel kleiner geworden sein werden als heute. Für diese Zuversicht gibt es viele Gründe, auch liegen schon Werke vor, die die Richtung illustrieren, in der sich die Geschichtsschreibung voraussichtlich bewegen wird. Dies kann aus einigen Erscheinungen geschlossen werden, die kurz besprochen werden sollen.

In gewissem Sinne kann man sagen, daß die stadtgeschichtliche Forschung in Schwierigkeiten geriet, weil sie Informationen und Erkenntnisse hervorbrachte, die für die Fragestellungen und Kategorien, mit denen sie arbeitete, viel zu kompliziert waren. Um das Material zu verdauen, ziehen die Stadthistoriker jetzt erweiterte Methoden heran, die an Erkenntnisse anknüpfen, die in anderen Dimensionen der Geschichtsforschung stärker hervorgetreten sind. Es beginnt sich eine Tendenz abzuzeichnen, die Stadtgeschichte selbst nicht mehr als klar definierte Kategorie in den Mittelpunkt zu stellen. Die Arbeiten waren ohnehin nicht ganz auf die Verstädterung orientiert gewesen. Die Praktiker haben ein Gefühl dafür bekommen, daß die Kategorisierung, die der Sache eine subdisziplinäre Identität verlieh, unnötigerweise einen Wall um den Historiker zog, der ihn von zweckmäßiger Arbeit auf dem allgemeineren Gebiet der Sozialgeschichte trennte.

Mit der beginnenden Abtragung dieser Mauer hat sich den Stadthistorikern ein Ausblick auf die Forschung in vorher verschlossenen Bereichen eröffnet, besonders in der Wirtschaftsgeschichte und der Geschichte der Arbeiterbewegung. Denkt man an den nichtbellenden Hund von vorhin, so erscheinen die Arbeiten von Historikern wie David Montgomery und Herbert Gutman besonders wichtig. Nebst anderen Autoren haben sie sich mit dem Klassenkampf, der Klassenkultur und dem Gemeinschaftsleben der arbeitenden Klasse beschäftigt. Zwar nicht immer ausgesprochen oder theoretisch genau marxistisch zu nennen, teilen diese Arbeiten doch die allgemeine Orientierung der modernen europäischen marxistischen Geschichtsschreibung. Sie sind der Kanal geworden, durch den die Arbeiten von Forschern wie E. P. Thompson und George Rudé wesentlichen Einfluß auf die neuere amerikanische Wissenschaft gewonnen haben[43].

Das Ergebnis ist, daß die lange vernachlässigten Fragen der Klasse, der Kultur, des Bewußtseins und des Konflikts sowohl in empirischer als auch in theoretischer Form den Platz im Programm der amerikanischen Stadtgeschichte einzunehmen beginnen, den sie schon länger in den europäischen Arbeiten innehaben. Bezeichnend dafür ist eine kürzliche Veröffentlichung in der Reihe *Studies in Urban History* der Harvard University Press. Es ist das Buch *Class and Community. The Industrial Revolution in Lynn* von Alan Dawley, das den Wechsel der Einstellung anzeigt. Das Buch wurde mit dem angesehenen Bancroft-Preis ausgezeichnet, was eine Art Legitimierung für

---

[43] Beispielsweise David Montgomery, *Beyond Equality. Labor and the Radical Republicans 1862–1872.* New York 1967; *The Working Classes of the Pre-Industrial American City 1780–1830.* Labor History 9 (1968), S. 3–22; *The Shuttle and the Cross. Weavers and Artisans in the Kensington Riots of 1844.* Journal of Social History 6 (1972), S. 412–439; *Worker Control of Machine Production in the Nineteenth Century.* Labor History 17 (1976), S. 485–509. Zur Zeit ist Herbert G. Gutman durch seine bedeutenden Untersuchungen über die schwarze Familie besser bekannt, auch durch seine Kritik eng quantitativer Arbeiten zu diesem Thema. Vgl. *The Black Family in Slavery and Freedom.* New York 1976, und *Slavery and the Numbers Game. A Critique of »Time on the Cross«.* Urbana, Ill. 1975. Sein Ruf stammt jedoch schon aus seinen vielen Beiträgen zur Geschichte der Arbeiterbewegung. Die wichtigsten sind unter dem Titel *Work, Culture, and Society in Industrializing America.* New York 1976, gesammelt erschienen.

die Methode bedeutet[44]. Nicht minder kennzeichnend ist es, daß einer der ersten ausgesprochen marxistischen Artikel, die in der wichtigen Zeitschrift *Journal of Interdisciplinary History* zur Veröffentlichung kamen, sich mit der Mobilität beschäftigte; es wurde versucht, die Bedeutung quantitativer Daten über Vermögen und Realbesitz konstruktiv neu zu bewerten[45]. Die Veröffentlichung dieser Arbeit in einer Zeitschrift, die sozusagen das Flaggschiff der neuen sozialgeschichtlichen Forschung ist, kam einer Anerkennung der Tatsache gleich, daß die amerikanische Geschichtsschreibung sich jetzt allen Ansätzen mehr öffnet als früher. Der Fortschritt in der Synthese, nicht der Kampf zwischen einander ausschließenden Verfahrensweisen, dürfte auch weiterhin die Forschung auf einem erweiterten Feld kennzeichnen.

Viele Quantifizierungsforscher wollen über ihre bisherigen Probleme hinausgehen und Bereiche wie Organisation ihrer Forschungstätigkeit stark ausdehnen. Das Unternehmen ist vielversprechend. Das wichtigste Beispiel ist gewiß Theodore Hershbergs »Philadelphia Social History Project«. Seit zehn Jahren versucht Hershberg eine Datenbank noch nie erreichten Umfangs aufzubauen. Es soll ein maschinell lesbarer Speicher quantitativer Information über alle Personen werden, die von 1850 bis 1880 in Philadelphia gelebt haben, also nicht nur über eine Probe aus der Bevölkerung informieren. Die Aufzeichnung soll mit Daten über Straßen, Firmen und Einrichtungen der Stadt verknüpft werden[46].

Das Vorhaben hat sich zu einem höchst komplizierten Unternehmen ausgewachsen, das jetzt in der Hand eines ganzen Teams von Forschern liegt. Die hauptsächlichen Probleme, aber auch die hauptsächlichen Leistungen liegen bisher weniger in der Datensammlung als darin, daß zu lernen war, wie man Da-

---

[44] Alan Dawley, *Class and Community. The Industrial Revolution in Lynn.* Cambridge, Mass. 1976.

[45] Daniel D. Luria, *Wealth, Capital, and Power. The Social Meaning of Home Ownership.* Journal of Interdisciplinary History 7 (1976), S. 261–282.

[46] Vgl. die Doppel-Sondernummer von *Historical Methods Newsletter* über dieses Projekt. Es enthält eine kurze Geschichte des Projekts und eine Diskussion seiner methodischen Ansätze bei der Untersuchung von Beruf, Sozialraum und Aufzeichnungsverknüpfung: Theodore Hershberg (Hrsg.), *The Philadelphia Social History Project.* Historical Methods Newsletter 9 (1976), S. 41–184. Zu Einzelheiten technischer, administrativer und substantieller Natur vgl. Theodore Hershberg, *The Philadelphia Social History Project. A Methodological History.* Unveröff. Diss. Stanford Univ. 1973. (Diese Arbeit ist durch University Microfilms, Ann Arbor, Michigan erhältlich.)

ten aus den verschiedensten Quellen (Volkszählungen, Adreß-bücher, Schulakten, Lohnlisten, Kirchenlisten usw.) ungeachtet unzureichender Identifizierung oder verschiedener Namens-schreibung denselben Personen zuordnen kann. Es ergibt sich dann auf analytischem Wege ein unerwartet vollständiges Bild der betreffenden Person in vielen Dimensionen ihres Lebens. Viel methodische Mühe ist auch darauf verwendet worden, die verschiedenen Vorgänge in einer sich physisch und strukturell schnell verändernden Stadt zu rekonstruieren und bezirksweise zu verteilen.

Als das Projekt Gestalt anzunehmen begann, hielten es viele Beobachter für nichts als wildgewordene, auf reine Datenab-sorption geschrumpfte Quantifizierung. Trotz allgemeiner An-erkennung der klugen Idee und energischen Durchführung des Unternehmens zweifelte man daran, daß bei Hershberg und seinen Kollegen jemals etwas herauskommen würde, das den enormen Aufwand rechtfertigen würde. Die Skeptiker verstum-men jetzt, denn aus dem Projekt ist ein gewaltiger Strom der Forschung geworden, der das Gegenteil beweist: nämlich, daß die Verfügbarkeit einer solchen hervorragenden Quelle das hi-storische Denken freisetzt. Weit davon entfernt, wie ihre Vor-gänger in die Falle begrenzter Daten zu geraten, die nur eng gezogene Fragen beantworten können, sind die Forscher von Philadelphia in der Lage, ganze Bezirke, Arbeitsplätze und Ein-richtungen zu rekonstruieren. Sie können dieselben Personen durch gesellschaftliche Gruppen, durch das wirtschaftliche Le-ben hindurch und durch Institutionen verfolgen. Sie haben um-fangreiche Studien über die verschiedensten Themen hervorge-bracht, von dem differentiellen Effekt der Industrialisierung auf die einzelnen Teile der Arbeiterschaft von Philadelphia bis zu dem komplizierten Gewebe von Arbeitsort und Wohnbezirks-charakter[47].

Das Philadelphia-Projekt übt große Wirkung auf die Organi-sation der amerikanischen Hochschulforschung aus. Aus dem Projekt ist ein ganzes Forschungsinstitut geworden, das enorme Staatssubventionen genießt und auf der Zusammenarbeit von Wissenschaftlern mehrerer Disziplinen und Institute beruht. Es ist eines der ersten Beispiele formal institutionalisierter kollabo-

[47] Eine Sammlung von Arbeiten zum Philadelphia-Projekt ist angekündigt: Theodore Hershberg (Hrsg.), *Toward a New Urban History. Work, Space, and Group Experience in Nineteenth Century Philadelphia.* Oxford University Press 1977.

rativer Geschichtsforschung in Amerika und sicherlich das größte. Es stellt sich der herkömmlichen Fakultätsorganisation der akademischen Arbeit entgegen, in geringerem Grade auch der individuellen Organisation fast der ganzen Forschung. Hershberg hat betont, daß die Kosten, die Kompliziertheit und die geistigen Erfordernisse großmaßstäblicher Quantifizierung solche Methoden der Zusammenarbeit heute absolut notwendig machen[48]. In diesem Sinne erinnert sein Projekt in großen Zügen an die Rolle, die etwas früher die »Sixième Section« der »Ecole Pratique des Hautes Etudes« in der französischen Geistesgeschichte gespielt hat. Neue Mittel der geistigen Tätigkeit beginnen neue Arten der fachlichen Organisation hervorzubringen. Ob das Unternehmen nun die den Annales zugeschriebene Bedeutung erreicht oder nicht, es hat jedenfalls dazu beigetragen, daß in die amerikanische Geschichtsschreibung eine neue Dynamik gekommen ist, die den Abstand zwischen der amerikanischen Geschichtsforschung und der europäischen Wissenschaft nur verringern kann.

Ein wesentlicher Indikator historiographischer Gesundheit ist die überraschende Vitalität der traditionell erzählenden und idiographischen Ansätze, die nun um die Erkenntnisse der anderen Forschungsarten bereichert sind.

Die neue Dimension der erzählenden Geschichte tritt im Werk von Sam B. Warner jun. hervor, das man vielfach übersehen hat, weil es nicht recht in die jetzt in der neuen Stadtgeschichte angewandten Kategorien paßt. Warners erstes Buch untersuchte mit mehr Erfolg als die meisten späteren Arbeiten die tatsächlichen Prozesse des Wachstums der amerikanischen Städte. Er befaßte sich weiter mit der Frage, wie verschiedene empirische Fallstudien miteinander verglichen werden könnten. In einem wichtigen Beitrag schlug er ein »Gerüst« vor, das dem Bau vergleichbarer Datensammlungen dienen soll. In einer weiteren Monographie untersuchte er drei Hauptperioden der Geschichte von Philadelphia, wobei er Fragen hervorhob, die sowohl in Beziehung zu quantitativ analysierter urbaner Struktur wie auch zu den größeren Kräften in der amerikanischen Kultur gesetzt werden konnten. Schließlich führte das zu dem Werk *The Urban Wilderness*, einer umfassenden erzählenden Darstellung der Verstädterung in der amerikanischen Geschichte. Dieses etwas eigenartige Werk zeigte, wie Erkenntnisse über die

[48] Theodore Hershberg, *The Organization of Historical Research*. AHA Newsletter 12 (1974).

Struktur der Städte und die Dynamik der Verstädterung in Wechselwirkung mit einer allgemeinen Kulturanalyse der amerikanischen Gesellschaft treten können[49].

Der historiographische Kreis schließt sich mit einem neueren Buch von Michael B. Katz, das sich witzigerweise mit einer kanadischen Stadt befaßt, nämlich Hamilton, Ontario. Dem gewählten Ort nach und auch in seiner Substanz bildet das Buch eine Art Brücke zwischen dem europäischen und amerikanischen Hintergrund[50]. Katz ist von Anbeginn ein Prominenter der neuen Stadtgeschichte gewesen, dies in allen Dimensionen. Sein Hamilton-Projekt begann als Mobilitätsstudie, dann machte er sich mit Hershberg und anderen zum Pionier der Methode, die Daten für die ganze Stadtbevölkerung zeitlich zu verfolgen, zu sammeln und zu verknüpfen[51]. Die Monographie, die diese Arbeit zusammenfaßt, ruht auf einer ungewöhnlich ausgedehnten und verfeinerten quantitativen Grundlage.

Aber ungeachtet all der Karten, Kurven und Tabellen, aller Kodierung und aller Rechnerdaten erweist sich das Buch im Grunde als sozial deskriptiv. Katz hat als so ziemlich der einzige anerkannt, daß das komplexe Material sich den Fragestellungen und Kategorien, mit denen er angefangen hatte, nicht fügt. Statt die Daten zu einer Antwort auf die Fragen des Forschers zu zwingen, breitete er sie in all ihrer nichtreduzierbaren Kompliziertheit aus und versuchte daraus zu lernen, wie eine Kombination von »harten Daten und voreiliger Spe-

---

[49] Sam B. Warner jun., *Streetcar Suburbs;* ferner von demselben Autor *If All the World Were Philadelphia. A Scaffolding for Urban History.* American Historical Review 74 (1968), S. 26–43; *The Private City. Philadelphia in Three Periods of Its Growth.* Philadelphia 1968, und *The Urban Wilderness. A History of the American City.* New York 1972. Der Verfasser hat die Arbeiten Warners in *L'histoire urbaine américaine,* S. 887–889, und in einer Kritik der *Urban Wilderness.* Journal of Interdisciplinary History 5 (1975), S. 507–512, eingehender besprochen.

[50] Katz, *The People of Hamilton, Canada West.*

[51] Vgl. Katz, *Occupational Classification* und *Social Structure in Hamilton, Ontario.* In: Thernstrom und Sennett (Hrsg.), *Nineteenth Century Cities,* hinsichtlich eines früheren Berichts; ferner Hershberg u.a., *Five Nineteenth Century Cities.* Die bahnbrechende Leistung der Hamilton-Studie auf dem Gebiet der Datenverknüpfung bespricht Ian Winchester in *Linkage of Historical Records by Man and Computer.* Journal of Interdisciplinary History 1 (1970), S. 107–124; hierzu auch Michael Katz und J. Tillen, *Record Linkage for Everyman.* Historical Methods Newsletter 5 (1972), S. 144–150, ferner Anhang 3; »Record Linkage« in *People of Hamilton.* Zur Datenverknüpfungsmethode der Philadelphia-Gruppe vgl. Theodore Hershberg, Alan Burstein und Robert Dockhorn, *Record Linkage.* Historical Method Newsletter 9 (1976), S. 137–163.

kulation« unsere Fähigkeit erweitern könnte, die Vergangenheit in ihren eigenen Begriffen und Definitionen zu sehen. »Die Vergangenheit ist anders, als sich das die meisten Leute vorstellen«, bemerkte er, »man kann ihren Charakter nicht einfach voraussetzen.« Generalisierung und analytische Abstraktion müssen in genauer sozialer Beschreibung verankert werden[52].

Eigentlich ist das ein einfacher Punkt. Aber nicht wenige Stadthistoriker haben ihn nicht verstanden; sie haben eine ausreichende Beschreibung vernachlässigt, um dem lockenden Ziel notwendiger struktureller Erkenntnisse nachzulaufen, die sich dem Zugriff so oft entzogen. Dadurch, daß er die komplexe Natur der Sache ebenso berücksichtigte, wie er sie analytisch zu sezieren versuchte, ist es Katz gelungen, sowohl für sozialwissenschaftliche als auch für mehr idiographische Fragen höherer Ordnung zugleich Raum zu schaffen. Diese Kombination führte ihn zu der Feststellung, daß das nordamerikanische Stadtleben sich durch eine paradoxe Dualität auszeichnete: enorme individuelle Mobilität existierte im Rahmen einer Sozialstruktur, die auf starrer und dauernder Ungleichheit ruhte. Er machte es sich zur Hauptaufgabe, die Spannung zwischen diesen beiden Polen zu erforschen. Die Menschen handelten, aber es wirkten auf sie die Strukturen ihrer eigenen Geschichte, ob im individuellen, im Familien- oder im Klassenrahmen[53]. Seine Kombination idiographischer Tiefe und wissenschaftlicher Präzision ließ ihn die gleichen Fragen aufwerfen, die auf einem anderen Wege aus der europäischen Sozialgeschichte gekommen sind.

So verkörpert das Buch von Katz alle Traditionen, die wir in diesem Buch besprochen haben. In demselben Sinne überlagern sich in allen auf den letzten Seiten erwähnten Werken alle Kategorien, die in diesem Kapitel zur Beschreibung der Vielfalt der stadtgeschichtlichen Ansätze verwendet worden sind. Eindeutig zeigt die Geschichtsschreibung eine Konvergenz, die etwa der in der europäischen Entwicklung festgestellten entspricht. Unsere gedrängte Übersicht über die amerikanische Stadtgeschichte zeigt im ganzen, daß sich in Methode, Schwerpunkt und sogar Theorie die bisher großen Unterschiede zwischen

[52] Katz, *People of Hamilton*, S. 315.

[53] Katz, *People of Hamilton*, S. 17; ferner ›Introduction‹, 1–15. Der Standpunkt des Verfassers wird ausführlich in einer Besprechung dieses Buches in: Journal of Interdisciplinary History 7 (1976), S. 346–349, dargelegt.

amerikanischer und europäischer Geschichtsschreibung abzu-
schwächen beginnen.

Der Verfasser glaubt, daß eine umfangreichere Übersicht über
die neuere amerikanische Geschichtsschreibung, die früher erwähnte Weitwinkelaufnahme, den repräsentativen Charakter
der hier betrachteten Fälle bekräftigen würde. In fast jeder
wichtigen Dimension der neueren Forschung haben sich dieselben historiographischen Umrisse gezeigt. Überall gab es die
dauernde Dichotomie zwischen den traditionellen erzählenden
und den neueren, vorwiegend quantitativen sozialwissenschaftlichen Ansätzen. In einem Fall nach dem anderen hat sich diese
Spannung plötzlich in befreiender, neue Kräfte auslösender
Weise entladen und das hervorgebracht, was man locker als »die
neue Sozialgeschichte« zusammenfaßt. Auf verschiedenen anderen Gebieten hat sich die scheinbare neue Synthese als ebenso
täuschend und fragwürdig erwiesen wie in der neuen Stadtgeschichte, meist aus ähnlichen Gründen. Jedoch der Schwung
der laufenden Arbeit ist einfach enorm; die neue Sozialgeschichte läßt erkennen, daß sie die Lehren aus jenem etwas
falschen Morgenrot gezogen hat und ernstlich der Reife entge-
gengeht.

Fraglos hat die neue amerikanische Geschichtsschreibung die
Tugenden der Vitalität, der Buntheit und des Einfallsreichtums
gezeigt, vielleicht in höherem Maße als alle anderen Ansätze, die
in diesem Buch besprochen sind. Sie hat aber auch ihren Eigen-
sinn bewahrt; insbesondere zeigt sie eine übermäßig individua-
lisierte Fachkultur, eine Abneigung dagegen, die Theorie als
eine fundamentale Dimension der sozialwissenschaftlichen historischen Arbeit zu akzeptieren; ferner weigert sie sich, die
marxistische Geschichtsschreibung zu einem funktionierenden
Dialog mit anderen Ansätzen der Methode und Erklärung zu-
zulassen, zu schweigen von einer schöpferischen Spannung.
Doch scheint es jetzt deutlich, daß diese Tendenzen endlich
ihren Griff lockern, ohne daß dies bisher auf Kosten der wissenschaftlichen Leistung ginge. Man braucht sich keine Sorgen um
die Vitalität der amerikanischen Geschichtsschreibung zu
machen, wenn sie in eine neue Phase tritt. Man hat allen Grund,
die sich abzeichnende Tatsache zu begrüßen, daß die amerikanischen Historiker als Gruppe und im Verhältnis zu ihren europäischen Kollegen hinsichtlich der richtigen Mittel und Zwecke
der sozialhistorischen Forschung zunehmend auf gemeinsamem
Grund zu stehen beginnen.

In diesen fünf Aufsätzen wurde bewußt kein Versuch gemacht, einen ausführlichen Überblick über die gegenwärtige Geschichtsschreibung zu liefern. Wir konzentrierten uns auf einige Tendenzen, die uns für breite Gebiete der heutigen Forschung repräsentativ zu sein schienen. Die Frage, die wir am Anfang dieser Studie stellten, war, inwieweit man von einem Paradigmawechsel in der Geschichtswissenschaft sprechen kann. Dies setzt bereits voraus, daß die Geschichtswissenschaft überhaupt in irgendeinem Sinn eine Wissenschaft ist und nicht, wie Theodor Lessing behauptete, eine rein subjektive »Willenschaft«[1].

Vieles spricht dafür, daß die Historie, wenn sie über die reine Erzählung hinausgeht und Erklärungen historischer Zusammenhänge formuliert, keine Wissenschaft ist, sondern, wie Hayden White unterstrich[2], manches mit der spekulativen Geschichtsphilosophie gemeinsam hat. Die Logik der Geschichtsforschung ist eng mit der Lebenswelt, der sie entspringt, verknüpft. Einen Paradigmawechsel im Kuhnschen Sinn, der von einem allgemeinen Konsens innerhalb der Wissenschaftsgemeinschaft der Historiker, wie Geschichte als Wissenschaft vorzugehen habe, zu einem neuen Konsens führt, der die Historikerschaft in ihrer Arbeits- und Denkweise verpflichtet, gibt es jedenfalls nicht. Im Gegensatz zu den Naturwissenschaften gab es in der Disziplin Geschichte niemals ein zwingendes Paradigma, sondern selbst zur Zeit der »wissenschaftlichen« Historie des 19. Jahrhunderts immer eine Vielfalt von wissenschaftlichen Traditionen. Tiefgehende ideologische Unterschiede verhinderten immer einen solchen Konsens. Die Grundannahmen, auf denen die Geschichtswissenschaft des 19. Jahrhunderts beruhte, nämlich die Annahme einer kontinuierlichen Entwicklung in der Zeit, der zentralen Rolle der intentionalen Handlung in dieser Entwicklung und der Möglichkeit, diesen Zusammenhang »forschend zu verstehen«, sind fragwürdig geworden. Der Begriff der Zeit selber wird in der gegenwärtigen Geschichtsschreibung sehr unterschiedlich aufgefaßt. Dabei stehen die

[1] Theodor Lessing, *Geschichte als Sinngebung des Sinnlosen.* 2. Aufl., München 1921.
[2] Hayden White, *Metahistory. The Historical Imagination in Nineteenth-Century.* Baltimore – London 1973.

neuere deutsche Historie, die wir im 3. Kapitel besprochen haben, und die marxistische Geschichtsschreibung in mancher Hinsicht noch sehr im Zeichen des Historismus.

Der Historismus war eine Form des Humanismus. Daher der Blickwinkel auf menschliche Ziele, die »geistige(r) Apperzeption« (Ranke)[3] zugänglich sind. Daher auch die Möglichkeit einer narrativen Geschichte, die in der Erzählung ihre eigene Erklärung in bezug auf die Intentionen der Handelnden enthält. Der Marxismus hat diese Anschauung modifiziert, aber nicht zerstört. Die Menschen machen nach ihm weiter ihre eigene Geschichte, wenn auch unter Umständen, die sie nicht selber geschaffen[4], sondern vorgefunden haben, unter strukturierten Umständen, die sich nicht in erzählbare Ereignisse auflösen lassen, sondern kritischer, systematischer Untersuchungen bedürfen. Die erzählende Geschichte wird hier mit der Analyse verbunden, die Erzählung und ihre menschlichen Träger aber nicht abgeschafft. Geschichte ist weiterhin Entwicklung, wenn auch eine Entwicklung, die sich durch innere gesellschaftliche Gegensätze fortbewegt und durch scharfe Brüche, wie die Entstehung der kapitalistischen Produktionsweise, markiert wird, die aber die Kontinuierlichkeit der Entwicklung nicht abbrechen, sondern eigentlich erst zur Wirklichkeit machen. Der Blickpunkt ist auf die moderne Welt und besonders auf die Widersprüche innerhalb der kapitalistischen Industriegesellschaft gerichtet; die Vergangenheit wird als Vorstufe in dieser Entwicklung betrachtet. Auch die außereuropäische Welt wird in Zusammenhang mit diesem Prozeß gebracht. Geschichte ist daher in bestimmter Hinsicht immer Geschichte der Gegenwart. Im Grunde genommen teilt die neue kritische Geschichtsschreibung in der Bundesrepublik mit ihrer Modernisierungstheorie eine ähnliche Auffassung, wenn sie auch den Schematismus der marxistischen Geschichtsauffassung ablehnt. In beiden bleibt ein gewisses Maß an Optimismus lebendig, nämlich die Hoffnung, daß eine kritische Geschichtsschreibung dazu beitragen kann, den Weg zu einer »vernünftigeren« Gesellschaft[5] zu bahnen.

[3] Leopold von Ranke, *Idee der Universalhistorie*. Historische Zeitschrift 178 (1954), S. 296.
[4] Vgl. Karl Marx, *Der achtzehnte Brumaire des Louis Bonaparte*. Werke, Bd. 8, S. 115.
[5] Vgl. das ›Vorwort der Herausgeber‹ zu Geschichte und Gesellschaft 1 (1975), S. 7.

Diese Zuversicht wird mit dem Entwicklungsgedanken von der strukturalistischen Geschichtswissenschaft der *Annales* weitgehend aufgegeben. Anstelle einer progressiven linearen Zeit sehen die Annales-Historiker (Braudel) eine Vielfalt an Zeiten; von der »langsamen« Zeit des geographischen Rahmens, in dem sich das menschliche Leben abspielt, bis zur »kurzen« Zeit der rasch aufeinander folgenden politischen Ereignisse. Der Zeitbegriff der einfachen Gesellschaften ist ein anderer als der der technischen Zivilisation. Jede Epoche, jede Kultur haben ihre eigene Struktur; in jeder läuft die Zeit mit einer ihr eigenen Geschwindigkeit ab. Statt einer Geschichte gibt es eine Vielfalt von selbständigen, durch scharfe Brüche (coupures) getrennten Abschnitten. In vieler Hinsicht verfechten die Historiker der *Annales* den Standpunkt des klassischen Historismus, daß »der Wert jeder Epoche gar nicht auf dem, was aus ihr hervorgeht (beruhe), sondern in ihrer Existenz selbst« und daß »jede Epoche als etwas für sich gültiges angesehen werden muß«[6], viel konsequenter als Ranke, der zwar diese Worte aussprach, aber doch zwischen historischen Völkern, nämlich denen, die der allgemeinen Entwicklung der abendländischen Welt angehören, und weniger dynamischen Völkern, wie China und Indien, denen nur »eine geringe Aufmerksamkeit (zu) widmen« sei, unterschied[7]. Die Annales-Historiker warnen davor, die »Geschichte der Welt an einer besonderen Erfahrung«[8], nämlich der Industrialisierung, zu messen, und bemühen sich vielmehr, die Grundlage für eine Geschichte zu legen, in der neben Veränderungen auch die relativ »immobilen« Elemente[9] einer Epoche erforscht werden. Der Eurozentrismus, der noch der marxistischen und besonders der neueren kritischen Historie in der Bundesrepublik eigen ist, wird von ihnen durchbrochen und macht einer kopernikanischen Auffassung Raum, in der die abendländische Modernität nur einen verschwindenden Platz in der Vielfalt von Zeiten einnimmt. Den dynamischen Gesellschaften wird kein Vorrang mehr zugewiesen. Die Geschichte handelt zwar vom Menschen, doch wird die Unterscheidung

[6] Leopold von Ranke, *Über die Epochen der neueren Geschichte.* Historisch-kritische Ausgabe. Hrsg. von Theodor Schieder und Helmut Berding. München – Wien 1971, S. 59–60.

[7] Ranke, *Idee der Universalhistorie,* S. 303.

[8] André Burguière, ›Présentation‹ zu dem Sonderheft *Histoire et structure* der Annales 26 (1971), S. IV.

[9] Vgl. Emmanuel Le Roy Ladurie, *L'histoire immobile.* Annales 29 (1974), S. 673–692.

Vicos zwischen einer Menschengeschichte, die vom Menschen gemacht wird, und einer Naturgeschichte, die nicht von ihm bestimmt wird, weitgehend abgebaut Die Geschichte bleibt die zentrale Sozialwissenschaft, doch nähert sie sich der Anthropologie an. Den übermächtigen Strukturen steht der Mensch ohnmächtig gegenüber. Daher geht es den Historikern der *Annales* auch weniger um menschliche Intentionen, die den Gang der Geschichte beeinflussen, als um kollektive Mentalitäten, die in den Strukturen wurzeln und die empirischen, oft quantitativen Untersuchungen zugänglich sind.

Die verschiedenen Auffassungen von Geschichte spiegeln Erkenntnisinteressen wider, die ihre Wurzeln in der Lebenswelt haben und nicht allgemein überbrückbar sind, jedenfalls nicht auf eine Weise, die überzeugt. Dennoch ist es zu bestreiten, daß, wie Hayden White behauptet[10], kein grundsätzlicher kognitiver Unterschied zwischen kritischer Geschichtswissenschaft und spekulativer Geschichtsphilosophie besteht. Trotz grundlegender Unterschiede in der Perspektive der verschiedenen Historikergruppen, die wir besprochen haben, bestehen doch weitgehende methodische Gemeinsamkeiten. Wenn man auch nicht von einem Paradigma im Kuhnschen Sinne sprechen kann, das die Verfahrensweisen der Geschichtswissenschaft bestimmt, so läßt sich doch ein neuer Stil in der Geschichtsforschung und der Geschichtsschreibung erkennen. Die klassische Tradition der narrativen Geschichtsschreibung setzt sich zwar fort, wie in Golo Manns *Wallenstein*[11], doch überwiegt in der Fachhistorie der Drang zur Analyse. Auch in der marxistischen und der neueren kritischen bundesdeutschen Geschichtsschreibung spielen Strukturen eine ausschlaggebende Rolle. Die Ereignisse liefern nicht mehr ihre eigene Erklärung. Aus ihnen lassen sich auch nicht, wie für Ranke, die großen Tendenzen, die den Gang der Geschichte bestimmen, erkennen. Marxisten wie »Annalisten«, amerikanische Sozialhistoriker und die neue kritische Richtung in der Bundesrepublik gehen mit theoretisch fundierten Fragestellungen vor, die wenigstens zu einem bestimmten Grad empirisch überprüfbar sind. Daher auch die Anwendung von quantitativen Methoden bei den verschiedenen modernen Richtungen. Der Quantifikation sind allerdings, wie E. P. Thompson und Hans-Ulrich Wehler betonen, Grenzen gesetzt. Ich stimme mit Jörn Rüsen überein, daß es trotz der außerwissenschaftli-

---

[10] Vgl. White, *Metahistory*, S. 427.
[11] *Wallenstein. Sein Leben erzählt.* Frankfurt a.M. 1971.

chen Faktoren, die die wissenschaftliche Praxis des Historikers
mitbestimmen, so etwas wie einen Erkenntnisfortschritt in der
Geschichtswissenschaft gibt, zumindest in dem Sinn, daß sich
ein Prozeß der Rationalisierung und der Verwissenschaftlichung im Weberschen Sinn durchsetzt[12]. Die wissenschaftlichen
Ansprüche der Geschichtsforschung sind seit dem 19. Jahrhundert gestiegen. Ranke stellte eine frühe Stufe in dem Prozeß der
Verwissenschaftlichung dar. Während er aber darauf bestand,
daß die »Kräfte«, die sich in der Geschichte durchsetzen, nicht
»zu definieren, unter Abstraktion zu bringen sind«, man sie also
nur »anschauen, wahrnehmen kann«[13], besteht die neuere Historie auf Definition und einem hohen Grad von Abstraktion,
wenn auch einer Abstraktion, die dem konkreten Gehalt der
Geschichte Rechnung trägt[14]. Trotz grundsätzlicher Unterschiede bestehen, wie wir in diesen Aufsätzen erläuterten, Gemeinsamkeiten in der Logik der Forschung, die einen Dialog
zwischen Historikern ermöglichen, angefangen mit der Überzeugung, daß historische Aussagen intersubjektiv überprüfbar
sein müssen. Wie wir gezeigt haben, schöpfen Historiker der
verschiedensten Richtungen zunehmend aus einem gemeinsamen Fonds sozialwissenschaftlicher Theorien – die Demographie ist ein Beispiel dafür. Auch hat sich der Gesichtskreis des
Historikers verändert. Die sozialen und kulturellen Bedingungen einer technologischen Gesellschaft, die Ausweitung der
kulturellen Perspektive vom europäischen zum Weltmaßstab,
das Ende der europäischen Vorherrschaft, der Untergang alter
Eliten, das Erwachen des politischen und kulturellen Bewußtseins bisher mißachteter Klassen und Völker, die Auseinandersetzungen, die diese Veränderungen begleitet haben – all
das lieferte eine reale Basis für die Neuorientierung historischer
Forschung. Im Ergebnis hat sich das Bild von der Vergangenheit ständig erweitert.

Diese Ausweitung des historischen Interesses läßt sich nicht
allein als Ergebnis der internen Entwicklung der Geschichtswissenschaft verstehen: sie widerspiegelt vielmehr die Einwirkung
der kollektiven Erlebnisse des 20. Jahrhunderts auf seine historische Perspektive. In diesem Sinn kann Geschichte nicht von

[12] Jörn Rüsen, *Werturteilsstreit und Erkenntnisfortschritt.* In: ders. (Hrsg.),
Historische Objektivität. Göttingen 1975.
[13] Leopold von Ranke, *Die großen Mächte.* Sämtliche Werke, Bd. 24, S. 39.
[14] Vgl. Hans-Ulrich Wehler, *Geschichte als Historische Sozialwissenschaft.*
Frankfurt a. M. 1973, S. 52–53, 69.

ihrer Grundlage in den sozialen und intellektuellen Realitäten und Konflikten ihrer Zeit getrennt werden, und die Geschichtswissenschaft selbst muß kritisch im weiteren Zusammenhang der modernen Welt gesehen werden.

Der Begriff »kritisch« ist hier bewußt gewählt worden. Jeder Versuch, die Vergangenheit mit den moralischen oder politischen Normen der Gegenwart zu beurteilen, verletzt den Sinn für historische Realität; das gleiche bedeutet jeder Versuch, die Vergangenheit innerhalb eines vorgegebenen Schemas historischer Entwicklung zu interpretieren. Trotzdem muß jeder historische Ansatz an die Vergangenheit, zumindest an die moderne – und, ich glaube, auch an die vor-moderne Vergangenheit –, die Elemente »Konflikt« und »Veränderung« und die Rolle, die Menschen einzeln oder in Gruppen in diesem Rahmen spielen, berücksichtigen. Deshalb ist nicht nur eine Geschichte, die gewissenhaft von ihrem strukturellen Zusammenhang abgesonderte Ereignisse nacherzählt, wozu die konventionelle Geschichtsschreibung neigte, in ihrer Fähigkeit begrenzt, Prozesse historischer Veränderung zu verstehen, sondern auch eine Geschichte, die sich auf Strukturen konzentriert und dabei die konkreten Handlungen und Zielvorstellungen der Menschen vernachlässigt. Denn Gesellschaften bestehen kaum jemals als integrierte selbstregulierende Systeme, sondern als komplexe Strukturen, die durch Unvereinbarkeiten und Fehlfunktionen, durch Ausbeutung, Leid und Konflikt charakterisiert sind. Die in jeder Gesellschaft bestehenden Widersprüche rechtfertigen die von kritischen marxistischen und nichtmarxistischen Sozialhistorikern gestellten Fragen und ihre Bemühungen, hinter die empirischen Daten zur kritischen Analyse der Bewegungsmomente der sozialen, politischen und zivilisatorischen Veränderung vorzudringen. Denn diese Widersprüche weisen auf die Grenzen einer Geschichtswissenschaft, die Wertungen aus der Forschung ausschließen will, aber auch auf die Notwendigkeit einer Art wissenschaftlicher Integrität, die sich ihres ideologischen Standpunkts bewußt bleibt (aus dem sie ja auch ihre Fragestellungen bezieht), aber gleichzeitig ernsthaft versucht, der historischen Wirklichkeit näherzukommen, und daher bereit ist, mit Historikern anderer Richtungen einen fortlaufenden kritischen Dialog zu führen.

Es besteht kein unüberbrückbarer Gegensatz zwischen einer kritischen Geschichtswissenschaft, die sich auf die Problematik der modernen Industriegesellschaft konzentriert, und einer Geschichtswissenschaft, wie die der *Annales,* die der Vielfalt des menschlichen Lebens gerecht wird. In vieler Hinsicht ergänzen sich beide. Wissenschaft ist ein kontinuierlicher, auf rationalem Dialog beruhender Prozeß, der keineswegs zur Einheit der Methode und der Auffassung führen muß und soll. Die Zunft der Historiker ist zwar viel lockerer definiert als andere wissenschaftliche Gemeinschaften und auch in sich mehrfach gespalten, doch teilen ihre Mitglieder, wie wir gesehen haben, gewisse Annahmen über Bedingung und Form einer rationalen Diskussion. Und die von uns besprochenen Forschungsrichtungen haben jede auf ihre Weise zu einem volleren Verständnis gegenwärtiger und vergangener menschlicher Existenz beigetragen.

Die folgende Bibliographie erhebt keinen Anspruch auf Vollständigkeit, sondern soll zur weiteren Lektüre anregen.

Es gibt keine neuere umfassende Geschichte der Geschichtsschreibung. Die ausführlichste Geschichte in deutscher Sprache ist Eduard Fueter, *Geschichte der neueren Historiographie*. 3. Aufl., München 1936, zuerst 1911 erschienen. James Westfall Thompson, *A History of Historical Writing*. 2 Bde, New York 1942; Harry Elmer Barnes, *A History of Historical Writing*. New York 1937 (Neudruck 1962) und Matthew A. Fitzsimons u.a., *The Development of Historiography*. Harrisburg 1954, verfolgen die Geschichte der Geschichtsschreibung von der Antike bis in das frühe 20. Jahrhundert. Georges Lefebvre, *La Naissance de l'historiographie moderne*. Paris 1971, verfolgt die Entwicklung einer Tradition der Sozialgeschichtsschreibung mit dem Schwerpunkt auf Frankreich. Zwei Anthologien sind auch zu empfehlen: Fritz Wagner (Hrsg.), *Geschichtswissenschaft*. Freiburg/München 1951, und besonders Fritz Stern (Hrsg.), *The Varieties of History*. Cleveland – New York 1956, erweiterte Ausgabe 1974; dt. *Geschichte und Geschichtsschreibung*. München 1966. Mit Ausnahme der Anthologie Sterns behandeln die oben erwähnten Werke die Geschichtswissenschaft des 20. Jahrhunderts nur am Rande. Einen guten Überblick über die Geschichtsschreibung des 19. Jahrhunderts enthält George P. Gooch, *History and Historians in the Nineteenth Century*. London 1914, neubearbeitete deutsche Ausgabe unter dem Titel: *Geschichte und Geschichtsschreibung im 19. Jahrhundert*. Frankfurt a.M. 1964.

Eine umfassende deutsche, englische oder französische Untersuchung der Geschichtsschreibung im 20. Jahrhundert gibt es nicht. Für das 20. Jahrhundert wäre der sowjetische Sammelband *Istoriografia nowoj i nowejschej istorij stran Ewropyi Ameriki*. Moskau 1968, zu nennen. John Higham, Leonard Krieger und Felix Gilbert, *History. The Development of Historical Studies in the United States*. Englewood Cliffs, N. J. 1965, enthält einen längeren Aufsatz von Felix Gilbert über die Professionalisierung der Geschichtswissenschaft in Europa und Amerika im 19. und frühen 20. Jahrhundert. Zwei amerikanische Sammelbände, die Biographien einer größeren Anzahl europäischer und amerikanischer Historiker der ersten Hälfte des 20. Jahrhunderts enthalten, sind S. W. Halperin (Hrsg.), *Some 20th-Century Historians*. Chicago 1960, und Hans A. Schmitt (Hrsg.), *Historians of Modern Europe*. Baton Rouge 1971. Über die theoretischen Voraussetzungen der Geschichtswissenschaft in der ersten Hälfte des 20. Jahrhunderts siehe die Arbeit des sowjetischen Philosophen Igor S. Kon, *Die Geschichtsphilosophie des 20. Jahrhunderts. Kritischer Abriß.* 2 Bde, Berlin/DDR 1964, und die des Bulgaren Nikolai Iribadschakov, *Zur Kritik der bürgerlichen Geschichtsphilosophie.* Frankfurt a.M. 1975, die die Diskussion bis in die sechziger Jahre verfolgt. Zu erwähnen ist auch Fritz Wagner, *Moderne Geschichtsschreibung. Ausblick auf eine Philosophie der Geschichtswissenschaft.* Berlin 1960. Es gibt bis jetzt keinen deutschen Überblick über die Geschichtswissenschaft seit dem Zweiten Weltkrieg. Auf englisch erschienen sind die Sammelbände Felix Gilbert und Stephen R. Graubard (Hrsg.), *Historical Studies Today.* New York 1971, mit Beiträgen amerikanischer, englischer und französischer Historiker, Charles F. Delzell (Hrsg.), *The Future of History.* Nashville 1977, und die von der UNESCO geförderte Untersuchung von Geoffrey Barraclough, *History,* die in dem Band *Tendances principales de la recherche dans les sciences sociales et humaines. Seconde partie: Sciences anthropologiques et historiques, Esthétique et sciences de l'art, Science juridique, Philosophie.* Paris und Den Haag bei Mouton erscheinen soll. Eine systematische Analyse gegenwärtiger Tendenzen in der Geschichtsschreibung, einschließlich der außereuropäischen Welt, unter dem vorläufigen Titel *Handbook of Contemporary Developments in Historical Studies,* herausgegeben von Georg G. Iggers und Harold T. Parker, ist in Vorbereitung und soll 1979 erscheinen.

Was nationale Entwicklungen anbelangt, so gibt es für die deutsche Geschichtsschreibung eine größere Anzahl von Arbeiten. Unter den älteren, aus konservativ-nationaler Sicht geschriebenen sind Georg von Below, *Die deutsche Geschichtsschreibung von den Befreiungskriegen bis zu unseren Tagen.* 2. Aufl., München und Berlin 1924, und Heinrich von Srbik, *Geist und Geschichte vom deutschen Humanismus bis zur Gegenwart.* 2 Bde, München 1950–51 zu nennen; ein marxistisch-leninistischer Standpunkt wird in dem Sammelwerk von Joachim Streisand (Hrsg.), *Studium über die deutsche Geschichtswissenschaft.* 2 Bde, Berlin/DDR 1963–65, vertreten. Georg

G. Iggers, *Deutsche Geschichtswissenschaft.* 3. Aufl., München 1976, behandelt die nationale Tradition des Historismus von Herder und Ranke bis Friedrich Meinecke und Gerhard Ritter. Die von Hans-Ulrich Wehler herausgegebenen fünf Bändchen *Deutsche Historiker.* Göttingen 1971–72, sind nützlich, da sie kurze Biographien mit bibliographischem Apparat nicht nur der Fachhistoriker in der nationalen Tradition, sondern auch der wichtigsten Außenseiter von Gervinus bis Eckart Kehr enthalten. Sehr wertvoll für die Außenseiter zur Zeit der Weimarer Republik ist Hans Schleier, *Die bürgerliche Geschichtsschreibung der Weimarer Republik.* Berlin/DDR 1975. Auch zu erwähnen ist der kurze Sammelband von Bernd Faulenbach (Hrsg.), *Geschichtswissenschaft in Deutschland. Traditionelle Positionen und gegenwärtige Aufgaben.* München 1974. Nützlich für den Unterricht ist der von Manfred Asendorf herausgegebene Reader *Aus der Aufklärung in die permanente Restauration. Geschichtswissenschaft in Deutschland.* Hamburg 1974, der neben der Hauptströmung der nationalen konservativen oder liberal-konservativen Tradition auch ihre Kritiker berücksichtigt und die Aufklärungshistoriographie des 18. Jahrhunderts mit einbezieht. Gerhard Schulz (Hrsg.), *Geschichte heute.* Göttingen 1974, ist ein Versuch einer Bestandsaufnahme. Kritisch mit Beiträgen meist aus betont marxistischer Sicht, auch aus der DDR, sind die Sonderhefte 70 und 75: ›Kritik der bürgerlichen Geschichtswissenschaft‹ der Zeitschrift *Das Argument,* Berlin 1972. Siehe auch Gerhard Lozek u. a. (Hrsg.), *Unbewältigte Vergangenheit. Handbuch zur Auseinandersetzung mit der westdeutschen bürgerlichen Geschichtsschreibung.* 3. Aufl., Berlin/DDR 1977. Über den sozialen Rahmen der deutschen Forschung vor 1933 siehe Fritz Ringer, *The Decline of the German Mandarins. The German Academic Community 1890–1933.* Cambridge, Mass. 1969, das leider in Deutschland zu wenig Beachtung gefunden hat.

Eine ausführliche Geschichte der französischen oder der englischen Geschichtsschreibung liegt nicht vor. Einen kurzen Überblick gibt Louis Halphen, *L'Histoire en France depuis cent ans.* Paris 1914. Wertvoll sind die schon erwähnten Vorlesungen von Georges Lefebvre, *La Naissance de l'historiographie française.* Die von Jean Ehrard und Guy P. Palmade herausgegebene Anthologie *L'Histoire.* Paris 1964, enthält eine längere historiographische Einführung. Für das 19. Jahrhundert gibt es auf deutsch Peter Stadler, *Geschichtsschreibung und historisches*

Denken in Frankreich 1789–1871. Zürich 1958. Zur Entstehung der Tradition der »wissenschaftlichen« Historie im Frankreich des späten 19. und frühen 20. Jahrhunderts siehe die ausgezeichnete, aber leider noch unveröffentlichte Doktorarbeit von Martin Siegel, *Science and the Historical Imagination in French Historiographical Thought, 1866–1914.* Columbia University 1965, und William Keylor, *Academy and Community. The Foundation of the French Historical Profession.* Cambridge, Mass. 1975. Zur Neuorientierung der französischen Geschichtswissenschaft nach 1945 siehe Jean Glénisson, *L'Historiographie française contemporaine. Tendances et réalisations.* In: *La Recherche historique en France de 1940 à 1965.* Hrsg. vom Comité français des sciences historiques, Paris 1965. Eine kritische Bestandsaufnahme der gegenwärtigen französischen Geschichtswissenschaft befindet sich in den drei von Pierre Nora und Jacques Le Goff herausgegebenen Bänden. *Faire l'histoire.* Paris 1974. Eine kritische Untersuchung des Wissenschaftsmodells der neuesten *Annales*-Arbeiten seit 1968 befindet sich in Traian Stoianovich, *French Historical Method. The Annales Paradigm.* Ithaca – London 1976. Die beste deutschsprachige Einführung in die *Annales* ist die mit einer längeren Einleitung von Claudia Honegger herausgegebene Anthologie *Schrift und Materie der Geschichte. Vorschläge zur systematischen Aneignung historischer Prozesse.* Frankfurt a. M. 1977, mit Arbeiten von M. Bloch, F. Braudel, L. Febvre u. a.

Für England fehlen größere historiographische Überblicke. Für das 19. Jahrhundert ist noch das schon erwähnte Werk von George P. Gooch am nützlichsten. Anstelle einer Geschichte der Geschichtsschreibung kann die von J. R. Hale herausgegebene Anthologie *The Evolution of British Historiography from Bacon to Namier.* Cleveland 1964 als Einführung dienen. Zur neueren britischen Historiographie siehe E. C. Furber (Hrsg.), *Changing Views of British History. Essays on Historical Writing Since 1939.* Cambridge, Mass. 1966, und den *Literaturbericht über die englische Geschichte der Neuzeit 1485–1945. Veröffentlichungen 1945 bis Mai 1967* von G. R. Elton in der *Historischen Zeitschrift,* Sonderheft 3 (1969). Interessant zur Neuorientierung in der englischen Geschichtsschreibung sind auch die Sondernummern des *Times Literary Supplement:* ›Historical Writing‹ vom 6. Januar 1956 und ›New Ways in History‹ vom 7. April, 28. Juli und 8. September 1966. Über gegenwärtige Tendenzen siehe den in dem schon erwähnten *Handbook of*

Contemporary Developments in Historical Studies demnächst erscheinenden Aufsatz von Harold T. Parker.

Zur amerikanischen Historiographie siehe Harvey Wish, *The American Historians. A Social and Intellectual History of the Writings on the American Past.* New York 1960, und den vorzüglichen, wenn auch kurzen Überblick von John Higham in dem schon erwähnten Band *History. The Development of Historical Studies in the United States.* Die gegenwärtige Lage behandelt Laurence Veysey in dem demnächst erscheinenden *Handbook of Contemporary Developments in Historical Studies.* Zur gegenwärtigen amerikanischen Sozialgeschichtsschreibung siehe den Literaturbericht von John Modell, *Die »Neue Sozialgeschichte« in Amerika.* Geschichte und Gesellschaft 1 (1975).

Einen guten Überblick über die marxistische Geschichtsschreibung gibt es nicht. Für Polen siehe Jerzy Topolski, *Développement des études historiques en Pologne 1945–1968.* In: *La Pologne au XIIIe Congrès International des Sciences Historiques à Moscou,* herausgegeben vom Historischen Institut der Polnischen Akademie der Wissenschaften, 2 Bde, Warschau 1970, Bd. 1. Für die DDR siehe den Sonderband der Zeitschrift für Geschichtswissenschaft: *Historische Forschungen in der DDR 1960–1970.* Berlin/DDR 1970.

Zur geschichtstheoretischen Diskussion siehe Helmut Berding, *Bibliographie zur Geschichtstheorie.* Göttingen 1977; auch die Bibliographien in der Zeitschrift *History and Theory.* Für die internationale Diskussion ist diese seit 1960 bestehende Zeitschrift das bedeutendste Forum; siehe auch die Spalte ›Débats et Combats‹ in der Zeitschrift *Annales. Économies, Sociétés, Civilisations.* Einen kritischen Überblick gibt Jerzy Topolski, *Metodologia historii.* Warschau 1973; englisch: *Methodology of History.* Warschau – Dordrecht 1976. Die von Michael Baumgarten und Jörn Rüsen herausgegebene Sammlung *Seminar: Geschichte und Theorie,* Frankfurt a. M. 1976, enthält wichtige Aufsätze aus der internationalen Literatur; Willi Oelmüller (Hrsg.), *Wozu noch Geschichte?* München 1977, enthält eine Sammlung deutscher theoretischer Schriften. Die seit ungefähr 1969 begonnene Grundlagendiskussion in der Bundesrepublik hat zu einer Fülle von Publikationen geführt, von denen wir hier nur einige nennen. Eine Sammelrezension der Arbeiten der frühen siebziger Jahre lieferte Arnold Sywottek, *Geschichtswissenschaft in der Legitimationskrise.* Beiheft 1 des *Archivs für*

Sozialgeschichte. Bonn-Bad Godesberg 1974. Wichtig für die frühe Diskussion sind u.a. Hans-Walter Hedinger, *Subjektivität und Geschichtswissenschaft. Grundlage einer Historik.* Berlin 1969; Karl-Georg Faber, *Theorie der Geschichtswissenschaft.* München 1971, und Wolfgang Mommsen, *Geschichtswissenschaft jenseits des Historismus.* Düsseldorf 1971; unter den neueren Publikationen sind besonders zu erwähnen: Jörn Rüsen, *Für eine erneuerte Historik. Studien zur Theorie der Geschichtswissenschaft.* Stuttgart-Bad Cannstatt 1976; das Sonderheft 3 von *Geschichte und Gesellschaft:* ›Theorien in der Praxis des Historikers‹, Göttingen 1977, und die ›Beiträge zur Historik‹ der Studiengruppe »Theorie der Geschichte«, von denen Band 1: *Objektivität und Parteilichkeit.* München 1977, und Band 2: *Historische Prozesse.* München 1978, erschienen sind. Siehe auch den von Friedrich Engel-Janosi u.a. herausgegebenen Band *Denken über Geschichte.* München 1974, mit internationalen Beiträgen. Zur Frage des Verhältnisses der Geschichte zu den Sozialwissenschaften siehe Pierre Chaunu, *Histoire science sociale.* Paris 1974, von einem der bedeutendsten Historiker der Annales-Gruppe; das Sonderheft 16 der *Kölner Zeitschrift für Soziologie und Sozialpsychologie:* ›Soziologie und Sozialgeschichte‹, Opladen 1972, und Jürgen Kocka, *Sozialgeschichte. Begriff – Entwicklung – Probleme.* Göttingen 1977.

Register

271

Zeitung aus dem Zentrum der Politik

DIE WELT
UNABHÄNGIGE TAGESZEITUNG FÜR DEUTSCHLAND

In Moskau auch über die Menschenrechte reden, fordert die CDU

Einigkeit in Bonn:
Keine Verträge ohne Berlin

Der Bundesaußenminister hat die Sowjetunion darauf hingewiesen, daß eine langfristige wirtschaftliche Zusammenarbeit ohne Berücksichtigung des Berliner Standpunktes in der Berlin-Frage nicht denkbar sei. Er bezeichnete eine ernsthafte Erörterung der Berlin-Frage bei dem bevorstehenden

BERNT CONRAD, Bonn

... Woche vor der Reise des Bundeskanzlers und des Bundesaußenministers ... die Sowjetunion zeichnet sich ...

Kanzlerbesuch in Moskau als unverzichtbar ... schen ihm und Schmidt gebe es keine grundsätzlichen Auffassungen über den Rang der Berlin-Frage in der Prioritätenliste. Die Regierung werde in Moskau „eindringlich" offen" vertreten.

... in der Sowjetunion über diese Frage sprechen, um sehr eindeutig und klar unseren Standpunkt darzulegen."

Den Zusammenhang zwischen Berlin und der ökonomischen Zusammenarbeit der Außenminister folgendermaßen ... und es ge-

Werden die Berlin-Hinder... Gesprächen ... Brenchnjew beiseite geräumt ... können? Der Kanzler hat ... lich gehofft, daß dies ... Vorgesprächen würde. Zu einer ... ne gelingen bestehe ... wartung bestehe auf Grund ... ... der Kontakte ...

Moderne Theoretiker

Roger Shattuck:
Marcel Proust

moderne theoretiker

dtv

John Gross:
James Joyce

moderne theoretiker

dtv

Edmund Leach:
Claude Lévi-Strauss:

George Lichtheim:
Georg Lukács

John Lyons:
Noam Chomsky

Alasdair MacIntyre:
Herbert Marcuse

Donald MacRae:
Max Weber

David Pears:
Ludwig Wittgenstein

Roger Shattuck:
Marcel Proust

Andrew Sinclair:
Che Guevara

Anthony Storr:
C. G. Jung

Richard Wollheim:
Sigmund Freud

George Woodcock:
Mahatma Gandhi

Geschichte

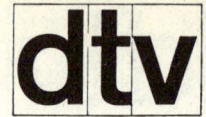

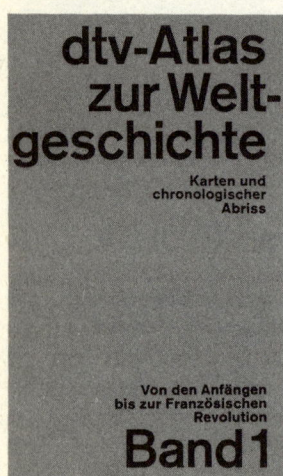

**Hermann Kinder/
Werner Hilgemann:
dtv-Atlas zur
Weltgeschichte**
Karten und chrono-
logischer Abriß
Originalausgabe
2 Bände
3001, 3002

**Konrad Fuchs/
Heribert Raab:
dtv-Wörterbuch
zur Geschichte**
Originalausgabe
2 Bände
3036, 3037

dtv-Lexikon der Antike
Philosophe – Literatur –
Wissenschaft – Religion –
Mythologie – Kunst –
Geschichte – Kultur-
geschichte
13 Bände
3017–3083

**Theodor Mommsen:
Römische Geschichte**
Vollständige Ausgabe
in 8 Bänden
Mit einer Einleitung
von Karl Christ
Originalausgabe
5955

**Herbert Grundmann
(Hrsg.):
Gebhardt
Handbuch der
deutschen Geschichte**
17 Bände
WR 4201–4217

**Georg Iggers:
Deutsche Geschichts-
wissenschaft**
Ein kritischer Rückblick
WR 4059

**Jochen Schmidt-Liebich:
Daten englischer
Geschichte**
Von den Anfängen bis
zur Gegenwart
Originalausgabe
3134